ERGA

Erfurter Reihe zur Geschichte Asiens
herausgegeben von Reinhard Zöllner

Siegfried Genthe

»Korea – Reiseschilderungen«

herausgegeben,
mit einer Einleitung, Bildern und Dokumenten
versehen von Sylvia Bräsel

iudicium

Die Neuherausgabe wurde durch die
Anwaltskanzlei janolaw Chung + Zahrt in Sulzbach gefördert

Einband:
Typische Steinfiguren auf Cheju-do: Tol-Harubang

Bibliografische Information Der Deutschen Bibliothek

Die Deutsche Bibliothek verzeichnet diese Publikation
in der Deutschen Nationalbibliografie; detaillierte bibliografische Daten sind im Internet
über http://dnb.ddb.de abrufbar.

(Erfurter Reihe zur Geschichte Asiens ; Bd. 7)
ISBN 3-89129-786-6

© IUDICIUM Verlag GmbH München 2005
Druck- und Bindearbeiten: Difo Druck, Bamberg
Printed in Germany
Imprimé en Allemagne

김영환 선생님과 고순태 여사님께 드립니다.

Madame KOH Soon-Tae und Herrn KIM Young-Hwan in Verbundenheit gewidmet

INHALT

Sylvia Bräsel

Siegfried Genthe –
Journalist, Geograph und sprachgewandter Globetrotter:
Zur Geschichte eines Lebens auf Reisen
IX

Siegfried Genthes „Korea":
Zur Rezeption der Reisebeschreibung
100 Jahre nach ihrer Erstveröffentlichung
XXXV

KOREA
REISESCHILDERUNGEN
von
Dr. Siegfried Genthe

Herausgegeben
von
Dr. Georg Wegener

1–343

ANHANG

Bilder	345
Dokumente	365
Siegfried Genthes Bilder aus Korea	389
Danksagung	403

Siegfried Genthe –
Journalist, Geograph und sprachgewandter Globetrotter:
Zur Geschichte eines Lebens auf Reisen

„Die Reise gleicht einem Spiel:
Es ist immer Gewinn und Verlust dabei und meist von der unerwarteten Seite"
(Johann Wolfgang Goethe)

„Eine Reihenfolge von elf Aufsätzen ging uns vor etwa fünf Wochen zu... Wir werden sie demnächst als Dr. Genthes letztes nachgelassenes Werk veröffentlichen."[1]

So erschienen die letzten Reisebriefe, die u. a. die Geschichte der Dynastie in Marokko mit Blick auf die politisch brisante Situation der Zeit umsichtig aufarbeiten – aber auch Genthes Audienz beim Sultan Abd el Aziz bildlich schildern – posthum bis zum 1. Mai 1905 in der „Kölnischen Zeitung".

Das renommierte deutsche Blatt erwies auf diese Weise einem verdienstvollen, hochgebildeten Mitarbeiter die letzte Ehre, der auf tragische Weise während der letzten Tage auf seinem Posten in Marokko einem Raubmord zum Opfer fiel.

Der Journalist, Reiseschriftsteller und promovierte Geograph Dr. Siegfried Genthe (1870–1904) wurde nur 33 Jahre alt. Sein kurzes Leben voller äußerer Unrast erscheint auf den ersten Blick schillernd und ungewöhnlich. Seine journalistischen Arbeiten und die wenigen nachgelassenen Briefe zeigen jedoch einen zielstrebigen und nachdenklichen jungen Mann, der von einem ungeheuren Wissensdrang erfüllt schon früh in die Welt aufbrach. Seine geradlinige Art, seine große Offenheit und Toleranz für andere Kulturen und Sprachen heben ihn von den vorwiegend rassistisch oder eurozentrisch geprägten expansiven Tönen der Reiseliteratur jener Jahre wohltuend ab. Reisen war sein Lebenselixier. Aber eine draufgängerische imperiale Abenteurermentalität blieb ihm stets fremd.

In diesem Sinne lesen sich die nachgelassenen Aufsätze über Samoa, China, Korea und Marokko als interessante Zeitzeugnisse, die auf spezifische Weise die „Europäisierung der Welt als Entzauberung der Welt" im Sinne von Max Weber aufgreifen. Hinzu kam, daß sich der junge Genthe einem kritischen Journalismus besonders verpflichtet fühlte, der auch von der „Kölnischen Zeitung" zum Teil mitgetragen wurde. Dabei waren ihm seine umfangreichen

Studien zu Geschichte, Kultur, Geographie etc. der besuchten Länder in Verbindung mit seinem politischen Scharfsinn nicht selten von Nutzen. So zweifelte der Journalist zum Beispiel nach dem Boxeraufstand in China in einem Artikel das Recht Deutschlands an, die Instrumente der Pekinger Sternwarte zu beschlagnahmen.

„Bekanntlich ist eine Berechtigung, diese Instrumente in Besitz zu nehmen, vielfach in Abrede gestellt worden, und auch jetzt wissen wir nicht, auf welche völkerrechtlichen Gründe sie [die deutsche Regierung – S. B.] sich stützt, es sei denn, daß die chinesische Regierung sich mit der Abtretung der Instrumente einverstanden erklärt hat. Hierüber ist bisher nichts bekannt geworden."[2]

In einer Epoche, die als ein Höhepunkt der Machtentfaltung und der imperialen Bestrebungen Deutschlands angesehen werden kann, war diese Haltung besonders bemerkenswert. Deutschland, die „verspätete Nation", begann sich zum Ende des 19. Jahrhunderts mit Besitzergreifungen in der Südsee (u. a. Samoa), Afrika (Deutsch- Südwestafrika, Kamerun, Togo, Deutsch-Ostafrika) und China (Kiautschou) einen „Platz an der Sonne" zu sichern. Der wirtschaftliche Aufschwung in Deutschland ermöglichte es Kaiser Wilhelm zudem, die Kolonialfrage zur Prestigefrage zu erheben. Damit waren nationale und religiöse Selbstgefälligkeit vorprogrammiert, die von der deutschen Machtpolitik in der Folge geschickt instrumentarisiert wurden und somit Klischees und Stereotype über andere Völker regelrecht beförderten.

Die Reiseberichte, gelesen als historische Zeitquellen, können somit Rückschlüsse auf die kulturgeschichtliche und politische Situation geben. Die Reisebriefe von Siegfried Genthe, die zweifellos auch mit einer gewissen literarischen Ambition verfaßt wurden, lassen Implikationen geschichtlich-politischer, ethnographischer und soziologischer Art unbedingt zu. Daran wird deutlich, daß das außerliterarische Umfeld in eine (literaturwissenschaftliche) Analyse einbezogen werden muß. Außerdem belegen die Reisebeschreibungen über Samoa, China, Korea und Marokko an verschiedensten Beispielen, daß die Beschäftigung mit der Fremde eine (bewußte wie unbewußte) Auseinandersetzung mit der eigenen Kultur, Geschichte, Gesellschaft etc. impliziert, die bei Genthe eine bemerkenswerte Achtung des Fremden einschließt. Im konkreten Fall geht es insbesondere um die geistesgeschichtliche Situation an der Wende vom 19. zum 20. Jahrhundert unter dem politischen Faktum des Kolonialismus. Im Sinne von Harbsmeier werden Reiseberichte so auch

„als eine Art unfreiwilliger kultureller Selbstdarstellung der Ausgangskultur verstanden".[3]

Nach mehr als 100 Jahren wiedergelesen, ergeben sich aus den individuellen Zeitzeugnissen von Siegfried Genthe interessante Fragestellungen, die eine entsprechende (kultur-)wissenschaftliche Aufarbeitung im interdisziplinären und interkulturellen Kontext nahe legen. Nicht zuletzt hat sich eine solche Annäherung an die Beziehungsgeschichte zwischen Europa und anderen Weltteilen als äußerst lehrreich für die Bestimmung der Stellung Europas (und damit auch Deutschlands) in der Gegenwart erwiesen.

Diese zielorientierte Zusammenführung von Tatsachen für einen globalen Denkprozeß (an dessen Anfang wir erst stehen) bedeutet auch, historische Prozesse auszuloten, ohne den Stab über zeitverschuldete Positionen zu brechen. Denn diese führen in der Regel zu vereinfachenden Urteilen, die uns den Blick (noch heute) verstellen.

„Nur Reisen ist Leben, wie umgekehrt das Leben Reisen ist".

(Jean Paul)

Betrachtet man die Biographie der ersten zwei Lebensjahrzehnte von Siegfried Genthe etwas genauer, dann fallen bereits die vielfältigen Ortswechsel ins Auge, die diesen Lebensweg von Anfang an prägten. Geboren am 26. Oktober 1870 in Berlin, frühe Kindheit in Frankfurt/Main, eingeschult 1876 in Korbach (Hessen), 1878 bis 1881 Schüler am Königlichen Gymnasium Duisburg und seit 1881 Schulbesuch am humanistischen Wilhelm-Gymnasium in Hamburg, wo er zu Michaelis 1889 das Abitur ablegte.

Ursache für diese häufigen Umzüge war die Tätigkeit des Vaters. Der am 2. April 1838 in Eisleben (Provinz Sachsen) geborene Franz Hermann Genthe entstammte einer Lehrerfamilie, deren Vorfahren aus dem niederländischen Utrecht zuwanderten. Zumindest verweist Siegfried Genthes Bruder Arnold in seiner Biographie „As I remember" auf eine solche Herkunft bzw. führt das Familienwappen aus dem Jahre 1586 und den Ahnen Admiral Wilhelm J. van Gent, dem 1672 in der Kathedrale von Utrecht ein Grabmal errichtet wurde, als Belege an.[4] Andere Quellen wollen wissen, daß in der Familiengeschichte auch von „französischem Emigrantenblut"[5] die Rede gewesen sei.

Wie schon der Großvater, Friedrich Wilhelm Genthe, studierte Franz Hermann Genthe (1838–1886) nach Abschluß des Gymnasiums in Eisleben (1855) klassische Philologie in Halle (1855–1857) und Berlin (bis 1859). In den Berliner Jahren belegte er zudem Archäologie und promovierte an der Berliner Universität. Nach Erwerb der *facultas docendi* wurde der 21jährige Hilfslehrer am städtischen Realgymnasium Landsberg an der Warthe und bereits 1860 ordentlicher Lehrer am Gymnasium in Memel (Ostpreußen). Es spricht für die

Zielstrebigkeit von Siegfried Genthes Vater, daß er Ostern 1867 an das altehrwürdige Elite-Gymnasium zum Grauen Kloster in Berlin berufen wurde. In diese Zeit fällt wohl auch die Eheschließung mit Johanna Caroline Luise Zober (1839–1899), einer Tochter des bekannten Berliner Landbaumeisters Hugo Zober. Die spätere Mutter von Siegfried Genthe kam aus einem angesehenen Haus. Zober war u. a. für Friedrich Wilhelm IV tätig, und zur Verwandtschaft zählte der Maler Adolf Menzel.

So war es nicht verwunderlich, daß der Schwiegersohn seine gesellschaftliche Stellung durch entsprechende Leistungen zu verbessern suchte. Insbesondere „seine wissenschaftlichen Publicationen ... waren von entscheidendem Werthe".[6]

So veröffentlichte der strebsame und vielseitig gebildete Gymnasiallehrer u. a. ein zu seiner Zeit vielbeachtetes Buch zum Thema „Grammatik und Schriftstellerlektüre im altsprachlichen Unterricht".

Als Siegfried Genthe am 26. Oktober 1870 in Berlin geboren wurde, kämpfte sein Vater jedoch als Vize-Feldwebel im deutsch-französischen Krieg. Sein Bruder Arnold (1869–1939) war zu diesem Zeitpunkt bereits ein Jahr alt. Am 30.11.1872 wurde der Familie nach der gesunden Heimkehr des Vaters – dekoriert mit dem Eisernen Kreuz – der dritte Sohn Hugo (1872–1899) geboren. Siegfried wie Arnold haben in ihren wenigen erhaltenen persönlichen Zeugnissen die Wärme und Geborgenheit, die aufgeschlossene Atmosphäre, die humorvolle Art der Mutter und die genossene Geistesbildung im Elternhaus hervorgehoben. All das – wie auch die vorgelebte Zielstrebigkeit und geistige Unrast des Vaters – prägte die Kinder auf spezifische Art und hat sie zu Menschen mit außergewöhnlichen Lebenswegen geformt. So spricht zum Beispiel Arnold Genthe in seinem Erinnerungsbuch von der enormen sprachlichen Ausbildung, die den drei Knaben ermöglicht wurde. Dazu gehörten allein sechs moderne europäische Sprachen, aber auch Latein, Hebräisch und Persisch.

Mit 37 Jahren wurde Dr. Franz Hermann Genthe zum Direktor des unter preußischer Verwaltung stehenden Waldeckschen Landesgymnasiums Fridericianum in Korbach berufen. Die Familie lebte in einem geräumigen Anbau des Schulgebäudes. Doch bereits 1878 folgte der Vater einem Ruf nach Duisburg. Als Gymnasialprofessor wurde er als Direktor des Königlichen Gymnasiums in Duisburg eingeführt. Vor Hermann Genthe, dem fleißigen Philologen und engagierten Pädagogen, schien eine glanzvolle Karriere zu liegen. Das zeigte sich u. a. in der Wahl des Nicht-Hamburgers Genthe zum ersten Rektor der Neuen Gelehrtenschule in Hamburg am 25. April 1881. Die Hansestadt, die damals noch keine Universität besaß, war an fundiert ausgebildeten und durch Publikationen hervorgetretenen Wissenschaftlern für die höheren Bildungsanstalten sehr interessiert. Im Herbst

1883 zog die Familie in das neue Direktorenhaus Grindelallee-Moorweide ein. Unter Genthes Leitung war die inzwischen als Wilhelm-Gymnasium bekannte Schule zu einer anerkannten Bildungseinrichtung der Stadt geworden, die mit dem Johanneum in einem Atemzug genannt wurde. Persönlichkeiten wie der Hamburger Bürgermeister Kirchenpauer und die Senatoren Hayn und Dr. Mönckeberg gehörten zu den Förderern des Gymnasiums.

Im Juni 1886 traf die Familie ein schwerer Schlag. An einer heimtückischen Krankheit verstarb Hermann Genthe im Alter von nur 48 Jahren. Dieser Ereignis beendete jäh die unbeschwerte Kindheit der drei Brüder. Die finanzielle Situation nach dem Tode des Vaters machte es sogar notwendig, daß die Mutter zur Aufbesserung der Familienkasse ausländische Studenten in Pension nehmen mußte. Siegfried Genthe war zu diesem Zeitpunkt 16 Jahre alt.

„Die beste Bildung findet ein gescheiter Mensch auf Reisen"
(Johann Wolfgang Goethe)

Unter den jungen Leuten, die in das Haus Genthe aufgenommen wurden, war auch der indische Zamindar von Atia aus dem Distrikt Mymensingh in Bengalen, Nawab Abu Achmed Ghaznavi Khan Bahadur. [1872–1939] Siegfried Genthe freundete sich mit dem jungen Mann aus Asien an.

Auch nach dem Studienbeginn im Herbst 1889 blieb die Verbindung bestehen. Siegfried Genthe hatte sich inzwischen als Student der deutschen, englischen und romanischen Philologie an der Universität Jena eingeschrieben – wo seit 1888 bereits sein älterer Bruder studierte. Doch den umtriebigen Siegfried hielt es nicht lange in der kleinen Universitätsstadt in Thüringen. Ostern 1891 setzte er seine Studien an der Universität München fort. Interessant ist, daß schon zu dieser Zeit Genthes Eigenart sich ausprägte, als Ausgleich zur geistigen Arbeit die sportliche Betätigung zu suchen. Hier trat er eindeutig in die Fußstapfen des Vaters, der als Lehrer begeistert für eine moderne Körpererziehung der Jugend eintrat. In Jena wie in München war Siegfried Genthe Mitglied in Akademischen Turnvereinen (Gothania und Germania). In seinen späteren Auslandsjahren sollten insbesondere die ausgedehnten Ausritte, das Klettern und Bergsteigen seinen Bewegungsdrang stillen.

In die genannte Studienzeit fallen auch mehrere Reisen mit dem Nawab nach Italien, Österreich und Ungarn. Anfang 1892 entschloß sich Genthe zur Unterbrechung seines Studiums. Er nahm ein Angebot des Nawab an und begleitet den Freund in seine Heimat. Offiziell reiste er als „Privatsekretär" des jungen Edelmannes. Jedoch gab ihm diese Einladung die große Chance, ausgiebige Studien über Land und Leute, Geschichte und Sprachen Indiens in fachkundiger Gesellschaft des Nawab zu betreiben. Diese einjährige Unterbrechung des regulären Studienganges in Deutschland dürfte für die spätere berufliche Profilierung Genthes von Bedeutung gewesen sein. Zuerst weilte der junge Deutsche mehrere Monate als Gast des Nawab auf dessen Landsitz im Distrikt Mymensingh. Im Anschluss daran bereiste er u. a. Bengalen mit Kalkutta, danach die Nordprovinzen Pandschab und Radschputana bis nach Bombay. Die „Früchte" dieser Reise verarbeitete der gerade 22jährige Genthe zu zehn „Reisebriefen aus Indien", die vom 17. Juli bis 9. Oktober 1892 im „Hamburger Tageblatt"[7] erschienen. An den Themen und an der Diktion dieser Aufsätze läßt sich der Einfluß des indischen Freundes recht klar ablesen. So diskutierte Genthe zum Beispiel überaus substanziell und belesen die politischen und sozialen Zustände Indiens und äußerte sich kritisch zur Rolle der englischen Kolonialherren. Aufmerksamkeit zeigte er zudem für die nationalen Bestrebungen im Sinne der Zielstellung „Indien den Indern". Aufschlußreich ist darüber hinaus, daß sich der junge Mann aus Deutschland mit Feuereifer auf der Basis eigener Beobachtungen gegen die Unterdrückung der Frauen in Indien aussprach. Das ist deshalb bemerkenswert, da die in diesen Abhandlungen spürbare moralische Entrüstung in seinen späteren journalistischen Arbeiten einer durchdachten intellektuell getragenen Abwägung – oft gewürzt mit einer Prise Ironie – weichen sollte.

Diese ersten Veröffentlichungen Genthes lassen darüber hinaus schon einige Prinzipien seiner journalistischen Berufsauffassung erkennen. Alle Aufsätze aus Indien widmen sich ganz dem Gegenstand. Sie wirken durch solides Wissen, klare Sachbezogenheit, akribische Schilderungen und einen Schreibstil, der persönliche Befindlichkeiten nicht thematisiert. Die Arbeiten für die „Kölnische Zeitung" aus Samoa, China, Korea und Marokko sind diesem Prinzip verpflichtet. Für die Aufarbeitung des Lebenswerkes von Siegfried Genthe bedeutet diese Tatsache, daß Kontexte, welche die persönlichen Belange des Journalisten und Reiseschriftstellers betreffen, nur schwer recherchiert werden können. Zwar ist mehrfach in Briefen an den verehrten Lehrer Professor Theobald Fischer (1846–1910) von Tagebüchern die Rede, die Genthe akribisch geführt haben will[8], jedoch ging der gesamte Nachlaß von Siegfried nach dessen Tod 1904 in die Hände des Bruders Arnold über, der zum damaligen Zeitpunkt in San Francisco lebte. Hier verlieren sich die Spuren. Es ist nicht auszuschließen, daß diese Selbstzeugnisse zum großen Teil Opfer des Brandes nach dem großen Erdbeben in der Stadt am 17. April 1906 wurden.[9]

„Aber das Eigene muß so gut gelernt sein wie das Fremde"
(Friedrich Hölderlin)

Ostern 1893 kehrte Siegfried Genthe nach Deutschland zurück und setzte sein Universitätsstudium in Marburg fort.

„Es gibt Städte, die eine Universität haben, und solche, die eine Universität sind"[10],

schrieb der Freund und Herausgeber der Reisebücher Professor Georg Wegener, der wie Genthe in Marburg studierte und promovierte. Die altehrwürdige Universitätsstadt wurde für Genthe zur prägenden Bildungseinrichtung. Hier fand er Professoren, die seine Begabung erkannten und seine Neigungen beförderten. In Marburg wurde zu dieser Zeit noch eine gute akademische Tradition gepflegt: Professoren luden begabte Studenten in ihre Häuser zu Disputationsrunden bei Speis und Trank ein. Genthe schwärmte wiederholt von diesen gastlichen, produktiven und zugleich schönen Stunden, die ihn an die Atmosphäre im Elternhaus erinnerten. Genthe schloß sich schon sehr bald den Professoren Justi und Fischer an. Justi schätze insbesondere die reife Persönlichkeit des jungen Mannes und seine außergewöhnliche Sprachbegabung, die sich mit Gewissenhaftigkeit und enormen Fleiß verband. Siegfried Genthe beherrschte mindestens sechs moderne Sprachen und belegte zudem bei Professor Justi indische Sprachen und Persisch. Aber auch Arabisch hat Genthe nachweislich studiert und gesprochen. Besonders intensiv beschäftigte er sich u. a. mit der Lektüre des großen persischen Dichters Hafis, dessen Werk Goethe zum „Westöstlichen Divan" anregte. Zweifellos lag die besondere Begabung Genthes auf philologischem Gebiet. So ist es um so bemerkenswerter, daß er sich zu einem Studium bzw. zur Dissertation im Bereich der Geographie entschied. Wahrscheinlich reizte den jungen welterfahrenen Mann die praktische Anwendungsmöglichkeit und die vielschichtige Nutzbarkeit von Sprache und Landeskunde. So schrieb sich Genthe als Doktorand bei Professor Theobald Fischer mit einer Arbeit zum persischen Meerbusen ein.[11] Da er sich auch mit Geschichte und Morphologie laut Themenstellung seiner Dissertation beschäftigte, ermöglichte ihm das Promotionsthema ein fächerübergreifendes Arbeiten. So konnte er seine sprachlichen Interessen mit naturwissenschaftlichen Studien verbinden, die für ihn als Absolventen eines humanistischen Gymnasiums auch intellektuelle Herausforderungen darstellten. Fischer war für einen solchen Anspruch der ideale Doktorvater. Der aus Zeitz stammende Theobald Fischer wurde selbst nach Studien in Heidelberg, Halle und Berlin in Geschichte promoviert und habilitierte sich in Geographie. Er lehrte als Professor an der Universität Kiel, bevor er den Lehrstuhl für Geographie an der Universität Marburg übernahm. Fischers Lehrmeinung, die komplexe Fragestellungen in den Mittelpunkt stellte, hat den jungen Genthe zweifellos beeinflußt.

Der Materialteil der Dissertation von Siegfried Genthe offenbart noch für den heutigen Leser die akribische Arbeitsweise und den Anspruch Genthes an seine Publikationen. So begnügte er sich nicht mit den gängigen Büchern und Karten der Hamburger Seewarte zum Gegenstand. Er setzte sich zur genauen Darlegung von Einzelfragen sogar mit britischen Seeleuten in Verbindung, die als Fachleute in diesen Gewässern galten. Die selbstentworfenen Karten und Arealberechnungen des Autors dokumentieren eine wissenschaftliche Exaktheit, die später in seinen zahlreichen Aufsätzen für die „Kölnische Zeitung" auf andere Art zum Tragen kam. Eine seriöse gewissenhafte Bearbeitung des Gegenstandes war Genthe immer wichtig. Damit hob er sich klar von jeder Form von Sensationsjournalismus und oberflächlicher Klischeevermittlung ab, die gerade bei Journalisten in „exotischen Gebieten" der Welt oft zu finden waren.

Im Sommer 1896 promovierte Genthe an der Philosophischen Fakultät der Königlichen Universität Marburg bei seinem verehrten Lehrer Professor Fischer zum Dr. phil. Doch auch nach Abschluß seiner wissenschaftlichen Arbeit brach die Verbindung nicht ab. Genthe blieb sein Leben lang dem Marburger Kreis um Fischer verbunden. So hörte er u. a. von Georg Wegener, der einige Jahre vor Genthe zu den begabten Lieblingsschülern von Theobald Fischer zählte. Mit Wegener, der inzwischen in Berlin zum Professor für Geographie ernannt worden war, verbanden Genthe viele gemeinsame Ansichten und wissenschaftliche Interessen. Zudem war auch Wegener nicht der Typ eines „Stubengelehrten". Genthe, der bedingt durch den frühen Tod des Vaters finanziell nicht gut gestellt war, verdankt es seiner engagierten Mitarbeit am Seminar von Professor Fischer, daß der Eigentümer der „Kölnischen Zeitung", Dr. J. Neven DuMont,[12] auf ihn aufmerksam wurde. Das renommierte Blatt druckte bereits 1895 in den Nummern 314, 945 und 1042 einige Arbeiten von Genthe über die politischen Verhältnisse in Asien ab. Der Chefredakteur bzw. spätere Hauptschriftleiter Dr. Ernst Posse reiste sogar nach Marburg, um den jungen Mann als Mitarbeiter zu gewinnen. Nach Abschluß seiner Dissertation und nach der Absolvierung des Wehrdienstes bei der Matrosenartillerie in Friedrichsort bei Kiel trat Siegfried Genthe zum 1. Januar 1898 in den Verband der „Kölnischen Zeitung" ein. Bereits im Juni 1898 entsandte ihn das Blatt als Repräsentant nach New York und Washington.

Sein Bruder Arnold hatte bereits nach seiner Promotion in Jena (1894) im Frühjahr 1895 als Privatlehrer des Bankierssohnes Heinrich von Schroeder Deutschland in Richtung USA verlassen. Nach Beendigung der Tutorship (1897) entschied er sich, als freier Photograph in San Francisco zu bleiben. Hier machte der junge Deutsche schnell Karriere als Prominenten-Photograph.

Der jüngere Bruder Hugo Genthe, ein Hüne von Gestalt, hatte noch während der Gymnasialzeit das Angebot einer Hamburger Exportfirma für eine Tätigkeit in Afrika (Mosambik) angenommen. Bereits am 8.1.1896 meldete er sich amtlich in Hamburg nach Afrika ab. Er erlernte afrikanische Sprachen und lebte in Zentralafrika und später in British East Africa als erfolgreicher Elefantenjäger. Der Hang zum Abenteuer und zum Außergewöhnlichen wurde dem jüngsten Sohn der Genthe-Familie zum Verhängnis. Westlich vom Nyassa-See (heute Malawi bzw. Sambia) fand Hugo 1899 unter den Hufen eines angeschossenen Elefanten den Tod. Im gleichen Jahr verstarb die Mutter der Brüder in Hamburg. Siegfried Genthe verarbeitete diese persönlichen Hiobs-Botschaften Jahre später in einem Brief an Theobald Fischer:

> „Wenn ich auch seit dem Tode meiner guten Mutter und meines armen Bruders [gemeint ist Hugo – S. B.] keine Heimat und keine Familie mehr habe, wohin ich gehörte und zurückkehren könnte, – man möchte doch einmal ein bißchen zur Ruhe kommen, zur Sammlung und zu gründlicherer und gedeihlicherer Arbeit, als mir bisher möglich war, wo ich wirklich mehr oder weniger wie ein richtiger Nomade zu Pferde, im Zelt, auf dem Dampfer und der Bahn, im besten Falle im Gasthof meine Tage verbringe. Das ‚Zuviel' ist aber wirklich meine einzige Klage ..."[13]

Die Aussagen reflektieren einerseits das permanente Reiseleben des Journalisten mit seinen Höhen und Tiefen. Das erforderte eine starke Persönlichkeit voller Zähigkeit und Zielstrebigkeit. Andererseits zeigt sich Siegfried in diesem persönlichen Dokument als Mensch mit einer großen emotionalen Spannbreite, die ansonsten unter den strengen Normen einer objektiven Berichterstattung nicht sichtbar wurde. Insbesondere zur Mutter und zu dem jüngeren Bruder muß eine vertrauliche innere Beziehung bestanden haben. Der noch lebende Bruder Arnold wird dagegen aus dem familiären Denken sichtbar ausgeblendet. Dieser Fakt erscheint mit Blick auf die spätere Nachlaßregelung durch den Bruder Arnold Genthe von Relevanz.[14]

> „Der kürzeste Weg zu sich selbst führt um die Welt herum"
> (Hermann Graf Keyserling)

Bereits ein reichliches Jahr später (Juni 1899) reiste Siegfried Genthe im Auftrag der „Kölnischen Zeitung" von Washington aus nach Samoa.
Seine Berichte, die vom 5. November 1899 bis 4. April 1900 in Deutschland erschienen, lesen sich aus heutiger Sicht als aufschlußreiche historische Quellen zur damals aktuellen Samoafrage und den damit verbundenen Interessenkonflikten der beteiligten Großmächte (USA, England und Deutschland). Ko-

lonialgeschichte wird so aus einem spezifischen Blickwinkel an konkreten Beispielen vorgeführt. Genthes Ausführungen, die auch von einem gewissen nationalen Stolz über das Erstarken Deutschlands in der Welt geprägt sind, versteigen sich jedoch nie zu rassistischen Parolen oder Hetzkampagnen. Zwar werden die Haltungen und Bestrebungen der Engländer und Amerikaner durch die eindeutige Parteinahme für die deutschen Interessen kritisch betrachtet, aber der sachliche überlegte Ton, der Genthes Arbeiten auszeichnet, bleibt durchgängig gewahrt. Der Journalist vermittelt Hintergrundinformationen, schildert aktuelle Ereignisse und ordnet diese wiederum konsequent in historische Kontexte ein. Seine wissenschaftlich fundierte Bildung in Geschichte, Landeskunde und Geographie ist für diese Arbeitsweise Voraussetzung und unterscheidet Genthe zugleich von der Mehrzahl seiner damaligen Berufskollegen. Detailliert legt Siegfried Genthe in seinen Berichten von dem Archipel die Machtkämpfe der Großmächte unter Ausnutzung der rivalisierenden Parteien im samoanischen Königshaus dar. Dabei werden die eindeutig ökonomisch und strategisch determinierten Interessen der beteiligten westlichen Mächte auf spezifische Weise sichtbar. Es sei daran erinnert, daß die im Jahre 1879 abgeschlossenen internationalen Verträge (vgl. hierzu auch den Handels- und Freundschaftsvertrag zwischen Deutschland und dem Königreich Samoa vom 24.1.1879) den Amerikanern den Hafen Pago Pago auf Tutuila und den Deutschen den Hafen Saluasata auf Upolu als Kohlestationen zugesprochen hatten. Der Bezirk von Apia war jedoch zu einem neutralen Gebiet erklärt worden. Nach dem Tode des Königs Malieta Talavu im Jahre 1881 brachen die Streitigkeiten zwischen den Großmächten offen aus. Missionare katholischer wie protestantischer Konfession und Geschäftsleute waren Vorposten dieses Ringens um die Vormachtstellung in der Südsee.

Das Hamburger Handelshaus Godeffroy (später Deutsche Handels- und Plantagengesellschaft, dann Western Samoa Trust Estate Corporation) – ein Unternehmen, das im großen Stil im westlichen Pazifik agierte – spielte dabei eine besondere Rolle, die nicht frei von dubiosen Machenschaften war.[15] Ihr in Apia zentralisiertes Handelssystem und der immense Landaufkauf der Firma führten zu Verstimmungen mit Blick auf die englischen und amerikanischen Interessen in diesem Gebiet. Es kam zunehmend zu Konflikten, so daß die Kolonialmächte sich gezwungen sahen, weitere Landkäufe zu verbieten. Doch das Imperium um Johann Cesar Godeffroy (1813–1885) hatte damit bereits die wirtschaftlichen Grundlagen für den späteren Erwerb der Kolonie gelegt. So beschäftigte sich sogar der deutsche Reichstag in seinen Sitzungen am 22. und 27. April 1880 mit der Problematik der Besitzungen dieser Firma in Samoa, die nach Zahlungsschwierigkeiten Zinsgarantien vom Staat verlangte. Obwohl das Ersuchen vom Reichstag abgelehnt wurde, entspannte sich die Lage vor Ort nicht. Die Umstände in Samoa blieben verworren und unsicher. Das hatte wiederum zur Folge, daß alle drei Westmächte für fast zwei Jahrzehnte Kriegsschiffe am Archipel stationierten, um ihre Einflußsphären zu sichern.

Genthes Entsendung nach Samoa erfolgte zu einem Zeitpunkt, wo sich das Interesse Deutschlands an Samoa auf dem Höhepunkt befand und ein Großteil Samoas (Westsamoa) schließlich dem deutschen Kaiserreich als Kolonie mit Datum vom 14.11.1899 zugeschlagen wurde. Im Auftrag der „Kölnischen Zeitung" weilte der Journalist von Juni 1899 bis November 1899 auf den Inseln. In diesen Monaten tagte noch die sogenannte „Samoakommission" auf dem Archipel, und Genthe hatte zudem die Möglichkeit, durch die Anwesenheit der deutschen Kriegsschiffe „Falke" und „Komoran" die Inselwelt ausgiebig zu erkunden. So besuchte er Sawaii, Manono, Apolima und zugleich die späteren amerikanischen Kolonialgebiete.

Genthe, der als Sonderberichterstatter von den wichtigsten politischen Brennpunkten (Samoa, China, Marokko) seiner Zeit berichtete, zeichnete in der „Kölnischen Zeitung" seine Beiträge mit einem schwarzen Herzblatt und später u. a. mit einem Posthorn.[16] Dahinter stand die Philosophie des Herausgebers, daß die Korrespondenten der Reputation des Blattes – und nicht einer persönlicher Profilierung nach außen – zu dienen hatten. Zudem profitierte der vorzüglich organisierte Auslandsnachrichtendienst des deutschen Weltblattes vom hohen Fachwissen, der Flexibilität, dem Engagement und nicht zuletzt dem politischen Gespür seiner Journalisten. Auf dieser Basis konnte die Zeitung vielfach Bemerkenswertes in der Berichterstattung leisten. Sogar die weltweit bekannte Nachrichtenagentur Reuter berief sich gelegentlich auf die „Kölnische Zeitung" als Quelle. So erreichten zum Beispiel Reichskanzler von Bülow die ersten Informationen über die zu erwartende Haltung der USA bei den in Berlin 1899 abzuhaltenden Samoavertrags-Revisionsverhandlungen per Telegramm, welches die „Kölnische Zeitung" wiederum von ihrem Washingtoner Korrespondenten Siegfried Genthe erhalten hatte,[17] der sich wenig später selbst nach Samoa begeben sollte.

Georg Wegener, der Anfang 1900 ebenfalls Samoa im Auftrag des „Berliner Lokalanzeigers" bereiste, las die Artikel von Siegfried Genthe als Vorbereitung auf die eigene Mission auf dem Schiff von Honolulu nach Apia.[18] Der Wissenschaftler und Geograph Wegener lobte aus der Kenntnis der Verhältnisse vor Ort die Frische, Bildlichkeit und Genauigkeit der Beobachtungen und Schlußfolgerungen des Freundes über Land und Leute und schrieb in seinen Erinnerungen an Genthe in Velhagen & Klasings Monatsheften:

> „Ganz besonders sympathisch war es mir, daß er für den eigenartigen Reiz des fast Homerischen in den Sitten und Zuständen der Eingeborenen einen so offenen Sinn und so eine poetische Achtung gehabt hatte. In dieser

Hinsicht traf mein eigenes Empfinden sich ganz mit dem seinigen; und nicht minder in dem ironischen Lächeln über gewisse Elemente unter den weißen Ansiedlern Apias, die im Verlauf der Samoa-Streitigkeiten allmählich dazu gekommen waren, ihre Stadt und ihre persönlichen Interessen ungefähr für den Mittelpunkt der Weltgeschichte anzusehen."[19]

Wegener erwähnt hier die schon genannte Prise Humor und Ironie bzw. die große Toleranz und den Hang zur Poesie, die dem jungen Mann eigen waren. In Kombination mit seiner gediegenen Bildung und seiner umgänglichen wie überlegten Art bewahrte ihn das in den verschiedensten Situationen vor Übereifer und einseitigen Urteilen. Andererseits vermochte er auf gekonnte Weise übertriebenen Geltungsdrang und Wichtigtuerei abzustrafen. Diese Unvoreingenommenheit, Dialogbereitschaft und Begeisterungsfähigkeit für andere Kulturen zeichnete Genthe zweifellos aus und hob ihn von vielen Reisenden jener Jahre ab, die ihr eurozentrisches Weltbild nur in andere Weltregionen exportierten.[20]

Siegfried Genthes Reisebriefe aus Samoa, die Georg Wegener 1908 als Reiseschilderungen in Buchform herausgab und Dr. J. Neven DuMont (Mitinhaber der „Kölnischen Zeitung") widmete[21], faszinieren noch heute durch die fundierten Recherchen zur Geschichte des Archipels. In dem Sinne lesen sich die Impressionen zur Südsee und ihrer Rezeption in Literatur (Stevenson) und Alltäglichkeit mit Gewinn. Leider standen dem Herausgeber Wegener Genthes Fotoaufnahmen von Samoa aus dem Nachlaß nicht zur Verfügung. Jedoch tragen die mit viel Liebe zum Detail verfaßten Schilderungen der Natur der Inselwelt und ihrer Bewohner auf ihre Art zu einer bildlichen Vorstellung bei. Da wird von althergebrachten Tänzen, Ritualen und Speisen, von samoanischer Förmlichkeit oder vom Nebeneinander der Religionen und Kulturen ohne Arroganz erzählt. Wenn auch mancher Sprachgebrauch heute anrüchig wirkt, so sind solche Begriffe (z. B. Wilde, Eingeborene) doch historisch bzw. aus dem Kontext zu werten. So hebt Genthe u. a. die Sprachfertigkeit der Einwohner hervor und lobt an verschiedener Stelle die Umgangsformen der Samoaner, die ihm oft kultivierter als die der Matrosen an Bord der (englischen und amerikanischen) Kriegsschiffe erscheinen.[22] Die Einrichtung einer deutschen Schule wird als kulturelles Ereignis ebenso gewürdigt, wie er mit Achtung von den alten Tapugebräuchen berichtet.

Umfangreiches Kartenmaterial und eine genaue Umschreibung der Eigennamen verweisen andererseits auf den Geographen und Sprachwissenschaftler. Auf jeder Reisestation war es für den jungen Journalisten eine Selbstverständlichkeit, sich der Landessprache zu widmen. Er suchte den Austausch mit den Menschen und gewann durch sein natürliches unkompliziertes Auftreten jenseits von Überlegenheitsdenken schnell ihr Vertrauen und damit auch wertvolle Informationen aus erster Hand. So ist es wohl zu verstehen, daß ihm sein Diener Peletti von seiner Heimat Samoa über China bis nach Deutschland folgte.[23]

Siegfried Genthes wiederholt in seinen Reiseberichten geäußerter Stolz auf Deutschland, der sich insbesondere über die wirtschaftlichen und technischen Erfolge seines Landes definierte, korrespondierte mit seiner Überzeugung von einem erfüllten und aktiven Dasein allgemein. Er selbst lebte mit Engagement für diese Ideale eines gebildeten und durch seine Leistungen in der Welt anerkannten Deutschen, wenn auch ab und an eine gewisse Strenge in der Betrachtung der Kolonialmächte England und USA zu beobachten ist, die zudem der politischen Ausrichtung der „Kölnischen Zeitung" in vielen Punkten entsprach. In diese Koordinaten sind die Texte einzuordnen. Das bedeutet zudem, Genthes nationales Denken aus einem historischen Kontext heraus zu werten, der nicht zwangsläufig eine Hinwendung zu chauvinistischem und rassistischem Gedankengut implizieren muß. Diese feine Unterscheidung erscheint von Relevanz für die geschichtlich gerechte Wertung des Lebenswerkes von Genthe.

So entläßt der Autor seine Leser mit der Hoffnung aus seiner Reisebeschreibung über Samoa,

„… daß mit dem neuen Jahrhundert nicht nur für die Weißen, sondern auch die Eingeborenen Samoas endlich die langersehnte Zeit friedlichen Gedeihens angebrochen ist".[24]

> „Dieselben Dinge täglich bringen langsam um.
> Neu zu begehren, dazu verhilft die Lust der Reise"
> (Ernst Bloch)

Nach Beendigung der Aufgaben in Samoa kehrte Genthe auf seinen Posten nach Washington zurück.

Doch schon warteten neue Herausforderungen auf den ständigen Korrespondenten und Sonderberichterstatter der „Kölnischen Zeitung". Bereits im Herbst 1900 begab er sich erneut im dienstlichen Auftrag auf Reisen. Die Zentrale in Köln entsandte ihn zur Berichterstattung über den Boxeraufstand nach Nordchina.

Hier ist anzumerken, daß die „Kölnische Zeitung" in dieser Zeit zu den führenden Blättern Deutschlands zählte. Insbesondere in den Großstädten (Berlin hatte dabei wiederum die höchste Abonnentenzahl), aber auch in Süd- und Westdeutschland war die Zeitung stark verbreitet. Im europäischen Ausland standen Frankreich, England und die Niederlanden an vorderster Stelle.

Überhaupt war die Zeitung, die es auf drei bzw. vier gesonderte Ausgaben täglich brachte, „in allen Weltteilen"[25] präsent. So enthielt bereits die „Erste Morgen-Ausgabe" die wichtigsten politischen Nachrichten aus Berlin und allen europäischen und außereuropäischen Ländern. Die „Zweite Morgen-Ausgabe" verarbeitete u. a. die über Nacht eingegangenen Depeschen der Korrespondenten aus aller Welt. Gleichzeitig wurde der internationalen Politik (u. a. französische Kammern, englisches Unterhaus) breite Aufmerksamkeit gewidmet. Die „Mittags-Ausgabe" konzentrierte sich auf politische Aufsätze und amtliche Nachrichten aus dem In- und Ausland. Die „Abend-Ausgabe" war insbesondere dem Feuilleton vorbehalten, publizierte jedoch auch weiter politische Aufsätze, Briefe und Depeschen. Für die Leser in Übersee hatte man zudem eine auf die Bedürfnisse des Leserkreises abgestimmte „Wochenend-Ausgabe" entwickelt. Im Ausland wurde die „Kölnische Zeitung" jedoch insgesamt gesehen wegen ihrer umfassenden außenpolitischen Berichterstattung stark beachtet. Laut Angabe des Verlages hatte die „Kölnische Zeitung" in den Jahren bis zum ersten Weltkrieg eine Auflage von 70–75.000 – das heißt rund 300.000 Leser, die hauptsächlich aus dem Kreise der Industrie und Banken, aus freien Berufen bzw. der Schicht der Akademiker und Beamten kamen. Dies wird besonders verständlich, wenn man die Preise für den Bezug der Zeitung einbezieht. So kostete 1897 das Abonnement für drei Monate innerhalb Deutschlands 9 Mark und in Rußland 4 Rubel und 80 Kopeken. Für außereuropäische Länder betrug der Bezugspreis (bei täglich einmaligem Versand unter Kreuzband) 15 Mark. Die „Wochenend-Ausgabe" kostete zusätzlich 16 Mark im Jahr.[26] Ausgehend von den damaligen Einkommen war all das nicht billig und mußte dennoch der geistig anspruchsvollen Leserschaft ihr Geld wert sein.

„Sichere Nachrichten schnell"[27] zu übermitteln, war eine weitere Richtschnur des Weltblattes. Danach mußte zum Beispiel die „Erste Morgen-Ausgabe" an den Zeitungsständen in Paris zumindest zwischen 9 und 10 Uhr käuflich erwerbbar sein. Darüber hinaus gehörte es zur Philosophie der „Kölnischen Zeitung", hinsichtlich der Nachrichtenbeschaffung möglichst autark von Reuter, Wolffs Telegraphischem Büro oder Agence Havas zu sein, die damals die führenden Agenturen in der Auslandsberichterstattung waren.

In diesem Kontext wird die Rolle und Bedeutung von Siegfried Genthe deutlich. Er gehörte zu der Elite von Journalisten, die diesem eigens von der „Kölnischen Zeitung" geschaffenen Auslandsnachrichtendienst angehörten. Solche Posten wurden an wichtigen Plätzen der Welt eingerichtet. Die entsandten Sonderberichterstatter wurden von ihrer Zeitung fest und gut besoldet. Sie hatten es so nicht nötig, Skandalmeldungen etc. zu verbreiten bzw. Trivialitäten aufzubauschen, um sich finanziell besser zu stellen. Damit wurde die Seriosität der Meldungen und Berichte weitgehend abgesichert.

Dennoch war ein solcher Arbeits- und Lebensstil mit Problemen und Entbehrungen verbunden. So schrieb Genthe in einem Brief aus Marokko am 17. Februar 1904 an die Vereinsbrüder der „Gothania" in Jena:

„Indessen muß ich mildernde Umstände beantragen. Wer wie ich sein ganzes Leben in der Fremde, und nicht ansässig an einem Ort oder in einem Lande, sondern als richtiger Nomade umherziehend von Land zu Land verbringt, kann nicht ordnungsmäßig Termine einhalten für seine Korrespondenz und seine Zahlungsverpflichtungen, die man daheim unter geregelten Verhältnissen als wohltätigen Zwang empfindet ..."[28]

Das hohe Einkommen stand oft einer notwendigen kostspieligen Lebensführung gegenüber. Das zeigte sich u. a. bei der Entsendung nach China. Zwar bat Dr. Neven DuMont Schauberg in einem Brief an Staatsminister von Bülow eigens um Unterstützung der Mission Genthes bei den Konsularbehörden in China und Japan[29], doch damit waren die Schwierigkeiten und Strapazen einer solchen Unternehmung noch lange nicht aus dem Weg geräumt. So mußte ein Stab von Dienern vor Ort unter Vertrag genommen werden. Auch die Ausrüstung, Unterkunft und die einzelnen Stationen der Route sollten (finanziell) abgesichert sein. In einem Kriegsgebiet war all das mit zusätzlichen Aufwendungen verbunden.

Nach Angaben von Wegener reiste Siegfried Genthe direkt von Nordamerika aus nach China. Sechs Aufsätze, welche die Überfahrt und die Lage in Peking schildern, erschienen danach vom 21. Oktober bis 15. November 1900 in der „Kölnischen Zeitung". Zwölf weitere Artikel sollen die Erlebnisse und Eindrücke behandeln, die Genthe während seiner Teilnahme am Zug des Generals Gaselee im Oktober 1900 nach Pautingsu niederschrieb. Ihre Veröffentlichung wurde von Georg Wegener auf die Zeitspanne vom 3. April bis 9. Mai 2001 datiert. Darüber hinaus vermerkte der Freund und Herausgeber der Reisebücher, daß weitere neun Aufsätze den historischen Monumenten und Kunstschätzen Chinas gewidmet waren. Sie sollen vom 7. bis 24. Dezember 1902 veröffentlicht worden sein.[30]

All diese spezifischen Publikationen im Kontext der unrühmlichen Rolle des deutschen Kaiserreiches während des Boxeraufstandes auszuwerten, kann nicht Anliegen dieser Einführung in Leben und Werk von Siegfried Genthe bzw. der Würdigung seiner Reisebeschreibung über Korea sein.

Jedoch ermöglichen die nachgelassenen Schilderungen von Georg Wegener erste interessante Einblicke in die Zeit des China-Aufenthalts und die damit verbundene Haltung von Siegfried Genthe. Er charakterisiert den jungen Journalisten als einen Menschen, der nicht „mit spielender Sicherheit auf jeder Welle schwimmen" wollte[31]. Zudem beschreibt er in seinem Erinnerungsartikel sehr überzeugend und lebendig das Zusammentreffen mit dem Freund in

China. Wegener, der selbst eine Reihe von Reisebüchern hinterlassen hat, war zur Vervollkommnung seiner wissenschaftlichen Studien oft in der Welt unterwegs. So begegneten sich die beiden ehemaligen Marburger Studenten unter recht „ausgefallenen Umständen"[32], die dennoch als typisch für beide Männer angesehen werden können. Bezeichnenderweise führte das große kunsthistorische Interesse Wegener und Genthe inmitten der Kriegswirren an einem kulturell-bedeutsamen Ort in China zusammen. Beide waren trotz Sturm und Dauerregen zur Besichtigung der Stadt Pautingsu aufgebrochen, vor dessen Toren die Truppen von Waldersee und Gaselee am 20. Oktober 1900 lagerten. Wegener berichtet sehr bildlich, wie er in der dumpfigen Wache der englischen Truppen schon einen anderen Herrn vorfand,

> „mittelgroß, auffallend gut gewachsen und, mit etwas wunderlicher Zusammenstellung, in einen gelben Khakianzug, mächtige Gummistiefel und eine kleine Reisemütze gekleidet".[33]

Der Mann, der ebenfalls um eine Erlaubnis zur Stadtbesichtigung bat, war Dr. Siegfried Genthe. Diese persönliche Begegnung und die sich anschließende gemeinsame einmonatige Reise unter komplizierten Bedingungen, hat die Freundschaft der beiden Männer wohl nachdrücklich besiegelt.

Mehrfach hebt Wegener hervor, daß sie in fast allen Dingen und Ansichten übereinstimmten,

> „in unserem Gefühl für die unleugbaren Vornehmheiten in chinesischer Kunst und Sitte, in dem Urteil über Personen und Maßregeln in diesem sogenannten ‚Krieg' und vieles andere".[34]

Bis Mitte November 1900 reisten Genthe und Wegener gemeinsam und ergänzten sich in ihren geographischen und kulturwissenschaftlichen Studien. Dabei interessierten Genthe, der sich mit den damals gängigen Standartwerken bestens auf den China-Aufenthalt vorbereitet hatte, ganz besonders die alten Kulturdokumente und die chinesische Sprache. Mit der ihm eigenen Ernsthaftigkeit begann er sogar Chinesisch zu lernen. In verschiedensten Situationen zeigte sich, daß Genthe nichts von jener „draufgängerischen Wild-West-Existenz" an sich hatte, die man bei seinen Berufskollegen nicht selten vorfand. Wegener beschreibt ihn als einen

> „durchaus feinen Mensch, äußerlich wohlerzogen, mit guten Manieren, innerlich vornehm denkend und taktvoll".[35]

Ein Anmaßen, Aufdrängen oder überhebliches Einmischen blieb ihm suspekt. Diese noblen Charaktereigenschaften, die von verschiedenen Zeitgenossen Genthe zugeschrieben werden, machen es verständlich, daß die vom Auftraggeber verlangten Kriegsschilderungen nicht Zentrum seines Denkens und

Handelns sein konnten. Das bestätigt u. a. die schon erwähnte kritische Stellungnahme zur Beschlagnahme der Instrumente der Pekinger Sternwarte.[36] Diese These wird zudem erhärtet, wenn man die Ansichten und Wortmeldungen anderer Korrespondenten in Ostasien in diesen Jahren zum Vergleich heranzieht. So erwähnt Wegener beiläufig, daß zu ihrer Karawane auch Rudolf Zabel (1876-?) und August Wilhelmi (1845–1908) gehörten[37], die sich als Reiseschriftsteller unumstritten bleibende Verdienste erworben haben. Jedoch betrachten diese Publikationen andere Kulturen wohl stärker unter dem Vorzeichen eines europäischen Überlegenheitsdenkens.[38] Weil laut Mitteilung des Verlages DuMont Schauberg im zweiten Weltkrieg die Redaktionsarchive der „Kölnischen Zeitung" durch Bombenangriffe zerstört wurden[39], lassen sich die Korrespondenzen zu dieser Problematik zwischen Genthe und dem Zeitungshaus leider nicht mehr auswerten.

„Jede Reise ist ein eigenständiges Wesen; keine gleicht der anderen"
(John Steinbeck)

„Von China fortzukommen, unter so ungewöhnlichen Verhältnissen, wie sie seit länger als einem Jahre im Lande herrschen, ist nicht so ganz einfach"[40],

schreibt Siegfried Genthe im ersten Kapitel seines Reisebuches über Korea, das die Überfahrt von China nach Chosun umfaßt. Hier ist anzumerken, daß Genthe trotz der Strapazen der zurückliegenden Monate nicht in die Heimat oder in die USA zurückkehrte. Der junge Berichterstatter der „Kölnischen Zeitung" schiffte sich stattdessen in den ersten Junitagen des Jahres 1901 in Tientsin auf dem japanischen Dampfer „Tategami Maru" in Richtung Tschemulpo (heute Inchon) ein. Das Schiff war Eigentum der großen japanischen Reederei Nippon Yusen Kaisha

„und ein ganz und gar japanisches Produkt. Auch nicht der geringste Gegenstand schien aus dem Auslande bezogen, alles national japanische Arbeit, vom Rumpf und der Maschine bis zum Essgeschirr und den Büchsenspeisen bei Tisch"[41],

bemerkt Genthe, der sogleich eine Erörterung der Stellung Japans im ostasiatischen Orbit in einem von Objektivität und von sachlicher Information geprägten Ton anschließt. Die Ausführungen zu den politischen und ökonomischen Verhältnissen belegen die Weitsicht des Journalisten, der zudem die Leistungen anderer Völker anzuerkennen vermag. So reflektierte er u. a. die große Präsenz Japans als See- und Handelsmacht und die sichtbare Westorientierung des Landes, die z. B. in der europäischen Kleidung der japanischen Passagiere und den zelebrierten Manieren an Bord deutlich wurde. Auf der anderen Seite registrierte Genthe scharfsinnig die Konstellation zwischen Japan und Rußland, die er auf eine Auseinandersetzung um die Vorherrschaft in Ostasien zutreiben sah.[42]

Am 22. Juni 1901 traf Genthe laut Konsul Weipert in Seoul ein und bereiste bis Ende November das damals kaum erschlossene Land im Auftrag seiner Zeitung. Nach einem Zwischenaufenthalt in Tschemulpo durchstreifte er mit einer Karawane weite Teile Zentralkoreas. Von dort wanderte er nach Norden zu den buddhistischen Klöstern in den Diamantenbergen und kehrte nach einem anstrengenden Marsch von fast 300 Kilometern durch von Ausländern kaum berührtes Gebiet nach Seoul zurück. Höhepunkt der Exkursion, über die Siegfried Genthe für die „Kölnische Zeitung" berichtete (Abdruck vom 13. Oktober 1901 bis 30. November 1902), war die Ersteigung des Hala-san auf der Insel Cheju (Quelpart).

Der Bedeutung dieser ersten Reisebeschreibung eines Deutschen über Korea ist im Rahmen dieser Neuherausgabe ein eigenständiges Kapitel gewidmet. So sei an dieser Stelle nur vermerkt, daß Genthe nach einer Odyssee über Wladiwostok und Port Arthur schließlich mit der transsibirischen Eisenbahn nach Europa kam. Damit gehörte er zu den wenigen Augenzeugen, welche die Situation im Vorfeld des russisch-japanischen Krieges in den nunmehr russischen Besitzungen Port Arthur und Charbin hautnah erlebten. Nach einer abenteuerlichen Fahrt und mehr als fünf Jahren Abwesenheit kehrte Genthe schließlich über Moskau nach Deutschland zurück.

Der Freund Georg Wegener, der ihn während seiner Stippvisite in der Heimat in Berlin empfing, berichtet von dem Tatendrang des ehrgeizigen Journalisten. Seine ausgezeichnete Arbeit auf den verschiedensten Auslandsposten hatte seine Position im Herausgeberkreis der „Kölnischen Zeitung" maßgeblich gestärkt. Eine große Karriere schien vor dem jungen Mann zu liegen. Das Vertrauen der Zeitung zeigte sich u. a. in der Berufung Genthes auf die wichtige Stelle eines ständigen Vertreters in Paris im September 1902. Doch dem beweglichen Journalisten bot dieser repräsentative wie verantwortungsvolle Posten wohl zu wenig individuellen Spielraum. Bereits zu Beginn des Jahres 1903 nahm er die Entsendung nach Marokko an. Von dort berichtete er für sein Zeitungshaus über den Bu Hamara-Aufstand.

Hintergrund dieser Rebellion waren die Bestrebungen unterschiedlicher Stammesgruppen und ethnischer Minderheiten, die Macht des Sultans Abd el Aziz zu schwächen. Bu Hamara nutzte geschickt den berechtigten Groll und die Verbitterung der Bevölkerung über die schlechte wirtschaftliche und soziale Lage im Lande. Das Volk war zum Beispiel verärgert über die Unsummen, die der Herrscher zu seiner Unterhaltung im westlichen Stil ausgab. So duldete er zum Beispiel, daß „seine Haremsdamen radelten" und er ließ sich „sogar photographieren".[43] Da im Koran das Nachbilden von Menschen unter Verbot steht, brachte das den Sultan zusätzlich in den Verruf, ein Christ zu sein.

Somit begünstigten die überstürzten wie dilettantischen Modernisierungsmaßnahmen des Herrschers die persönlichen Ambitionen des Rebellenführers Bu Hamara. Die Ermordung des englischen Missionars Cooper im Winter 1902/1903, die Abd el Aziz sehr schnell im Sinne der Europäer bestrafte, führte zum offenen Ausbruch der Unruhen. Seruni oder Bu Hamara (übersetzt „Vater der Eselin"), wie er sich nach seinem Reittier nannte, war als Prediger gegen die Fremdenfreundlichkeit des Sultans gerade zur Zeit der Hinrichtung des Mörders des Missionars auf dem Wege nach Fes. Sein Plan, sich in dieser angespannten Situation der religiösen Gefühle der Marokkaner für seine eigenen Machtbestrebungen zu bedienen, ging auf. So gab er sich als Bruder des Sultans Mulai Mohamed aus, der gekommen sei, um den bestehenden unwürdigen Umständen ein Ende zu setzen. Damit begann der Aufstand, der das politisch schon instabile Land völlig demoralisierte.

Dabei wären gerade zu diesem Zeitpunkt produktive Neuerungen und Veränderungen objektiv notwendig gewesen, um die nationale Souveränität des Landes zu stärken, da die europäischen Mächte ihre kolonialen Ambitionen bzw. ihren Einfluß auf Marokko zu vertiefen trachteten. Hauptakteure in diesem Machtspiel waren Frankreich, England und Deutschland. Seit dem 17. Jahrhundert verstand sich England als die führende Macht. Doch nach der Einverleibung Algeriens und Tunesiens war Frankreich besonders bestrebt, seine Stellung in Nordafrika auszubauen. Das rohstoffreiche Land wurde somit zum Zankapfel kolonialer Interessen.

Genthe berichtete in seinen Reisebriefen, die vom 20. August 1903 bis 1. Mai 1904 in der „Kölnischen Zeitung" abgedruckt wurden, über die komplizierten Zustände in Marokko, manchmal auch mit einer Spur von europäischem Unverständnis für die chaotischen Verhältnisse vor Ort. Die Rückständigkeit und religiöse Borniertheit, die Grausamkeiten der Herrscherdynastien über die Jahrhunderte hinweg lassen den ansonsten so sachlichen Journalisten nicht unberührt. Zwar ist Genthe bestrebt, einzuordnen, zu relativieren, doch ab und an sucht er den Vergleich zu seinen Erfahrungen in anderen Weltregionen. Seine inneren Bindungen an den ostasiatischen und pazifischen Raum werden so an mancher Stelle zum Vergleichspunkt zu Ungunsten des nordafrikanischen Landes und leisten einer Standardisierung bzw. Klischeebildung Vorschub. Dennoch bleibt er auch in diesem Reisebericht ganz Historiker und Geograph, der dem Leser eine Einführung in Flora und Fauna, in die Geschichte und kulturhistorisch bedeutsamen Sehenswürdigkeiten vermittelt. Damit reiht sich Genthe in die Tradition der Wissenschaftsreisenden nach

Nordafrika ein, die im 19. Jahrhundert durch Geographen, Geologen oder Ethnographen wie Heinrich Barth, Prinz Wilhelm zu Löwenstein, Gerhard Rohlfs oder Heinrich Freiherr von Maltzan begründet wurde. Doch Marokko war zwischenzeitlich zunehmend Gegenstand westlicher ökonomischer Interessen geworden. So bieten die Berichte zu Beginn des 20. Jahrhunderts, die meist im Auftrag von Zeitungsredaktionen unternommen wurden eine bunte Palette von Perspektiven, die auch politisch-strategisch oder wirtschaftlich orientiert waren. Beispiel hierfür wäre u. a. das Buch von Heinrich Claß „West-Marokko deutsch" aus dem Jahre 1911.[44]

In dem Reisebuch über Marokko werden von Siegfried Genthe – wie bereits in den anderen Publikationen – persönliche Befindlichkeiten weitgehend ausgeblendet. Jedoch ergänzen die Schilderungen in diesem Band photographische Impressionen, die der Journalist mit seiner Kamera aufnahm.[45] Dank der Bereitstellung dieser als persönliches Geschenk an Fräulein Margarete Rottenburg gegebenen Aufnahmen konnte die Reisebeschreibung „Marokko" als einziges Buch Genthes 1906 mit den dazugehörigen Abbildungen posthum erscheinen. Das Medium Bild erfreute sich in diesen Jahren bereits großer Beliebtheit und galt als authentisches Material mit erhöhter Beweiskraft. Es ist bemerkenswert, daß die Aufnahmen von Genthe – nicht wie zu seiner Zeit allgemein üblich – in erster Linie den unzivilisierten, wilden Naturmenschen oder eine „exotische" Kulisse zeigen, die dem Betrachter den Blick verstellten. Seine Bilder richten sich in einer gewissen aristokratischen Art gegen diese klischeehaften Vorstellungen und vorgefaßten Meinungen, die über Bilder zunehmend über andere Völker und Kulturen transportiert wurden. Photos von kulturhistorischen Sehenswürdigkeiten und Landschaften, die den islamischen Menschen ihre Würde belassen, kennzeichnen Genthes bildkünstlerische Arbeiten, die u. a. durch Naturaufnahmen faszinieren.

Siegfried Genthe, der sich in diesen ihm bisher gänzlich fremden Kulturraum mit der ihm eigenen Korrektheit und Zähigkeit wissenschaftlich einarbeitete, kam Anfang März 1903 nach Tanger. Am 14. April 1903 brach er nach Fes auf.

Dort waren nur wenige Europäer zurückgeblieben, da die in dieser Region agierenden Aufständischen unter Bu Hamara als äußerst grausam und fremdenfeindlich galten.

> „Ich bin zurzeit der einzige sogenannte Vergnügungsreisende hier, andere Zeitungsmänner oder sogenannte Forschungsreisende haben sich beizeiten aus dem Staube gemacht."[46]

Dieses Zitat aus einem Brief von Genthe an den Freund Wegener läßt die Brisanz der Situation erahnen. Mit einem gewissen Sarkasmus berichtet er in diesen persönlichen Zeilen von der umgehenden Angst, welche die meisten Diplomaten und offiziellen westlichen Vertreter lähmte oder aus der Stadt trieb. Auf diese Weise wurde Siegfried Genthe u. a. das geräumige Konsulatsgebäude in Fes – mit seinen Springbrunnen und Orangenbäumen – vom deutschen Gesandten Freiherr von Mentzingen zeitweilig überlassen.

„Auf Wunsch des Hofes gehe ich einstweilen noch möglichst wenig aus, da die ganze Stadt voller wilder, bis an die Zähne bewaffneter Berber ist, die gar leicht dem verhaßten Nassrani [arabisches Wort für Christen – S. B.] das Lebenslicht ausblasen könnten mit der langen Flinte, ... die stets zur Hand und geladen ist, und damit Anlaß zu einer ‚Verwicklung' geben würden.... – und vor nichts haben die Diplomaten, afrikanische wie europäische, mehr Angst als vor der Arbeit. Und um nicht unnütz dies Schreckgespenst einer ‚Verwicklung' mit daranhängender Schreibarbeit, Entschädigungsansprüchen usw. heraufzubeschwören, bleibe ich wie ein Gefangener zwischen meinen vier Wänden, und habe so, zum erstenmal seit langem, Zeit, auch den einen oder anderen Privatbrief zu schreiben, wozu ich sonst viele Monate lang nicht komme."[47]

Diese Selbstaussage von Siegfried Genthe in einem Brief an Georg Wegener analysiert ohne jede Illusion die angespannte und gefährliche Situation in Marokko und das Verhalten der zuständigen offiziellen Stellen. Zugleich nehmen diese Sätze in gespenstischer Weise das Ende des Lebensweges des beherzten Journalisten und klugen Weltbürgers vorweg.

Siegfried Genthe kehrte am späten Nachmittag des 8. März 1904 von einem Spazierritt in die Umgebung von Fes nicht zurück. Am Anfang nahm man an, daß er von Berbern entführt worden sei. Solche Entführungen waren damals keine Seltenheit. In diesem Sinne hielt sich die erste Meldung in der „Kölnischen Zeitung" noch mit einer Stellungnahme zurück, zumal in Tanger ein auf den 7. März datierter Brief des Korrespondenten vorlag.[48] Hier ist anzumerken, daß für die Verbindung zur Außenwelt zu dieser Zeit keine modernen Kommunikationsmittel (Telegraphie etc.) zur Verfügung standen. Läufer trugen die Briefpost zur Küste. Die 280 Kilometer wurden je nach Wetterlage in vier oder auch in vierzehn Tagen zurückgelegt. Die straßenlosen Landstriche erschwerten das Reisen und die Nachrichtenübermittlung somit ungemein.[49]

Der junge Sonderberichterstatter hatte seine Mission in Marokko in den ersten Monaten des Jahres 1904 beendet. Die Koffer waren gepackt. Um den 10. März wollte er Fes verlassen und nach Europa zurückkehren. Anhaltende Regengüsse hatten den Bewegungsdrang Genthes über Wochen stark eingeschränkt. Zwar war er von verschiedenen Seiten mehrfach gewarnt worden, die Stadt zu verlassen. So ist in einem Schreiben vom 29.9.1903 des Kaiserlichen Deutschen Konsulats in Fes an Siegfried Genthe zu lesen:

„Mit Rücksicht auf die zur Zeit in der Umgebung von Fes herrschende Unsicherheit hatte ich Sie unter dem 25. d. Mts. gebeten, Ihre Spazierritte außerhalb der Stadtmauern bis auf weiteres aufzugeben. Da Sie sich meinen schriftlichen und mündlichen Vorstellungen bisher verschlossen haben und in Ihren Ausflügen fortfahren, erneuere ich hiermit mein Ersuchen, das nach Lage der Umstände im Interesse der hiesigen Europäer durchaus erwünscht und geboten ist."[50]

Genthe antwortete noch am gleichen Tag mit einer Beschwerde an von Bülow im Auswärtigen Amt.[51]

In dieser Frage hat der ansonsten so welterfahrene Journalist die Situation eindeutig unterschätzt.

Da er durch seine Kenntnis der arabischen Sprache mit den Marokkanern in Austausch treten konnte, glaubte er durch seine überlegten Umgangsformen – in Verbindung mit der Respektierung der Sitten und Religion der Menschen – vor einem solchem Anschlag relativ sicher zu sein. Es wird mehrfach berichtet, daß Genthe gern mit einfachen Menschen während seiner Ausritte über Land ins Gespräch kam. Ihre Ansichten waren für den toleranten und wissbegierigen jungen Mann von Interesse. So kann davon ausgegangen werden, daß er seinen Mördern unbefangen begegnete. Diese Arglosigkeit wurde ihm zum Verhängnis. Aus den Vernehmungsprotokollen seiner Mörder, die in einem Bericht der Kaiserlichen Deutschen Gesandtschaft in Tanger vom 12.11.1904 an Reichskanzler von Bülow zitiert werden, lassen sich Einzelheiten des Tatvorgangs rekonstruieren:

„An den Dornenbüschen der Schaba Gharga kam ihnen Genthe entgegengeritten. Sie vertraten ihm den Weg und Ul Chammar griff ihm in die Zügel mit der linken Hand. In der rechten hielt er ein Bajonettmesser. Genthe beugte sich nach vorn, streckte die rechte Hand aus und versuchte, den Zügel frei zu machen. Er schien den Überfall für einen schlechten Spaß zu halten. Ul Chammar ... stieß ihm das Bajonettmesser in die Brust. Gleichzeitig schoß ihm Be Haj unter der Achsel des rechten Arms in die rechte Brust. Genthe scheint sofort tot gewesen zu sein und sank vom Pferd herab. Danach saßen beide Mörder hintereinander auf das Pferd auf und galoppierten davon."[52]

Siegfried Genthe wurde das tragische Opfer eines Raubmordes. Wegen seines rassigen Pferdes mußte er, der zu den führenden und tolerantesten Auslandsberichterstattern seiner Zeit gehörte, sterben. Darüber geben die Akten des Auswärtigen Amtes in dieser Angelegenheit eindeutig Auskunft.[53]

Das Verschwinden von Genthe blieb am Anfang für die offiziellen Stellen Spekulation, obwohl sein Diener meldete, daß sein Herr nicht in die Stadt zurückkehrte.⁵⁴ Uld Ba Muhammed, der Pascha von Fes, versuchte die Ermordung Genthes vorerst zu vertuschen, und es ist wahrscheinlich, daß mit seiner Zustimmung der am Tatort zurückgelassene Leichnam in den Sebu verbracht wurde. Erst als sich die Gerüchte verdichteten, daß von Anwohnern des Flusses Sebu ein europäischer Leichnam gesichtet, jedoch aus Angst vor einer Verwicklung in den Kriminalfall wieder in den Fluß geworfen worden sei, begann auf Ersuchen des Deutschen Konsulats die marokkanische Regierung zu handeln. An verbliebenen Wäschestücken wurde der 1,86 m große Mann, der an der Mündung des Sebu am 21.4.1904 aufgefunden wurde, als Siegfried Genthe identifiziert.⁵⁵

Am 24. April 1904 wurde die Leiche von Dr. Genthe auf dem Friedhof in Larasche feierlich beigesetzt. Der Hartnäckigkeit und dem persönlichen Engagement von Dr. Philipp Vassel, Verweser des Kaiserlichen Deutschen Konsulats in Fes, ist es zu danken, daß der Mord an dem Berichterstatter der „Kölnischen Zeitung" schließlich aufgeklärt werden konnte.⁵⁶ Er setzte sich für die Festnahme der Mörder wie auch für eine diplomatische Lösung der Angelegenheit im Interesse der damaligen deutschen Politik ein.⁵⁷ Um die angeschlagene Position des Sultans nicht noch stärker zu schwächen, wurde eine lebenslange Haft der Mörder vereinbart. Zudem erklärte sich die marokkanische Seite bereit, eine Entschädigungssumme von 40.000 bis 50.000 Franc (in anderen Quellen wird von Reichsmark gesprochen) an die Hinterbliebenen von Siegfried Genthe zu zahlen. Der größte Teil dieser Summe – und der umfangreiche Nachlaß – wurden dem Bruder Arnold zugesprochen. Arnold Genthe war eigens aus diesem Grunde nach Marokko gereist und hatte seine Ansprüche geltend gemacht.⁵⁸

Eine verstärkt politische Dimension erhielt die Ermordung von Siegfried Genthe mit der weitern Zuspitzung der Auseinandersetzung der westlichen Mächte um Marokko.

Im März 1905 hatte Kaiser Wilhelm II auf Drängen des Reichskanzlers von Bülow dem Sultan von Marokko zu dessen diplomatischer Aufwertung einen Staatsbesuch in Tanger abgestattet. Mit seiner dort abgegebenen Erklärung über die Souveränität Marokkos demonstrierte der Kaiser, daß Frankreich nur mit Einbindung des deutschen Kaiserreichs seine Interessen in Nordafrika verfolgen könne. Das brüskierte Frankreich und führte über weitere Schritte schließlich zur Konferenz von Algeciras. Hier ist anzumerken, daß sich Marokko – bedingt durch innere wie äußere Faktoren – inzwischen immer stärker zu einem internationalen Krisenherd entwickelt hatte. Frankreich und Deutschland waren die Hauptkontrahenten beim Kampf um den ökonomischen wie politischen Einfluß in Marokko. Zur Vermeidung kriegerischer Auseinandersetzungen suchte man einen Kompromiß, der sich in der Konferenz von Algeciras im Januar 1906 bzw. in der „Algeciras-Akte" vom 7. April

1906 dokumentierte. Die getroffenen Vereinbarungen dienten jedoch insbesondere den Interessen Frankreichs und führten zur weiteren internationalen Isolierung Deutschland.

In diesen Kontext sind die weiteren Vorgänge um Siegfried Genthe einzuordnen. In einem Gespräch am 20. März 1905 mit dem Sultan stellte Konsul Vassel ein Entgegenkommen der Reichsregierung in der Angelegenheit Genthe in Aussicht, falls Marokko den ökonomischen Forderungen des deutschen Reiches entgegenkommen würde.

„Der Sultan bedankte sich für die entgegenkommende Haltung der kaiserlichen Regierung.[59]"

So führte auf der Basis der bestehenden politischen Situation der Besuch von Wilhelm II am 31. März 1905 in Tanger schließlich zur Vereinbarung, für den ermordeten deutschen Journalisten ein monumentales Grabdenkmal zu errichten. Hatte die deutsche Presse kurz nach dem Tode von Genthe noch sehr verhalten reagiert,[60] so lassen nachfolgende Reaktionen, die u. a. nach Sühne riefen, auf eine politische Instrumentalisierung des tragischen Todesfalls schließen.[61]

Andererseits erkennen eine Reihe von zeitgenössischen Quellen, die realen Umstände, die zur Ermordung Genthes beitrugen, weiterhin unumwunden an. So betont Kapitän Leonard Karow, ein Kenner der nordafrikanischen Verhältnisse, in seinen 1909 veröffentlichten Erinnerungen:

„Das Buch [von Genthe – S. B.] ist indessen ein Beweis von der Sorglosigkeit des Verfassers. Er äußerte sich zuweilen recht abfällig über die philisterhafte Furcht der Europäer in Marokko, und er mag in gewisser Hinsicht Recht gehabt haben. Denn der Marokkaner ist im Durchschnitt ein recht harmloser Mensch, solange man ihn nicht in seinen religiösen Gefühlen belästigt. Es ist ein trauriges Geschick, daß gerade Dr. Genthe, der ein so großes Zutrauen zu dem Volke hatte, von Mörderhand fallen mußte."[62]

Mit Siegfried Genthe verlor die „Kölnische Zeitung" einen hochbegabten jungen Mitarbeiter und die deutschsprachige Publizistik einen toleranten und weltoffenen Journalisten, der auf ganz eigene Art und aus innerer Überzeugung heraus seine Stimme zum Nutzen eines friedlichen Dialogs der Kulturen in einer Zeit des aufsteigenden Nationalismus und Chauvinismus erhoben hatte. Mit seinen Reisebüchern setze er dieser Überzeugung jedoch ein Denkmal, das für heutige Aufgaben in unserer globalisierten Welt bedenkenswert sein sollte.

ANMERKUNGEN

[1] Kölnische Zeitung, 1. April 1904
[2] Kölnische Zeitung, 12. September 1901
[3] Harbsmeyer, Michael: Reisebeschreibungen als mentalitätsgeschichtliche Quellen. In: Maczak, Antoni/Teuteberg, Hans-Jürgen (Hrg.): Reiseberichte als Quellen europäischer Kulturgeschichte, Wolfenbüttel 1982, S. 1.
[4] Vgl. hierzu: Genthe, Arnold: As I remember, New York 1936, S. 7 und 18
[5] Vgl. hierzu: Wegener, Georg Hrg.: Siegfried Genthe, Korea, Berlin 1905, Seite XIII
[6] Vgl.: Nachrichten des Gymnasiums zum Grauen Kloster, Teil III, Berlin 1872, S. 36
[7] Die Zeitung mußte ihr Erscheinen schon kurze Zeit später wieder einstellen.
[8] Vgl. hierzu: Fischer Theobald, Siegfried Genthe. In: Petermanns Mitteilungen, Bd. 48/1902, S. 22
[9] Vgl. hierzu: Genthe, Arnold: As I remember, New York 1936, S. 87–97
[10] Wegener, Georg: Das Gastgeschenk. Erinnerungen, Leipzig 1938, S. 350
[11] Der Titel der Dissertation lautete: „Der persische Meerbusen. Geschichte und Morphologie"
[12] Dr. J. Neven Du Mont wurde Genthes Reisebeschreibung über Samoa, Berlin 1908 gewidmet.
[13] Brief an Theobald Fischer, ohne Datum. Zitiert nach: Genthe, Siegfried: Korea, Seite XL
[14] Auf die Problematik der Nachlaßregelung wird an späterer Stelle in diesem Aufsatz ausführlich Bezug genommen. Nachweislich erbte der Bruder Arnold alle Hinterlassenschaften (Fotoarchiv, Bibliothek, Tagebücher, Kunstgegenstände etc.) und erhielt die hohe Entschädigung von 40.000 Reichsmark vom marokkanischen Staat.
[15] Vgl. hierzu: Genthe, Siegfried: Samoa. Hrg. von Georg Wegener, Berlin 1908, S. 21ff.
[16] Vgl. hierzu: Lehmann, Johannes: Die Außenpolitik und die „Kölnische Zeitung" während der Bülow-Zeit (1897–1909), Bleicherode am Harz 1937, S. 45–46
[17] Vgl. hierzu: Lehmann, Johannes: Die Außenpolitik und die „Kölnische Zeitung" während der Bülow-Zeit (1897–1909), Bleicherode am Harz 1937, S. 46 und Akten des Auswärtigen Amtes, Samoa/XIV, 2 (22.1.1899)
[18] Vgl. hierzu: Wegener, Georg: Meine Erinnerungen an Siegfried Genthe. In: Velhagen & Klasings Monatshefte, XIX, Jahrg., H. 3/Nov. 1904, S. 306
[19] Wegener, Georg: Meine Erinnerungen an Siegfried Genthe. In: Velhagen & Klasings Monatshefte, XIX, Jahrg., H. 3/Nov. 1904, S. 307
[20] Ich verweise hier u. a. auf Rudolf Zabel, der wie Genthe als Journalist Reisen nach China, Korea und Marokko unternahm.
[21] Genthe, Siegfried, Samoa, Berlin 1908
[22] Zur Illustration des Sprachgebrauchs bei Genthe sei folgendes Zitat angeführt: „Da sind wir Wilden doch bessere Menschen! Das dürfen die Samoaner sich wirklich mit Recht sagen, wenn sie die wilden Gesellen von den englischen und amerikanischen Kriegsschiffen ihr Geld vertun sehen, als ob der Rausch das höchste aller Güter für sie wäre". Zitiert nach: Genthe, Siegfried: Samoa, Berlin 1908, S. 62
[23] Vgl. hierzu: Wegener, Georg: Meine Erinnerungen an Siegfried Genthe. In: Velhagen & Klasings Monatshefte, XIX, Jahrg., H. 3/Nov. 1904, S. 308 und 310
[24] Genthe, Siegfried. Samoa, Berlin 1908, S. 306
[25] Vgl. hierzu: Kürschner, J.: Handbuch der Presse, Spalte 604 ff.
[26] Vgl. hierzu: Lehmann, Johannes: Die Außenpolitik und die „Kölnische Zeitung" während der Bülow-Zeit (1897–1909), Bleicherode am Harz 1937, S. 42–43
[27] Zitiert nach: Lehmann, Johannes: Die Außenpolitik und die „Kölnische Zeitung" während der Bülow-Zeit (1897–1909), Bleicherode am Harz 1937, S. 43
[28] Genthe, Siegfried: Brief vom 17. Februar 1904 an A. T.-V. Gothiana, Weimarischer Hof, Jena. Zitiert nach: Vereinsblatt des Akademischen Turnvereins Gothiana, XVIII. Jhrg./No. 3; Jena, Pfingsten 1904, S. 54

[29] Vgl. hierzu: Akten des Politischen Archivs des Auswärtigen Amtes, China/R 18293
[30] Die Aussagen beziehen sich auf Angaben des Herausgebers Georg Wegener im Vorwort, S. XXXV. In: Genthe, Siegfried: Korea, Berlin 1905.
[31] Wegener, Georg: Meine Erinnerungen an Siegfried Genthe. In: Velhagen & Klasings Monatshefte, XIX, Jahrg., H. 3/Nov. 1904, S. 309
[32] Wegener, Georg: Meine Erinnerungen an Siegfried Genthe. In: Velhagen & Klasings Monatshefte, XIX, Jahrg., H. 3/Nov. 1904, S. 307
[33] Wegener, Georg: Meine Erinnerungen an Siegfried Genthe. In: Velhagen & Klasings Monatshefte, XIX, Jahrg., H. 3/Nov. 1904, S. 307
[34] Wegener, Georg: Meine Erinnerungen an Siegfried Genthe. In: Velhagen & Klasings Monatshefte, XIX, Jahrg., H. 3/Nov. 1904, S. 307
[35] Wegener, Georg: Meine Erinnerungen an Siegfried Genthe. In: Velhagen & Klasings Monatshefte, XIX, Jahrg., H. 3/Nov. 1904, S. 309
[36] Vgl. hierzu Anmerkung 2 und die dazugehörigen Ausführungen in dieser Publikation
[37] Vgl. hierzu: Wegener, Georg: Meine Erinnerungen an Siegfried Genthe. In: Velhagen & Klasings Monatshefte, XIX, Jahrg., H. 3/Nov. 1904, S. 307
[38] Auf die Bücher von Rudolf Zabel „Im mohammedanischen Abendlande. Tagebuch einer Reise durch Marokko", 1905 und „Meine Hochzeitsreise durch Korea während des russisch-japanischen Krieges", 1906 wird an anderer Stelle noch genauer eingegangen.
[39] Vgl. hierzu: E-Mail von Frau Petra Schwarzer, Redaktionsarchiv Verlag DuMont Schauberg, Köln vom 2.11.2004 an die Verfasserin.
[40] Genthe, Siegfried: Korea, Berlin 1905, S. 3
[41] Genthe, Siegfried: Korea, Berlin 1905, S. 15
[42] Vgl. hierzu: Genthe, Siegfried: Korea, Berlin 1905, S. 17 und 24
[43] Vgl. hierzu: Karow, Leonhard: Neun Jahre in marokkanischen Diensten, Berlin 1909, S. 38–39.
[44] Vgl. hierzu: Lazaare, Khalid: Marokko in deutschen Reiseberichten des 19. und beginnenden 20. Jahrhunderts, Frankfurt/Main 1998, S. 20–26
[45] Die Photo- Arbeiten Genthes über Marokko gingen – wie der gesamte Nachlass – in die Hände des Bruders Arnold über. Dem Herausgeber Wegener wurden sie nicht zur Verfügung gestellt. Die in der Reisebeschreibung „Marokko" veröffentlichten Aufnahmen stellte Frl. Margarete Rottenburg aus Tanger für die Ausgabe von 1906 zur Verfügung.
[46] Zitiert nach: Wegener, Georg: Einleitung, S. XLIII. In: Genthe, Siegfried: Korea, Berlin 1905
[47] Zitiert nach: Wegener, Georg: Einleitung, S. XLIV. In: Genthe, Siegfried: Korea, Berlin 1905
[48] Vgl. hierzu: Kölnische Zeitung vom 15.3.1904
[49] Vgl. hierzu: Genthe, Siegfried: Brief vom 17. Februar 1904 an A. T.-V. Gothiana, Weimarischer Hof, Jena. Vereinsblatt des Akademischen Turnvereins Gothiana, XVIII. Jhrg./No. 3; Jena, Pfingsten 1904, S. 54–55
[50] Akten des Politischen Archiv des AA, Marokko R 15566/B 15037
[51] Akten des Politischen Archiv des AA, Marokko R 15566/B 15888
[52] Akten des Politischen Archiv des AA, Marokko R 15570/B 18187
[53] Vgl. hierzu: Akten des Politischen Archiv des AA, Marokko R 15568/B 108
[54] Vgl. hierzu: Akten des Politischen Archiv des AA, Marokko R 15568/B359
[55] Vgl. hierzu: Akten des Politischen Archiv des AA, Marokko R 15568/B 6839
[56] Vgl. hierzu: Akten des Politischen Archiv des AA, Marokko R 15696/B 15930
[57] Vgl. hierzu: Akten des Politischen Archiv des AA, Marokko R 15570/B 1602; R 15569/B 1188 & 1303
[58] Vgl. hierzu: Akten des Politischen Archiv des AA, Marokko R 15569/B1354
[59] Akten des Politischen Archiv des AA, Marokko R 15578/B 114
[60] Vgl. hierzu: Nachruf der Kölnischen Zeitung vom 1.4.1904 auf Siegfried Genthe,
[61] Vgl. hierzu: Akten des Politischen Archiv des AA, Marokko R 15650/B 1298 und „Weser Zeitung", Bremen vom 14.10.1904
[62] Karow, Leonhard: Neun Jahre in marokkanischen Diensten, Berlin 1909, S. 88

SIEGFRIED GENTHES „KOREA":
ZUR REZEPTION DER REISEBESCHREIBUNG 100 JAHRE NACH IHRER ERSTVERÖFFENTLICHUNG

„Ich möchte Weltbürger sein, überall zu Hause und,
was noch entscheidender ist, überall unterwegs"
(Erasmus von Rotterdam)

Warum reisen wir? – Damit wir noch einmal erfahren,
was uns in diesem Leben möglich ist!"
(Max Frisch)

Reisebeschreibungen haben seit Jahrhunderten einen festen Platz in der deutschsprachigen Literatur. Mit der Entwicklung des modernen Zeitungswesens und den damit verbundenen materiellen, pädagogischen und ideologischen Bestrebungen des Bürgertums wuchs das öffentliche Interesse an solchen Texten. Zwischen 1835 und 1914 kamen etwa zehn Berichte deutscher Korea-Reisender auf den Markt. Ergänzt wurden diese Publikationen durch zahlreiche fachspezifische Aufsätze und Abhandlungen von Geologen, Geographen, Kaufleuten, Diplomaten, Münz- und Seefahrtsexperten etc. Hieran läßt sich insbesondere das steigende politisch-ökonomische Interesse in den Jahren der Öffnung Koreas zwischen 1876 und 1905 ablesen.[1] Das von der Außenwelt über Jahrhunderte abgeschlossen Korea gelangte nunmehr verstärkt in das Blickfeld europäischer und außereuropäischer Mächte, die um Einflußsphären in Ostasien rangelten. Die Halbinsel wurde ihrer strategischen Lage wegen schon 1866 zum Objekt militärischer Öffnungsversuche Frankreichs und der USA. Zehn Jahre später läutete der Vertrag von Kangwha die Vormachtstellung Japans ein, die durch gewonnene Kriege gegen die Konkurrenten China (1894) und Rußland (1904/1905) besiegelt wurde.

Siegfried Genthe kommt das Verdienst zu, Korea als erster deutscher Journalist bereist und seine Erlebnisse in der ersten deutschsprachigen Reisebeschreibung über das Land dokumentiert zu haben. Während die Mehrzahl der westlichen Korrespondenten im Anschluß an ihre Berichterstattung in China die Länder Rußland oder Japan besuchten, begab sich Genthe im Sommer 1901 in das zu Beginn des 20. Jahrhunderts im Westen noch weitgehend unbekannte „Land der Morgenstille". Seine ausführlichen Reportagen in der „Kölnischen Zeitung" zwischen Oktober 1901 bis November 1902 stellten einen bedeutsamen Beitrag zur Informations- und Wissensvermittlung über Korea dar. In Buchform erschienen die Beiträge – herausgegeben und eingeleitet von Georg Wegener – unter dem Titel „Korea – Reiseschilderungen" 1905 im Allgemeinen Verlag für Deutsche Literatur in Berlin. Der Verein stand unter dem Protektorat von Großherzog Wilhelm Ernst von Sachsen-Weimar und Herzog Friedrich von Anhalt. In ihrer Satzung hatte sich der Verein die Aufgabe gestellt, zur Verbreitung hervorragender populärwissenschaftlicher Werke der Geschichte, Literatur, Länder- und Völkerkunde, Philosophie und Kunst durch erschwingliche Buchpreise beizutragen bzw. durch eine kostenlose Abgabe an deutsche Bibliotheken im In- und Ausland ihre Bekanntmachung zu fördern.

Der 343 Seiten umfassende Band „Korea" von Siegfried Genthe wurde – wie seine Arbeiten zu Samoa und Marokko – von Wegener in dieser Reihe veröffentlicht. Das Buch ist in vier Hauptkapitel untergliedert, die den Reiseverlauf von der Küste des gelben Meeres, über die Expedition in das Landesinnere (u. a. Kangwon-do, Diamantengebirge etc.), den Aufenthalt in Seoul bis hin zur abenteuerliche Fahrt nach Quelpaert (Cheju-do) recht genau nachvollziehbar machen.[2] Leider sind die Reisekarten und die Tagebuchnotizen aus dem Nachlaß, die diese Aussagen noch spezifizieren könnten, nicht mehr auffindbar.[3]

Siegfried Genthe, der sich fast ein halbes Jahr in Korea aufhielt, bereiste weite Teile des Landes auf zum Teil außergewöhnliche Weise. Dabei wurde der Journalist, der über eine robuste Gesundheit verfügt haben muß, auf einigen Wegstrecken (u. a. nach Kangwon-do zu den deutschen Bergwerken) von dem Engländer Angus Hamilton begleitet. Diese Tatsache erscheint in Anbetracht der damaligen durch Nationalismus und Chauvinismus geprägten politischen Atmosphäre erwähnenswert. Die nachgelassenen Reiseberichte von Genthe wie Hamilton – die Dialogbereitschaft und Toleranz über Kulturgrenzen hinweg signalisieren – belegen zudem, daß es sich um mehr als eine einfache Reisegemeinschaft zur Erleichterung der alltäglichen Strapazen handelte. Die Korea-Beschreibungen des jungen Engländers wie des jungen Deutschen überzeugen durch Objektivität und Faktizität, die eine verantwortungsvolle Berichterstattung auszeichnen. Es spricht darüber hinaus für die Weltoffenheit Hamiltons, daß er trotz der politisch angespannten Lage zwischen Deutschland und England sein Buch „Korea – Das Land des Morgenrots" dem Deutschen Siegfried Genthe widmete.[4]

Bei Hamilton finden sich viele Informationen von Genthe bestätigt. Insbesondere an den Darlegungen zur Geschichte (einschließlich der Operationen zur Öffnung) Koreas, zur wirtschaftlichen Entwicklung bzw. zum ökonomischen wie politischen Einfluß der europäischen Mächte lassen sich Anzeichen einer produktiven Zusammenarbeit beider Reiseberichterstatter nachweisen. Hamilton, der ebenso wie Genthe persönliche Inszenierungen in seinen Texten für unangebracht gehalten haben muß, besticht in seinen Darlegungen durch die Auflistung von beeindruckenden Übersichten und statistischen Angaben. Der hydrometrische Bericht der Jahre 1887 bis 1901 ist ebenso von Interesse wie die Handelsbilanzen von England und Japan oder das Strafmaß für schwere Verbrechen in Korea am Ende des 19. Jahrhunderts.[5]

Genthes Reisebeschreibung – vom Freund und Herausgeber Wegener dem gemeinsamen Lehrer „Professor Dr. Theobald Fischer in Marburg als Festgabe zu seinem sechzigsten Geburtstag"[6] gewidmet – verrät mehr den kunstinteressierten Philologen, Geographen und unaufdringlichen Beobachter von Land und Sitten.

Diese unvoreingenommene und aufgeschlossene Haltung, die von einer produktiven Neugier bestimmt war, zeigt sich bereits in den ersten Passagen des Buches. So notierte Genthe in seinen Reiseerinnerungen:

„Schon mit Sonnenaufgang war ich auf Deck, um die Ansegelung der koreanischen Küste von Anfang an zu genießen. Es liegt ein großer Reiz darin, ein neues, unbekanntes Land von völlig unberührter Eigenart zuerst auf sich einwirken zu lassen."[7]

An diese Eindrücke schließen sich die sachlichen Informationen des Historikers und Geographen zur wechselvollen Geschichte Koreas an. Genthe hat die damals zur Verfügung stehende Literatur akribisch aufgearbeitet und ausgewertet. Das belegen u. a. der gegebene Überblick in der Einleitungsphase und darüber hinaus die Kapitel über das Diamantengebirge und Cheju-do. Hierbei stützte sich der Journalist auf Quellen von Basil Hall, Lord Curzon, Isabella Bishop, Karl Gützlaff und Ernst Oppert bzw. zeitgenössische Werke zur Missionsgeschichte. Es spricht für den Mut und die Fairneß von Genthe in einer Zeit westlichen Überlegenheitsdenkens, falsche und verblendete Aussagen über Korea und die Koreaner in einschlägigen missionarischen Werken (zum Beispiel in den Publikationen des französischen Paters Dallet) öffentlich zu korrigieren[8].

Andererseits werden die Abenteuer des holländischen Seemanns Hamel thematisiert, der als Schiffsbrüchiger 1653 mit dem Segler „Sparweer" vor der Küste von Quelpaert (Cheju-do) strandete und über die Gestaltung von Grimmelshausen in seinem „Simplicissimus" (1669) das Korea-Bild auf wundersamste Art über Jahrhunderte in Europa beeinflußte.

Siegfried Genthe arbeitete wie gewohnt quellenkritisch und versuchte im Sinne eines Wissenschaftsjournalisten nach den Ursachen der Abschottung des Landes zu fragen.

Das unterscheidet seine Darstellung bereits im Aufbau bzw. in den Inhalten der einzelnen Kapitel von Korea-Reiseberichten vieler anderer Autoren seiner Zeit. Erwähnt sei nur der deutsche Journalist Rudolf Zabel, der wie

Siegfried Genthe sowohl Marokko wie China und Korea bereiste[9] und sogar persönlich mit dem Sonderberichterstatter der „Kölnischen Zeitung" während des Boxeraufstandes zusammentraf. Sein gewählter Buch-Titel „Meine Hochzeitsreise durch Korea während des russisch-japanischen Krieges" impliziert bereits eine subjektive Sichtweise auf den Gegenstand, die auf 442 Seiten maßgeblich bestätigt wird. Seine über weite Passagen von einem europäischen Überlegenheitsdenken bzw. rassistischen Positionen geprägten Ausführungen in der Manier eines „Unteran" zu den „jammervollen Hütten" der „unzivilisierten Bevölkerung" und den „mißerablen Speisen"[10] korrespondieren mit den inhaltlichen Schwerpunktsetzungen des Buches, welche die Rezeption des Lesers sichtbar lenken. Wie bereits Ernst Oppert in seinem 1880 veröffentlichtem Werk „Ein verschlossenes Land. Reisen nach Corea"[11] offenbart sich Zabel im Gegensatz zu Genthe als typischer Repräsentant des wilhelminischen Deutschland. Der gewöhnliche Koreaner erregt nur als Kuli, der die Peitsche braucht, als unzuverlässiger Dolmetscher oder neugieriger Wirt das Interesse. Die mitgebrachten Anschauungen werden auf der Reise von Wonsan über Seoul bis Pusan nur noch in eine entsprechende exotische Kulisse eingebettet. Das Schlagwort von der „gelben Gefahr" ist ebenso gegenwärtig wie eine eindimensionale Kritik an Japan als aufstrebende ostasiatische Macht nach dem Sieg über das (europäische) Rußland.[12]

Trotz dieser offensichtlichen Klischeebildung kann Zabel eine gewisse Gründlichkeit in der Aufarbeitung und Darstellung kulturhistorischer und ethnographischer Details nicht abgesprochen werden. Hier liegen die Verdienste dieser Publikation, die jedoch zum Teil durch das regelrechte Zelebrieren der persönlichen Befindlichkeiten des jungen Ehepaares stark überlagert werden.[13] Zweifel an der eigenen Kultur und deren Wertvorstellungen findet man in diesem Reisebuch nicht. Erfahrung der Fremde führt hier nicht zur Selbstfindung oder zu neuen Einsichten, wie es als zentrales Motiv der deutschen Literatur bereits im Bildungs- und Entwicklungsroman bzw. den damit verbundenen „Lehr- und Wanderjahren" angelegt ist.

Vergleicht man die 1905 bzw. 1906 publizierten Bücher von Genthe und Zabel, so ist auffällig, daß aus einer äußerlich ähnlichen Reiseroute (Tschemulpo, Pusan, Seoul und Besuch des deutschen Bergwerkes in Nordkorea) und entsprechenden Vorbedingungen recht unterschiedliche Bewertungen und Darstellungen des Gegenstandes abgeleitet wurden. Während der Journalist der „Kölnischen Zeitung" um sachliche Informationsvermittlung über das unbekannte Korea und eine Einordnung der historischen und aktuellen Vorgänge in die verschiedensten Kontexte bemüht ist, setzt der professionelle Schreiber Zabel schon mit dem Titel „Meine Hochzeitsreise durch Korea während des russisch-japanischen Krieges" auf Sensation, Aktion, Abenteuer und Exotik im Sinne einer marktgerechten Verwertbarkeit. Die damit verbundene

Klischeebildung erscheint hierbei als Teil einer politischen Strategie, die den expansiven Interessen Deutschlands im Vorfeld des ersten Weltkrieges entspricht.

Erst vor diesem Hintergrund kann die Leistung von Genthe real eingeschätzt werden. Seine Beobachtungen des Alltagslebens, seine Wertungen der Verhaltensweisen der Koreaner offenbaren ein für seine Zeit überdurchschnittlich hohes interkulturelles Reflexionsvermögen sowie ein beachtenswertes Maß an Toleranz und Akzeptanz für den Eigensinn fremder Kulturen. So schreibt er u. a. in seinen Reisebriefen:

> „Die Reisenden, die bisher Korea besucht und beschrieben hatten, konnten sich dagegen gar nicht genug tun in ihren Klagen über die unausstehliche Zudringlichkeit und Neugier der Bevölkerung. Gewiß sind die Menschen entsetzlich neugierig. Aber ich muß sagen, das hat mich nie gestört. Ihre Neugier hat etwas gutmütig Freundschaftliches, was nie verletzt oder ärgerlich macht."[14]

Vorurteilsfrei setzt sich Genthe des weiteren am Beispiel der im deutschen Bergwerk beschäftigten Koreaner mit der verbreiteten westlichen Meinung über die Arbeitshaltung dieser Menschen auseinander:

> „In Tangkogä sind ... ausschließlich Koreaner als Arbeiter angestellt, und man ist mit ihnen sehr zufrieden. Die in den Büchern (gemeint sind westliche Reiseberichte /S. B.) verbreitete Lehre von der unüberwindlichen Faulheit der Koreaner erleidet also hier wenigstens eine Ausnahme."[15]

Am 22. Juni 1901 war Siegfried Genthe in Seoul eingetroffen.[16] Nachdem er sich bei Konsul Weipert vorschriftsmäßig gemeldet hatte, reiste er schon wenige Tage später (am 1. Juli 1901) ins Landesinnere ab. Ausgerüstet mit unzulänglichen japanischen Karten und einem Dolmetscher begab er sich mit seiner Karawane zuerst in das Bergland von Kangwon-do. Dort – einige Stunden Marsch von Wonsan entfernt – betrieb das Hamburger Haus Meyer & Co. das Goldbergewerk von Tangkogä. Es war auf der Basis von geologischen Studien des Experten Bruno Knochenhauer einige Jahre zuvor errichtet worden. Welche Bedeutung in dieser Zeit von offizieller deutscher Seite solchen Gründungen beigemessen wurde, belegt der Besuch von Prinz Heinrich 1899 im abgeschiedenen Bergland von Kangwon-do.[17]

Das Gelände galt damals als schwer zugänglich. Pfadlose Bergketten waren in einer beeindruckenden Natur zu überwinden. So mußten in der kaum besiedelten Region alle Dinge des täglichen Bedarfs auf Packtieren (Stier, Esel oder Pferd) mitgeführt werden. Genthe nutzte diese Reise zur geographischen Arbeit und zum Sammeln von Eindrücken über Land und Leute. Seine Beobachtungen bestechen durch Zurückhaltung und objektive Schilderungen, die ab und an mit einer Prise Ironie über kursierende Klischees von Korea aufgelockert werden:

> „Nach den Schilderungen der wenigen Bücher, die es bisher über Korea gibt, war ich auf das Schlimmste gefaßt: Ungeziefer, Gerüche aller Art und jede nur erdenkliche Unbequemlichkeit. Aber wieder einmal war es mir versagt, daß Martyrium zu durchleben, daß manche Reisende das Geschick haben überall zu finden"[18],

bemerkt Genthe mit spöttischem Unterton.

Der junge Journalist läßt es dabei nicht bewenden, sondern führt zugleich Belege für seine vor Ort gewonnenen Einsichten an. So lobt er die Reinlichkeit der einfachen Menschen, die er beim morgendlichen Bad am Fluß traf, entgegen den Behauptungen in den einschlägigen Reiseführern.[19]

Ausführlich schildert er Kleidung und Lebensumstände der Koreaner. Neben den „bauschigen Beinsäcken"[20] faszinierten Genthe die Stirnbänder (Mangkun), die mit Bernstein oder Korallen verziert über den Rang ihres Trägers Auskunft gaben. Auch die locker fabulierten Ausführungen zur Geschichte der koreanischen Hüte, die durch Material, Form bzw. Größe für Europäer besonders imposant erscheinen mußten, kann man noch heute mit ethnographischem Gewinn lesen.

Die erstmals in dieser Neuherausgabe der Reisbeschreibung veröffentlichten Photographien von Siegfried Genthe, die von der Herausgeberin in den USA nach nunmehr einhundert Jahren ausfindig gemacht werden konnten, korrespondieren auf interessante Weise mit dem Text. So ergänzt die Aufnahme einer Landschaft bei Wonsan, auf der Frauen mit landestypischen Hüten (Bung-Gat) zu sehen sind[21], die Darlegung zum Thema im Reisebericht.[22]

Ähnliches trifft auf Genthes Beschreibung der Holzfiguren (Chang-Sung) zu, die zur Abwehr von bösen Geistern an Dorfeingängen oder auch an anderen markanten Punkten (Tor zu einem Tal, Anstieg zu einem Paß etc.) mit entsprechenden Inschriften wie zum Beispiel „Sinchang" (buddhistischer Geistergeneral) errichtet wurden. Der kulturinteressierte und weitgereiste Autor vergleicht diese Arbeiten mit den „Götzenbildern" der Maori auf Neuseeland und erklärt seine Ehrfurcht vor diesen Kulturleistungen[23], die er photographisch mit der Darstellung eines Koreaners in Nordkorea vor dieser Kulisse dokumentierte.[24]

Als eine seltene Photoaufnahme ist zudem die Abbildung des markanten Gebäudes im Gebirge zu werten, die wohl den Eingang zu einer der Nordprovinzen (wahrscheinlich Hamgyung-do) zeigt,[25] die Genthe nachweislich besucht hat. Die Tatsache, daß solche Bauwerke seit dem Koreakrieg (1950–1953) im Süden des Landes nach meiner Kenntnis nicht mehr existieren, macht das Photo besonders wertvoll.

Insgesamt zeugen die Reiseeindrücke von Siegfried Genthe von der Anerkennung der Besonderheiten wie der Leistungen des ostasiatischen Volkes. Verständnisvoll erzählt er von den Menschen in den einsamen Bergdörfern, die mit natürlicher Neugier den fremden weißen Mann bestaunten und ihm zugleich ihre Gastfreundschaft bewiesen. Aus seiner achtungsvollen Haltung und seinem Wissen heraus berichtet er ohne jede Überheblichkeit u. a. von der Vorliebe der Koreaner für das Rauchen bei Mann wie Frau, den koreanischen Stieren, der Bedeutung der Musik und von der Kunst, sich Sommer wie Winter mit Hilfe der Ondol-Heizung das Heim behaglich zu machen.

Aus diesen Erlebnissen leitet der deutsche Journalist seine Schlußfolgerung ab:

„Der Koreaner ist an und für sich ein sehr gutartiger, freigebiger, gastfreundlicher Mensch, der sein von Natur sehr lebhaftes Temperament lieber in ausgelassener Fröhlichkeit und gelegentlich einmal in trunkenem Übermut austobt, als in Zank und Streit, Lärm und Rauferei."[26]

Im weiteren Verlauf verweist er jedoch zugleich auf die Fremden- und Christenverfolgungen, die bedingt durch die angeheizte politische Situation im Lande noch einige Jahrzehnte zuvor zahlreiche Opfer gefordert hatten.

Von Kangwon-do reiste Siegfried Genthe zu den buddhistischen Klöstern in den Diamantenbergen (Geumgangsan) weiter, die noch heute von den Koreanern als „heilige Berge" bzw. „Mittelpunkt des Buddhismus" verehrt werden. Schon zur Song-Dynastie (960–1277) wurden von dem chinesische Dichter Su Dong-Po Loblieder auf diese „heiligen Berge" des Nachbarlandes geschrieben. Nachweislich kam der Buddhismus, der bis zur Yi-Dynastie (1392–1910) staatstragende Religion war, im 4. Jahrhundert nach Korea. 372 wurde im südlichen Geumgangsan das erste Kloster Yujomsa (bei Genthe Yudschomssa geschrieben) errichtet. Zu den Klosteranlagen gehörten wiederum eine Vielzahl von Einsiedeleien und Tempeln. Seine Blütezeit hatte der Buddhismus in Korea unter der Koryo-Dynastie (918–1392). Damals sollen bis zu 180 Klöster in den Diamantenbergen bestanden haben, die von Pilgern aus China und anderen Ländern besucht wurden. Noch vor dem Koreakrieg gehörte es für viele Mittel- und Oberschulklassen zur Selbstverständlichkeit, eine gemeinsame Reise zu den „heiligen Bergen des Volkes" zu unternehmen. Seit Ende 1998 ist es südkoreanischen Touristengruppen wieder möglich, in das Gebirge im Norden des geteilten Landes zu fahren. Das Geumgangsan erstreckt sich über drei Landkreise (Goseong-gun, Geumgang-gun und Tongcheon-gun) und hat eine Gesamtfläche von 530 km^2. Seinen Name bekam das aus etwa 12 000 Gipfeln bestehende Gebirge nach seinen wie Diamanten glitzernden Bergspitzen. Der schwedische Kronprinz Gustav verbrachte während seiner Hochzeitsreise 1926 einige Tage in dieser faszinierenden Bergeinsamkeit, in der Bären, Hirsche und über 900 zum Teil sehr seltene Pflanzenarten beheimatet sind. Hinzu kommen die zahlreichen kulturellen Schätze wie die Klöster Yujomsa, Changansa, Seokwangsa und Pyohunsa.

Die geschilderte kulturhistorische Bedeutung und die landschaftlichen Schönheiten dieser Region machen es verständlich, daß Siegfried Genthe, der als einer der ersten Europäer diese unwegsame Reise auf sich nahm, eine umfangreiche

„Studie über Fortbildung des Buddhismus in Korea und die sonstigen großen Klöster in den Bergeinsamkeiten"[27]

plante. Da sich der Journalist nachweislich im Juli/August 1901 mehrere Wochen in Sök Wang Sa (Seokwangsa) aufhielt, erscheint ein solches Vorhaben als sehr wahrscheinlich.[28] Das in der Provinz Hamgyung-namdo gelegene Kloster war damals schwer zu erreichen. Genthe beschreibt anschaulich und nicht ohne Humor die Strapazen für Mensch und Tier. Zugleich war er fasziniert von der Schönheit der Natur, den Flüssen und Tälern, die ihn streckenweise an „Thüringen oder den Schwarzwald"[29] erinnerten. Jedoch sind solche Vergleiche, die zur Vereinfachung führen können, selten. Im Gegensatz zu dem einige Jahre später entstandenem Reisetagebuch des Missionars Norbert Weber[30], findet man bei Genthe kaum lineare Projektionen des Eigenen in das Fremde. Kontexte werden höchstens innerhalb des asiatischen Kulturkreises gesucht. Das betrifft gleichermaßen die nun erstmals veröffentlichten Photoarbeiten, die nicht inszeniert erscheinen und in Verbindung zu seinen wissenschaftlichen Studien gesehen werden können. Siegfried Genthes Aufnahmen von den Buddha-Figuren[31], die wahrscheinlich u.a. in Tschangannssa (Changansa), dem Kloster des „Ewigen Friedens" entstanden, entsprechen in ihrem Interesse am Detail den ausführlichen Schilderungen der Buddha-Figuren im Reisebuch.[32]

Changansa bildet den Schlüssel zu den inneren Diamantenbergen. Es wurde vor etwa 1500 Jahren gegründet und nach einer Feuersbrunst um 1300 unter dem König Seng Wang neu aufgebaut. Als besonderer Schatz des Klosters galten über Jahrhunderte die gewaltigen Lohan-Figuren mit ihren außerordentlich lebendigen Gesichtern.[33]

Dem rastlosen Reisenden und modernen Westler Genthe boten diese buddhistischen Stätten mit ihrer „weltflüchtigen Einsamkeit und tatenlosen Beschaulichkeit"[34] die Möglichkeit, über Lebensführung und Lebenssinn (in Europa und Ostasien) in Ruhe zu reflektieren. Die kritischen Zeilen des Journalisten zur westlichen Streß-Gesellschaft und Raff-Mentalität lesen sich auf verblüffende Art aktuell:

„Die Mahlzeiten werden in ein paar Minuten mit unwürdiger Hast heruntergeschlungen und die Getränke im Stehen hinabgegossen, damit auch nicht eine Minute dem Hauptzweck des Daseins verloren gehe, der unermüdlichen Jagd nach dem Dollar."[35]

In Gesprächen mit dem Abt, bei Spaziergängen auf schattigen Waldwegen oder in der Harmonie des Klosteralltages versucht Genthe über die Auseinandersetzung mit der extrem unterschiedlichen Lebensführung in der Fremde das Eigene zu entdecken. Er vertiefte sich mit Hilfe seines Dolmetschers in die alten buddhistischen Texte und Inschriften und wanderte u. a. zu dem berühmten Kloster Mahayönn (Mahajoen), das zur Regierungszeit des Reichseinigers König Munmu (661–681) errichtet wurde.[36] Über Bodokam (Schrein der erhabenen Tugend) erreichte Siegfried Genthe schließlich Yudschomssa (Yujomsa) – das seinen Namen „Ulmen-Kloster" einer Legende verdankt. Dort besichtigte er die vergoldeten Buddhas und die in unmittelbarer Nähe liegenden Begräbnisplätze mit ihren steinernen Denkmälern. Hier, im wohl ältesten Hauptkloster der Diamantenberge, muß der kulturinteressierte Journalist „seltene alte koreanische Drucke und Handschriften erworben"[37] haben, über deren Verbleib keine Aussage mehr getroffen werden kann.

Am 6. September 1901 traf Siegfried Genthe wieder in Seoul ein. Bereits einen Tag später (7.9.1901) wurde der Deutsche in Audienz beim koreanischen Kaiser (1852–1919) empfangen. Anlaß für den Empfang, der vorrangig für die ausländischen diplomatischen Vertreter gegeben wurde, war der 50. Geburtstag des Monarchen.[38] Die Ehre einer anschließenden Audienz beim koreanischen Kaiser wurde nur wenigen ausländischen Reisenden zuteil. Genthe vermutete, daß seine „ausgedehnten Reisen"[39] durch Korea das Interesse des Herrschers geweckt haben könnten. Minutiös beschreibt er für seine Leser die Förmlichkeiten bei Hofe, die halbherzigen Modernisierungsversuche und den westlichen Lebensstil des Herrschers. Wie auch andere Korea-Besucher erwähnt Genthe an dieser Stelle den großen Einfluß der russischen Gesandtschaft und der Vorsteherin des erlauchten Haushaltes Fräulein Sonntag aus dem Elsaß, auf das Verhalten und Handeln des Monarchen. Damit wird zugleich ein kleiner Einblick in die damalige komplizierte innen– wie außenpolitische Situation Koreas kurz vor der endgültigen Kolonialisierung durch Japan (1910) gegeben. Die betriebene Abschließungspolitik und die Konzentration des Staatsgebildes auf die Befindlichkeiten des Kaiserfamilie beförderten die Ausnutzung des Landes für fremde politische und wirtschaftliche Interessen. In diesem Kontext erhält die völlig unerwartete Verleihung des Ordens „Kirion Öndschang" an den in Korea unbekannten Journalisten Genthe durch den Kaiser wenige Tage später eine entsprechend Einordnung. Leere Gesten,

XLIII

die dem Hofe nichts als Repräsentation kosteten, waren an die Stelle einer notwendigen politischen Strategie zur Führung des Landes aus der bestehenden Krise getreten.

Aufschlußreich lesen sich auch die Beobachtungen zum alltäglichen Leben in der koreanischen Hauptstadt vor einhundert Jahren.

„Hier habe ich meine photographische Camera aufgestellt und manches merkwürdige Bild des vorbeiflutenden Straßenlebens festgehalten"[40],

notiert Genthe in seinem Reisebuch.

Ohne eine Spur von Überheblichkeit versteht er, Bilder vom städtischen Alltag dieses „Volkes der weißen Kleider" zu entwerfen. Er beschreibt die Häuser der Koreaner, die ihm wie „Puppenstuben" erscheinen, die Lastenträger mit ihren für einen Europäer ungewöhnlichen Tragegestellen, die Frauen und Kinder, die sich auf den breiten und modernen Straßen der Großstadt bewegen. Hier ist anzumerken, daß Seoul – im Gegensatz zu vielen anderen Großstädten in Ostasien – zu dieser Zeit schon elektrische Straßenbeleuchtung und eine Straßenbahn besaß. In diesem Sinne polemisiert der kundige Berichterstatter der „Kölnischen Zeitung" gegen die

„absprechenden Urteile, die oberflächliche Reisende über die Armut und Aussichtslosigkeit Koreas gefällt haben".[41]

Seine achtungsvolle Haltung entspricht damit in vielen Punkten der progressiven Einschätzung von Land und Leuten durch den jungen Mediziner Dr. Richard Wunsch (1869–1911)[42], der im November 1901 in Seoul eintraf und bis 1905 als Leibarzt des koreanischen Kaisers tätig war.

Lobend erwähnt Siegfried Genthe auch die Arbeit der 1898 in Seoul gegründeten staatlichen deutschen Sprachschule unter der Leitung des pommerschen Lehrers Johannes Bolljahn. Zu den erfolgreichen Absolventen zählte u. a. Hyen Hong Sik, der es zum Legationssekretär an der gerade gegründeten koreanischen Gesandtschaft in Berlin bringen sollte.

Der kluge und weitsichtige Journalist hebt in diesem Zusammenhang die Verdienste des Diplomaten Ferdinand Krien (1850–1924) um einen deutschkoreanischen Dialog bzw. einen fundierten Kulturaustausch hervor:

„Einige der wenigen Gebiete, wo Dauerndes erreicht wurde, war das Unterrichtswesen. Der damalige deutsche Vertreter Konsul Krien ... machte sich die günstige Stimmung zu nutze und bewog die Regierung ... zur Errichtung einer staatlichen deutschen Schule. Das war im September 1898."[43]

Genthe berichtet, daß dem deutschen Konsul das Gedeihen der Sprachschule sehr am Herzen lag. So beteiligte sich das Konsulat z. B. an der Bereitstellung von Preisen für die erfolgreichsten Absolventen – ebenso wie die einzige zur damaligen Zeit in Tschemulpo (Inchon) ansässige deutsche Firma Meyer & Wolter – die u. a. Tabakspfeifen silberne Zigarettenbüchsen und Weckuhren für die einzelnen Leistungen verteilte. Der koreanische Kaiser hatte den Unterrichtsminister abgesandt, und die Deutsche Kolonie war vollständig vertreten.

Nach Aussage von Genthes Reisegefährten Angus Hamilton bildeten 1901 68 Seelen die internationale Niederlassung, darunter 29 Briten, 16 Deutsche, sieben Italiener, sechs Franzosen und vier Russen.[44] Obwohl die deutsche Handelskolonie, die insbesondere in Tschemulpo und Seoul lebte, relativ klein war, erhielt sie u. a. das Privileg zum Bau der Eisenbahnlinie von Seoul nach Wonsan. Dies spricht nicht zuletzt für das Engagement der deutschen Wirtschaftsleute in Korea. Besonders das damals einzige deutsche Handelshaus vor Ort, die Hamburger Firma Meyer & Co., hat sich bleibende Verdienste im Aufbau der Handels- und Wirtschaftsbeziehungen zwischen Deutschland und Korea erworben. Siegfried Genthe wie Angus Hamilton heben in ihren Reiseberichten die Leistungen ihrer Vertreter Carl Andreas Wolter und Carl Lührs hervor. Bei Hamilton findet sich folgende Einschätzung:

„Die Firma Meyer & Co. zeichnet sich dadurch aus, daß sie sowohl in Tschemulpo als auch in Seoul Deutsche angestellt hat, die die koreanische Sprache vollständig beherrschen. Das wird bei weiterer Entwicklung des Landes von großem Nutzen sein und zeigt überdies in anschaulichster Weise, auf welchen Grundsätzen sich der deutsche Handel im fernen Asien aufbaut."[45]

Einer dieser Deutschen, der sich nicht zuletzt durch seine ausgezeichneten Koreanisch-Kenntnisse hohes Ansehen und Vertrauen bei den koreanischen Partnern erwerben konnte, war der Teilhaber und spätere Firmeninhaber Carl Andreas Wolter (1858–1916). Durch seine Offenheit, Toleranz und sein Interesse an Kultur und Alltagsleben seines Gastlandes trug er maßgeblich zu einem positiven Deutschlandbild in Korea bei. Siegfried Genthe widmete dem Hamburger Kaufmann mehrere Seiten in seiner Reisebeschreibung. Dabei lobte er die große Gastfreundschaft der Familie Wolter, die in anderen Zeitquellen (u. a. Richard Wunsch, Otto Ehlers, Otto von Lucius) Bestätigung findet. Lührs und Wolter, die mit Frau und Kindern in Korea lebten, führten ein offenes Haus. Genthe setzte diesem Refugium und Wohnsitz der Wolters namens „Kildonan" in seinem Reisebuch ein bleibendes Denkmal, das zudem wie eine Beschreibung der Photoaufnahme des Anwesens wirkt, die für diese Publikation von den Nachfahren von Carl Andreas Wolter zur Verfügung gestellt wurde:

„Das schöne Haus hoch auf dem Berge mit der deutschen Flagge ist die Wohnung des Chefs des Hamburger Hauses Meyer & Co., der einzigen namhaften europäischen Firma, die in Korea Handel in großem Stil treibt. ... Auf dem höchsten Punkt des Ortes gelegen, bietet das ausgedehnte Grundstück von allen Punkten aus entzückende Blicke auf Tschemulpo und seine schöne Umgebung. Ein prachtvoller Park, den Herr Carl Wolter, der Chef und Gründer des hiesigen Geschäfts, bei Eröffnung des Hafens hier oben angelegt hat, bedeckt jetzt den ganzen Hügel, und, in seinen schattigen Laubgängen Schutz zu suchen vor der heißen koreanischen Sonne, ist ein Hochgenuß ..."[46]

Der Berichterstatter der „Kölnischen Zeitung", der nach Angaben seines Lehrers Theobald Fischer auch eine Publikation über die „Vertragshäfen Koreas"[47] plante, weilte wohl deshalb Anfang Oktober 1901 nochmals in Tschemulpo im Hause Wolter, das Ruhe, Wohlstand, Bequemlichkeit und Geschmack atmete:

„Frische Blumen zieren stets den Tisch, Küche und Keller sind wohl versorgt, deutsche Bücher und neue Zeitungen – denn Blätter, deren Datum nur sechs Wochen zurückliegt, sind hier im äußersten Ostasien neu –, bequeme Liegestühle auf schattiger Veranda und Landsleute, mit denen man in deutscher Sprache von der Heimat plaudern kann – das sind alles Dinge, die einem das Herz weit machen, wenn man sie so lange entbehrt hat und sie so unvermutet in fremdem Lande trifft, von dem man Ungastlichkeit erwartet hatte."[48]

Obwohl Genthe von verschiedenster Seite von einer Reise nach der damals noch weitgehend unerschlossenen Insel Quelpaert (Cheju-do) dringend abgeraten worden war, traf er am 11. Oktober mit einem kleinen Regierungsdampfer im Hafen von Ssanschipo – unweit der Hauptstadt Cheju-si – ein.

Schon in alten Schriften wurde das in Kultur und Tradition recht eigenständige Eiland als Königreich Tamna erwähnt, das im Jahre 498 bereits die Oberhoheit von Paekche (später Silla und Koryo) anerkennen mußte. Im 13. Jahrhundert kamen die Mongolen und benutzen u. a. die Insel 1247 als Ausgangsbasis für den mißglückten Angriff Kublai Khans auf Japan. Im Westen wurde Cheju-do jedoch erst durch den bereits erwähnten Hendrik Hamel van Gorcum bekannt, der am 8. August 1653 mit einem holländischen Segelschiff strandete und nach seiner glücklichen Heimkehr 13 Jahre später die Insel bekannt machte, welche die Holländer nach einem Schiffstyp „Quelpaert" nennen sollten.

Die mystische Stimmung, die Cheju-do – der „Insel am fernsten Horizont" – zugeschrieben wird, korrespondiert mit der tiefen Verwurzelung des Schamanimus in dieser Region. Genthe, der sich etwa zwei Wochen auf der Insel aufhielt, hat die Wahrzeichen von Cheju-do wohl mehrfach photographiert. Leider ist nur eine Aufnahme der „Tol-Harubang" – im Volksmund „Steinerne Großväter" genannt – erhalten geblieben und kann in dieser Neuherausgabe der Reisebeschreibung erstmals veröffentlicht werden[49] Die rätselhaften Steinfiguren, die mit dem Aufkommen des Buddhismus auch „Tol-Miruk" genannt wurden, gelten als Ahnen- und Wächterstelen. Wie bei ähnlichen Steinkulten auf den Osterinseln oder Tahiti ist ihr Alter nicht genau zu bestimmen.

Genthe beschreibt in seinen Reiseerinnerungen recht anschaulich die Lebensweise dieses Inselvolkes, die sich von den Koreanern auf dem Festland bereits äußerlich durch ihre nicht in weiß gehaltene Kleidung unterschied. Über Jahrhunderte herausgebildete eigenständige Sitten und Gebräuche und eine spürbare Abneigung gegen das Fremde, machten es dem westlichen Ausländer Genthe nicht leicht, seine waghalsige Idee von der Erstbesteigung des für die Insulaner heiligen Berges Halassan (Hala-san/auch Mount Auckland) in die Tat umzusetzen. Die geheimnisvolle Natur, die rasch aufziehenden Unwetter, die den gewaltigen Vulkan-Berg in kürzester Zeit in ein Nebelmeer hüllen konnten, trugen darüber hinaus tagtäglich zum Geisterglauben auf der Insel bei. So kostete es dem von seiner Idee besessenen Journalisten viel Überzeugungskraft, die Genehmigung der Behörden für eine wissenschaftliche Exkursion zu erhalten. Es spricht wiederum für Genthes Persönlichkeit, daß er in einer relativ kurzen Zeit das freundschaftliche Vertrauen des Statthalters von Cheju-do erringen konnte. So notierte er in seinen Reiseerinnerungen:

> „Ich hatte schon versucht, dem Statthalter die Geheimnisse der Höhenmessung zu erklären, hatte ihn auch von der gänzlichen Harmlosigkeit des photographischen Apparats überzeugt und von ihm und seinem ganzen Hofstaat ein paar Aufnahmen gemacht, so daß jedermann sehen konnte, daß das Photographieren nicht weh tut und auch beim Hantieren mit den übrigen geheimnisvollen Werkzeugen nicht gleich der Himmel einstürzt."[50]

Mit der ihm eigenen Mischung aus Beharrlichkeit, Geduld und Freundlichkeit gelang es Genthe schließlich, sein tollkühnes Vorhaben in die Tat umzusetzen. Vom 15. bis 17. Oktober 1901 dauerte diese Expedition, die der Geograph und Journalist mit Mut zum persönlichen Risiko und einer ungeheuren Zähigkeit trotz der ungünstigen Witterungsverhältnisse und den Strapazen in dem unwegsamen Gelände auf sich nahm. Vergleichbar dem großen Sven Hedin forderte er von sich – und nicht nur von seiner Mannschaft – äußersten Einsatz und keinerlei Privilegien.

In diesen Kontext ordnen sich die Gedanken Genthes ein, die er kurz nach Erreichen des Vulkankegels niederschrieb:

„Nicht das Bewußtsein, der Erste zu sein, ließ mich jetzt alle voraufgegangenen Mühen vergessen, es war vielmehr die mit plötzlicher Allgewalt auftretende Empfindung: hier hast du ein Erlebnis deines inneren Menschen, etwas so Eigenartiges, so Großes, wie du überhaupt in deinen langen Wanderjahren noch nicht gesehen hast."[51]

Siegfried Genthe, dem das Verdienst zukommt, als erster Westler den Halasan bestiegen und mit 1950 m vermessen zu haben, machte auch „zahlreiche photographische Aufnahmen"[52] von dieser spektakulären Expedition, die leider als verschollen angenommen werden müssen. Seine klugen, abwägenden und detaillierten Darstellungen der sozialen, historischen und geographischen Gegebenheiten von Cheju-do zählen jedoch unumstritten zu den bleibenden Glanzleistungen auf dem Gebiet der Reisebeschreibungen zu diesem Gegenstand.[53]

Die Rückkehr zum Festland entwickelte sich für den Globetrotter nochmals zu einer unerwarteten Odyssee. Da kein Dampfer zur Abholung des Journalisten eintraf, versuchte Genthe in einem japanischen Fischerdorf auf der 100 Kilometer entfernten Insel Udo, ein seetüchtiges Boot für die Überfahrt zum Festland zu bekommen. Doch seine Bitte wurde unfreundlich zurückgewiesen. So mußte er weitere Tage auf Cheju-do (die Japaner nannten die Insel Saishu) wartend verbringen. Es spricht für die Tatkraft und die das Leben von Genthe bestimmende Risikobereitschaft, als Ausweg aus der entstandenen Situation eine offene koreanische Dschunke von nur sieben Meter Länge und 3,5 Meter Breite für die als äußerst gefährlich geltende Fahrt über das zu dieser Jahreszeit stürmische Meer anzumieten. Genthe lobt die Ausdauer und Kaltblütigkeit der Mannschaft, die bei Gefahr

„so ruhig und zielbewußt, wie man es sich nur bei der Besatzung einer Rennjacht wünschen könnte"[54],

reagierte. Zudem beschreibt er recht genau das Schiff und seine Ausstattung – und gibt damit einen eindeutigen Hinweis auf das auch per Photo von ihm festgehaltene Ereignis.[55] Nach acht Tagen und einer zurückgelegten Strecke von 200 Kilometern fand das strapaziöse und lebensgefährliche Seeabenteuer im Hafen von Mokpo sein glückliches Ende. Am 3. November 1901 – als die japanische Niederlassung in dem Vertragshafen gerade den 50. Geburtstag des Meiji-Tenno Mutsuhito[56] mit einem Feuerwerk feierte – traf der deutsche Journalist und Berichterstatter der „Kölnischen Zeitung" nach seinem Insel-Aufenthalt wieder auf dem Festland ein. Das von Siegfried Genthe aufgenommene Photo des Hafens von Mokpo mit der japanischen Siedlung im Hintergrund dokumentiert das Ende dieser Fahrt.[57] Auf einem kleinen japanischen Dampfer verließ Siegfried Genthe wenig später Korea in Richtung Japan.

Unrast und Aufbruch waren typisch für das kurze, leidenschaftliche und ereignisreiche Leben von Dr. Siegfried Genthe. Augenblicke zum Verweilen und zur Selbstbesinnung blieben die Ausnahme. Verantwortungsbewußt, engagiert und fachlich bestens vorbereitet widmete er sich seinem Beruf, der Teil seiner Person werden sollte. Seine nachgelassenen Reisebeschreibungen geben dem Leser die Möglichkeit, am Beispiel dieses außergewöhnlichen Lebens über die Geschichte der Begegnungen zwischen Ost und West und die Leistungen einzelner Persönlichkeiten für einen friedlichen Dialog der Kulturen auf neue Art nachzudenken. Nicht zuletzt begleiteten die klugen Einschätzungen und Visionen des begabten deutschen Geographen und Journalisten das Land Korea auf ganz eigene Weise in die Zukunft. Gerade aus heutiger Sicht erweist sich Genthes Aussage, daß die Koreaner weder „Fremdenhasser noch neuerungsfeindlich"[58] sind, als überaus bedenkenswert.

Vielleicht ist die in diesem Buch immer wieder gerühmte Leidenschaft des Reisens das weiseste Laster, welches unsere Welt hervorgebracht hat.

Erfurt, im März 2005 *Sylvia Bräsel*

ANMERKUNGEN

[1] Vgl. hierzu: Bräsel, Sylvia: Begegnung der Kulturen – Mono- oder Dialog? Zum Koreabild in deutschsprachigen Reisebeschreibungen der Jahrhundertwende. In: Wierlacher, Alois (Hrg.): Jahrbuch Deutsch als Fremdsprache, Bd. 25, München 1999, S. 77–102 und Bräsel, Sylvia: Persönlichkeiten der Frühzeit der deutsch-koreanischen Beziehungen. In: Koreana – Sonderausgabe, Bonn 2004, S. 31–35

[2] Genthes Schreibweise koreanischer Begriffe und Eigennamen wurde zum besseren Nachvollzug des Textes in den Ausführungen beibehalten und nur bei Notwendigkeit durch in Klammer stehende Erläuterungen ergänzt.

[3] Der Nachlaß ging an Arnold Genthe. Trotz getroffener Vereinbarungen wurden dem Herausgeber Georg Wegener die notwendigen Materialien und Photoarbeiten nicht zur Verfügung gestellt. Vgl. hierzu: Genthe, Siegfried: Korea, Berlin 1905; Einleitung von Georg Wegener, S. XLVII

[4] Hamilton, Angus: Korea – Das Land des Morgenrots, Leipzig 1904

[5] Hamilton, Angus: Korea – Das Land des Morgenrots, Leipzig 1904, S. 110, 134 und 250

[6] Genthe, Siegfried: Korea, Berlin 1905, Vorblatt

[7] Genthe, Siegfried: Korea, Berlin 1905, S. 56

[8] Genthe, Siegfried: Korea, Berlin 1905, S. 316–319

[9] Zabel, Rudolf: Meine Hochzeitsreise durch Korea während des russisch-japanischen Krieges, Altenburg 1906 bzw. Im mohammedanischen Abendlande, Altenburg 1905

[10] Zabel, Rudolf: Meine Hochzeitsreise nach Korea, Altenburg 1906, S. 332

[11] Oppert, Ernst: Ein verschlossenes Land. Reisen nach Corea, Leipzig 1880

[12] Vgl. hierzu: Zabel, Rudolf: Meine Hochzeitsreise nach Korea, Altenburg 1906, S. 42

[13] In diesem Sinne lautet die Widmung des Buches: „Meiner herzallerliebsten Frau"

[14] Genthe, Siegfried: Korea, Berlin 1905, S. 150

[15] Genthe, Siegfried: Korea, Berlin 1905, S. 124–125

[16] Vgl. hierzu: Akten des AA, Korea, R 18932/B153

[17] Genthe, Siegfried: Korea, Berlin 1905, S. 132 und 137
[18] Genthe, Siegfried: Korea, Berlin 1905, S. 109
[19] Genthe, Siegfried: Korea, Berlin 1905, S. 110
[20] Genthe, Siegfried: Korea, Berlin 1905, S. 67
[21] Photo-Nr. 640, Library of Congress/Washington. Nachlaß Arnold & Siegfried Genthe
[22] Genthe, Siegfried: Korea, Berlin 1905, S. 103
[23] Genthe, Siegfried: Korea, Berlin 1905, S. 111–112
[24] Photo-Nr. 642, Library of Congress/Washington. Nachlaß Arnold & Siegfried Genthe
[25] Photo-Nr. 645, Library of Congress/Washington. Nachlaß Arnold & Siegfried Genthe
[26] Genthe, Siegfried: Korea, Berlin 1905, S. 132–133
[27] Vgl. hierzu: Genthe, Siegfried: Marokko, Berlin 1906, Vorwort von Theobald Fischer, S. XVII
[28] Vgl. hierzu: Genthe, Siegfried: Marokko, Berlin 1906, Vorwort von Theobald Fischer, S. XVI
[29] Genthe, Siegfried: Korea, Berlin 1905, S. 145
[30] Weber, Norbert, Im Lande der Morgenstille. Reise-Erinnerungen an Korea, St. Ottilien 1914
[31] Vgl. Hierzu: Photos Nr. 637, 638, 643, Library of Congress/Washington. Nachlaß Arnold & Siegfried Genthe
[32] Vgl. hierzu: Genthe, Siegfried: Korea, Berlin 1905, S. 170–171
[33] Vgl. hierzu: Klautke, P.: Keum Gang San. Die Diamantberge Koreas. In: Mitteilungen der deutschen Gesellschaft für Natur- und Völkerkunde Ostasiens, Band XXI, Teil C, Tokyo 1926, S. 49–50
[34] Genthe, Siegfried: Korea, Berlin 1905, S. 155
[35] Genthe, Siegfried: Korea, Berlin 1905, S. 156
[36] Die Photos Nr. 639 und 635 (Library of Congress/Washington. Nachlaß Arnold & Siegfried Genthe) könnten auf einer dieser Wanderungen aufgenommen worden sein.
[37] Vgl. hierzu: Petermanns Mitteilungen, Gotha 1902, Bd. 48/S. 22
[38] Vlg. hierzu: Akten des AA, Korea, R 18932/B 153
[39] Genthe, Siegfried: Korea, Berlin 1905, S. 233
[40] Genthe, Siegfried: Korea, Berlin 1905, S. 242
[41] Genthe, Siegfried: Korea, Berlin 1905, S. 212
[42] Vgl. hierzu: Gertrud Claussen (Hrg.): Fremde Heimat Korea. Ein deutscher Arzt erlebt die letzten Tage des alten Korea (1901–1905), München 1983
[43] Genthe, Siegfried: Korea, Berlin 1905, S. 243–244
[44] Vgl. hierzu: Hamilton, Angus: Korea – Das Land des Morgenrots, Leipzig 1904, S. 17
[45] Hamilton, Angus: Korea – Das Land des Morgenrots, Leipzig 1904, S. 162
[46] Genthe, Siegfried: Korea, Berlin 1905, S. 72
[47] Vgl. hierzu: Genthe, Siegfried: Marokko, Berlin 1906, Vorwort von Theobald Fischer, S. XVIII
[48] Genthe, Siegfried: Korea, Berlin 1905, S. 73
[49] Vgl. Photo-Nr. 644, Library of Congress/Washington. Nachlaß Arnold & Siegfried Genthe
[50] Genthe, Siegfried: Korea, Berlin 1905, S. 272
[51] Genthe, Siegfried: Korea, Berlin 1905, S. 291
[52] Vgl. hierzu: Petermanns Mitteilungen, Gotha 1902, Bd. 48/S. 22; Genthe, Siegfried: Marokko, Berlin 1906, Vorwort von Theobald Fischer, S. XVIII
[53] Vgl. hierzu: Nemeth, David / Niemann, Ernst-G.: Siegfried Genthe's Cheju Odyssey. In: Journal of Asian Culture, Volume VI, Honolulu 1982, S. 75
[54] Genthe, Siegfried: Korea, Berlin 1905, S. 342
[55] Photo-Nr. 641, Library of Congress/Washington. Nachlaß Arnold & Siegfried Genthe
[56] Der Meiji-Kaiser Mutsuhito lebte von 1852–1912. Da in Japan und Korea das Jahr vor der Geburt schon als Lebensjahr zählt, feierten die im gleichen Jahr geborenen Monarchen Koreas und Japans bereits 1901 ihren 50. Geburtstag.
[57] Photo-Nr. 646 N, Library of Congress/Washington. Nachlaß Arnold & Siegfried Genthe
[58] Genthe, Siegfried: Korea, Berlin 1905, S. 222

Korea

Reiseschilderungen
von
Dr. Siegfried Genthe

Herausgegeben
von
Dr. Georg Wegener

Zweite Auflage

Berlin
Allgemeiner Verein für Deutsche Literatur.
1905.

Inhaltsverzeichnis.

Seite.

An den Küsten des gelben Meeres.

Auf der Reede von Taku 3
In Yingkou, der Eingangspforte der Mandschurei 21
Tschifu 43
Nach Korea 54
Tschemulpo 63

Ins Innere von Korea.

Von Ssoul zum deutschen Goldbergwerk 89
Bei den Landsleuten in Tangkogä 119
Zu den Buddhistenklöstern in den Diamantbergen 139
In Tschanganssa, dem Kloster der ewigen Ruhe 154
Quer über die Diamantberge 176

Aus der Hauptstadt Ssoul.

Die Stadt und ihr Leben 201
Vom koreanischen Kaiserhof und anderes 227

Inselabenteuer und Irrfahrten im chinesischen Ostmeer.

Nach der Insel Quelpaert 253
Besteigung des Hâlassans 276
Unfreiwilliger Aufenthalt 298
Gefahrvolle Rückkehr 320

An den Küsten des gelben Meeres.

Auf der Reede von Taku.

I.

Verkehrsschwierigkeiten beim Abzug der verbündeten Truppen. — Mangelhafte Verbindungen zwischen China und Korea. — Wochenlanges Warten. — Leben auf dem Peiho. — Von den Nöten des Ausschiffungskommandos in Taku und Tongku. — Internationales Diebsgesindel.

Von China fortzukommen*) unter so ungewöhnlichen Verhältnissen, wie sie seit länger als einem Jahre im Lande herrschen, ist nicht so ganz einfach. Die Besetzung der hauptstädtischen Provinz durch die verbündeten Truppen der acht größten Nationen der Welt macht sich eben fühlbar auf allen Gebieten des öffentlichen Lebens und im Verkehr nicht zum wenigsten. Bahn und Dampfer stehen unter dem Zeichen des Krieges, und jetzt, wo es heißt, Tausende von Truppen mit all ihrem unübersehbaren Zubehör von Feld-

---

*) Im Juni 1901, nach Abschluß des Chinafeldzuges, während dessen der Verfasser als Korrespondent der Kölnischen Zeitung auf dem Kriegsschauplatze weilte. A. d. H.

ausrüstung, Schießbedarf, Nahrungsmitteln und persönlichem Gepäck nach der Heimat einzuschiffen, ist es den wenigen Schiffen, die den Verkehr von den nordchinesischen Häfen nach Schanghai besorgen, gar nicht mehr möglich, einen regelrechten Fahrplan innezuhalten, wenn natürlich auch die Hauptarbeit der Verfrachtung von den besonders gemieteten Dampfern geleistet wird. Für die Strecke Taku=Tschifu stehen allerdings jederzeit Schiffe zur Verfügung, zumal der neue Dienst der Hamburg—Amerika=Linie sich außer mit den früheren Dampfern von Melchers und Jebsen mit einigen neuen Schiffen von Tsingtau aus beteiligen wird. Für die Verbindung mit den Häfen der Bucht von Petschili und Liaotung und der Küste Koreas ist man aber gänzlich auf japanische Schiffe angewiesen, zu denen sich gelegentlich einmal ein russischer Dampfer gesellt. Das Übergewicht der Japaner in diesen Gewässern wird täglich fühlbarer, ihre Flagge ist in den Häfen der Mandschurei, Koreas und der russischen Küstenprovinz Sibiriens stets und zahlreich vertreten, und die Einfuhr der japanischen Waren selbst in die abgelegensten Plätze wächst erstaunlich. Ein japanischer Dampfer war es denn auch, dem ich mich anvertrauen mußte, um von Peking nach Söul, der Hauptstadt Koreas, zu kommen. In Tientsin fand ich die „Tategami Maru" angezeigt für die Fahrt von Taku nach Tschemulpo. Dieser Dampfer wurde mir gerühmt als der beste, neueste und schnellste, mit dem ich überhaupt die Reise machen könnte, und da er Eigentum der großen japanischen Reederei Nippon Yusen Kaisha von Tokio ist, der bei weitem unternehmendsten aller Schiffahrtsgesellschaften im Osten, so belegte ich mit Freuden eine Kabine und fuhr hinunter zur Küste, in der frohen Hoffnung, binnen kurzem zum erstenmal meinen Fuß auf den Boden des geheim=

nisvollen Landes der Morgenfrische*) setzen zu können.
Die Entfernung von der Peihomündung bis Tschemulpo,
dem Hafen Söuls, beträgt nur 800 Kilometer, und selbst
mit einem langsamen Küstendampfer, der etwa nur zwölf
Knoten macht, gedachte ich bequem in zwei Tagen die kurze
Fahrt machen zu können. Wenn ich geahnt hätte, daß es
statt dieser zwei Tage deren zwanzig dauern sollte, bis ich
wirklich im koreanischen Hafen landete, hätte ich mir wohl
meinen Reiseplan anders eingerichtet und die kostbaren drei
Wochen anders verbracht, als mit trostlosem Warten auf
einem kleinen japanischen Dampfer, dessen Kapitän sich
durch nichts in der Welt aus seinem Schlendrian heraus=
bringen ließ.

Zunächst wurde die Verzögerung des „Tategami Maru"
vom Vertreter der japanischen Gesellschaft den Reisenden
damit erklärt, daß durch unvorhergesehene Fracht in Nagasaki
der Dampfer an der fahrplanmäßigen Ausreise verhindert
worden sei. Dann kam ein Telegramm aus Port Arthur,
eine kleine Kesselreparatur würde einen weitern Verzug von
ein paar Tagen nötig machen, nachdem augenscheinlich schon
der Aufenthalt in Pûssan**), dem Schimonoseki gegenüber=
liegenden südlichen Vertragshafen Koreas, über Gebühr und
Verabredung ausgedehnt worden war. Endlich, nach vollen
zwei Wochen öden Wartens und verstimmenden Hinhaltens,
sandte der Agent einen Boten mit der frohen Meldung,
der Dampfer sei vor der Barre, die der Peiho vor der
Küste angeschwemmt hat, angekommen und würde den
nächsten Morgen von Tongku aus mit der Pinasse zu

---

*) Ich bemerke schon hier, daß der einheimische Name
Tschôssönu „Land der Morgenfrische", nicht Morgenruhe, bedeutet.
**) Fusan ist die japanische Aussprache, in Korea sagt man
Pûssan.

erreichen sein; um 6 Uhr in der Frühe müßten die Reisenden zur Stelle sein, es würde sofort in See gegangen werden.

In bester Laune finden sich die wenigen Reisenden, die gemeinsam die lange, martervolle Zeit des Wartens über sich hatten ergehen lassen, pünktlich auf der japanischen Kriegswerft ein und gehen an Bord des kleinen Schleppdampfers, der uns hinaus über die Barre bringen soll, die von Dampfern größern Tiefgangs nicht überfahren werden kann. Schon eine Stunde ist vergangen, die angekündigte Zeit der Abfahrt längst überschritten, aber der Führer des Schleppdampfers, einer der sonderbaren skandinavischen Seebären, die sich hier an die chinesische Küste verirrt haben und den Rest ihres Lebens zwischen der Flußmündung und den Binnenhäfen vertrauern zu wollen scheinen, rührt sich nicht und bleibt stumm auf die Frage, warum er nicht loswerfe.

Glücklicherweise ist das Leben auf dem Fluß interessant genug, um uns geprüfte Wartemärtyrer nicht verzweifeln zu lassen. Der breite Rücken des gelben, scheußlich trüben und trägen Stromes ist förmlich übersät mit Fahrzeugen aller Art. Groß und schwer, feierlich langsam ziehen die hochbordigen chinesischen Dschunken einher, am Heck und Bug hoch aufgeschweift wie unsere alten Wikinger Kriegsboote und vorn an den Seiten das bekannte große krebsaugenartig heraustretende Auge aufgemalt, ohne das chinesische Schiffe selbst im 20. Jahrhundert nicht fahren zu können glauben. „No hab got eye, how can sabe, how can see?" ist die klassische Erklärung, die einem der Chinese in seinem schönsten Pidschin-Englisch geben wird, wenn man ihn nach dem Grunde dieser wunderlichen Sitte fragt. Selbst mit ausgehender Flut scheint der Strom des

Peiho nicht stark genug zu sein, die plumpen chinesischen Frachtboote meerwärts zu treiben. An der Mastspitze ist eine lange Trosse befestigt, und am Ufer ziehen die Treidel= knechte die schweren Fahrzeuge, als ob sie ein Spielzeug wären. Oft sind drei und vier Dschunken zusammengekoppelt zu einem mächtigen Geschwader, das die Hälfte des Flusses einzunehmen droht; aber auch dann gehen am Ufer nicht mehr als drei und vier Kuli, die sich das Ende des Schlepptaues über die Schulter gelegt haben und nun im Schweiße ihres Angesichts ein mühsames, kärgliches Brot verdienen. Von den Sohlen aufwärts bis übers Gesäß völlig nackt, gebückt und schweißtriefend waten sie in dem tiefen Schlamm die grasbestandene morastige Böschung ent= lang, langsam, Schritt für Schritt mit ihrer Last in der sengenden, blendenden Vormittagssonne. Zwischen diesen wuchtigen plumpen Dschunken eilen hastig und nervös die zierlichen Dampfpinassen fremder Kriegsschiffe einher, vom Ufer zu den auf dem Strom liegenden Leichtern und zurück, Befehle übermittelnd oder Gepäckstücke verladend. Am Staden ist jedes Plätzchen belegt mit Frachtgut aller Art, englische und deutsche Soldaten sind eifrig mit Verladen beschäftigt, und mancher Obermatrose oder Maschinisten= applikant führt stolz und selbständig das Ruder eines kleinen Motorbootes mit der deutschen Kriegsflagge am Heck.

Die braven Offiziere und Mannschaften, die ihre Zeit in China statt in Tientsin, Peking oder Paotingfu, wo es immer was zu sehen und mitzumachen gab, statt auf den Etappen oder Expeditionen, wo immer was zu erleben war, hier an der Küste von Taku oder Tongku haben abdienen müssen, verdienen vielleicht mehr Anerkennung als manche Bevorzugte, die ohne viel Mühe und Arbeit das Glück ge= habt haben, an einem leibhaftigen, wenn auch mehr oder weniger unblutigen Gefecht teilnehmen zu dürfen. Diese stillen Helden der Entsagung haben das mühsamste und undankbarste Arbeitsfeld von allen gehabt: das Löschen der mannigfaltigen Ladung der Transportschiffe. Da waren die ungeheuren Vorräte an Schießbedarf für Gewehr und Geschütz zu bewältigen, die Hunderttausende von Kisten und Ballen, die die Intendantur mit Nahrungsmitteln und Getränken aus der Heimat mitgeführt und nachträglich hatte kommen lassen, die Koffer der Offiziere und die Kleidersäcke der Mannschaften, die neuen Kleidungsstücke für den Winter, und später wieder die neuen Khaki=Litewken für den Sommer, die ungezählten Sendungen von Liebesgaben, die Ausrüstung für die Lazarette und was sonst alles zum Bedarf einer großen Truppenmacht gehört, die lange Zeit fern von der Heimat leben und sich betätigen soll. Besonders in der ersten Zeit nach der Landung waren die Anforderungen an die Leistungsfähigkeit des Ausschiffungskommandos unerhört. Und geschah es dann, daß zu einer Protze oder Lafette das Geschütz nicht geliefert werden konnte, weil man eben zu Hause die Rohre tief unten in der Last und die Lafetten auf Deck verladen hatte, dann gab es gleich ein heiliges Donnerwetter über die unglaubliche Bummelei „da unten in Tongku". Selbst wenn sich einmal ein Offizierskoffer auf einen falschen Dampfer verirrt hatte oder nach der Löschung in einen Schuppen geraten war, wo er nicht hingehörte, dann mußte die vielgeplagte Intendantur manch hartes Wort über sich ergehen lassen, das besser ungedruckt bleibt.

Allerdings hatten sich im Laufe der Zeit Zustände in Tongku herausgebildet, die man bei Armeen der Großmächte im 20. Jahrhundert für unmöglich hätte halten sollen. Ganze Ladungen von Waren verschwanden spurlos, unge=

zählte Kisten kamen erbrochen an ihre Empfänger, der Hälfte ihres Inhaltes beraubt. Besonders Bier, Kognak und Sekt wurden in dieser Weise ausgezeichnet. Durch wen? Das war die Frage, die wochenlang jedermann beschäftigte und wochenlang unbeantwortet blieb. Schließlich geriet man eines schönen Tages einer förmlich organisierten Räuberbande auf die Spur, international zusammengesetzt, wie das der Gelegenheit entsprach, aus entlaufenen amerikanischen Soldaten, Juden und Griechen und einheimischen, natürlich christlichen, Landeskindern, die sich als Stauer und Löschkuli verdungen hatten und Weg und Steg auf diesem ungeheuren Stapelplatz genau kannten. Lange Zeit hatte der Verdacht auf den eigenen Soldaten gehaftet, und wiederum ging es der Intendantur an den Kragen. Wenn natürlich auch der Umstand, daß jemand deutscher Soldat ist, ihn nicht ohne weiteres, auch nicht nach ein oder zwei Jahren strengen Dienstes und militärischer Erziehung, zu einem Ausbund von Tugenden macht, das Zutrauen muß man doch jederzeit zu seinen Vaterlandsverteidigern haben, daß sie das Reich und ihre eigenen Kameraden nicht bestehlen. Und soweit bekannt, ist dieses Vertrauen auch nicht einmal und nirgends getäuscht worden. Aber angenehm war es doch nicht für die Soldaten auf diesem Posten, so lange unter so schmählichem Verdacht stehen zu müssen.

Von Kriegsschiffen war nicht mehr viel zu sehen. Seit der Peiho sein Bett derart versandet und verschlammt hat, daß Tientsin eigentlich aufgehört hat, ein Seehafen zu sein, können ja nur noch Kanonenboote oder ähnliche flachgehende Fahrzeuge bis Tongku hinaufgehen. Unter deutscher Flagge sah ich nur den „Luchs", der sein Schwesterschiff „Iltis" hier abgelöst hat. Ein paarmal tauchte die französische und englische Flagge auf und von den Russen lag ein ziemlich schweres Boot im Dock auf der kaiserlich chinesischen Werft, über dessen Eingangstor sie stolz die weiße Flagge mit dem blauen Andreaskreuz gehißt hatten. Es wird eben alles mit Macht friedlich hier, und wenn erst der Lärm und die Unruhe des Abzuges und der Einschiffung vorüber sind, werden die Ufer des Flusses wohl wieder so einförmig und still werden, wie sie es seit dem englisch-französischen Kriege vor vierzig Jahren gewesen sind.

Gell und aufdringlich tönt plötzlich das Gebimmel unserer kleinen Schiffsglocke in unsere Betrachtung des regen Lebens auf dem Flusse und macht allen weitern Beobachtungen ein Ende. Man hört die Kommandoklingel zwischen Brücke und Maschine arbeiten, es scheint also doch einmal loszugehen. Am Ufer sieht man zwei Damen in größter Aufregung und Eile auf die Landungsbrücke zulaufen, sie sind die letzten Fahrgäste, auf die wir stundenlang gewartet haben, und denen der gutmütige Kapitän als leise Bestrafung für ihre Unpünktlichkeit einen Schrecken einjagt, indem er, sobald er sie in der Ferne erspäht hat, mit Macht die Glocke läuten läßt. Atemlos und völlig erschöpft kommen die Unglücklichen an — schon von weitem an ihren Stimmen als Amerikanerinnen zu erkennen — und in demselben Augenblick wirft der Schlepper von der Brücke los, der Vertreter der japanischen Gesellschaft steht oben am Ufer, macht unter höflichem Grinsen einen tiefen Katzenbuckel — die Reise beginnt.

II.

Abschied vom chinesischen Flachlande. — Vorbei an den Werken von Taku. — Reise mit Hindernissen. — Auf einem japanischen Dampfer. — Die Japaner der „großen, strahlenden" Zeit. — Chinesische Kuli bei der Arbeit.

Wie anders sieht das Land an den Ufern des Peihos jetzt aus im Sonnenschein und unter blauem Himmel als damals im vorigen Jahre während der Regenzeit, wo alles Grau in Grau in der Luft und Gelb in Gelb darunter auf dem Boden war, wo man nichts sah als aufgeweichten Lehm, in Schlamm versinkende, ausgebrannte Häuser und auf Kilometer denselben öden, schmutzig graugelben Gesichtskreis. Ein bißchen Sonnenschein und hier und da ein Fleckchen Grün kann selbst solch Jammerbild erträglich machen, zumal statt der tödlichen Leere und Ausgestorbenheit von damals jetzt wieder alles wimmelt von Menschen. Die Furcht vor den fremden Kriegern hat ja schon längst dem Vertrauen Platz gemacht und der Erkenntnis, daß diese fremden Teufel es gar nicht auf die Zerstörung ihrer ländlichen Habe abgesehen haben, und so sind die Chinesen zu Tausenden wieder in ihre Dörfer zurückgekehrt, und ihre hellblauen und weißgrauen Sommerkleider beleben das trotz Sonnenscheins recht einförmige Bild. Der Abschied wird einem leicht, wenn man China durch diese Ausgangstür verläßt. Hinter diesem öden, herzabdrückenden Lande würde niemand den Eingang vermuten zu dem fruchtbaren grünen Schwemmland Tschilis und seinen reichen Bauerndörfern.

Ohne Sang und Klang geht es hinaus, an den starken Werken von Taku vorbei, auf denen die Flaggen aller noch im Lande vertretenen Nationen zu wehen scheinen. Neben der deutschen, russischen, englischen, japanischen Flagge war auch die von Italien auf einem der Werke aufgepflanzt, aber noch war kein Schritt zur Schleifung getan, die im achten Paragraphen der Friedensforderungen angekündigt wird. Gerade ein Jahr ist vergangen, seit die fremden Kanonenboote, an ihrer Spitze der tapfere, kleine „Iltis", in der Frühe des Junimorgens die starken Befestigungen der Flußmündung, den Stolz Chinas, niederkämpften. Die Ereignisse des ganzen seitdem verflossenen Jahres ziehen wieder an uns vorüber. Es sind Offiziere an Bord, die sowohl die Belagerung Pekings wie den Vormarsch der Verbündeten und den Entsatz mitgemacht haben, und alle sind sich darin einig, daß, militärisch gesprochen, die einzige Großtat des Jahres der Sturm auf Taku war. Aber auch hier sieht es jetzt friedlich aus. Von dem gewaltigen Geschwader fremder Kriegsschiffe sind nur noch spärliche Reste draußen vor der Barre zu sehen. Von deutschen Schiffen lassen sich in der Ferne nach der Bauart nur einer der neuen großen Kreuzer, wohl die „Hertha", erkennen und ein Kanonenboot vom Typus des „Iltis". Der einzige Panzer, der noch draußen liegt, ist ein Franzose, der „Redoutable", der in China eine gewisse Berühmtheit erlangt hat durch die Tatsache, daß sein erster Offizier Mitglied der Académie Française ist. Daß ein solch grünbefrackter Held französischen Schriftstellertums aktiver Seeoffizier ist, kommt gewiß in der Geschichte der 40 Unsterblichen nicht häufig vor. Korvettenkapitän Paul Viaud vom „Redoutable" ist kein anderer als Pierre Loti, der große Romanzier des Exotischen und der See, von dessen chinesischen Eindrücken man wohl bald Spuren in seiner künstlerischen Tätigkeit finden wird.*)

---

*) Inzwischen ist in der Tat Pierre Lotis Buch: Les derniers jours de Pekin (Paris 1902) erschienen. A. d. H.

Und draußen dehnt sich das gelbe Meer, wirklich gelb und seines Namens wert. Es ist ein häßlich schmutziges, undurchsichtiges Gelb, das diesem Meere seinen Namen gegeben hat, mehr braun als gelb, da es nichts ist als das in Wasser aufgelöste Schwemmland der nordchinesischen Ebene. Die gewaltigen Sinkstoffmassen des Hoanghos haben sich nicht nur hier in die Bucht von Petschili entleert; bis vor wenigen Jahrzehnten wälzte der Gelbe Fluß bekanntlich seine schlammgefärbten Fluten südlich von den Schantunger Bergen zur Küste, so daß in der Tat der ganze Nordteil des chinesischen Ostmeeres vom Lehm und Sande der großen Ebene gelb gefärbt ist. Weit, weit draußen sahen wir unsern Dampfer liegen, durch die rot und weiß gestreifte Flagge fernhin kenntlich als Eigentum der Nippon Yusen Kaisha. Aber es war nun einmal beschlossen im Rate der Götter, unsere Ausfahrt sollte eine Reise mit Hindernissen werden. Und wenn sich keine Naturereignisse oder Kesselbrüche einstellen wollen, dann muß man sich eben mit kleineren Hindernissen begnügen. Einer der amerikanischen Damen entführte ein Windstoß ihren Hut, einen sehr einfachen Strohhut, ohne jeden Schmuck außer einem Messingknopf von der Uniform eines Freiwilligen, wie alsbald männiglich bekannt gegeben wurde. „O captain, please, do stop the boat, you know the button is from the Philippines!" Ja, da half kein Sträuben. Wenn eine so wertvolle Reliquie wie der Messingknopf eines amerikanischen Kriegshelden in Gefahr war, im gelben Meer, in „this horrid muddy sea" zu versinken, dann mußte die Fahrt schon unterbrochen werden. Und tatsächlich läßt der brave Seebär von skandinavischem Kapitän, gänzlich eingeschüchtert durch das aufgeregte Gebaren der Amerikanerinnen, die Maschine rückwärts an=

schlagen, dann stoppen, und die Jagd auf den Hut beginnt. Ein paar in der Nähe segelnde chinesische Fischerboote werden angerufen, und von allen Seiten beginnt der Angriff auf die keck ins gelbe Meer hinausschwimmende Kopfbedeckung. Vierzig Minuten lang dauert das aufregende Schauspiel, das auch für diejenigen aufregend wurde, denen das Schicksal des billigen Strohhutes und seines Messingknopfes gänzlich gleichgültig war, denn von Bord aus begleiten die Damen jede Wendung der geschickt manövrierenden Segler mit gellenden Ausbrüchen der Anerkennung oder des Mißfallens.

Dankerfüllt sieht schließlich jedermann den Hut auf der Spitze eines Bootshakens emporschweben. Unzufrieden ist nur die Eigentümerin, denn der treulose Knopf hat sich doch nicht geschämt, mitsamt seinem hohen vaterländischen Wert in das schmutzige Brackwasser zu versinken. „Ick haew ja Tied", sagte der Kapitän ein über das andere Mal, wenn eines der Segelboote wieder einen vergeblichen Vorstoß auf den Hut gemacht hatte. Und so war es auch. Zeit hatte der Gute wie nur irgendeiner in diesem langsamen, zeitverschwendenden Osten. Auf dem Atlantischen Ozean oder im Kanal dreht sich ja ein englischer Schiffsführer kaum um, wenn er, mit Volldampf im Nebel fahrend, ein armes kleines Fischerboot übersegelt hat. Ein Seemann jener Gewässer würde es gar nicht glauben, daß es noch Meere gibt, wo man um eines lumpigen Strohhuts willen die Maschine stoppen läßt und vierzig Minuten lang geduldig wartet, bis das Unglücksding wieder an Bord ist. Weder war der Hut wertvoll noch die Eigentümerin hübsch, und ebensowenig bekamen die chinesischen Fischer, die sich brav abgemüht hatten, ein Trinkgeld. Die Tat des Kapitäns war also nichts als die völlig selbstlose Höflichkeit eines

Galantuomo, ein förmliches Paradebeispiel von Ritterlich=
keit, wie es in unseren eiligeren und praktischeren Ländern
kaum geliefert werden kann.

Nach einer langen und heißen Fahrt erreichten wir end=
lich die „Tategami", die von einem dichten Schwarm von
Dschunken umgeben war. Obwohl wir vierzehn und einen
halben Tag später an Bord gingen, als angesetzt war, be=
deutete unsere Ankunft auf dem Dampfer noch lange nicht
das Zeichen zur wirklichen Abfahrt. „Im Laufe des
Spätnachmittags", ließ der Kapitän sagen, würde er mit
dem Löschen seiner Ladung fertig sein, und dann würde er
sofort in See gehen. In Wirklichkeit vergingen noch
anderthalb Tage, bis endlich alles klar zum Ankerhieven
war. Es blieb also reichlich Zeit, das Schiff kennen zu
lernen, ehe es in See ging.

Es war ein durch und durch japanisches Fahrzeug,
dem wir uns anvertraut hatten. Auch nicht der geringste
Gegenstand schien aus dem Auslande bezogen, alles national
japanische Arbeit, vom Rumpf und der Maschine bis zum
Eßgeschirr und den Büchsenspeisen bei Tisch. Die große
Namentafel unter der Schiffsglocke besagte in schön in
Bronze gegossenen japanisch=chinesischen Schriftzeichen, daß
die „Tategami Maru" auf der Werft Mitsu Bischi zu Naga=
saki von Stapel gegangen sei im 12. Monat des
31. Jahres Meidschi, das heißt im 31. Jahre nach dem Anbruch
der neuen Zeit (1867), die für Japan mit seinem Übergang
von feudal mittelalterlicher Beschränktheit zu weitschauend
angelegter Weltpolitik allerdings verdient, Ausgang einer
neuen Zeitrechnung zu sein. Das Zeichen für Meidschi
wird im Chinesischen Ming gelesen, es ist dasselbe aus den
Zeichen für Sonne und Mond zusammengesetzte Schriftbild,
womit das letzte große chinesische Herrscherhaus Ta Ming

seinen Namen schrieb als die „Großen Strahlenden". Und eine große, strahlende Zeit ist es auch, die Japan seit dem Jahre 1867 neu zu zählen begonnen hat, eine Zeit, wie sie wunderbarer wohl kaum ein Kulturvolk der Erde durch= gemacht hat, mit so raschem, den Grund aufwühlendem Wechsel, mit diesem völligen, wenn auch nur zeitweiligen Verleugnen der ganzen eignen Vergangenheit und der fieberhaft hastigen und anscheinend doch so erfolgreichen Aneignung einer fremden Kultur. Das gewaltige Selbstbewußtsein, das sieg= hafte Gefühl, dem gefürchteten Abendländer ähnlich und ge= wachsen zu sein, vermag der Japaner selbst als einzelner im persönlichen Verkehr nicht ganz zu verbergen. Bei aller außer= gewöhnlichen äußerlichen Höflichkeit, die er jedermann gegen= über zur Schau trägt, mit unendlich tiefen Verbeugungen und geschmeidigem Lächeln, fehlt es doch nicht an kleinen Zufällen und Schlaglichtern, die erkennen lassen, wie un= endlich sich der Japaner dem Westländer überlegen fühlt.

Auch bei den Offizieren unseres Dampfers war dieses Gefühl nicht zu verkennen. Als Angestellte der gewaltigen Nippon Yusen Kaisha, die sich schlicht und stolz „Japanische Dampfschiffahrts=Gesellschaft" nennt, haben sie allerdings auch Grund, den Kopf besonders hoch zu tragen. Die Nippon Yusen Kaisha, die En, Uai, Ke, wie sie hier draußen meist nach der englischen Aussprache der Anfangsbuchstaben N Y K genannt wird, läßt ihre Schiffe den Ruhm Japans und den Unternehmungsgeist seiner Reeder in allen Ländern der Welt verkünden. Nicht nur unterhält sie einen ausgezeich= neten Küstendienst um sämtliche Inseln des heimischen Reiches, sie hat regelmäßige Verbindungen mit den Vereinigten Staaten, mit Sibirien, Korea und den größeren Häfen Chinas und Indiens. Ja, vor einigen Jahren hat sie zur Verblüffung der Welt auch eigene große Linien nach

Australien und Europa angelegt, und man kann jetzt ihre
weiße Flagge mit den beiden roten Längsstreifen alle
14 Tage im Hafen von Antwerpen sehen. Sehr drollig
zu beobachten war, wenn diese kleinen Japaner, vom Kapitän
bis zum jüngsten Unteringenieur und Maschinisten immer
sorgfältig in sauberstes Weiß gekleidet und sehr auf die Be=
folgung europäischer Formen bedacht, zuweilen sich vergaßen
und mitten im Gespräch sich aufs Deck hinhockten und auf
ihren Absätzen saßen, wie ehemals, ehe sie das beengende
Gewand der Kultur angelegt hatten. Ließ sich ein Reisender
in der Nähe sehen, schnellten sie sofort in die Höhe, be=
schämt, sich auf einem so schmählichen Rückfall in die
Barbarei der Zeit „vor Meidschi" ertappt zu sehen. Spät
abends aber, wenn fast niemand mehr auf Deck zu sehen
war, schlüpften sie doch alle, sobald sie dienstfrei waren, in
ihren heißgeliebten Kimono, den weiten, weichen Mantel,
der ein höchst bequemes, wenn auch nicht ganz vollkommenes
Kleidungsstück ist, da er bei jedem Schritt die nackten Beine
sehen läßt. Daher wohl auch unten in der Kajüte die
Verkündigung der merkwürdigen Bestimmung, daß nur „an=
ständig gekleideten Reisenden" Mahlzeiten am gemeinsamen
Kajütentisch verabfolgt würden. Das war augenscheinlich
ein Wink für die japanischen Fahrgäste, sich nur in euro=
päischer Kleidung bei Tisch sehen zu lassen. In der Tat
erschienen denn auch die japanischen Reisegefährten stets sehr
elegant in modischen Sommerkleidern; ein Unglückschinese
aber, der nach der Mandschurei wollte und ebenfalls erster
Klasse fuhr, bekam besonders für sich an einem Trompeter=
tischchen gedeckt, da er nach der Weise seiner gesinnungs=
tüchtigen Landsleute auch in der Fremde seine heimische
Tracht beibehielt. Kein freigeborener demokratischer Ameri=
kaner würde sich mit einem bezopften, in langen Seiden=

gewändern auf Filzschuhen einherschleichenden Chinesen zu=
sammen zu Tisch setzen, denn die durch die amerikanische
Verfassung verkündigte Freiheit und Gleichheit gilt nicht
für die Chinesen, die durch den Vertrag von 1894 allein
von allen Völkern der Erde ausgeschlossen sind von der Ein=
wanderung in das gelobte Land der hohen Arbeitslöhne.
Um daher allen Zwischenfällen vorzubeugen, hatte der Kapitän
den Sohn des Reiches der Mitte, der übrigens, wie die
Stewards verrieten, ein schwerreicher Großhändler aus
Tientsin war, unter ein Ausnahmegesetz gestellt und allen
gefährlichen Reibungsmöglichkeiten entrückt.

Weniger peinlich schien man im Zwischendeck zwischen
Chinesen und andern Nationen zu unterscheiden. Zahlreiche
bezopfte Auswanderer lagen dort friedlich Seite an Seite
mit den Japanern, denen man sonst eine grenzenlose Ver=
achtung für alles Chinesische nachsagt. Und was nun gar
chinesische Arbeit anbetraf, da schien der Rassenhaß gänz=
lich verstummt. Die Mehrzahl aller hart arbeitenden Kuli
beim Löschgeschäft waren Chinesen. Der Dampfer hatte
eine ungeheure Ladung japanischer Waren für Tientsin mit=
gebracht. Bier, Mineralwasser, Streichhölzer aus Yokohama
und Nagasaki, Petroleum und Kerzen aus Wladiwostok und
amerikanisches Büchsenfleisch und eingemachtes Obst waren
die am häufigsten wiederkehrenden Dinge, von denen auch
nach zwanzigstündiger Ladearbeit noch immer ein gewaltiger
Stapel in der Last lag. Tag und Nacht wurde gearbeitet,
ununterbrochen rasselten die schweren Ketten des Dampf=
kranes und der Handwinden, und unermüdlich schafften die
chinesischen Kuli, tags bei brennender Sonne und nachts
bei phantastisch flackerndem Fackellicht. Unglaublich sorg=
los wurde mit der Ladung umgegangen. Es war ein fort=

währendes Donnern und Krachen unter den Kisten zu hören, die man unbekümmert aufeinander platzen ließ, als ob es Gummibälle wären. Was nützten da alle sorgfältig aufgemalten Warnungen: „Vorsicht", „Porzellan", „Glas", „nicht stürzen" — es waren unverstandene Hieroglyphen für Japaner wie Chinesen. Die Empfänger in Tientsin mögen weidlich über den unmäßigen Bruchschaden geschimpft haben, soviel ausgelaufenes Tansan= und Hiranowasser, soviel Kisten mit zerbrochenen Kabischi=Bierflaschen gab es. Einmal stürzte oben vom Kran eine Kiste krachend in den Schacht. In demselben Augenblick flammte der ganze untere Schiffsraum auf in einer grellen Flammensäule, die in einer Sekunde die ganze Last ergriffen zu haben schien. Die chinesischen Packkuli grinsten gleichgültig hinunter in die leuchtende Tiefe, die Reisenden schrieen aufgeregt nach der Feuerspritze, und ein amerikanischer Missionar, der nach den Bonin=Inseln wollte, bat laut den Herrn, diesen Kelch an ihm vorüber= gehen zu lassen. Der Kapitän aber, der oben von der Brücke das Ganze mit angesehen hatte, ließ kaltlächelnd ein paar Eimer Wasser aus seiner Kabine holen und übers Brückengeländer gießen. Im Handumdrehen war der Brand gelöscht. Und nun erkannte man, was geschehen war: eine Kiste japanischer „Sicherheitsstreichhölzer" war es gewesen, die beim Aufschlagen ihren ganzen Inhalt entzündet und damit allerhand Späne, Stroh, Tauwerk und was sonst noch den Boden eines Packraumes bedecken mag, in einen raschen, aber leichten Brand gesetzt hatte. In Japan, wo zartere Sitten herrschen, mögen diese Hölzer ihren Namen mit Recht tragen, unter den rauhen Fäusten der Boxer sind Sicherheitsstreichhölzer ein gefährliches Spielzeug.

Die Reisenden aber wurden für den ausgestandenen Schrecken entschädigt: in dieser, der zweiten Nacht zitterte plötzlich der Schiffsrumpf unter dem Geklirr der Ankerketten, wir gingen tatsächlich Anker auf und wandten unsern Kurs nach Nordosten.

In Yingkou, der Eingangspforte der Mandschurei.

I.

Erster Anblick der mandschurischen Küste. — Günstige Lage Yingkous (Niutschwangs). — Japaner und Russen in der Mandschurei. — Mandschurische Dschunken auf dem Liaoho. — Aufschwung Yingkous.

Spät am Abend des nächsten Tages kam die mandschurische Küste in Sicht. Nach den flachen, öden, gelben Ufern Petschilis war es ein hoher Genuß gewesen, einmal wieder richtige Seeluft atmen zu können, Wolken am blauen Himmel zu sehen und sich dem angenehmen Gefühl hingeben zu können, völlig neuen Eindrücken entgegen zu gehen. Lange, ehe irgendwelche Einzelheiten an der Küste zu erkennen waren, hatte es dort grün aufgeleuchtet, ein langer Streifen saftigsten frischen Grüns, erquickend wie der erste Frühlingsgruß auf einer deutschen Waldwiese. Das war ein Anblick, wonach das Herz vergeblich gelechzt hatte in China, wo es während des größern Teiles des Jahres überhaupt nichts Grünes gibt und wo auch im Frühjahr die junge Saat und das neue Laub der Bäume sich nur zu bald mit graugelbem Staub bedeckt. Zwar waren es keine

Rasen, keine blumigen Wiesenflächen, die da so heimatlich vom Strande herüberwinkten. Es waren, wie wir bald lernten, gewaltige Bohnenpflanzungen, die auf unabsehbare Weiten das ganze Land bedecken. Denn die Mandschurei ist das Land der Bohnen. Alles dreht sich im Lande um Bohnen und immer wieder Bohnen. Die Mandschuren leben vom Bohnenbau, der eingewanderte Chinese wird Bohnenbauer, und die wenigen europäischen Kaufleute im Lande beschäftigen sich hauptsächlich mit der Ausfuhr dieser Bohnen und ihrer Nebenerzeugnisse. Und auch Yingkou, der Eingangshafen des Landes, ist weiter nichts als ein großer Bohnenstapelplatz.

Bei den Chinesen heißt der Ort Yingkou oder Yingtse, was einfach Militärlager bedeutet. Denn ehe die Mandschurei den Fremden geöffnet wurde, hatte die Mündung des Liaoflusses, der hier in die Bucht von Liaotung einmündet, nur als Küstenposten der mandschurischen Bannerleute einen Namen. Der Vertrag zwischen England und China, der 1858 in Tientsin abgeschlossen wurde, forderte neben der Eröffnung der Häfen Tschifu, Tamsui auf Formosa, Swatow und Hainan auch die Zulassung von Engländern in Yingkou, wo aber erst 1861 die ersten Fremden sich niederließen. Unerklärlicherweise heißt sowohl im amtlichen Text der Verträge wie im Handelsverkehr die Stadt bei den Engländern Niutschwang (Newchuang), was in Wirklichkeit der Name einer ganz andern Stadt ist. Niutschwang („Ochsendorf") liegt 24 Kilometer weiter stromauf und ist ein ganz unbedeutendes mandschurisches Nest, wo außer dem einen oder dem andern Missionar überhaupt kein Fremder lebt. Erst wenn die Russen die südliche Abzweigung ihrer Sungaribahn über Kirin und Mukden zur Küste durchgeführt und dem Betriebe übergeben haben werden, wird Niutschwang, das eine Station dieser Linie bilden wird, auch einen gewissen Aufschwung nehmen können, es aber niemals dem soviel küstennähern Yingkou gleichtun. Die Lage dieses Hafenortes ist in der Tat ganz außerordentlich begünstigt. Die Provinz Schöngking, der südlichste und wertvollste Teil der Mandschurei, hat eigentlich nur diese Eingangspforte. Die Häfen der Liautunghalbinsel, Port Arthur und Talienwan, können nicht als natürliche Zugänge des Landes gelten, ganz abgesehen davon, daß ihre etwaige Bedeutung für den Handel dadurch schon ganz hinfällig geworden ist, daß die Russen dort das Regiment führen. Denn das gilt hier im Osten bei Engländern und Deutschen ganz allgemein als unumstößliche Wahrheit: wo der Russe ist, da ist kein Handel. Zwar ist Port Arthur ja ebenso wie Talienwan seit 1898 sogenannter Freihafen, und einige fremde Häuser, darunter auch so bedeutende deutsche Firmen wie Kunst & Albers und Sietas, Block & Co. haben sich dort aufgetan und machen ihre Geschäfte. Sie müssen aber ihre Erfolge erkaufen mit der Aufgabe ihres Deutschtums, das heißt entweder selbst völlig russische Staatsangehörige werden oder doch vorzugsweise Russen in ihren Geschäftsstuben einstellen; geschieht das nicht, dann nehmen, so sagte mir der Chef eines der größten Häuser in Port Arthur, die Schererein durch die Behörden kein Ende. Yingkou aber, durch englische Vermittlung dem fremden Handel geöffnet, ist ein wirklicher Freihafen. Denn jeder Kaufmann hier draußen weiß, daß unter englischer Flagge das viel mißbrauchte Wort von der offenen Tür keine leere Redensart ist: fremde Nationen werden, wenn sich ihre Angehörigen als friedliche, handeltreibende Geschäftsleute einfinden, ebenso willkommen geheißen und nach denselben Gesetzen behandelt wie die eigenen. Dazu kommen die hohen Vorzüge der geographischen Lage an der Mündung des großen Liao, der das ungemein fruchtbare Tiefland der Mandschurei entwässert und mit seiner breiten, steten Wasserfläche den bequemsten und für Frachten billigsten Zugang in das Riesenland bildet. Von Norden her wird die Mandschurei immer nur durch die Zuflüsse des Amurs, vor allem durch den Sungari, zugänglich sein. Aber die beiden nördlichsten Provinzen des Landes, Heilungkiang und Kirin, die durch diese natürlichen Verkehrsstraßen aufgeschlossen werden, stehen mit ihren Waldgebirgen den fruchtbaren Ackerbauebenen Schöngkings an Wert weit nach. Vor allem als Besiedlungsgebiet wird Schöngking mit seinen ausgedehnten, reichbewässerten Niederungen und seinem gesunden Klima unschätzbar sein.

Das haben die Russen längst erkannt. Und wie man auch über ihren augenblicklichen anscheinenden Rückzug aus der Mandschurei denken mag, für den Politiker wie den Geographen ist die Notwendigkeit der Besetzung des Landes durch Rußland über kurz oder lang eine Gewißheit. Nicht ohne Bedeutung weht die russische Flagge auf dem wichtigsten Gebäude Yingkous, dem stattlichen Hause der kaiserlich chinesischen Seezollverwaltung. Diese Behörde, bekanntlich durch den Engländer Sir Robert Hart umsichtig und in allen Einzelheiten musterhaft eingerichtet, ist von allen Nationen als etwas Außerchinesisches anerkannt worden, da ihr Hauptdaseinszweck ist, die aus den Seezöllen einfließenden Einnahmen Chinas zu überwachen und sicher zu stellen im Interesse der ausländischen Gläubiger, deren Darlehen durch diese Einkünfte zurückgezahlt, deren Zinsenempfang durch sie gewährleistet werden soll. Als im Jahre 1894 die Japaner nach ihrem glänzenden Feldzug in Korea und in der südöstlichen Mandschurei Yingkou besetzten, wagten sie

nicht, ihre siegreiche Flagge auf dem Zollgebäude auf=
zupflanzen, in verständiger Anerkennung des internationalen
Wesens der eigenartigen Behörde, die sich außerdem da=
durch vor allen Zufällen zu schützen gesucht hat, daß die
Verwaltungsbaulichkeiten am Liao auf den persönlichen
Namen von Sir Robert Hart, nicht den der chinesischen
Regierung, eingetragen worden sind. Die Russen indessen
ließen sich dadurch nicht abschrecken. Als im vorigen Sommer
Abgesandte der Ihotwan, des „patriotischen Wehrbundes" der
Boxer, im Hafen erschienen und unter der immer zu bösen
Streichen aufgelegten Schar der Trimmer und Stauer und
Dschunkenbesatzungen anfingen, aufreizende Predigten zu
halten, griffen die Russen kurzerhand die Truppen des
durchaus fremdenfreundlichen Bezirksvorstandes (Taotai) an,
besetzten eine Woche darauf die Stadt und hißten ihre
weißblaurote Flagge auf dem Zollgebäude. Die Empörung
darob unter den Fremden war ungeheuer. Man wies dar=
auf hin, daß die Japaner die Zollverwaltung geachtet
hätten, obwohl der Vertrag von Schimonoseki ihnen den
südlichen Teil der Provinz, die ganze Liaotung=Halbinsel
einschließlich Yingkous zugesprochen hatte — an der Be=
sitzergreifung wurden sie dann bekanntlich durch die uner=
wartete Einmischung Deutschlands, Frankreichs und Rußlands
gehindert — und forderte, daß die Behörde in keiner Weise
für irgendwelche Sünden der chinesischen Regierung ver=
antwortlich gemacht würde. Alle Konsuln zeichneten gemein=
sam einen geharnischten Einspruch, den selbst der russische
mit unterschrieb. Aber umsonst. Ein russischer Beamter wurde
dem englisch=chinesischen Zollkommissar beigegeben mit dem Titel
„Seezollkommissar", ein russischer Administrator wurde als
Oberhaupt der Verwaltung eingesetzt, und die Flagge blieb
auf dem Zollgebäude wehen bis heute und wohl für immer.

Diese russische Flagge ist das Auffälligste am ganzen Hafenbilde Yingkous. Der Liaoho, genauer auszusprechen Ljaucho, macht wenige Kilometer, bevor er die See erreicht, ein scharfe Biegung nach Südsüdost, und kaum hat der Lotse, der den Dampfer mit großer Vorsicht durch das ungleiche Fahrwasser des breiten Stromes steuern muß, dem Ruder die Wendung hart Backbord gegeben, die das Fahrzeug in die Hauptrichtung des Flusses einbiegen läßt, so sieht man am Ende des fesselnden Panoramas, das sich bei der Wendung bietet, vom Turme des festungähnlichen Backsteinbaues der Zollbehörde die russische Flagge wehen. Es ist weder die bekannte blau-weiße Kriegsflagge noch die schrecklich unharmonische Handelsflagge mit ihren weiß-blau-roten Balken, sondern ein Ungetüm von Fahne, das sofort aller Augen auf sich zieht: auf dunkelblauem Grunde in der Gösch die Landesfarben und darunter ein Paar merkwürdiger gekreuzter Schlegel, wie das Paar gekreuzter Schenkelknochen, das die Apotheker unter den Totenkopf auf ihre Giftflaschen setzen. Was man an dem bunten, lebhaften Hafenbilde im einzelnen betrachten mag, immer erscheint diese gräßliche Flagge im Hintergrunde. Sie beherrscht den ganzen Rundblick. Man fühlt: hier ist man in Russisch-Asien, und allerhand törichte und verschwommene Vorstellungen von der Knute und sibirischen Bleibergwerken, von langen Zügen „auf administrativem Wege" verschickter Sünder und ähnlichem, asiatisch-russischem Spuk mischen sich in die Gedankenreihen.

Die weiten, grünen Bohnenfelder und die im SO und NW den Gesichtskreis begrenzenden Gebirgsketten geben dem Hafen von Yingkou eine recht gefällige Einfassung. Und das Bild selbst ist seines Rahmens wert. Der breite Fluß ist dicht bedeckt mit chinesischen und mandschurischen

Fahrzeugen ganz absonderlicher Art. Es sind mehrstöckige Bauten mit überhöhter Back und Kampanje, die ganz aussehen wie die alten braven Kriegsschaluppen, die der Große Kurfürst einst nach Westafrika sandte. Wenn so ein abenteuerliches Boot seine vollen Segel gesetzt hat, sieht es außerordentlich machtvoll und romantisch aus. Vergeblich späht man nach den Seitenpforten für die Geschütze, und statt dräuend bewehrter Kriegshelden sieht man hinter den Wanten friedliche mandschurische Bohnenhändler stehen und chinesische Kuli mit Peekhaken und Stange bemüht, die ungefügen Kästen im seichten Flußbett stromauf zu treiben. Viele Hunderte solcher altertümlichen Schiffe segeln mit einlaufender Flut den Fluß hinauf, und weiter oben, gegen das Ende der Stadt hin und noch darüber hinaus ist alles voll von ihnen. Wie sich aus den Berichten der Seezollverwaltung ergibt, nimmt der Verkehr dieser einheimischen Schiffe trotz der jährlich wachsenden Zahl anlaufender Dampfer stetig zu, wohl ein gutes Zeichen dafür, daß sich die Eingeborenen sehr wohl der günstigen Aussichten bewußt sind, die ihnen unter fremder Herrschaft, selbst unter russischer, blühen.

Als Hafen ist Yingkou noch ganz in den Kinderschuhen, aber es geht auf großen Füßen, die ein rasches Wachstum erwarten lassen. Gerade in den letzten Jahren waren alle Anzeichen für ein außerordentliches Aufblühen zu erkennen. Der Handel wuchs von Jahr zu Jahr, mit Riesenschritten seine Ziffern verdoppelnd. Im Jahre 1800 schien ein förmlicher „Boom" bevorzustehen, ein märchenhafter Aufschwung im Stile amerikanischer Bergwerkstädte. Der Fluß, der sonst bis gegen Ende März zugefroren bleibt, ließ schon am 25. den ersten Dampfer durch, und schon nach weniger als drei Monaten waren zwei Millionen Pikul

Bohnenkuchen verschifft, das heißt über 120 Millionen Kilogramm dieses in China sehr geschätzten Düngemittels. Und obwohl schon im Mai die Beunruhigung des Handels durch die Boxerbewegung begann, die dann alle Geschäfte auf mehrere Monate lahmlegte, ergab der Jahresumsatz einen Gesamtwert von etwa 70 Millionen Mark, was in Wirklichkeit das Ergebnis von nur wenigen Wochen sein konnte. Zum großen Teil geht dieser ganze Verkehr und Absatz noch auf einheimischen Schiffen vor sich. Denn mit den europäischen Dampfern ist es noch schlecht bestellt. Als die „Tategami" in den Hafen einlief, wurde sie sofort von drei Landsmänninnen begrüßt. Damit waren vier japanische Flaggen vertreten, und zwar alle auf ziemlich großen Schiffen. Sonst waren von fremden Schiffen nur zu sehen zwei Engländer und zwei Deutsche, „Süllberg" und „Quartaner" aus Hamburg, die aber, wie ich später hörte, meist auch für japanische Rechnung fahren. Denn trotz aller russischen Flaggen und aller Kosaken, deren weiße Blusen überall am Strande zu erkennen waren, ist der Japaner hier der Erste am Platz, wie er überhaupt, wenigstens was den Schiffsverkehr anbetrifft, der Herr des gelben Meeres ist.

II.

Gruß aus Deutschland auf dem Liaoho. — Ein Blick in die politischen und wirtschaftlichen Zustände der Mandschurei. — Optimismus der Engländer in Yingkou. — Rußlands sogenannter Handel: eine einzige Fracht Seegras. — Japan, der wirtschaftliche Eroberer der Mandschurei.

Von Deutschland und Deutschen ist nicht viel zu spüren in Yingkou. Nach dem Adreßbuch gibt es nur zwei Deutsche unter den 60000 Einwohnern, von denen allerdings auf die fremde Niederlassung nur wenig über hundert kommen. Außer der Flagge auf den beiden Hamburger Dampfern war mir im Hafen nur noch ein Gruß aus der Heimat entgegengekommen: ein großes, blau=weiß gemaltes Blechschild, die Reklametafel einer bekannten Berliner Schokoladenfabrik, die sich ein chinesischer Dschunkenführer als Talisman am Heck seines Fahrzeuges befestigt hatte, als ob er damit unter dem Schutze der Großmächte stände, so wie jeder Kuli, der in Peking einmal in den Diensten eines Fremden gewesen war, sich eine Armbinde mit seines Arbeit= gebers Landesfarben anlegte und sich dadurch vor dem Verdacht der Boxerei zu sichern glaubte. Der Himmel mag wissen, wie dieses Anpreisungsblechschild sich hierher nach der Mandschurei verirrt hat. Von einem deutschen Handlungs= hause konnte die Berliner Schokolade nicht eingeführt sein, denn es gibt kein deutsches Haus in Yingkou. Das merkte ich zu meinem Erstaunen, als ich am nächsten Morgen an Land gegangen war, um mich bei den Behörden und den führenden Kaufleuten über die Verhältnisse in Stadt und Land zu erkundigen. Ich hatte unter anderm einen Empfehlungsbrief in der Tasche an den Vertreter der großen Hamburger und Bremer Dampfschiffahrtsgesellschaften, und betrat gleich das erste große Handlungshaus, das mir in der fremden Niederlassung entgegentrat, an dem Namen erkennend, daß hier der Empfänger meines Briefes wohnte, und redete wohlgemut im Geschäftszimmer die Herren auf Deutsch an. Allgemeines Erstaunen und Kopfschütteln. „Sorry, Sir, we don't speak Russian." So weitab schien also die Möglichkeit zu liegen, daß auch einmal ein Deutscher in der Mandschurei auftauchte, daß man mein gutes Deutsch für Russisch ansah. Ich erfuhr dann in dem Hause, das trotz der deutschen Namen einiger der Teilhaber und An=

gestellten rein englisch ist, daß ein Deutscher eine hervor=
ragende Stellung in der Verwaltung der Seezölle bekleide.
Das war willkommene Botschaft und eigentlich auch keine
überraschende, denn die Deutschen stellen ebenso wie die
Russen und Skandinavier eine stattliche Zahl zum aus=
gedehnten Stabe dieser weitverzweigten Behörde.

Im Amtszimmer der Zollverwaltung fand ich als
stellvertretenden Kommissar Herrn A. Schmidt, einen sehr
liebenswürdigen Landsmann aus Rudolstadt, der sich mir
sofort für die Dauer meines Aufenthaltes in Yingkou zur
Verfügung stellte. Es war zurzeit wohl niemand am
Ort, der mir besser über alle politischen und Handels=
verhältnisse der südlichen Mandschurei hätte zuverlässige
Auskunft erteilen können, als Herr Schmidt, der eine jahrelange Erfahrung im chinesischen Staatsdienst hinter sich hat
und die Provinz Schöngking gerade jetzt unter den neuen
russischen Verhältnissen sehr gut kennen gelernt hat. Von
längerm Aufenthalt in den mittlern und nördlichen Provinzen
des Reiches mit der chinesischen Sprache völlig vertraut,
war er besser geeignet als einer der sonst hier lebenden
Fremden, zwischen den Russen und den Chinesen zu ver=
mitteln, und bei der großen Expedition, die General
Zerpitzki, der militärische Kommandant von Schöngking,
dieses Frühjahr ins Innere unternahm, wandte sich die
russische Militärverwaltung an ihn mit der Bitte, dieses
Unternehmen zu begleiten. Auf diese Weise hat Herr
Schmidt die südliche Mandschurei kennen gelernt den Liaoho
hinauf bis zum Einfluß des Schiamurens mit den Neben-
flüssen dieses Stromgebietes, soweit es sich von dem russischen
Kanonenboot aus, auf dem der General die Reise machte,
ermöglichen ließ. Viel Beruhigendes und Ermunterndes
konnte er von den Zuständen im Innern nicht berichten.

Überall treiben große, vorzüglich geleitete und planmäßig miteinander arbeitende Räuberbanden ihr Handwerk, die Dörfer überfallend und ausplündernd und die Nahrungs=mittelstationen, die am Fluß entlang angelegt sind, aus=räumend. Vor allem in den Bergen östlich von Mukden hat eine besonders dreiste und zahlreiche Bande von diesen Gesellen sich eingenistet, und obwohl der Name ihres Haupt=manns (Liudandse) und sein Sitz (bei Tunghwahsiën) bekannt sind, ist es den russischen Truppen noch immer nicht gelungen, ihrer habhaft zu werden. Auch gegen die koreanische Grenze, nach dem Yalu zu, hausen starke Banden, ebenfalls meist Chinesen, die viel zu schaffen machen und einen ganz un=verhältnismäßigen Aufwand von Truppen erfordern. Den Chinesen wie Mandschuren ist es ja völlig gleichgültig, ob der Sohn des Himmels oder der weiße Zar sie beherrscht; so lange sie aber keine wirkliche Autorität im Lande spüren, vergnügen sie sich auf eigene Faust. Und den Europäern ist schließlich auch alles recht, solange nur Ruhe in Stadt und Land herrscht und sie ungestört ihren Geschäften nachgehen können.

Nur bei den Engländern war eine sehr starke Abneigung gegen die Russen zu spüren. Sie hatten einen Notschrei nach dem andern an ihre großen Blätter zu Hause gerichtet, als der Vize=Admiral Alexejew, der „Generalgouverneur und Kommandeur der russischen Streitkräfte am Pazifischen Ozean und in Kwangtung", wie sein etwas umständlicher Titel lautet, den bisherigen russischen Konsul von Yingkou Ostrowerchow zum vorläufigen Zivilgouverneur der Man=dschurei machte, nachdem sein Kanonenboot „Otwaschni" die Stadt beschossen hatte, weil infolge mißverständlicher Auf=fassung eines auf dem Strom gefeuerten Saluts in der Stadt eine Panik ausgebrochen war. Von der englischen

Presse aus hatte sich dann ja die Erregung über Rußlands Vorgehen über die ganze Welt verbreitet, und man erkannte in Petersburg, daß man für die Einverleibung der Mandschurei einen sehr ungünstigen Zeitpunkt gewählt hatte. Daher wurde zum Rückzug geblasen. Die Truppen wurden in der Tat zum allergrößten Teil zurückgezogen — in Yingkou selbst und den Fluß hinauf liegen nur ganz geringe Wachposten verteilt — und aus Peking kamen besondere Abgesandte mit dem Ölzweig, um die Fremden in der Mandschurei zu beruhigen. Selbst der Vertreter der Times kam aus Peking und erklärte — wohl nicht ohne Rußlands Zutun — seinen Landsleuten, daß der Zar gar nicht daran denke, die Mandschurei zu behalten. Seitdem herrscht nun eitel Freude im Lande und das sichere Zutrauen, wenigstens in der englischen Kolonie, daß die Küstenprovinz und das Amurland keinen Präzedenzfall für die Mandschurei geschaffen hätten und daß die Abzweigungen der sibirischen Bahn von Durojewskij über Chailar und von Blagowéschtschensk über Zizikar und Kirin nur friedlichen Zwecken dienen sollen.

Russischen Handel gibt es kaum in Yingkou, und es gehört schon ein gut Teil gutmütiger Leichtgläubigkeit dazu, in Rußland nichts als eine vorwärtsstrebende Handelsmacht zu sehen. Die gesamte Einfuhr russischer Waren, sowohl von Odessa her wie von den mandschurischen und sibirischen Häfen, bleibt weit hinter der anderer Staaten zurück. Aus den Vereinigten Staaten kommen mehr als dreimal, aus Hongkong und Japan je achtmal soviel. Die Eigenart der Seezollstatistiken läßt leider nicht erkennen, welcher Nationalität die eingeführte Ware ist; nur die Flagge des einführenden Schiffes wird verzeichnet, so daß also deutsche Waren, die unter deutscher Flagge nach Hongkong oder Schanghai ge=

gangen sind und dann unter japanischer Flagge weiter hinauf an die Mündung des Liaohos befördert werden, hier in Yingkou in den amtlichen Listen als japanische Güter eingetragen werden. Was Rußland aber auch einführen mag, — es sind meist Petroleum aus Batum und schändlich schlechte Streichhölzer aus Wladiwostok — alles gelangt unter fremder Flagge in den Hafen. Man erzählt sich in der Stadt, und auch der amtliche Jahresbericht des Zollkommissars erwähnt es, daß alljährlich ein einziges russisches Fahrzeug den Fluß hinauf käme und eine Ladung Seegras aus Sibirien brächte. Dieses Seegras, von den Chinesen zu Suppen und allerhand Tunken benutzt, stellt seit Jahren den einzigen Artikel dar, den Rußland als eigene Einfuhr in diesem Haupthafen der Mandschurei aufweisen kann. Auch nicht eine einzige russische Firma ist am Orte vertreten, wenn man nicht etwa das Zweiggeschäft der russisch-chinesischen Bank dafür ansehen will, eines Unternehmens, an dem fremdes Kapital mehr als russisches beteiligt sein soll.

Den Löwenanteil am ganzen Handelsverkehr hat natürlich Japan, das mit einem so vorzüglichen Hafen wie Nagasaki in der Nähe und der mächtigen Handelsflotte, über die es im gelben Meere verfügt, allen andern Nationen auf lange Zeit voraus ist. Am Ausfuhrgeschäft ist es mit 86 Prozent beteiligt, und die Einfuhr seiner Waren hat im letzten Jahre um das Sechsfache zugenommen. Vor allem sind es Baumwollwaren, die es für die Eingeborenen liefert, und Bier, Mineralwasser, Streichhölzer und Zigaretten für die Fremden, obwohl auch Chinesen und Mandschuren sich mehr und mehr ans Zigarettenrauchen gewöhnen und gute Kunden japanischer Händler werden. So sieht man die unermüdlichen, ehrgeizigen, weitschauenden Japaner in aller Stille sich die Mandschurei als Absatzgebiet erschließen und sich in Wirklichkeit das Land wirtschaftlich erobern, während die Russen sich diesmal wenigstens durch unzeitgemäße Hast und Plumpheit das Spiel ein wenig verdorben haben.

Aber Rußland hat warten gelernt. Das ist im Osten die größte Lebensweisheit, die man erwerben kann, und Rußland dankt ihr all seine Erfolge.

III.

Geteilte Meinungen über die Hauptstadt der Südmandschurei. — Gleichgültigkeit der ansässigen Fremden in wissenschaftlichen Dingen. — Chinesen und Mandschuren. — Die Eingeborenenstadt Yingkou. — Der Handel der chinesischen Gilden. — Die Fremdenniederlassung.

Den dritten Tag liegt unsere „Tategami Maru" nun schon hier im Liaoho, ohne Anstalten zu treffen, klar zur Ausfahrt zu machen. Anfangs hieß es, da keine Fracht in Yingkou zu löschen sei und auch keine an Bord zu nehmen, so würde der Aufenthalt nur kurz werden. Hätte ich vorher bestimmt gewußt, daß unser guter Kapitän wieder soviel mehr Zeit übrig hat, als er in seinem Fahrplan ankündigt, so wäre ich rasch nach Mukden hinauf gefahren, um durch Besichtigung der Hauptstadt einen weitern Einblick in die Verhältnisse der Mandschurei zu bekommen, als einem die Hafenstadt geben kann. Die Russen haben nämlich jetzt im Anschluß an die Tientsin—Schanhaikwaner Bahn die Strecke in die Südprovinz von der Küste her so weit fertig gestellt, daß man von Yingkou aus — vernünftigerweise halten die russischen Behörden stets an dieser richtigen einheimischen Bezeichnung fest — in etwa dreizehn Stunden nach der Hauptstadt fahren kann und von da, allerdings nur mit seltenen, unregelmäßigen Zügen, noch

etwa 70 Kilometer weiter bis nach Tiëlinghsien, einem
wichtigen Zwischenposten auf dem Wege nach Kirin. Mukden
soll sehr sehenswert sein. Richthofen erklärte es in seinem großen
Reisewerk für die sauberste und schönste chinesische Stadt, die er ge=
sehen: an malerischem Reiz wäre ihr nur Tschöngtufu über=
legen, die Hauptstadt des gebirgigen Ssetschwans.*) In
Yingkou fand ich die Leute, die in früheren Zeiten Mukden
einmal besucht hatten, weniger freigebig mit ihrem Lobe.
Aber ich muß sagen, daß Ortsansässige immer die schlechtesten
Beurteiler solcher Dinge sind; Leute, die durch jahrelange
Gewöhnung für die Reize einer Gegend stumpf geworden
sind, werden für ein neues Gasthaus oder eine elektrische
Bahn oder dergleichen Neuerungen immer ein viel lebhafteres
Interesse haben, als sie beispielsweise für irgendwelche
alten Baudenkmäler erübrigen können, derentwegen Reisende
aus großer Ferne zu ihnen kommen. So begegnete ich auch
nur sehr kühlen Antworten, als ich mich nach den be=
rühmten alten Grabstätten der mandschurischen Fürsten er=
kundigte, die unweit von Mukden liegen. Diese Anlagen
haben ein besonderes Interesse, da sie die ältesten Urkunden
des jetzt in Peking regierenden Hauses sind. Es ist ja
eine merkwürdige Tatsache, daß es in China, dem ältesten
Kulturlande der Welt, eigentlich gar keine Altertümer gibt.
Rasche und heftige Wechselfälle in der Geschichte des Reiches
und die Eigentümlichkeiten des Klimas verschulden diesen
auffälligen Mangel an Denkmälern der Vorzeit, an denen
die so viel jüngern Staaten Europas sehr viel reicher sind
als das vieltausendjährige Reich der Mitte. Es ist eine
Seltenheit, wenn man hierzulande einmal einem Tempel
oder einem Ehrenbogen begegnet, die ein halbes Jahrtausend

---

*) China II. S. 160 A. d. H.

hinter sich haben. Es hätte sich also der Mühe verlohnt, die Totenbauten der mandschurischen Fürsten zu besuchen, deren jüngste aus dem Anfang des 17. Jahrhunderts stammen. Von den Mandschuren weiß man überdies so wenig, daß es schon der Mühe wert ist, ihren Spuren in der Geschichte und im Leben etwas nachzugehen.

Die Gleichgültigkeit derer, die dazu die beste Gelegenheit haben, da sie an Ort und Stelle leben, ist aber erschreckend groß. Bei der Mehrzahl der Kaufleute ist natürlich das Geschäft mit seinen mancherlei Anforderungen der einzige Inhalt des Lebens, und sonst pflegt es außer Missionaren nicht viel Fremde an solchen abgelegenen Plätzen an der Grenze der Zivilisation zu geben. Unter den Geistlichen sind es höchstens die Jesuiten, die wissenschaftlichen Dingen ein etwas tieferes Interesse entgegenbringen; bei den meisten protestantischen Missionen Englands und Amerikas ist der Bildungsstand von Hause aus zu tief, als daß sich ihre Angehörigen mit so brotlosen Künsten befassen könnten. Der Durchschnittsmissionar aus den Vereinigten Staaten wird als Nebenbeschäftigung viel lieber die kaufmännische Vertretung einer Fahrradfabrik oder eines gutgehenden Geheimmittels übernehmen, als sich in seinen Mußestunden mit Geschichte und Völkerkunde seines kirchlichen Arbeitsfeldes beschäftigen. Das bringt nichts ein, und seine Vorgesetzten und Brotherren zu Hause machen ihm am Ende daraus noch einen Vorwurf, denn sein Amtsbruder im Nachbarbezirk, der keinerlei wissenschaftliche Schrullen hat, mag vielleicht ein paar Hundert Bibeln und Traktätchen mehr im Jahre verkauft haben als er.

Es ist kaum glaublich, daß mir in Yingkou, der wichtigsten Fremdenstadt der ganzen Mandschurei, niemand auseinandersetzen konnte, woran man mit Sicherheit einen

Mandschuren von einem Chinesen unterscheiden könne. Das ist eine Frage, deren Beantwortung ich schon in Peking vergeblich angestrebt hatte. Bekanntlich besteht, seit die Chinesen vor 257 Jahren*) gezwungen wurden, die Haartracht ihrer Besieger anzunehmen, kein Unterschied mehr in der äußern Erscheinung von Chinese und Mandschu. Wenigstens nicht bei den Männern. Denn während die mandschurischen Eroberer mit Erfolg den Männern Chinas ihre eigene Zopftracht aufzwangen, gelang es ihnen nicht, die chinesischen Frauen von ihrer grauenhaften Sitte der Fußverstümmelung abzubringen. Noch heute humpeln die Frauen und Mädchen in China auf jammervoll verkümmertem Fuß umher, während die Mandschurinnen flott einherschreiten auf natürlicher Sohle und vernünftigem, geräumigem Schuhwerk. Ganz untrüglich ist zwar der Fuß als Völkermerkmal auch nicht mehr bei den Frauen Chinas. Zwar wird nie und nimmer eine Mandschurin ihre Füße verstümmeln wie die Chinesin, wohl aber gibt es schon Chinesinnen, die, von neuzeitlichen Gedanken angehaucht, mit der alten Überlieferung gebrochen haben und ihren Fuß natürlich wachsen lassen. Bei den Männern aber ist man immer noch aufs Raten angewiesen, ich habe unzählige Männer in Peking gefragt, Kuli, Kaufleute, Soldaten, hohe Staatsbeamte und Generale, und keiner hat mir ein wirklich entscheidendes Merkmal angeben können. Ein Schlauberger, ein früheres Mitglied der chinesischen Gesandtschaft in Berlin, meinte, die einzig sichere Art, die Abstammung zu erkunden, wäre, nach dem Namen zu fragen. Das ist nun zwar auch nicht so ganz einfach, denn mandschurische

---

*) d. h. also 1644 nach dem Sturz der Ming-Dynastie durch die Mandschu.   A. d. H.

Namen klingen dem Ausländer den chinesischen zum Verwechseln gleich. Im allgemeinen aber hat der Mandschu nur zwei Namen, der Chinese aber immer drei.

Ob es nun Leute mit längerer oder kürzerer Visitenkarte gewesen sein mögen, die Männer von Yingkou haben mir am besten von allem in der Stadt gefallen. Lauter große, breitschultrige, stramme Burschen, immer guter Laune und, wie's scheint, zur Arbeit ebenso rasch zur Hand wie zu Scherz und Spiel. Von der Stadt dagegen läßt sich beim besten Willen nichts Lobendes erzählen. Kein Haus, kein Denkmal, kein Tempel, nichts, was in einem Baedeker für die Mandschurei einen Stern verdiente. Die Eingeborenenstadt Yingkou sieht aus wie die erste beste chinesische Provinzstadt, dieselben gleichförmigen Häuser mit ihren aufgebogenen Giebeldächern, dieselben vernachläßigten, staubigen Straßen, die hie und da ein bißchen aus einem stinkigen Abzugsgraben oder geradezu mit dem sorgfältig aufbewahrten Harn von Mensch und Tier aus den Häusern bewässert werden, dieselbe mittelalterliche Art des öffentlichen Lebens auf der Straße, Barbiere und Gaukler mitten auf dem Fahrdamm, Schlächter, Schuster, Schneider bei offener Tür halb auf der Straße arbeitend, und an allen Straßenecken und freien Plätzen Teeverkäufer und Speisewirte mit ihren einfachen Tischen und Bänken unter freiem Himmel, zu allen Tageszeiten dicht belagert von zahlreicher Kundschaft. Denn der Mandschu kann, wie der Chinese, immer essen und immer seinen dünnen Tee schlürfen.

Ein paar Häuser erheben sich etwas höher und anspruchsvoller über die andern. Da ist zunächst die Amtswohnung des Taotais, der ein hoher Herr ist und einem Regierungspräsidenten in Preußen entsprechen würde. Der von Yingkou aber hat den Glauben an die Russen verloren.

Seit man ihm seine Truppen, ohne jeden Anlaß seinerseits, angegriffen und verjagt hat, ist er nicht mehr in seiner Residenz gesehen worden. Sein Haus steht leer. Ein anderes ihm gehörendes Dienstgebäude, worin er seine Verhandlungen mit der Zollverwaltung abzuwickeln pflegte, wird vom russischen Administrator bewohnt. Dort wurde der Vertrag abgeschlossen zwischen Admiral Alexejew (durch seinen diplomatischen Agenten Korostoletz) und dem Generalgouverneur von Föngtien (durch den Taotai von Yingkou), das Aufsehen erregende Abkommen, das mit aller Deutlichkeit die Südprovinz der Mandschurei militärisch und politisch Rußland auslieferte. Jetzt stehen vor dem denkwürdigen Gebäude zum Schutze dieses Marksteines auf der russischen Siegeslaufbahn in Ostasien ein paar eroberte chinesische Geschütze (Krupp natürlich) und daneben, aufgepflanzt wie zwei Standbilder, ein paar Kosaken, große, derbe Gesellen, mit mächtigem Brustkasten und starken Schenkeln in enger, schwarzer Reithose, mit der üblichen, weiten weißen Bluse, dem großen Mützenschirm und auf den roten Achselklappen die Bezeichnung B C 4, das heißt 4. ostsibirisches Reiter-Regiment.

Außer der Wohnung des Taotais verdienen auch noch die großen Gildenhäuser Erwähnung, die sich die Kaufleute von Ningpo, Fukiën, Swatou und Kwangtung errichtet haben. Das sind meist ganz wohnlich eingerichtete Anstalten, Börse und Klub zugleich, wo sich die engern Landsleute treffen und ihre Geschäfte abwickeln. Die Chinesen haben ja einen stark ausgeprägten Sinn für Heimat und Heimatsgenossen. Aus gemeinsam aufgebrachten Mitteln unterhalten sie im Auslande diese Gildenhallen, gemeinsam werden sie dort für den bedürftigen Landsmann aufkommen und im Falle seines Todes dafür sorgen, daß seine Leiche den Angehörigen in der Heimat überbracht wird, damit er im

Familienbegräbnis seine Ruhestätte finde und sich damit nach chinesischen Begriffen die ewige Seligkeit sichere. Die Chinesen haben in Yingkou, da sie noch im eigenen Lande sind, keinen Konsul oder sonstigen amtlichen Vertreter, bei dem man sich nach dem Umfang des einheimischen chinesischen Handels erkundigen könnte. Aus andern Quellen ist darüber nur Mutmaßliches zu erfahren. Aber es müssen bedeutende Summen im Spiele sein. Denn der Bohnenhandel nährt seine Leute. Außer Bohnen und den verschiedenen daraus gewonnenen Düngemitteln, Ölkuchen, Bohnenöl, spielt die Alraunwurzel (Dschönnseng) noch eine große Rolle im Handel der Chinesen Yingkous, die mit dieser seit alters her als Stärkungsmittel sehr geschätzten Arznei ungeheure Summen verdienen. Der einzige wirklich glänzend ausgestattete Laden, der mir in der Eingeborenenstadt begegnete, war eine chinesische Apotheke, die hauptsächlich mit diesem Dschönnseng ihre Geschäfte machte. Der früher sehr bedeutende Opiumhandel geht mehr und mehr zurück, da die Mandschurei selbst immer mehr zum opiumbauenden Lande wird.

Die Fremdenstadt, die weiter flußaufwärts liegt und in der Hauptsache aus einer langen Wasserseite mit schmalem Hinterlande besteht, zeichnet sich vor der Eingeborenenstadt natürlich durch große Sauberkeit aus. Selbst eine Art Stadtpark gibt es und eine ganz hübsche Strandpromenade. Aber sonst ist alles noch recht nüchtern und reizlos, zu neu und zu nichtssagend. Von besonderm örtlichen Interesse sind nur die großen Bohnenstapelplätze und die Anstalten, wo die Bohnen durch Maschinen zerquetscht und zu Kuchen geformt werden, die eben die Hauptausfuhr Yingkous ausmachen. Im letzten Jahre hat die Ausfuhr durch die politischen Unruhen sehr gelitten; im vorvorigen betrug sie fast 13 Millionen Taels, d. h. gegen 40 Millionen Mark,

In Yingkou, der Eingangspforte der Mandschurei. 41

für eine so kleine Stadt, in der nur eine Handvoll von Fremden wohnt, eine erstaunliche Ziffer. Dies ganze Geschäft wird außer von Chinesen in der Hauptsache von ein paar englischen Häusern und einem amerikanischen Hause gemacht. Deutsche sind gar nicht am Handel beteiligt, wenigstens nicht unmittelbar. Trotzdem drängen die englischen Kaufleute auf die Entsendung eines deutschen Konsuls, da sie die Einfuhr deutscher Waren, die über Hongkong und Schanghai schon jetzt sehr beträchtlich ist, in ihrem Interesse steigern möchten und das am raschesten durch einen Konsul zu bewerkstelligen hoffen, weil ihnen der deutsche Konsulatsbeamte im Gegensatz zum englischen als eifriger Vertreter und Verfechter kaufmännischer Interessen bekannt ist. Die Amerikaner machen mit ihrer Einfuhr von Petroleum und Baumwollwaren von Jahr zu Jahr größere Geschäfte. Schon jetzt hat ihr pennsylvanisches Petroleum das russische aus Batum um das 30fache des Einfuhrwertes geschlagen, und noch immer ist ihr Absatzgebiet unabsehbarer Ausdehnung fähig. Ich erinnere mich, daß auf dem Staatsdepartement in Washington mit jeder ostasiatischen Post Briefe des amerikanischen Konsuls aus Tschifu kamen, die dringend für die Entsendung eines Konsuls nach Yingkou sprachen, da dort dem amerikanischen Handel eine große Zukunft bevorstände. Gerade zwei Tage vor meiner Ankunft hier war dieser längst ersehnte amerikanische Berufskonsul eingetroffen, und von seinem Amtsantritt erhoffen die Amerikaner eine neue Zeit für die Handelsverhältnisse der mandschurischen Küste, den regen Wettbewerb der Vereinigten Staaten mit Japan um den Handel des gelben Meeres, um dessen Besitz, wie um den des ganzen nördlichen Pazifischen Ozeans Amerika und Japan doch noch einmal kämpfen müssen.

Tschifu.

I.

Von Liaotung nach Schantung. — Malerische Einfahrt in die Bucht von Yentai. — Fromme Seebäder. — Duckmäusergeist, Lichtscheu und Wasserscheu.

Gerade als ich mich zu einem dritten Besuch am Lande in Yingkou rüsten wollte und das Fallreep hinabkletterte, um in mein Boot zu steigen, erschienen oben an der Treppe japanische Matrosen und machten sich daran, den Steg aufzuziehen und oben längsseit fest zu machen. Mit Mühe machte ich ihnen durch Zeichen begreiflich, daß ich wieder hinauf wollte. Denn nichts wär mir schrecklicher gewesen, als hier in Yingkou sitzen zu bleiben und vielleicht wiederum wie in Tongku drei Wochen auf einen Dampfer warten zu müssen. Eben vorher hatte mir der Kapitän noch mit seinem freundlichsten Grinsen und tiefsten Bücklingen gesagt, er würde spät abends fahren, so daß ich reichlich Zeit zu haben glaubte, den Nachmittag noch in der Stadt zu verbringen. Aber es schien dem kleinen Selbstherrscher gar nicht darauf anzukommen, das eine Mal zehn Stunden früher als angesetzt zu fahren und ein andermal siebzig Stunden später. Es ging wirklich fort, wieder die lange

Fahrt den Fluß hinunter, an dem kleinen Küstenfort vorbei, das die Japaner im chinesischen Kriege genommen und zerstört haben und das jetzt von den Russen besetzt gehalten wird, mehr der Form wegen, da zurzeit wohl der Gefechtswert gleich Null ist. Es waren auf den Wällen keine Geschütze zu sehen. Alles ausgestorben und leer, nur unter dem Flaggenmast in einsamer Größe ein Kosak als Wachtposten, unbeweglich wie aus Stein gehauen. Nachts ging's an Port Arthur vorbei, wo die Russen fieberhaft tätig sind, die umfangreichen, von einem deutschen Artillerie-Offizier für China dort angelegten Verteidigungswerke und Vorratsschuppen, die von den Japanern zerstört wurden, wieder instand zu setzen und neu zu armieren. Nicht umsonst haben die russischen Bahningenieure zuerst von allen die Strecke Yingkou—Port Arthur fertig gemacht, damit die Baumaterialien und Kriegsvorräte rasch und sicher in diesen Hauptstützpunkt am Großen Ozean geschafft werden könnten. Dann wurden seit dem frühen Morgen die Miau-Inseln sichtbar, die augenscheinlich die Fortsetzung der zertrümmerten Halbinsel Liaotung sind, und gegen Mittag fingen die kahlen, von heißer Sommersonne grell beschienenen Berge von Nordschantung an, den Gesichtskreis im Süden zu begrenzen. Plötzlich tut sich in der Bergkette eine große Öffnung auf, und man dampft in die geräumige, schöne Bucht von Tschifu ein.

Wie Niutschwang ist auch Tschifu eine falsche Ortsbezeichnung. Das Städtchen, das Vertragshafen ist und den Fremden als Niederlassung dient, heißt gar nicht Tschifu, sondern Yentai, während Tschifu der Name eines gegenüberliegenden Chinesendorfes ist, um das sich kein Mensch kümmert. Aber die Engländer haben nun einmal eine Gabe, geographische Namen falsch zu hören oder zu verunstalten. Kanton, Hongkong, Swatou, Amoy sind alles Namen, die der Chinese gar nicht kennt, und Tschifu, Niutschwang sind Namensverwechslungen. Aber diese Namen haben sich meist eingebürgert, und es ist besser, sie ruhig weiter zu gebrauchen, als den Engländern eine Umtaufe vorzuschlagen; sonst würden wir noch ein paar Port Victoria und Prince of Wales Harbour mehr bekommen.

Das erste, was der von Norden in die Bucht einfahrende Ankömmling erblickt, ist hoch oben auf malerischer Strandklippe die deutsche Reichsdienstflagge: dort ist das deutsche Konsulat, das schon seit mehreren Jahren von Dr. Lenz verwaltet wird. Im Hafen lagen ein paar japanische Kriegsschiffe, meist älterer Bauart, die sehr an unsere alten Kreuzer von der Raubvogelklasse erinnern. Natürlich auch wieder lauter japanische Handelsdampfer, ferner einer mit chinesischer Flagge, ein heutzutage sehr seltener Anblick, da die einzige große chinesische Reederei, die China Merchants Steam Navigation Company, die in allen Vertragshäfen des Landes vertreten ist, die Mehrzahl ihrer Schiffe neuerdings unter fremden Flaggen hat eintragen lassen. Sonst war von ausländischen Fahrzeugen nur noch ein amerikanisches Kriegsschiff im Hafen, die „New Orleans", wie alle neueren Schiffe der Vereinigten Staaten bemerkenswert durch die Eleganz ihres Baues und die Sauberkeit ihrer Erscheinung. An Leben fehlte es im übrigen in der Bucht nicht. Unzählige chinesische Dschunken und kleinere offene Boote bedeckten die auf drei Seiten von Bergen malerisch eingeschlossene Wasserfläche, die meisten vorsintflutlich gewriggt wie die Fahrzeuge der Pfahlbauer und teilweise sogar noch als Floß gebaut wie die bescheidensten Versuche der Papua im Schiffbau.

Freundlich und ansprechend, wie das Bild des Hafens

und der Stadt sich schon vom Wasser her darbot, erwies sich auch Tschifu selbst bei näherer Betrachtung. Obwohl erst ein paar Jahre später als Niutschwang dem Verkehr mit der Außenwelt erschlossen (1863), hat sich der kleine Ort viel rascher und stattlicher entwickelt als die andern Küstenorte des gelben Meeres. Nicht nur zeichnet sich das Städtchen, das übrigens keine eigentliche Fremdenniederlassung im Sinne der „Settlements" hat, durch hübsche, breite Straßen und gut gehaltene, mit Bäumen eingefaßte Wege aus, an deren Seiten sogar Straßenlaternen stehen; es gibt auch drei Gasthöfe und mehrere Pensionen in Tschifu, einen internationalen Klub und eine Rennbahn, auf der jeden Herbst chinesische und mongolische Ponies um den Chifoo Cup laufen. Nicht wenig hat zu diesem Aufschwung des Ortes die hübsche und gesunde Lage beigetragen, an der Nordküste des bergereichen Schantungs, wo es im Sommer und während der Regenzeit erheblich kühler und luftiger ist als in den flachen, öden Landschaften von Tientsin und Schanghai. Zwar hat sich die Hoffnung Tschifus, das Seebad für alle Fremden Nordchinas zu werden, nicht ganz erfüllt. Der Badestrand ist vorzüglich, und von Tientsin dauert die Fahrt unter normalen Verhältnissen nur anderthalb, von Schanghai aus drei Tage. Aber ob das kleine Nest mit seinen ungefähr zweihundert Fremden sonst nicht Anziehungen und Zerstreuungen genug bietet oder ob die Europäer Nordchinas zu bequem sind, eine etwas abliegende Sommerfrische zu besuchen — genug, außer den Familien der zahlreichen Kapitäne und Schiffsbeamten, deren Leben sich jahraus jahrein auf dem Gelben Meere abspielt, und außer ganz vereinzelten Sommervögeln von Tientsin fehlt es vorläufig noch an Badegästen. Dazu kommt die Nebenbuhlerschaft anderer Plätze, wie

Tsingtau und Petaho, die ebenfalls den Ehrgeiz haben, die allgemeine Sommerfrische für den Norden zu werden. Petaho, eine ganz kleine Siedlung an der Küste zwischen Tientsin und Schanhaikwan, etwa 45 Kilometer vom Ostende der Großen Mauer entfernt, fing in den letzten Jahren an, von Tientsin aus ziemlich viel besucht zu werden, obwohl die Mehrzahl der ständigen Gäste Missionare waren, die sich dort sogar eine ganz „christliche alkoholfreie Niederlassung" eingerichtet hatten, wo der Sabbat geheiligt wurde nach den strengsten Gesetzen englischer Observanz mit dreimaligem Kirchgang und geisttötendem Stumpfsinn, da Baden, Tennisspielen, Musik und Geselligkeit an dem Tage als unheilig, gotteslästerlich verpönt waren. Nun haben die Boxer den Einfall gehabt, diesen frommen Kurort ein paar Tage nach dem Sturm auf die Werke von Taku von Grund aus zu zerstören, so daß jetzt dort jeder, den es gelüstet, auch Sonntags baden kann und sich ein Liedchen pfeifen, wenn die Freude an der See und am Sonnenschein es ihm eingibt.

Auch in Tschifu ist die Sache mit dem Baden nicht so ganz einfach. Da hat sich der Klub, in dem Engländer, Deutsche, Russen, Franzosen, Amerikaner und Skandinavier freundschaftlich miteinander verkehren, einen hübschen Badestrand eingerichtet, unmittelbar unter seinem auf schönem Aussichtspunkt gelegenen Hause. Grundstücksnachbarn sind die französischen Franziskaner, die dort mit Patres, Brüdern und Schwestern der Heidenbekehrung obliegen. In ihrer weltfeindlichen Abneigung gegen alles, was Natur und Lebensfreudigkeit bedeutet, haben die frommen Seelen voller sittlicher Entrüstung dagegen Einspruch erhoben, daß mehr als halbnackte Männer so dicht bei ihrem Hause sich im Wasser tummeln. Ihre Beschwerde wird eifrig verfochten von ihrem Obern, und noch ist der Kampf unentschieden. Der Obere, Monseigneur Schang, ist nicht etwa ein Chinese, wie sein Name vermuten lassen könnte, sondern ein Elsässer, dazu Bischof von Vaga und apostolischer Vikar von Ost-Schantung. Aber der fromme Dunstkreis, der seit langem Tschifu umschlossen hält, scheint auch diesen Deutschen benebelt zu haben. Erstaunlich und schmerzlich aber bleibt es, wenn ein Europäer, und noch dazu einer deutschen Stammes, seinen engern und weitern Landsleuten in einer einfachen Frage der Reinlichkeit und Gesundheit solche Schwierigkeiten macht.

Solange in Tschifu ein ähnlicher Geist umgeht, wird es mit dem großen internationalen Seebade noch gute Weile haben. Der zugängliche Charakter der Bewohner von Schantung aber hat solche Massen von Missionaren gerade in diese Provinz gelockt, daß die Fremdenkolonien immer mehr oder weniger unter der Herrschaft des kirchlichen Elementes stehen werden. In Tschifu allein ist zum Beispiel die presbyterische Mission der Amerikaner mit acht Predigern vertreten, und die China Inland Mission sogar mit 38 Geistlichen und Lehrern. Mit solchen Ziffern können natürlich die wenigen Handelshäuser und die paar fremden Behörden und ihre Angestellten nicht aufwarten. Und so wird es, damit die Ähnlichkeit Tschifus mit einer europäischen Kleinstadt vollkommen werde, wohl nie an kleinlicher Eifersucht und Mißgunst fehlen, die so schwer fernzuhalten sind, wo verschiedenartige Elemente zusammen an einem kleinen einförmigen Ort zu leben gezwungen sind.

II.

China, das Land wundertätiger Assimilationskraft. — Verchinesende Europäer. — Der Handel Tschifus. — Rückgang des deutschen Frachtgeschäfts. — Schantunger Weinbau.

Mein erster Gang am Lande galt natürlich dem deutschen Konsulat. Ich hatte den Bootsleuten, die mich mit ihrem unglaublich langsam durch Wriggen vorwärts getriebenen Sampan an Land bringen sollten, einfach die deutsche Flagge oben auf der Höhe gezeigt, und nun hatten sie mich unmittelbar unter dem Hause an einer Stelle des Strandes abgesetzt, die kein richtiger Anlegeplatz war. Im Schweiße meines Angesichts mußte ich die steile Höhe hinaufklettern, da keine Zeit war, zum Staden zurückzugehen und auf dem vorschriftsmäßigen und jedenfalls bequemern Wege das Konsulat zu erreichen. Schließlich fand ich mich in einem Garten, augenscheinlich Privateigentum, nach verschiedenen Anzeichen einem Lotsen oder Hafenbeamten gehörig. In einem Sommerhäuschen sah ich einen Jungen von etwa 16 Jahren über seine Schulbücher gebeugt und der gewaltigen Mittagshitze zum Trotz sein Pensum lernend. Da der Jüngling flachsblond war und sehr deutsch aussah, fragte ich ihn auf Deutsch, ob es hier keinen Durchgang zum Konsulat gäbe. Die Frage verstand er nicht. Ich versuchte es dann in der Annahme, er könne Holländer oder Skandinavier sein, noch mit Plattdeutsch, dann Englisch, schließlich Französisch. Endlich brachte er mit einiger Mühe ganz langsam die Worte hervor: „I do not understand you", die er erst aus seinem Schulbuch heraus gesucht zu haben schien. Als letztes Mittel in der Not griff ich zum Chinesischen und fragte: „Dö gwo ling schi ya mönn schi nâr?" (Wo ist das Amtshaus des Vertreters des Tugendlandes?) — im Chinesischen hat Deutschland seit

Graf Eulenburgs Vertrag von 1861 den schönen Namen Tâ Dö Gwo, das große Tugendland — und siehe, mit Chinesisch ging's auf einmal; sofort zeigte mir der in so vielen Sprachen stumme Mitteleuropäer einen Durchgang durch die Gartenhecke, wo ich auf den Weg zur Wohnung unseres Konsuls kam.

Die kleine Begegnung schien mir bemerkenswert. Ohne Zweifel war der Junge der Sohn eines der nordischen Seemänner, die seit früher Jugend in den chinesischen Gewässern fahren, mehr und mehr mit dem Lande verwachsen, die Sprache geläufig handhaben lernen und schließlich gar eine Chinesin oder ein Mischlingsmädchen heiraten und wohl oder übel dem Chinesischen den Hauptplatz in ihrem Haushalt einräumen müssen. Daß aber die Kinder dieser Ehe heranwachsen zu solchem Alter, ohne von ihrer europäischen Abstammung mehr zu haben als das Gesicht, ist wohl nur in China möglich, dem Lande, das den Neuling mit seinen Menschen, seinen Städten, seinen Sitten und seiner Sprache so abstößt und doch schon nach wenigen Jahren Wunder wirkt in der langsamen Unterjochung des fremden Gastes. Es ist ja eine der merkwürdigsten Erscheinungen des überseeischen Lebens, daß selbst starke Persönlichkeiten allmählich diesen latenten Reizen Chinas unterliegen und bis zu einem Grade „verchinesen", der allen später Gekommenen ganz unverständlich ist. Wie das chinesische Volk trotz aller fremden Eroberungen, trotz Kitanen und Niutschen, trotz Kublai Chans Mongolen und Tsaitsungs Mandschuren immer durch und durch chinesisch geblieben ist und alle von außen kommenden fremden Elemente mehr oder weniger in sich aufgesaugt hat, so bezwingt es, niemand weiß recht wie, die Abneigungen des neu ankommenden einzelnen Fremden und macht aus ihm ein Wesen, das nach genügend langer Spanne Zeit wirklich ein gut Teil seiner ursprünglichen Rassenmerkmale einbüßt. In jedem chinesischen Vertragshafen finden sich Dutzende solcher verchinesenden Europäer, Leute, die zwar noch immer keine offene Vorliebe für China entwickelt haben, die aber nicht die mindeste Lust verspüren, das Land zu verlassen und wieder unter den Verhältnissen zu leben, unter denen sie in der Heimat groß geworden sind. Sie sind eben ihrem Ursprungslande so entfremdet, daß sie ihren Kindern gar nicht mehr das Abstammungsselbstbewußtsein übermitteln könnten, ohne das es keine Nationalität gibt. An Stelle der Muttersprache, oder richtiger unter den hiesigen Umständen der Sprache des Vaters, tritt die des Landes, und mit der Sprache geht natürlich der letzte Anker verloren, der den Zusammenhang mit dem Boden des Vaterlandes wahrte. Und das Ergebnis sind dann unglückliche Menschenkinder, die deutsch aussehen, deutsche Namen tragen oder sich wenigstens Charles Müller oder John Schulze nennen, fließend Chinesisch oder Englisch sprechen und von Deutschland ähnlich verrenkte Vorstellungen haben, wie sie bei uns die Kinder von China haben mögen.

Unter den Deutschen und Skandinaviern sind abtrünnige „vaterlandslose Gesellen" dieser Art immer viel häufiger anzutreffen als unter den Angehörigen anderer Nationen. Es wäre manchen unserer draußen in der Welt lebenden Landsleute etwas von der beschränkten Zähigkeit des Engländers zu wünschen, der an Sprache und Sitte seiner Heimat und am Stolz auf seine Abstammung festhält, mit einer Hartnäckigkeit, die etwas von der Verbissenheit einer englischen Bulldogge hat. Beim Engländer erleichtert die Unfähigkeit, fremde Sprachen zu erlernen, und die Unkenntnis fremder Länder und Zustände sehr das Englischbleiben.

Beim Deutschen kommt eben zum angebornen Mangel an nationalem Rückgrat die Leichtigkeit, womit er sich neuen Umgebungen anpaßt, an fremden Ländern und Menschen das Gute herausfindet und es auf Kosten seines Urteils über seine Heimat und sich selbst zu überschätzen bereit ist.

Gegen Tschifu ist diese Klage über mangelndes Deutschtum der Deutschen nicht gerichtet. Der Ort ist zu klein, die deutsche Vertretung zu groß, als daß sich die Deutschen jemals zu vergessen fürchten müßten. Seit langen Jahren haben wir dort ein eigenes Konsulat, seit kurzem auch ein kaiserliches Postamt, und die deutschen Handelshäuser sind Zweiggeschäfte großer weltbekannter Firmen, die auch in andern Vertragshäfen Chinas vertreten sind. Allerdings scheint, wie ich aus den Mitteilungen des Konsuls und der deutschen Kaufleute von Tschifu entnehmen muß, der deutsche Handel nicht mehr auf der Höhe zu stehen, die er vor einigen Jahrzehnten hier innehatte. Nicht als ob Wert und Umfang des deutschen Geschäftes hier zurückgegangen wären — in der Beziehung kann nicht geklagt werden — aber die Alleinherrschaft, die früher die deutsche Flagge hier ausgeübt hat, ist jetzt gänzlich zusammengebrochen zugunsten der Engländer und Japaner. Tschifu hat keinen sehr großen eigenen Handel. Außer den von Niutschwang her bekannten Bohnen, die auch von hier aus in großen Mengen nach den südlichen Häfen verschickt werden, ist es hauptsächlich Seide, von der bekannten Schantunger Bastseidenart, die von hier aus ausgeführt wird. Sonst dreht sich alles am Ort nur um Durchgangsgeschäfte und Frachtverkehr. Und da waren es früher fast ausschließlich deutsche Segelschiffe, die Verfrachtung und Umladung besorgten. Das war in den letzten Tagen der goldenen Zeiten, wo China noch das Paradies der Kaufleute und

der auf eigene Rechnung und Gefahr handeltreibenden Schiffs=
führer war, wo oft mit wenigen Fahrten ein Vermögen ge=
wonnen werden konnte, wovon noch heute Söhne und Enkel
daheim im Wohlstand leben. Mit der zunehmenden Zahl
der Vertragshäfen, die allmählich die ganze ungeheure Küsten=
länge des verschlossenen Riesenreiches dem Fremdenverkehr
öffneten, und vor allem mit dem Erscheinen der Dampfer
änderten sich diese an die märchenhaften Zustände Kaliforniens
erinnernden Verhältnisse sehr bald. Die Verbindung mit
Europa und Amerika wurden leichter und häufiger, der
Verdienst beim Austausch der Waren regelmäßiger und
geringer. In der Regelmäßigkeit und Häufigkeit des Ver=
kehrs lag jetzt die einzige Möglichkeit, voran zu kommen,
und da hat man es wohl am nötigen Wagemut fehlen
lassen. Die großen deutschen Häuser in Schanghai und
Tientsin, seit langem auf gesicherter Grundlage mit großem
Nutzen arbeitend, fürchteten, mit der Einrichtung eigener
Dampferlinien nicht auf ihre Kosten zu kommen, und ließen es
geschehen, daß die Engländer ihnen zuvorkamen und ihnen
mit ihren Dampfern den Löwenanteil am Frachtverkehr aus
der Hand rissen. Jetzt geschieht ja alles mögliche, um den
alten Fehler wieder gutzumachen. Aber die englischen
Häuser, wie Jardine, Matheson & Co. und Butterfield & Swire,
die von Kanton bis Niutschwang den Küstenhandel be=
herrschen, sind doch fast um ein Vierteljahrhundert voraus.

Im Handelsadreßbuch für Ostasien hatte ich den
Namen einer deutschen Weinbau= und Keltereigesellschaft in
Tschifu eingetragen gesehen und war begierig zu hören,
ob man schon einen deutschen Mosel „Tschifuer Berg" oder
dergleichen haben könnte. Schon seit Jahren ist aber leider
dieses ganze Weinbau=Unternehmen, das von einer bekannten
deutschen Firma, die auch in Port Arthur und Tsingtau

Niederlassungen hat, begonnen war, zu Wasser geworden und nichts davon übriggeblieben als der Name, der aus Versehen auch noch in der diesjährigen Ausgabe jenes Adreß= buches sein stilles Dasein fristet. Es scheint, daß es an Sachverständigen fehlte und Fehler gemacht wurden in der Wahl der Lagen und der Behandlung der Reben, so daß nach einigen kostspieligen Versuchen der ganze Plan auf= gegeben worden ist. Dagegen haben einige unternehmende Chinesen aus dem Lehrgelde, das die Deutschen für sie be= zahlt haben, Nutzen gezogen und ihrerseits eine Weinbau= gesellschaft mit eigenem Gelde gegründet, die nun auf besserm Boden und mit geeignetern Reben versuchen will, auf den sonnigen Höhen Nordschantungs Wein zu bauen. Anfangs wurden kalifornische Reben hierher verpflanzt, dann aber, seit ein österreichischer Adeliger — „der Baron" der kleinen Fremdenkolonie — Verwalter der Gesellschaft ist, österreichische und ungarische, von denen man in zwei Jahren einen trinkbaren Vöslauer und Tokayer zu erzielen hofft, der Esterhazyschem Gewächs nicht nachstehen soll.

Nach Korea.

Vor Weihaiwei, im Brennpunkte der ostasiatischen Frage. — Korea, das unbekannteste Land des fernen Ostens, der jüngste geheimnisvolle Faktor darin. — Die Holländer in koreanischer Verbannung. — Mangelhaftigkeit der Reiseliteratur. — Reizvolle Annäherung an das Land der Morgenfrische.

Nachdem unser japanischer Dampfer auf dem Wege von Taku nach Korea die Küsten der Buchten von Petschili und Liaotung im Norden und Süden angelaufen hatte, richtete er jetzt endlich von Tschifu aus, eine Woche, nachdem wir an der Peihomündung an Bord gegangen waren, seinen Kurs geradeswegs auf Korea. Er blieb ziemlich dicht unter Land, so daß Weihaiwei (sprich: Uë=chai=ué) mit bloßem Auge zu erkennen war. Hinter den bergigen Höhen der Insel Liukung, die im Norden der hübschen Bucht von Weihaiwei vorgelagert ist, sah man die Masten und Schornsteine zahlreicher britischer Kriegsschiffe vorlugen, die sich schon seit längerer Zeit von der Reede von Taku hierher zurückgezogen haben, das ganze Geschwader unter Admiral Seymour schien dort im neuen englischen Kriegshafen versammelt. In Tschifu war viel von Weihaiwei die Rede gewesen und von der Nebenbuhlerschaft Kiautschous und Port Arthurs, und an Bord wandte sich das Gespräch, während wir mit dem Glase die Fortschritte im Ausbau der Befestigungen zu erspähen versuchten, naturgemäß diesem Gegenstande wieder zu, der die Aufmerksamkeit aller Fremden in Ostasien in allererster Linie gefesselt hält.

Als die Deutschen am 14. November 1897 sich des Forts von Tsingtau bemächtigten und unmittelbar darauf von der chinesischen Regierung das jetzige Gebiet des Gouvernements Kiautschou in Pacht abgetreten erhielten, war die Entrüstung bei Engländern und Russen groß: im gelben Meer, schon jetzt einem strittigen Gebiete zwischen China und Japan, Rußland und England, war ein neuer Faktor aufgetreten, gegen den man sich rechtzeitig sichern mußte. Schon am 27. März des folgenden Jahres hatte sich Rußland die Abtretung — der Form halber auch Ver= pachtung genannt — von Port Arthur und Talienwan ge= sichert, und nicht ganz acht Wochen später ging auf Liukungtau die britische Flagge hoch, fast an derselben Stelle, wo sich am 30. Januar 1895 der chinesische Admiral Ting, von den Japanern besiegt, selbst den Tod gab, indem er nach Weise seiner Gegner Harakiri beging. Drei Jahre lang hatten die Japaner die von ihnen eroberten und zerstörten Festungen besetzt gehalten, als Unterpfand für die ersten Zahlungen der im Frieden von Schimonoseki geforderten sechshundert Millionen Mark und in der stillen Hoffnung, sich doch noch auf dem chinesischen Festlande häuslich und dauernd einrichten zu können. England, seit jenem Kriege der stille Bundesgenosse Japans, rückte jetzt in das eben verlassene, noch warme Nest der Japaner ein und erklärte in der zu Peking abgeschlossenen Vereinbarung, nur so lange in Weihaiwei bleiben zu wollen, als Rußland Port Arthur besetzt hielte, während Rußland sich in Port Arthur nur festgesetzt zu haben behauptete, weil Deutschland Kiautschou genommen hatte. So war der Stein ins Rollen gekommen, und hier auf der Höhe von Weihaiwei, das genau gleich weit entfernt ist von Port Arthur und von Tsingtau, fanden wir uns im Brennpunkt der großen ostasiatischen Frage der Zukunft: An der engsten Zusammenschnürung des gelben Meeres, da, wo sich die Halbinseln von Liaotung und Schantung einander auf weniger als 100 Kilometer nähern, erheben sich die Festungen der beiden größten Nebenbuhler in Asien, fast in Sehweite einander gegenüber, während in dichter Nachbarschaft sich der gefährlichste Gegner auf dem Gebiete friedlichen Handelswettbewerbs seinen Stützpunkt eingerichtet hat. China ist die große Beute, von dem einen politisch, von dem andern wirtschaftlich ersehnt als Besitz oder Absatzgebiet, durch die jüngsten Ereignisse militärisch schon fast ausgeschaltet: nach den Forderungen der Verbündeten müssen die Befestigungen von Taku und Schanhaikwan geschleift werden, und die Truppen des Vizekönigs von Schantung, die zu den besten des Reiches gehören, sind gerade in diesen Tagen im Begriff, ihre Standorte zu räumen und mit solchen in den westlichen innern Nachbarprovinzen zu vertauschen. Und nach Osten, nur eine Tagereise entfernt, die Küste Koreas, des letzten der verschlossenen Reiche des fernen Ostens, das am spätesten von allen aus seiner ängstlich gehüteten Abgeschlossenheit herausgetreten ist — nur um sofort und ohne Gnade in das Getriebe des Interessenkampfes der Großmächte gezerrt zu werden.

Schon mit Sonnenaufgang war ich auf Deck, um die Ansegelung der koreanischen Küste von Anfang an zu genießen. Es liegt ein großer Reiz darin, ein neues, unbekanntes Land von völlig unberührter Eigenart zuerst auf sich einwirken zu lassen. China und Japan haben diesen

Reiz für uns schon längst eingebüßt. Seit den Tagen, wo portugiesische, französische und deutsche Jesuitenmissionare an den glänzenden Höfen Kanghsis und Kienlungs in Peking und beim großen Eroberer Taikosama in Kioto als Vermittler zwischen christlich=europäischer Bildung und uralter chinesisch=japanischer Heidenkultur aufgetreten waren und ihre wie Märchen klingenden Berichte nach Hause sandten, sind China und Japan altgewohnte Begriffe bei uns geworden, und so irrtümlich auch im einzelnen die Vorstellungen über Land und Leute Ostasiens geblieben sein mögen, sind wir doch von Jugend auf derart mit chinesischen und japanischen Dingen vertraut, daß wir kaum noch erstaunen, wenn wir eines Tages in Wirklichkeit sehen, was uns aus Buch und Bild so lange bekannt ist. Wie anders Korea!

Mit Ausnahme Tibets hat es wohl kein anderes Land alter Kultur so gründlich verstanden, sich die Fremden vom Leibe zu halten, wie Korea. Wie eine Brücke zwischen China und Japan gelegen, auf drei Seiten von der völkerverbindenden See umspült, hat es dies kleine Staatengebilde doch besser und länger fertig gebracht als seine größern und mächtigern Nachbarn, allein zu bleiben und seine Eigenart zu bewahren bis in eine Zeit, wo kaum ein Winkel des Erdballes dem rastlosen Spürsinn und Erwerbsdrang der herrschenden weißen Rasse entgangen ist. Es klingt wie ein Märchen, wenn wir hören, daß noch im Jahre 1882 Denksäulen in Form von Meilensteinen im Lande zu finden waren, die das Volk zur Ermordnung aller „westlichen Barbaren" aufforderten, daß in demselben Jahre der König um ein Haar das Opfer seiner fortschrittlichen Gesinnung geworden wäre, wenn er nicht rascherhand die gegen sein Leben verschworenen Führer der Fremdenhasser zum Tode durchs Rad verurteilt hätte. Aber dasselbe Jahr brachte endlich die Verbindung mit dem Auslande herbei, gegen die sich die in Dünkel und Unwissenheit verharrende Bevölkerung so lange gesträubt hatte. Die Amerikaner, die schon in den fünfziger Jahren mit Kapitän Perry in Japan als politische Pioniere des fernen Ostens aufgetreten waren, dürfen das Verdienst für sich in Anspruch nehmen, auch als erste den Bann gebrochen zu haben, den das amtliche Korea auf alle Pflege von Beziehungen zu andern Staaten gelegt hatte. Im Frühjahr dieses für Ostasien sehr bedeutungsvollen Jahres 1882 schloß im Auftrage seiner Regierung zu Washington der Kapitän Shufeldt mit dem König von Tschôssönn einen Freundschaftsvertrag ab, der amerikanischen Schiffen und Bürgern den Zutritt ins Land und ungehinderten Handel gestattete. In rascher Folge schlossen sich andere Staaten an, England, Frankreich, Deutschland, und mit der Eröffnung der drei Häfen Tschemulpo, Fûsfan und Wönsan im Jahre 1883, denen 1897 und 1899 noch fünf weitere folgten, ist dann eine neue Zeit über das Land hereingebrochen wie ein reinigendes Gewitter, alte, tief eingewurzelte Vorurteile beseitigend und den mittelalterlich-chinesisch-dicken Dunstkreis von Gelehrtendünkel und Pfaffenverbohrtheit reinigend zu befruchtender Frühlingsluft.

Und doch ist auch heute Korea, trotz Vertragshäfen und konsularischer Vertretungen, noch immer ein sehr unbekanntes Land. Als vor sechzig Jahren England nach dem Opiumkriege dem verstockten Reiche der Mitte den Vertrag von Nanking aufzwang, der zum ersten Male mit der Eröffnung von Kanton, Futschou, Ningpo und Schanghai eine starke Bresche schlug in die chinesische Mauer der verbissensten Absperrungspolitik, da war China in Europa kein unbekanntes Land mehr. Tausende von Kaufleuten, Missionaren, Seefahrern hatten seine Häfen besucht, seine Erzeugnisse auf unsern

Märkten eingebürgert und selbst angefangen, seine Literatur und Geschichte westlicher Wissenschaft zugänglich zu machen. Auch Japan war seit den Tagen der portugiesischen und französischen Glaubenssendboten von der Gesellschaft Jesu und durch den lebhaften Handel portugiesischer und holländischer Seefahrer längst bekannt geworden, so daß schon zu Ende des siebzehnten Jahrhunderts ein Deutscher ein mehrbändiges Werk über das merkwürdige Land der aufgehenden Sonne schreiben konnte, woraus man noch bis in unsere Jahrzehnte mit Nutzen schöpfen mochte. Von Korea aber wußte man, als seine ersten Häfen den Schiffen der Fremden geöffnet wurden, fast nichts. Außer den französischen Missionaren der Société des missions étrangères, die schon seit dem Ende des achtzehnten Jahrhunderts von Peking aus dem Christentum die Wege in Korea hatten ebnen wollen, war kaum ein Gebildeter im Lande gewesen. Meist waren es unfreiwillige Besucher, schiffbrüchige Seeleute, die an den unbekannten und gefahrvollen Küsten ihre Schiffe verloren hatten und in die Gefangenschaft der argwöhnischen fremdenfeindlichen Bevölkerung geraten waren. Einmal, um die Mitte des siebzehnten Jahrhunderts, war eine große Schar holländischer Seeleute auf diese Weise ins Land gekommen. Nicht weniger als 36 Mann von der Besatzung des gestrandeten Schiffes „Sparweer", das auf der Fahrt von Texel nach Japan an der Küste der Insel Tschêdschu (Quelpart) gescheitert war, wurden von den Koreanern gerettet, aufs Festland geschickt und dort von den Behörden siebzehn Jahre lang als eine Art Menageriesehenswürdigkeit in milder Haft gehalten. Einige wenige erlebten ihre Befreiung. Einer von ihnen, der ein wenig mit der Feder umzugehen wußte, der Supercargo Hendrik Hamel, hatte einen ausführlichen Bericht über dieses merk=

würdige Exil geschrieben, der nach seiner glücklichen Heim=
kehr (1668) in den Niederlanden gedruckt wurde. Dieses
Buch ist bis ins letzte Drittel des neunzehnten Jahrhunderts
das einzige von einem Kenner des Landes geschriebene
Werk über Korea geblieben. Aber der Gesichtskreis des
schlichten Seemannes war nicht weit genug, als daß er
sonderliches Interesse an einer eigenartigen Umgebung hätte
beweisen können, für dessen Eigenart er im Laufe seiner
langen Verbannung naturgemäß stumpf und blind werden
mußte.

Es gibt nicht mehr viel Länder auf der Erde, die dem
Forscher es so leicht machen, durchzuarbeiten, was in der
Literatur der Kulturvölker von Reisenden und Gelehrten
darüber geschrieben worden ist, wie Korea. Eine Bücher=
sammlung, die alle Werke, vielleicht von chinesischen und
japanischen abgesehen, über koreanische Dinge aufwiese,
würde sich auf einem Brett sehr bescheidenen Umfangs
unterbringen lassen. Es ist also wirklich das kostbare
Gefühl, einer terra incognita entgegenzugehen, das den
Reisenden die Augen aufmachen und die Sinne schärfen
heißt, wenn er sich zum ersten Male der koreanischen Küste
nähert.

Stundenlang, ehe das Festland selbst in Sicht kommt,
geht die Fahrt durch zahllose Inseln hindurch, die der stark
zersplitterten Westküste vorgelagert sind. Die Sonne war
den ganzen Morgen nicht zum Vorschein gekommen, ein
dünner Dunstschleier hielt sie bis Mittag verborgen. Aber
eine versteckte Leuchtkraft ging von ihr aus, die das wunder=
bare Bild vor uns wie von innen heraus in sonderbaren
Farben erglühen ließ. Die See war ölig glatt. Kein
Lüftchen regte sich, alles ringsum friedlich und still. Das
einzig Lebende, Unruhige im Bilde ist unser Dampfer, der,

zu leicht geladen, von einer unsichtbaren Dünung auf und ab gehoben wird, als ob er gegen schwere See zu kämpfen hätte. Aus dieser glatten, farblosen Wasserfläche erheben sich zahllose Inseln und Klippen, die weit und breit den Gesichtskreis erfüllen, als ob ein erdumgestaltender Titan sie mit vollen Händen ausgestreut hätte. Alles ist mit dichtem Grün bedeckt, unter dem nur ganz leise der rötliche ver= witterte Felsboden hervorschimmert, und mitten im grünen Weidenteppich kleine hellbraune Punkte und hier und da ein leuchtender weißer Fleck — es sind Rinderherden und ihre weißgekleideten koreanischen Hirten, die auf diesen spärlich bevölkerten Inseln das einzig erkennbare Zeichen von Leben und Menschen bilden. In dem silbergrauen, matten Rahmen der unbewegten See ist dieses Bild der zahllosen bunten Inseln von außerordentlichem Zauber. Kein Ton ist hörbar, alles ist stumm und still. Es ist, als ob man sich in ein verwunschenes Land einschliche. Und schließlich tun wir ja auch nichts andres, wenn wir in Tschôssönn eindringen, in das „Land der Morgenfrische".

Tschemulpo.

I.

Erinnerungen an die verunglückte Expedition der Franzosen in Korea. — Erstaunliche Gezeitenbewegung im Hafen von Tschemulpo. — Die ersten Eingeborenen. — Kleidung und Kopfbedeckung der Koreaner. — Erster Anblick von Tschemulpo.

Die Inselgruppe, durch die sich der Dampfer seinen Weg zur Küste bahnen muß, scheint unendlich zu sein. Immer glaubt man die letzte Klippe erreicht und endlich das Festland vor sich zu haben, bis man nach wenigen Minuten eines bessern belehrt wird und mit Geduld sich auf ein paar weitere felsige, grüne Eilande gefaßt macht. Auf den Seekarten trägt die Gruppe den Namen Prince Impérial=Inseln, die letzte vor dem Hafen heißt Insel Roze, und die Einmündung eines Flusses, die im Norden sichtbar wird, ist Salée getauft, und nach Süden ein ebenso großer Schwarm von kleinen Felseninseln Impératrice= Gruppe, alles französische Namen, die den wenig ruhmvollen Feldzug des zweiten Kaiserreiches gegen Korea ins Ge= dächtnis zurückrufen.

Im März des Jahres 1866 hatte der Reichsverweser, der unter dem Namen Däwöngun bekannte Vormund des

minderjährigen Königs, bei seinem törichten Versuch, alles
Fremde im Lande mit Stumpf und Stiel auszurotten, zwei
französische Bischöfe und neun Missionare hinrichten lassen.
Dies war die zweite Bluttat, deren sich die koreanische
Regierung Frankreich gegenüber im Laufe einer Generation
schuldig machte. Schon 1839 hatte sie die ersten französischen
Priester, die ins Land gekommen waren — bis dahin war
nur durch chinesische und japanische Christen im Lande ge=
predigt worden —, unter grausamen Foltern zu Tode ge=
martert und hatte auch bei spätern Gelegenheiten gegen die
Schützlinge der französischen Kirche mit teuflischer Grau=
samkeit, die an die schlimmsten Verirrungen der französischen
Inquisition erinnert, gewütet. In Paris aber hatte man
diese Dinge geschehen lassen, ohne das kaum dem Namen nach
bekannte ferne Reich dafür zur Rechenschaft zu ziehen. Erst
1866, als sich Napoleon III. auf der Höhe seiner Macht
fühlte und alle seine Offiziere und Beamten vor Ruhmsucht
und Tatendrang sich nicht zu lassen wußten, schlug auch die
Stunde für eine groß angelegte Strafexpedition gegen
Korea. Der französische Geschäftsträger in Peking erklärte
kurzerhand den König von Tschôssönn für abgesetzt, bean=
spruchte das ausschließliche Verfügungsrecht über den un=
besetzten Thron in Sôul und kündigte dem Kaiser von China
den Auszug eines französischen Geschwaders an „zur Er=
oberung des Landes und Besetzung des ledigen Thrones
nach dem Belieben Sr. Majestät des Kaisers der Franzosen".
Aber nur wenig Wolle folgte diesem vielen Geschrei. Zwar
fuhren eine Fregatte, zwei Korvetten und vier kleinere
Kriegsschiffe den Hanfluß hinauf bis vor die Hauptstadt,
ließen sich dort von Tausenden von neugierigen Eingeborenen,
die noch nie ein Schiff unter Dampf gesehen hatten, einige
Tage lang begaffen, warteten vergeblich auf die Auslieferung

der schuldigen Beamten, kehrten nach Tschifu zurück und schritten dann erst, unter der ortskundigen Führung eines französischen Bischofs, zum Angriff gegen die Uferbefestigungen der Westküste, die seit undenklichen Zeiten die Hauptbollwerke koreanischer Landesverteidigung gewesen waren. Zwei dieser kleinen Werke, die mit Hinterlader-Zwerggeschützen — nach dem Vorbilde der Salut-Bestückung gestrandeter Handelsschiffe im Lande selbst gegossen — verteidigt waren, wurden nach kurzem Kampf von den Franzosen genommen. Ein drittes aber, im Südosten der Insel Kanghwa vor der Hanmündung, das von buddhistischen Mönchen im Bunde mit den gefürchteten Tigerjägern aus den Nordprovinzen gehalten wurde, schlug den Angriff der französischen Landungstruppen nach kurzem blutigen Gefecht ab und zwang sie zum Rückzug. Der Befehl zur Einschiffung wurde gegeben, das glorreiche Geschwader dampfte heimwärts, der Thron von Tschôssönn blieb trotz Napoleon besetzt und die Behörden, vor allem der Reichsverweser, in Sôul unbestraft. Das einzige, was durch diese unüberlegte Unternehmung erreicht worden, war eine schwere Schädigung des europäischen Ansehens im Osten, die sich noch mitwirkend bei der Ermordung der französischen Nonnen von Tientsin im Juni 1870 fühlbar machte. Die Geographie hat noch den größten Nutzen von dieser verfehlten Expedition gehabt: eine genaue Aufnahme der Westküste und des Unterlaufes des Hanflusses und die Festlegung der gefährlichen Inseln und Klippen, die bis dahin die Ansegelung dieser Küste zu einem gefahrvollen Wagestück gemacht hatten.

Trotz der genauern Kenntnis des Fahrwassers, die nach diesen und spätern, meist japanischen Aufnahmen in den Seekarten niedergelegt ist, können auch heute größere Schiffe nicht in den Hafen von Tschemulpo hinein. Die Gezeitenbewegung hat hier einen ganz außergewöhnlichen Umfang. Augenscheinlich staut sich die Flutwelle, wenn sie verstärkt durch den Rückstau aus den drei nördlichen Buchten des gelben Meeres (Petschili, Liaotung, Korea) gegen die mittlere Westküste der Halbinsel vordringt, derartig in dem sackgassenartigen Inselgewirr vor der Hanmündung, daß sie weit über das in anderen Meeren gewöhnte Maß hinaus alles überschwemmt und ebenso bei der Rückflut weite Strecken trocken legt. So steigt bei Tschemulpo unter gewöhnlichen Verhältnissen die Flut 8,40 m, bei günstigen auflandigen Winden aber gar bis zu 10 m! Infolgedessen macht der sogenannte Hafen zur Zeit der Ebbe einen ungeheuer komischen Eindruck. Weit und breit ist alles trocken gelegt, ebenso endlose Flächen mit übelriechendem Seetang bedeckt, aus dem hier und da felsige Klippen aufragen, die eine deutliche Marke tragen, wie weit bei der Flut das steigende Wasser ihre zernagten Flanken bespült. Auf dem schlammigen Boden liegen weiter landeinwärts im „Hafen" zahlreiche koreanische und japanische Fahrzeuge, hilflos mit ihrem Kiel im Morast steckend und das ganze Geheimnis ihres Baues unter der Wasserlinie preisgebend, ungefüge abenteuerliche Kästen im Stile der Arche Noah, denen ich mein Leben auf See nicht anvertrauen möchte.

Weit, weit draußen, ein paar Kilometer vor diesem Hafen, der keiner ist, muß unser Dampfer festmachen und sich vor Anker legen. Er ist stolz, das größte Schiff zu sein, das regelmäßig Tschemulpo anläuft, und das daher ganz draußen bleiben muß, in der vornehmen Nähe der Kriegsschiffe, die seit dem Japanisch-chinesischen Kriege ständige Gäste in den koreanischen Gewässern sind. Zurzeit liegen da ein paar Japaner, wieder nur ältere, sehr deutsch aussehende Kreuzer wie in Tschifu, das russische Kanonenboot „Mandschur", auch in unserer Marine rühmlichst bekannt als treuer Waffengefährte des „Iltis" vor Taku, der britische Kreuzer zweiter Klasse „Astraea" und das französische Panzerschiff „Redoutable", mit Pierre Loti an Bord, der uns wie ein Geheimpolizist zu folgen scheint. Lange ehe unser Anker in die seichten Fluten rasselt, ist der Dampfer schon umringt von zahlreichen Eingeborenenbooten, die sich wie Hyänen auf die Reisenden und ihr Gepäck stürzen wollen. Mit großer Geschicklichkeit klettern sie auf dem noch nicht einmal ganz heruntergelassenen Fallreep empor und fangen an, ohne weiteres die auf Deck aufgestapelten Koffer fortzuschleppen und in ihre flachen Boote zu verstauen. Diese Praxis haben sie also schon gelernt und sich damit des ersten Kulturgrades für würdig gezeigt, wie es sich in einem neuen Vertragshafen gebührt. Denn damit scheinen die Segnungen der Zivilisation — nachdem durch die Mission und den Schnaps die einleitenden Schritte getan sind — in jedem Hafen anzufangen, daß die Bevölkerung lernt, die ankommenden Reisenden zu vergewaltigen, sie unter betäubendem Geschrei ihres Gepäcks zu berauben und dann mit den einzelnen Stücken in alle vier Himmelsrichtungen auseinanderzustieben. Ich hatte sie ruhig gewähren lassen, da mir im Augenblick viel mehr daran lag, diese ersten echten Koreaner, die mir zu Gesicht kamen, eingehend zu besichtigen, als auf mein Gepäck zu achten. Ich hatte zwar schon in andern Ländern gelegentlich Koreaner gesehen, aber das waren einzelne Leute gewesen, Reisende und Angehörige des diplomatischen Dienstes ihrer Regierung, die, losgelöst von der Heimat und fremden Einflüssen seit Jahren zugänglich, nicht als echte, unverfälschte Vertreter gelten konnten. Hier waren aber Koreaner in Korea, und wenn auch nur Bootsleute und Männer des niedern Volks, so stimmten sie in ihrem Äußern doch ganz vorschrifts=

mäßig mit den Schilderungen überein, die ich über sie gelesen hatte.

Wie in China gibt es in Korea keinen grundsätzlichen Unterschied der Bekleidung zwischen hoch und niedrig; nur der Stoff läßt Rang und Reichtum erkennen, Form und Schnitt sind gleich bei jung und alt, bei groß und gering. Im Sommer ist die Kleidung der Koreaner jedenfalls recht praktisch und auch ganz gefällig. Das Hauptstück sind die Hosen, die einen fabelhaften Umfang haben, womit verglichen selbst die der Turkos aussehen wie die entsetzlich engen Beinfutterale der jungen Modeaffen von New York und Chicago. Da diese bauschigen Beinsäcke aber aus leichten luftigen Baumwollstoffen oder aus noch leichterem Hanfgewebe gemacht werden, sind sie nicht weiter lästig. Wie der Belutsche und Afghane wickelt sich der Koreaner seine Hosen unten ein halbdutzendmal um die Knöchel, damit er Platz für die Strümpfe bekommt, die ungefüge Möbel sind, auch im Sommer dick mit Watte ausgepolstert, so daß die Form des Fußes völlig verborgen bleibt und auch bei den schlanksten Menschen den Eindruck erweckt, als litten sie an Elefantiasis. Viel weniger Sorgfalt und Mühe wird auf die Bekleidung des Oberkörpers verwandt, im Gegensatz zu den Japanern, die sich eigentlich nur oberhalb der Hüften anziehen. Ein kurzes Röckchen aus Seide, Hanf oder Baumwolle wird übergezogen, an der rechten Brust mit großen Schleifen zugebunden, denn Knöpfe und Knopflöcher kennt der Koreaner nicht. Die Ärmel sind kurz und weit, und am Halse ist ein breiter Kragen so weit umgelegt, daß die Bluse offen ist wie das Ballkleid eines Backfischchens. Nur zum Ausgehen, bei Besuchen und festlichen Anlässen wird der Anzug durch einen langen, bis auf die Knöchel fallenden Rock vervollständigt, der weiß ist wie alle übrigen Kleidungsstücke.

Alle Sorgfalt und auch alle Ausgaben der Bekleidung gelten aber dem Kopf, den der Koreaner nun einmal für das Wichtigste am Menschen hält und am ehesten bedeutender Summen im Haushaltungsbuch für würdig. Die Jugend macht allerdings wenig Umstände mit Haar oder Hut. Dafür gilt aber auch ihr Kopf nichts. Unverheiratete Männer dürfen im Rate der Erwachsenen nicht mitsprechen, und wenn es noch so alte Knaben sind. Sie dürfen nicht einmal einen Hut tragen, sondern müssen ihr in einen breiten Zopf gebundenes Haar frei und unbedeckt über Schädel und Schulter herabhängen lassen. Der koreanische Zopf wird aber aus dem ganzen, übrigens meist sehr schönen und üppigen Kopfhaar geflochten, nicht wie der chinesische, der auf dem sonst rasierten Schädel nur oben auf dem Scheitel gezüchtet wird. Infolgedessen sehen die Jungen hierzulande wie Mädchen aus, und man muß schon ein gewiegter Kenner sein, wenn man auf den ersten Blick einen etwa zehnjährigen Jungen von einem Mädchen unterscheiden will. Sobald aber der Jüngling heiratet, was er hier oft schon als ganz unreifer Bengel von 15 Jahren tut, muß er seinen schönen Zopf aufflechten und das Haar sich oben überm Scheitel zusammendrehen zu einem Knoten, wie ihn manche Indianerstämme noch heute tragen und wie er früher bei Südseeinsulanern üblich gewesen ist. Damit das Haar sich den Tag über in dieser schwierigen Lage hält, muß es durch ein breites, ebenfalls aus Haar geflochtenes Band festgeschnürt werden, das alsbald einen scharfen Eindruck in der Stirnhaut hinterläßt und durch seinen starken Zug die Gesichtsmuskeln sehr unbequem in ihren natürlichen Bewegungen hemmt. Dieses Stirnband, koreanisch Mangkun, gilt als eine große Zierde, wenn es auch in unsern Augen nur verunstaltet. Man befestigt wertvolle Steine daran, als Brosche vorn an der Stirn zu tragen, mit Vorliebe übrigens aus Deutschland eingeführten Bernstein, Korallen u. dgl. Der Beamte trägt seine Rangabzeichen in Gestalt von kleinen Steinknöpfen ebenfalls an diesem Stirnband, und wenn es einen Orden „zur aufsteigenden Morgenfrische von Tschôssönn" gäbe, würde die höchste Klasse als besondere Auszeichnung „am Stirnbande zu tragen" sein. Oben auf dieses handbreite schwarze Band wird zum Schutze des aufrechtstehenden Haarknotens und als krönende Zier der Hut gesetzt, der das Merkwürdigste am ganzen Koreaner ist: eine enge, aus schwarzem Menschen- oder öfters wohl Roßhaar geflochtene, blumentopfähnliche Röhre auf einem breiten Rande aus demselben Stoff, der übrigens jetzt meist durch zerschlissenen, schwarz gefärbten Bambus ersetzt wird. Das ganze, sehr kostspielige und unhandliche Stück hat als Kopfbedeckung nicht den geringsten Wert, es schützt weder gegen Sonne noch Regen und ist bei Wind in steter Fluchtgefahr. Da die guten Koreaner es aber seit Jahrhunderten tragen, werden sie es wohl noch länger für das wesentlichste Stück des Anzuges halten.

Meine Bootsleute waren übrigens samt und sonders barhäuptig, obwohl, nach der Haartracht zu urteilen, auch verheiratete darunter waren. Ursprünglich ist der Hut das Abzeichen der Edelleute und Beamten gewesen, und die ärmeren Leute tragen nach alter Weise einfach ein Tuch um den Schopf und Haarknoten geschlungen, weniger aus Achtung vor dem Gesetz als aus Sparsamkeit. Denn so ein Hut kostet noch immer viele Dollars, und mancher Strick mit Messingmünzen muß vor dem Hutmacher aufgeschichtet werden, ehe er eines seiner mühsam hergestellten Kunstwerke

verkauft. Unbehindert durch Stirnband und Hut ruderten die
Bootsleute um so besser. Das heißt, sie wriggten ihr plumpes
Fahrzeug vorwärts mit ungeheuren, langen flachen Schaufeln,
die an der Dolle einen stumpfen Winkel machten, so daß sie
aussahen wie zwanzigfach verlängerte australische Bumerang.
Augenscheinlich ist es keine kleine Arbeit, mit so törichten
Werkzeugen zu arbeiten, die höchstens im engen Flußfahr=
wasser ihre Vorzüge haben mögen. Die Leute gerieten bald
in Schweiß, wippten mit dem ganzen Oberkörper gewaltig
vor und zurück und stießen dabei seufzerähnliche Laute aus,
als ob es ums Leben ginge. Dafür ließen wir aber auch die
andern Boote sämtlich hinter uns, in denen die ameri=
kanischen Damen an Land gingen, die auf einen halben
Tag nach Söul wollten, um dann in der Heimat ihr Buch
über Korea schreiben zu können, und auch das einiger
japanischer Dandies, die sich in Tschemulpo niederlassen
wollten und, oben elegant gekleidet, unterwärts nackt, in
nachlässiger Haltung als routinierte Globetrotter Zigaretten
rauchend auf ihren europäischen Koffern saßen.

 Es ist eine förmliche Reise von der Reede draußen
bis zur Küste über das endlose Ebbegebiet hinweg. End=
lich erscheint Tschemulpo, der Eingangshafen ins Land der
Morgenfrische, das Wassertor der Hauptstadt Söul, der
einzigen, wie es heißt, noch ganz barbarischen Residenz
eines selbständigen asiatischen Fürsten. Man traut seinen
Augen kaum: man sieht auf hübschen grünen Hügeln zahl=
reiche, europäisch aussehende Häuser, eine richtige Kirche mit
hohem spitzen Turm, ein paar japanische und englische
Flaggen, und hoch oben, auf einem alles beherrschenden
Hügel, wie ein Wahrzeichen der Stadt auf einem stattlichen
Hause die Farben schwarz=weiß=rot!

II.

Im behaglichen Quartier bei Landsleuten. — Die Fremdenkolonie von Tschemulpo. — Verdienste der Japaner um die koreanischen Vertragshäfen. — Ihr Geschick für Kolonisation. — Ihr Viertel in Tschemulpo.

Der erste Anblick des Festlandes von Korea war eine große Überraschung, fast eine Enttäuschung für mich gewesen. Ein Hafen, der noch nicht zwei Jahrzehnte lang den Ausländern geöffnet ist, in einem wegen seiner unversöhnlichen Fremdenfeindschaft verschrienen Lande, wo noch ein selbstherrlicher König mit Knute und Marterrad über ein bedrücktes, unwissendes Volk das Zepter schwingt, ein solcher Ort hatte in meiner Vorstellung anders gelebt als mit europäischen Gebäuden und Flaggen. Da sah ja Yingkou, der Vertragshafen der Mandschurei, der schon seit fast vierzig Jahren von fremden Schiffen besucht wird, noch viel weniger gebildet aus.

Das Rätsel dieses überraschenden Kulturbildes war bald gelöst, sobald ich mich am Lande umsehen konnte. Die ursprünglich den Fremden angewiesene Niederlassung war ein bescheidener, kleiner Bezirk unweit der geschichtlichen Stelle, wo 1882 die Amerikaner den ersten Vertrag, den das Königreich Tschössönn mit einer außerasiatischen Macht schloß, unterzeichnet hatten. Einen großen Teil dieses Geländes nahmen alsbald die Japaner in Beschlag, die seit Jahrhunderten für Korea ein besonderes Interesse gezeigt haben. Ihre Einwanderung wuchs derartig, daß das Fremdengebiet sich weit über das anfänglich vorgesehene Land ausdehnte und jetzt schon den eigentlichen koreanischen Ort Tschemulpo längst überflügelt hat. Ihre saubern, ziegelgedeckten Häuser verleihen dem Ort einen ganz europäischen Anstrich, abgesehen davon, daß ihre Verwaltungsbaulichkeiten, wie Post, Handelskammer, Konsulat, auch wirklich abendländische Steinhäuser sind. Die übrigen nichtkoreanischen Häuser sind Wohnungen der englischen und französischen Missionare, denen die Kirche gehört, und der wenigen sonstigen Fremden, die am Ort leben. Das schöne Haus hoch oben auf dem Berge aber mit der deutschen Flagge ist die Wohnung des Chefs des Hamburger Hauses E. Meyer & Co., der einzigen namhaften europäischen Firma, die in Korea Handel im großen Stil treibt.

Durch die Liebenswürdigkeit des Teilhabers und stellvertretenden Chefs dieses Hauses, Herrn Karl Lührs aus Hamburg, konnte ich mein Quartier dort oben in diesem wunderschönen Besitztum der deutschen Firma aufschlagen. Nichts Besseres und Schöneres ließ sich denken. Auf dem höchsten Punkte des Ortes gelegen, bietet das ausgedehnte Grundstück von allen Punkten aus entzückende Blicke auf Tschemulpo und seine schöne Umgebung. Ein prachtvoller Park, den Herr Karl Wolter, der Chef und Gründer des hiesigen Geschäftes, bei Eröffnung des Hafens hier oben angelegt hat, bedeckt jetzt den ganzen Hügel, und, in seinen schattigen Laubgängen Schutz zu suchen vor der heißen koreanischen Sonne, ist ein Hochgenuß, den man doppelt zu schätzen weiß, wenn man lange Monate im flachen Nordchina zugebracht hat, wo es Gärten in unserm Sinne nicht gibt. Seltene japanische Ziergewächse, rankende Schlingpflanzen und eigenartige Blumensträucher fassen die wohlgepflegten Kieswege ein, ein japanischer Gärtner ist den ganzen Tag beschäftigt, alles in Ordnung zu halten, eine Aufgabe, die man keinem besser anvertrauen kann als den Japanern mit ihrer peinlichen Sauberkeit und ihrem gärtnerischen Geschmack. Von den Aussichtspunkten und Ruheplätzen des Gartens genießt man die schönsten und

mannigfachsten Blicke auf die inselreiche Bucht, die mit
zahllosen Verästelungen das Land innigst durchdringt und
eine reizvolle Landschaft von Berg und Meer schafft, die
wiederum nach dem einförmigen China erquickend anmutet
und aufs glücklichste auf Herz und Sinne wirkt. Und innen
im Hause atmet alles Ruhe und Wohlstand, Bequemlichkeit
und Geschmack. Geräuschlos waltet ein schneeweiß gekleideter
koreanischer Diener mit Eifer und Verständnis seines Amtes,
frische Blumen zieren stets den Tisch, Küche und Keller sind
wohlversorgt, deutsche Bücher und neue Zeitungen — denn
Blätter, deren Datum nur sechs Wochen zurückliegt, sind
hier im äußersten Ostasien neu —, bequeme Liegestühle auf
schattiger Veranda und Landsleute, mit denen man in
deutscher Sprache von der Heimat plaudern kann — das
sind alles Dinge, die einem das Herz weit machen, wenn
man sie lange entbehrt hat und sie so unvermutet in
fremdem Lande trifft, von dem man Ungastlichkeit er=
wartet hatte.

Sehenswürdigkeiten gibt es nicht in Tschemulpo. Das
Schönste am Ort ist seine Lage, und das Interessanteste seine
erstaunliche Entwicklung. Nach den neuesten Ziffern, die ich
mir bei den einheimischen Behörden habe geben lassen, be=
trägt die Bevölkerung des Ortes einschließlich der abseits
liegenden Fremdenniederlassung 14073 Seelen, und davon
sind 5559 Ausländer. Das klingt, als ob Tschemulpo eine
Großstadt wäre und es an Umfang seiner Fremdennieder=
lassung mit Tientsin und Schanghai aufnehmen könnte.
Wenn man aber erfährt, daß unter diesen „Ausländern"
1148 Chinesen und gar 4432 Japaner mitgerechnet sind,
wird man sehen, daß man es mit einem ganz kleinen Sett=
lement zu tun hat, das an Europäern und Amerikanern nur
76 aufweist. England ist dabei mit 25 vertreten, eine irre=

führende Zahl, da auch die in der Provinz und auf der Insel Kanghwa lebenden Missionare mitgezählt sind und sogar, nach der leidigen Sitte englischer Konsulate, jeder Neger oder Chinese, der britisches Bürgerrecht erworben hat. Die Deutschen sind mit 16 Seelen eingetragen, und zwar wirklich echten, rechten Deutschen, von denen einige sogar in Korea von deutschen Müttern geboren sind. Dann kommen die Amerikaner mit 8 Mann, meist Missionaren, die Franzosen mit 6, die Norweger mit 5, meist Seeleuten, und schließlich Italien, Griechenland, Portugal, Holland und Rußland mit je einem oder zweien.

Wie die Deutschen an erster Stelle stehen unter den Ausländern indogermanischer Rasse, so sind die Japaner unter den Mongolen die Führer. Sie sind wirklich die wichtigsten Mitarbeiter an dem Ausbau des Ortes und in seinem öffentlichen Leben und seinem Handel das wichtigste, durch Seelenzahl und Besitz hervorragendste Element. Es ist sehr bemerkenswert, daß die drei größten und blühendsten unter den acht Häfen, die Korea bisher den Fremden geöffnet hat, hauptsächlich den Japanern ihre Entwicklung verdanken. In früheren Jahrhunderten hat sich das Nachbarinselreich durchaus nicht freundschaftlich gegen Korea benommen. Die politischen Beziehungen zwischen Kioto und Songdo, der alten Hauptstadt Koreas bis zum 14. Jahrhundert, bestanden meist in einer erzwungenen Lehnsherrschaft des japanischen Schoguns über den König von Korai, wie unter der damaligen Dynastie das Reich hieß, und die Nichtanerkennung dieses Verhältnisses, das die Koreaner zu jährlicher Tributsendung nach Japan zwang, führte zu dem Einfall der japanischen Truppen im Jahre 1592. Sie verwüsteten fast sechs Jahre lang die Halbinsel, töteten viele Tausende von Eingeborenen und plünderten Städte

und Dörfer, Paläste und Klöster so gründlich aus, daß von
der uralten koreanischen Kultur, der Mutter der japanischen,
jetzt kaum mehr Spuren im Lande zu finden sind. Und
wenn es auch heute kaum reine Menschenliebe oder ähnliche
selbstlose Beweggründe sind, die den japanischen Kaufmann
nach Korea treiben, so ist die Wirkung der japanischen Auf=
merksamkeiten doch im wesentlichen sehr wohltätig zu spüren.
Wenn Japan auch dem Anschein nach für die Unabhängigkeit
Koreas gegen China zu Felde gezogen ist, es liegt ihm in
Wirklichkeit nichts an der Selbständigkeit oder der Knechtschaft
des benachbarten Königs. Es war ihm darum zu tun,
China wie Rußland fernzuhalten, damit es selbst als tertius
gaudens ungestört in Korea auftreten könne, wenn auch
einstweilen nur in der harmlosen Rolle des freundwilligen
Nachbars und dienstbeflissenen Geschäftsmannes. Bis jetzt
hat Japan in Tschemulpo, Wönsan an der Ostküste und in
dem südlichen Vertragshafen Fûsan, wo es schon seit Jahr=
hunderten eine Niederlassung besitzt, sich unter dieser Flagge
der uneigennützigen Freundschaft und politischen Farblosigkeit
vorzüglich bewährt. Es hat aus jenen drei Häfen blühende
Handelsplätze gemacht, die den Koreanern willkommene
Märkte sind für ihre eigenen bescheidenen Landeserzeugnisse
und den Fremden die Augen darüber öffnen können, was
für eine kolonisatorische Begabung die so oft maßlos über=
schätzten und ebenso maßlos verurteilten Japaner entwickeln
können, wenn sie günstigen Boden finden bei einem ihnen
geistig und praktisch unterlegenen Volk.

In Tschemulpo sind die Leistungen der Japaner ganz
erstaunlich. Aus einem jammervollen Fischerdorf von
wenigen Hütten haben sie im Laufe von siebzehn Jahren
eine kleine Musterniederlassung geschaffen, sauber, praktisch,
voll Leben und Fleiß, mit Handwerkern, Kaufleuten, Beamten,

Schutzmannschaften und Soldaten und allem, was zur Gründung und zum Betrieb eines geordneten Gemeinwesens gehört. Der japanische Konsul, ein sehr fähiger junger Mann, der eben seine Beförderung nach London erhalten hat, war so freundlich, mir aus seinen Amtsbüchern alle nur erdenklichen Daten und Ziffern zu übersetzen, die mir ein Bild von dem wirtschaftlichen Leben der japanischen Niederlassung von Tschemulpo machen konnten. Er wurde nicht müde, mir bis in die kleinsten Einzelheiten hinein stundenlang alle seine Statistiken ins Englische zu übertragen, so daß ich viele Seiten in meinem Notizbuch damit füllen konnte und jetzt imstande bin, jedem, der es wissen möchte, aufs Haar genau zu verraten, wieviel Männer, Frauen, Jungfrauen und Knaben japanischer Abkunft hier leben, wie viele davon Kaufleute sind, wie viele Fischer, Grünkrämer, Badewirte, Hebammen, buddhistische Bonzen oder Schintopriester, wieviel Kuchenbäcker, Mattenflechter, Sängerinnen in den Teehäusern und wie viele von den Glücklichen, die stolz die Liste, die ihnen der Volkszählmann reicht, ausfüllen mit dem vielbeneideten Titel „Rentner, ohne Beruf". Nur soviel sei aus den Geheimnissen des Konsulatsarchivs mitgeteilt, daß es zurzeit in Tschemulpo nicht weniger als drei große Banken gibt, alle in stattlichen Steinhäusern untergebracht, 2 Vertretungen bedeutender Dampfschiffgesellschaften, 11 Segelschiffreedereien, 17 große Ausfuhrhändler, 2 Theater und vor allem eine Reisbörse und eine Handelskammer. Denn das Geheimnis des japanischen Erfolges ist die vorzügliche Organisation, mit der sie alles einrichten und handhaben, was sie anfangen. Die Handelskammer setzt sich zusammen aus den erfahrensten und gebildetsten Leuten der Kolonie, die nach gesunden volkswirtschaftlichen Grundsätzen die Möglichkeiten erforschen, die sich dem japanischen Handel hier bieten können. Ausführliche Berichte über Natur und Leistungsfähigkeit des Landes werden an die Regierung nach Japan geschickt und in Tokio zur Belehrung aller gedruckt und versandt, denen mit solcher Kenntnis gedient ist. Versuche mit der Einfuhr japanischer Artikel werden gemacht, vorsichtig und unauffällig, und fallen sie günstig aus, wird ein Einfuhrgeschäft in großem Stile methodisch eingeleitet, das alsbald den Markt beherrscht. Denn mit billiger Arbeit zu Hause und geringen Frachtsätzen hierher haben die japanischen Kaufleute vor allen andern in Korea einen Vorsprung, der nicht leicht einzuholen ist.

Zu diesem fruchtbaren Sinn für Methode und Organisation kommt der Wagemut der japanischen Kaufleute, der vor kostspieligen Versuchen nicht zurückschreckt. Die Japaner sind die einzigen, die sich in Korea der Küstenschiffahrt angenommen haben, die einen regelmäßigen Dienst zwischen allen offenen Häfen unterhalten, die schließlich auch den Amerikanern die ursprünglich von Coloradoer Eisenbahnmännern geplante Verbindung mit der Hauptstadt aus der Hand genommen haben und die Herren der Tschemulpo—Söuler-Eisenbahn geworden sind, die den ersten wirklichen Anfang zur Erschließung des Landes macht. Gerade mit dieser Bahn haben die Japaner die Möglichkeit für eine großartige Entwicklung Tschemulpos angebahnt. Alle Waren, die von Tientsin, Schanghai und damit weiter westlich aus Europa kommen, müssen über Tschemulpo ihren Weg ins Land nehmen. Sind sie erst bis in die Hauptstadt gelangt, dann kommen sie auch bald weiter ins Innere. Denn Söul, seit mehr als fünf Jahrhunderten die politische Hauptstadt des Reiches, ist auch wirtschaftlich die Herrin, der große Mittelpunkt, wo alle Fäden aus allen Ecken und

Enden des Landes zusammenstrahlen. Und umgekehrt muß Tschemulpo, wenn Korea erst unter fremder Anleitung gelernt hat, seine eigenen Hilfsquellen besser zu erschließen und nutzbar zu machen, der Ausgangspunkt werden für alles, was nach China und Europa soll.

III.
Die Chinesen in Tschemulpo. — Die Wunderwurzel Dschönnseng. — Stellung der Deutschen. — Der „einzige Meyer".

Im Vergleich zu den rührigen Japanern fallen die Chinesen Tschemulpos mit ihren kolonisatorischen Leistungen sehr ab. Sie haben es von den Häfen Schantungs, vor allem von Tschifu aus, noch leichter als die Japaner, die koreanische Küste zu erreichen. Aber das Grundübel chinesischer Einwanderung, vom Standpunkte ihrer Brauchbarkeit für Besiedelungszwecke, ist das Bestreben des seiner übervölkerten Heimat entfliehenden Chinesen, in möglichst kurzer Zeit möglichst viel Geld im fremden Lande zu verdienen und dann nach Hause zurückzukehren, damit er seinen Harem vermehren und sich ein ruhiges Alter, einen friedlichen Tod inmitten zahlreicher Söhne und Enkel und ein prunkvolles Begräbnis und gewissenhafte Opfer vor seiner Seelentafel sichern kann. Das ist des confucischen Sohnes des Reichs der Mitte höchstes Ziel, und ihm zuliebe bringt er sogar das Opfer, die ihm über alles teure Heimaterde zeitweilig zu verlassen und unter fremden Barbaren zu leben, die seine Sprache nicht verstehen und ihn, den stolzen Träger uralter Kultur, verachten und verabscheuen wie etwas Unreines. Ob nach ihm andere, ob seine eigenen Nachkommen oder befreundete Landsleute, in ebendemselben fremden Lande späterhin sich ein Vermögen erwerben können, ist ihm gleichgültig: er sorgt nicht für die Zukunft anderer, sondern nur für sich selbst und seine eigenen unmittelbaren Wünsche. Daher schafft er nichts Dauerndes, nichts, was später Kommenden die Erreichung des gleichen Zieles erleichtern könnte. Von Handelskammern und Auskunfteien ist daher in der chinesischen Niederlassung Tschemulpos nichts zu finden, wenn der Ort auch sonst sich gar nicht übel anläßt.

Das stattlichste Gebäude, ein richtiges geräumiges Yamen mit vielen Höfen, hat natürlich der Konsul inne, der ein großer Würdenträger vor dem Herrn ist. Er hat seine Erziehung in den Vereinigten Staaten genossen, spricht daher vorzüglich Englisch, wenn auch mit dem schrecklichen Näseln der Yankees, und spielt sich gern auf den aufgeklärten Weltmann hinaus. Sein Empfangszimmer fand ich europäisch eingerichtet und außer mit großen Photographien von den Niagarafällen in der Hauptsache geschmückt mit einer riesigen Platinotypie, die ihn selbst als unschuldigen Jüngling, in europäischer Kleidung, mit kurzgeschorenem Haar darstellt an der Seite seines amerikanischen „Sweethearts", einer wie ein Dienstmädchen im Sonntagsnachmittagsausgeheftaat aufgedonnerten holden Maid, die ihrem kleinen exotischen Galan um einige Lenze voraus zu sein schien. Daß er auch sonst an westländischer Kultur geleckt hatte, war aus dem Whisky und Soda ersichtlich, den er mit ägyptischen Zigaretten und vorzüglichen Litschipflaumen aus seiner Heimat Kwangtung sofort auftischen ließ, als ich mich an ihn mit der Bitte um einige Mitteilungen über die wirtschaftlichen Verhältnisse der Chinesenstadt wandte.

Wie das in der Lage Tschemulpos begründet ist, findet die Einwanderung von Chinesen fast ausschließlich aus der nächstliegenden Provinz Schantung statt Von den 1148 Chinesen, die zurzeit hier ansässig sind, stammen 99 Prozent aus Schantung, die übrigen wenigen aus Tschili und

Schöngking, der südlichsten Provinz der Mandschurei. Nur 145 Frauen und 43 Kinder sind darunter, ein deutliches Zeichen, daß die Einwanderung zu der bekannten vorübergehenden Form gehört, wie diejenige der Chinesen in Kalifornien, Australien und Südostasien. Fast alle hiesigen Chinesen sind Kaufleute, die einen bedeutenden Anteil an dem gesamten Einfuhrgeschäft haben. Die übrigen sind Arbeiter und Gärtner, die den trägen Koreanern die schweren Arbeiten abnehmen und ihnen ihr Gemüse bauen, wozu sie mehr Geschick und Geduld haben als der Eingeborene. Besonders aber interessieren sich die hiesigen Chinesen für die Ausfuhr der unter dem Namen Dschönnseng (Ginseng) im ganzen chinesichsen Asien berühmten Alraunwurzel, die, wie ich schon erwähnte, in der an Absonderlichkeiten so reichen chinesischen Heilmittelkunde eine außerordentliche Rolle spielt. Seit Jahrtausenden ist in China der Glaube an die erstaunliche Heilkraft dieser Wurzel allgemein verbreitet. Schon der alte arabische Geograph Ibn Chordádbeh, der zu Beginn des 10. Jahrhunderts eine Art Reisehandbuch schrieb, erzählt, daß die arabischen Seefahrer in einem östlich von China gelegenen Lande Sila (Teilname Koreas unter der vorvorigen Dynastie) diese Heilwurzel suchten und an die Chinesen verkauften. Und heute noch spielt in den Berichten der Zollverwaltung die Einfuhr dieses merkwürdigen, von Europäern anscheinend noch nicht genügend untersuchten Gewächses eine bedeutende Rolle. In den großen Städten Chinas werden die törichtsten Preise für Dschönnseng bezahlt, da ein Aufguß daraus das Leben verlängern und die allgemeine Spannkraft von Nerven, Muskeln und Organen beleben soll wie das Lebenselixier, wonach unsere mittelalterlichen Kurpfuscher vergeblich suchten. Die Wurzel, die in Korea besonders häufig ist, verdankt aller Wahrscheinlichkeit nach ihren Ruf nur ihrem Aussehen, da sie häufig wie verwitterte zusammengeschrumpfte Zwergfiguren aussieht. Die Koreaner, obwohl sonst ihren westlichen Nachbarn durchaus nicht überlegen an Aufgeklärtheit, teilen den Aberglauben an die Wunderkraft der Alraunwurzel nicht und verkaufen sie daher ohne große Schmerzen für viel geringere Preise an die Chinesen, als sonst dafür anderswo bezahlt werden muß. Neuerdings hat die koreanische Regierung den Handel mit diesem Wunderkraut in die Hand genommen und allen Privaten die Einmischung untersagt. Im vorigen Jahre mußten die Chinesen, die sich gern die Ernte sichern wollten, dafür nicht weniger als 1 200 000 Dollars, also etwa zwei und eine halbe Million Mark, an die Staatskasse in Söul abführen.

Da noch mancherlei andere lohnende Geschäfte für den Chinesen an der koreanischen Küste zu machen sind, und die Löhne, die den Arbeitern hier in Tschemulpo gezahlt werden, um 30 Prozent höher sind als in Schantung, so steht der chinesischen Kolonie noch eine gute Zukunft bevor. In den beiden letzten Jahren ist die Einwanderung um 25 Prozent gestiegen, so daß der Konsul die größte Zuversicht in die Rolle Chinas an der koreanischen Westküste hat. Auf seiner Karte hat dieser Ehrenmann und stolze Mandarin ganz wie ein europäischer Diplomat die Titel stehen „Consul de Chine à Jenchuan, Chargé d'affaires à Kunsan et Mokpo". Das sind die beiden andern, erst 1897 und 1898 eröffneten Häfen an der Westküste, in denen ebenfalls, wie mir der „Consul de Chine à Jenchuan" versichert, für chinesische Einwanderung sehr günstiger Boden ist. Unter Jenchuan oder besser Dschönntschwan („Süßwasser") verstehen die Chinesen den Ort, der bei den Koreanern die Bezeichnung Tschemulpo trägt. Merkwürdigerweise behält auch die einheimische Regierung, wie ich auf mehreren chinesisch geschriebenen Schriftstücken der Ortsverwaltung sah, diesen Namen bei, der noch aus der Zeit der Abhängigkeit von Peking stammt. Die Japaner benutzen dieselben Schriftzeichen für den Ortsnamen, sprechen sie aber Jinsen aus. Für uns ist natürlich der einheimische Name der nächstliegende, zumal da er sich auch schon mehr als die andern einzubürgern angefangen hat.

Außer den Chinesen und Japanern sind, wie schon erwähnt, vor allem die Deutschen als maßgebende Faktoren im Leben Tschemulpos zu erwähnen. Die Engländer sind nur durch eine einzige Firma von Nagasaki vertreten, die Amerikaner haben ein eigenes Haus, das sich besonders mit der Einführung amerikanischer Waren befaßt, und aus Port Arthur ist eine deutsch-russisch-jüdische Firma herübergekommen. Mit der Zeit werden die amerikanischen und englischen Interessen am Ort bedeutend mehr in den Vordergrund treten, da die Ausbeutung der englisch-amerikanischen Gesellschaften gewährten Bergwerksgerechtsame sich sehr bald in größern Werten im Tschemulpoer Geschäft fühlbar machen wird. An Umfang der Interessen überragt alle diese Ausländer zusammen das deutsche Haus, dessen Flagge den Ankömmling von weitem grüßt, wenn er hoch überm Ort auf überragendem Hügel die Farben schwarzweißrot wehen sieht. Schon im ersten Jahre nach der Eröffnung des Hafens gründete der Hamburger Kaufherr H. C. Eduard Meyer, dessen ausgedehnte Interessen auch in Hongkong, Schanghai, Tientsin und am Yangtse vertreten sind, eine Zweigniederlassung in Korea, an deren Spitze Karl Wolter aus Hamburg steht. Mehrere junge Hamburger Herren, Portugiesen, Chinesen und Koreaner stehen ihm und seinem Teilhaber zur Seite.

Die Einfuhr deutscher Waren in Korea ist einstweilen noch nicht sehr bedeutend, sie geht nicht über ein paar hunderttausend Mark hinaus, wovon noch ein beträchtlicher Teil für eigene Rechnung eingeführt wird. Bemerkenswert sind unter den unmittelbar aus Deutschland kommenden Waren nur Chemikalien, vor allem Farben und Chinin — von dieser, in allen warmen Ländern unentbehrlichen Arznei sind in den letzten fünf Jahren allein für 30000 Mark aus Deutschland nach Tschemulpo gekommen — und ostpreußischer Bernstein, für den sonderbarerweise die Koreaner eine starke Vorliebe entwickelt haben. Wie schon erwähnt, schmücken sich die verheirateten Männer gern ihr Stirnband, das ihnen ihr Kopfhaar auf dem Scheitel zusammenschnürt, mit einem großen Stück goldgelben, glänzenden Harzes, und bei den Beamten, vom neunten bis zum höchsten Rang, gehört die lange Halsschnur mit zahlreichen Bernsteinstückchen unerläßlich zum vollständigen Staatskleid. Der Hauptumsatz wird in englischen Waren gemacht, vor allen in weißen Baumwollstoffen, wie sie der Koreaner zu seiner Winterkleidung gebraucht. Es ist ein schönes, starkes Zeug, das eigens für diesen Zweck in Manchester gemacht und dort schon mit den chinesischen Zeichen Ssei Tschang, dem hiesigen Namen des Hamburger Hauses, versehen wird. Seit dem vorigen Sommer ist auch in der Hauptstadt eine Zweigniederlassung des Geschäfts gegründet worden, deren Notwendigkeit und Möglichkeit ein bedeutsames Zeichen für die Stellung des deutschen Handels in Korea ist. Es war einmal vor Jahren im deutschen Reichstag von koreanischen Dingen die Rede — eine der Gelegenheiten, friedliche Kolonialpolitik zu treiben, wie wir sie uns in früheren Jahren so oft haben entgehen lassen — und da mußte das einzige deutsche Haus, der „einzige Meyer", viel Spott über sich ergehen lassen. Hier draußen braucht sich der deutsche Handel seiner Stellung nicht zu schämen. Das ist unter anderm daraus ersichtlich, daß der Vorsitzende des internationalen Gemeinderats, der die Fremdenniederlassung von Tschemulpo verwaltet, der deutsche Konsul in Söul ist. Und sicherlich verdankt er dieses Ehrenamt nicht der Großmachtstellung des Deutschen Reiches — davon merkt man in Korea nichts, denn von allen in der Hauptstadt vertretenen Nationen dreier Erdteile hat das Deutsche Reich allein einen schlichten Konsul, alle übrigen unterhalten beim Hofe des „Kaisers von Dähan", wie er sich seit 1897 nennt, einen Gesandten oder einen als bevollmächtigten Geschäftsträger beglaubigten Generalkonsul.

Auch im geselligen Leben prägt sich die überragende Stellung des Deutschtums aus. Die beiden Inhaber des Hamburger Hauses sind verheiratet, und beide haben hier im Lande geborene Kinder, die unter der Pflege japanischer Wärterinnen und in dem gesunden Klima Koreas prächtig gedeihen. Mit den übrigen Kaufleuten, den Fremden, die in der koreanischen Zollverwaltung angestellt sind, und den Missionaren pflegt man freundschaftlichen Verkehr, der seinen Sammelplatz im Tschemulpo-Klub hat, wo sich Deutsche, Engländer, Franzosen, Russen und Italiener mittags und abends zu einem Plauderstündchen treffen, wobei natürlich, wie überall im Osten, Englisch die Verkehrssprache ist. Gerade in diesen Tagen hat die Eröffnung des neuen Klubhauses stattgefunden, das sehr geschmackvoll eingerichtet und vor allem oben auf der Höhe über der Stadt so wundervoll gelegen ist, wie wohl kein anderes Klubhaus in diesem Teile Asiens. Die Aussichten auf Himmel und See, Buchten und Inseln sind entzückend und führen den Tschemulpoer Fremden alle Tage wieder vor Augen, in welch herrlichen Winkel der Erde sie das Schicksal geführt hat. Wenn alle die guten Wünsche in Erfüllung gehen, die bei der feierlichen Eröffnung für Tschemulpo geäußert wurden, wird sich hier noch der größte Vertragshafen des gelben Meeres entwickeln, der alle chinesischen Nachbarn überflügeln soll. Und an der Aufrichtigkeit der Wünsche war nicht zu zweifeln, denn der Sekt floß in den bekannten Strömen.

Ins Innere von Korea.

Von Söul zum deutschen Goldbergwerk.

I.

Die Mineralschätze Koreas und ihre Ausbeutung. — Ausländische Gerechtsame. — Aufbruch zum deutschen Bergwerk in Tangkogä. — Reisen und Reiseschwierigkeiten in Korea.

Nächst dem deutschen Einfuhrhandel, wie er seit fast zwei Jahrzehnten in dem Vertragshafen Tschemulpo von dem Hamburger Hause E. Meyer u. Co. betrieben wird, gibt es nur noch ein Unternehmen in Korea, das einen deutschen Namen trägt, das Goldbergwerk von Tangkogä.*)

Seit alters hat Korea für ein Land ungewöhnlicher Mineralschätze gegolten. Obwohl auch heute das Land geologisch nur in großen Zügen bekannt, im einzelnen aber nur an verschwindend wenigen Stellen erforscht ist, hat sich der Glaube an den Reichtum an Edelmetallen, der in den unbekannten Gebirgen der Halbinsel verborgen läge, bis auf unsere Zeit lebendig erhalten und in allen Büchern fort= geerbt mit der Gewißheit eines Evangeliums. Gegründet ist diese Anschauung auf den uralten Handel, den tatsächlich die Nachbarvölker, Chinesen, Mandschuren und Japaner, mit den Koreanern um ihres Goldes willen gepflogen haben. Wieviel von diesem schätzbaren Stoff aber im Lande vor= handen sein, wieviel alljährlich von den Eingeborenen zutage

---

*) Gegenwärtig außer Betrieb. A. d. H.

gefördert und verhandelt werden mochte — darüber fehlt jede bestimmte Angabe und auch jeder Anhalt zu mutmaßlicher Schätzung. Man hat vermutet, daß alles Gold, was in Peking auf den Markt kommt, aus Korea stammen müsse. Andere wieder haben das fabelhafte Chryse, das geheimnisvolle Goldland der Alten, das auf unsern Karten platzsuchend umherirrt wie der ewige Jude, an den äußersten Rand des asiatischen Festlandes verlegen wollen, so wie Korea mit seinem Dschönnßeng für die Heimat der Wunderwurzel galt. Zurzeit beträgt die Hervorbringung von Gold im Lande wohl kaum mehr als etwa zehn Millionen Mark jährlich, verschwindend wenig im Vergleich zu den Erträgnissen der großen Goldländer von Südafrika, Westaustralien und Nordamerika. Aber wenn tatsächlich die zahlreichen, in den älteren Formationen der koreanischen Gebirge eingesprengten Quarzgänge und die jüngeren Schotter und Alluvialbildungen Gold führen in dem Maße, wie es an einigen Stellen bereits erwiesen ist, dann mag auch für Korea einmal der Tag kommen, wo Städte märchenhaften Wachstums in abgelegenen Gegenden wie Pilze aus dem Boden schießen, wo auch Korea sein Johannisburg und seinen Witwatersrand bekommt und ein Strom fremder Einwanderer und Glück und Geld suchender Argonauten das Land überschwemmen wird wie Coolgardie oder Klondike.

Einstweilen ist man von solchen Zuständen hier noch himmelweit entfernt. Wir erleben jetzt hier noch nicht mehr als die ersten schüchternen Anfänge, deren Erfolg noch gar keine Berechtigung zu so hochgespannten Hoffnungen und hitzigen Zukunftsträumen gibt. Es ist erst drei und ein halbes Jahr her, seit die koreanische Regierung zum erstenmal Ausländern die Berechtigung verlieh, die Gebirge des Landes auf edle Metalle hin zu untersuchen und unter be=

stimmten Bedingungen auszubeuten. Einen harten und langen Kampf hatte es gekostet, bis diese Zugeständnisse den argwöhnischen und mit europäischen Dingen wenig vertrauten koreanischen Machthabern abgerungen wurden. Denn der Angelpunkt, worum sich seit Jahrtausenden die ganze Politik des Landes gedreht hatte, war der Grundsatz gewesen: um keinen Preis die Fremden ins Land lassen, dann sind wir verloren; um nichts in der Welt ihnen verraten, daß es Gold im Lande gibt, sonst können wir uns vor ihrer Gier nicht retten. Alles Gold und Silber im Lande galt von vornherein als unantastbares Eigentum des Königs. Die strengsten Strafen des an unerhörten Grausamkeiten und Quälereien überreichen koreanischen Strafgesetzbuchs standen auf unerlaubte Ausbeutung der Mineralschätze des Landes. Wie es heißt, ist Ende der fünfziger Jahre des vorigen Jahrhunderts die einzige Ausnahme gemacht worden zugunsten einiger Unternehmer, die dem König Silber aus der südöstlichen Provinz Kyöngsang zu liefern versprachen. Und nun kamen die Ausländer und wollten nicht nur im ganzen Lande herumreisen, die Eingeweide der Berge untersuchen, sondern auch, was sie fanden an brauchbaren Metallen, für sich behalten! Aber was noch vor zehn Jahren unmöglich gewesen wäre, ließ sich jetzt erreichen. Der japanische Krieg, der Korea die Freiheit geschenkt hatte, bedeutet mehr für Korea als die politische Unabhängigkeit: er hat auch neuzeitlichen Anschauungen Anerkennung verschafft und den Zugang erleichtert. Gegen die Zusicherung eines Gewinnanteiles von 25 Prozent zeigte sich der König bereit, den schätzesuchenden Ausländern die Erlaubnis zur Durchsuchung des Landes und zur Auswahl eines Ausbeutungsbezirkes zu gewähren. Die ersten, die mit der Regierung ein solches Abkommen schlossen, waren die Amerikaner, die seit dem

1882 abgeschlossenen Freundschaftsvertrage großes Ansehen im Lande genießen, da sie zuerst von allen Mächten einen diplomatischen Verkehr mit dem „Königreich Tschossönn" einleiteten und ihre Regierung ständig in der koreanischen Hauptstadt vertreten ließen. Sie wählten sich in der Nordostprovinz Pyöngan den Bezirk von Unsan aus, den einzigen, den die Eingeborenen selbst seit langen Jahren für die Regierung ausgebeutet haben. Jetzt soll die Ausbeute, nachdem aus Kalifornien die nötigen Maschinen und Werkzeuge von den amerikanischen Unternehmern herbeigeschafft worden sind, monatlich schon gegen 400 000 M. betragen (90 000 Dollars Gold).

Die nächsten, die Bergwerksgerechtsame vom König erlangten, war das deutsche Haus von E. Meyer u. Co. Eine Gesellschaft wurde in Deutschland begründet, die unter der Leitung der Berliner Discontogesellschaft die Ausnutzung der verliehenen Rechte in die Hand nehmen sollte. Ein deutscher Berg- und Hüttenmann wurde mit der schwierigen Aufgabe betraut, einen Ausbeutungsbezirk auszusuchen. Nach mehreren Reisen in allen in Betracht kommenden Teilen des Landes wurden die Goldwäschereien im Gebirgskessel von Tangkogä gewählt, die von den Koreanern bisher nur sehr lässig betrieben worden waren, nach Lage und Bildung inmitten mächtiger goldführender Schottermassen aber sehr gewinnreich zu werden versprachen. Den König gereute das mit dem Hamburger Hause in Tschemulpo getroffene Abkommen, sobald er erfuhr, welchen Bezirk sich die Deutschen ausgesucht hatten. Alle Hebel asiatischer Ränkepolitik wurden in Tätigkeit gesetzt, um den Vertrag wieder rückgängig zu machen oder gerade diesen, wie es hieß, goldreichsten Bezirk gegen einen andern auszutauschen. Es bedurfte eines sehr festen Auftretens des deutschen Konsuls

Von Söul zum deutschen Goldbergwerk

in Söul, um den Unternehmern ihre verbrieften Rechte zu sichern. Das gerade in jenen Tagen — es war wenige Monate nach der Besetzung von Kiautschou — gewaltig gestiegene Ansehen des Deutschen Reiches brachte dann aber doch in Kürze allen Widerspruch zum Schweigen, und die Deutschen konnten von ihrem Bezirk Besitz ergreifen.

Mich durch eigenen Augenschein von dem Stande der Dinge auf diesem neuesten Arbeitsfelde deutschen Unternehmungsgeistes im fernen Osten zu überzeugen, hielt ich naturgemäß für eine meiner wichtigsten Aufgaben in Korea. Sobald als möglich brach ich daher von Tschemulpo nach der Hauptstadt auf, um dort alles für die Reise über Land vorzubereiten. Die Reise von der Küste nach Söul ist ja heute eine sehr einfache Sache geworden, seitdem die Japaner die von amerikanischen Unternehmern vorbereitete Eisenbahn übernommen und dem Betrieb übergeben haben. Früher mußte man entweder auf großem Umwege den Windungen des Hanflusses folgen und in etwa 20 stündiger Dschunkenfahrt den Weg zurücklegen, der allerdings durch überraschende landschaftliche Schönheiten entschädigte, oder man hatte zu Pferde oder gar nach Landessitte in der Sänfte eine unbequeme Reise von etwa sechs Stunden zu überstehen, ehe man die Wunder der Hauptstadt schauen konnte. Heute kann sich der Reisende bequem unter drei Zügen den ihm passendsten aussuchen und in 1 Stunde und 45 Minuten, in einer allerdings sehr gemächlichen Fahrt, die 40 km zurücklegen und sich die hübsche, fleißig bebaute Hügellandschaft ansehen, die ihm den ersten Anblick von koreanischer Landwirtschaft gewährt. Nach anderthalb Stunden wird der Han überschritten, der größte Fluß des Landes, an dem auch die Hauptstadt liegt. Er biegt hier nach Nordwesten ab und geht etwa 70 km nördlich von Tschemulpo ins Meer. Die eiserne Brücke, die in acht großen Bogen von 495 m den breiten Fluß überspannt, ist zurzeit das größte Werk fremdländischer Kulturarbeit im Lande und wird wohl noch auf lange Zeit diese Rolle spielen und den Eingeborenen die technische Überlegenheit der Weißen vor Augen halten.

Das deutsche Bergwerk liegt in Kangwöndo, der gebirgigsten Provinz des Landes, die den Mittelteil der Ostküste ausfüllt. Es galt, in unwirtsamem Gelände ein paar hohe, pfadlose Bergketten zu übersteigen und einige Tage in dem menschenleersten Teile des eigentlichen Koreas zu reisen. Alles, was zum Lebensunterhalt gehört, Kleidung, Nahrungsmittel, Bett, Kochgeräte, mußte mitgeführt werden, da im Lande nichts zu haben ist, und an Stelle bequemer Gasthöfe die Schrecken koreanischer Herbergen treten würden. Die Regenzeit stand vor der Tür. Wollte ich mich nicht unüberwindlichen Schwierigkeiten und Reisehindernissen aussetzen, mußte ich eilen. Denn ein paar Wochen nach Einsetzen der großen Sommerregen, die in diesem Monsungebiet ganz tropischen Umfang annehmen, sind die harmlosesten Bäche zu reißenden Strömen geworden, Brücken und Stege fortgeschwemmt und die Hänge der Berge alsbald vom dünnen, schützenden Erdreich entblößt und für Menschenfuß oder den Huf des Pferdes nicht mehr passierbar. Ich mußte es mir also versagen, schon jetzt Söul in seiner barbarischasiatischen Ursprünglichkeit auf mich wirken zu lassen. Nur ein paar Tage Aufenthaltes in der Hauptstadt wurden angesetzt, damit alle Vorbereitungen für die Reise über Land getroffen werden konnten.

Man kann in Korea nicht so verhältnismäßig bequem reisen wie in China, wo man fast überall, auch in den gebirgigsten Teilen des Landes, mit der getreuen Karre vorwärts kommen kann, die zwar als Personenbeförderungsmittel sehr fragwürdige Verdienste hat, zur Fortschaffung von Gepäck und Ausrüstung aber vortrefflich geeignet ist. Überdies kann man in China, wie das die Expeditionen der verbündeten Truppen ausreichend bewiesen haben, sich zum großen Teil aus dem, was Land und Leute bieten, ernähren, ja, wenn man nicht allzu große Ansprüche macht, kann man sogar völlig aus dem Lande leben und braucht nur wenige europäische Zutaten mitzunehmen, man hat höchstens für ungemessene Mengen Mineralwasser zu sorgen, da wenigstens im Flachlande das Wasser ganz ungenießbar ist. Ganz anders liegen die Dinge hier in Korea. Wasser ist fast das einzige, was man überall gut und reichlich im Lande findet, Fleisch gibt es nicht. Denn obwohl das Land einen der schönsten Rinderschläge hervorbringt, die es auf Erden gibt, wird Rindfleisch hier sehr selten gegessen. Um so häufiger erscheint dafür der Hund auf der Tafel. Außer Reis und einer Art dicker Bohnen gibt es auch keine Gemüse, die einem deutschen Gaumen munden könnten. Kartoffeln sind nur in wenigen Landesteilen zu finden. Man ist also als verwöhnter Mitteleuropäer, der an Hundebraten, Seegrasgemüse und rohen Fischen keinen Geschmack findet, durchaus auf Konserven und infolgedessen auf einen großen Troß angewiesen. Denn das einzige Beförderungsmittel hier ist das Packtier: Stier, Esel, Pferd. Für größere Reisen und rascheres Tempo ist allein das Pferd zu gebrauchen, das hier im wilden Bergland sich noch viel stärker und ausdauernder, wenn auch kleiner, entwickelt hat als in der Mongolei. Mehr als 50 kg, allerhöchstens 100 kg, kann man aber einem dieser zwerghaften Geschöpfe nicht aufladen, so daß also der Transport auch des bescheidensten Gepäcks immer mehrere Tiere erfordert. Wichtiger noch als Verpflegung und Packtiere ist der Dolmetscher, der einem den

Verkehr mit der Bevölkerung dieses verwunschenen Landes ermöglichen soll, wo es keine lingua franca gibt und auch das Englische, das ja selbst in den entlegensten Erdenwinkeln selten völlig versagt, im Innern noch ebenso unbekannt ist wie bei uns das Koreanische. Durch gütige Vermittlung des deutschen Konsuls Dr. Weipert und des Söuler Vertreters der Hamburger Firma, Herrn Paul Baumann, wurden mir diese für einen Neuankömmling stets sehr schwierigen und zeitraubenden Geschäfte sehr erleichtert, und ein paar Tage nach meiner Ankunft in der Hauptstadt konnte ich mich schon mit meiner Karawane auf den Weg machen.

II.
Die Zusammensetzung der Karawane. — Der Dolmetscher. — Wie es mit den Karten über Korea bestellt ist. — Leben auf der Landstraße.

Es war ein brennend heißer Sommermorgen, an dem sich meine kleine Expedition aus dem Osttore der Hauptstadt hinausbewegte, ehrfürchtig bestaunt und bewundert von den auf allen Gassen wimmelnden Hauptstädtern, die in ihren blendend weißen Röcken und schwarzen Hüten dem Straßenbilde etwas merkwürdig phantastisch Fremdartiges verliehen, was wirklich durch und durch echt war, echt koreanisch, weder an China noch an Japan noch an irgend ein anderes Land der Erde erinnernd. Mein Reisethermometer hatte 40 Grad Celsius in der Sonne gezeigt, als ich es zum letzten Male vor dem Aufbruch ablas. Aber ich hatte keine Wahl. Wollte ich auf einen kühlern Tag warten, ging mir die kostbare Zeit bis zum bevorstehenden Einsetzen der Regenzeit verloren, und die Ausführbarkeit der ganzen Reise wurde in Frage gestellt. Trotz dünnstem Khaki und großem Tropenhelm brannte die Sonne gar gewaltig auf mich hernieder, und der gemächliche Schritt, in dem ich aus Rücksicht auf meine Packtiere reiten mußte, ließ mich die Hitze doppelt drückend empfinden. Mein Hengst hatte überdies einen entsetzlich kurzen Schritt, wie das ja bei einem so kleinen Tier kaum anders sein konnte. Mein eigener bequemer englischer Reitsattel war aus Versehen mit allem Zubehör, Woilach, Gurten, Kopfgestell unter dem in Tientsin zurückgelassenen Gepäck geblieben, und der einzige Ersatz, der sich in Söul hatte auftreiben lassen, war ein alter Sattel, den einmal ein Herr von der deutschen Gesandtschaft in Tokio nach einer Durchquerung Koreas auf dem Konsulat zurückgelassen hatte zu Nutz und Frommen späterer Reisenden. Wie die meisten fremden Sachen, die man hier zu sehen bekommt, stammte auch dieser Sattel aus Japan und war naturgemäß ursprünglich für japanische Reiter gemacht. Infolgedessen war das Sitzstück nicht größer als eine Untertasse, ein normal gebauter Deutscher konnte auf ihm nur mit Schmerzen Platz finden. Mit Grauen machte ich mich auf die Notwendigkeit gefaßt, tagelang bei dieser wahnsinnigen Hitze Schritt für Schritt wie bei einem Leichenbegängnis einherzockeln zu müssen, ohne je die ausmergelnde Qual des langsamen Reitens durch einen schlanken Trab oder frischfröhlichen Galopp unterbrechen zu können. Denn Trab ist dem koreanischen Pferde nur in der entsetzlichen ostasiatischen Abart bekannt, die auch bei den chinesischen Ponies den Reiter zur Verzweiflung bringt, jener kurzen „pfefferstoßenden" Rüttelei, die in ihrer Vervollkommnung deutscher Trab genannt wird. Im übrigen gebot die Rücksicht auf die Packtiere und die neuen unerprobten Diener und Treiber sowie die Unbekanntheit mit dem Wege möglichst engen Anschluß an die Karawane.

Glücklicherweise war indessen gar keine Muße, sich durch diese kleinen Unbequemlichkeiten der Reise verstimmen zu lassen. Straße, Menschen, Landschaft, alles war so neu und fesselnd, daß das Auge kaum Zeit hatte, alle Eindrücke aufzunehmen. Schon meine kleine Expedition selbst war merkwürdig genug. Sehr schön sahen zwar die kleinen Pferdchen nicht aus unter ihrer schweren Bepackung mit Konservenkisten, Koffern, Feldbett und andern höchst nüchternen Ausrüstungsgegenständen des reisenden westlichen Barbaren. Viel malerischer waren schon die Treiber in ihren weiten weißen Hosen, aufgekrempelt bis übers Knie und ungeheure braune Waden sehen lassend. Mein persönlicher Diener, der im Osten unentbehrliche „Boy", thronte auf einem sofaähnlichen Sattel unter einem Riesenstrohhut mit fliegenden blauen Bändern, auf dessen breiter Krempe das glückverheißende chinesische Schriftzeichen „Tschi" eingestickt ist. Mit seinem breit und lang über sein Pekinger Seidenkleid herabhängenden Zopf und dem rasierten Schädel schien er für die Koreaner noch viel merkwürdiger zu sein als sein Herr, bei dem nur die Verpackung der Beine in Corduroy und Leder allgemein bemerkt, betastet und bewundert wurde.

Die Hauptzierde des Zuges aber war der Dolmetscher. Mühe genug hatte es, weniger mir als dem deutschen Konsul, gekostet, diesen seltenen Vogel ausfindig zu machen. Koreaner, die eine europäische Sprache sprechen, sind Sehenswürdigkeiten. Zwar gibt es nicht weniger als sechs Sprachschulen in der Hauptstadt, wo man die kleinen bezopften Jungen in die Geheimnisse des Chinesischen, Japanischen, Russischen, Französischen, Deutschen und Englischen einweiht. Die wenigen Schüler aber, die solche Anstalten durchgemacht und wirklich was Gescheites gelernt haben, sind alsbald vergriffen und im staatlichen Dolmetscherdienst oder fremden Häusern, Gesandtschaften und Missionen angestellt. Ein Mann wurde mir empfohlen, der geläufig Englisch sprach und schon früher mit Ausländern im Innern gereist war. Der war aber jetzt erster Diener des Bürgermeisters und schien da eine so einträgliche Stelle zu haben, daß er sie selbst für eine kurze Zeit nicht aufgeben wollte unter einer Entschädigung von drei Dollar den Tag. Das würde ein Monatsgehalt von fast 200 Mark bedeuten. Obwohl ein wirklich guter Dolmetscher für den Reisenden im fremden Lande sehr viel mehr wert ist als ein paar Mark den Tag, ließ ich mich auf diesen Preis nicht ein, da ich von allen Seiten beschworen wurde, nicht die Preise im Lande zu verderben. Schließlich fand sich einer, der mit dem Herrn von Tokio im vorigen Jahre die Reise von Söul nach Wönsan gemacht hatte, von der als dauerndes Andenken der Untertassensattel im Lande geblieben war. Zwar mischte dieser Anwärter zahlreiche „my no savvy" und „allright can do" nach Art der Pidschin sprechenden Chinesen in sein Englisch, aber man konnte sich immerhin mit ihm über einfache Dinge verständigen und dafür schon zwei Dollar täglich bezahlen. Sehr nützlich war außerdem, daß dieser Mann beim Ausbruch der chinesischen Wirren ein Mitglied der Geschenke bringenden Gesandtschaft war, die der brave „Kaiser von Dä Han" dem Oberstkommandierenden der verbündeten Truppen nach Tientsin schickte. Er hatte bei der raschen Auffassung, die der Koreaner in sprachlichen Dingen zu haben scheint, so viel Chinesisch sprechen gelernt, daß er sich mit meinem Pekinger Boy ganz gut unterhalten konnte, was mir um so willkommener war, als ich mit meinen paar hundert chinesischen Wörtern und

Schriftzeichen nur die alleralltäglichsten Dinge erledigen konnte. Nun thronte dieser große Sprachkenner auf seinem Gaule hinter mir, angetan mit eitel Seide und köstlichem Linnen und Bernsteinstücken an der langen seidenen Hutschnur wie ein Mandarin erster Klasse.

Kaum hat man das Dongmun, das östliche Tor Söuls hinter sich, so steigt man von der Hochfläche, auf der die Hauptstadt liegt, hinab auf die große Straße, die in nordnordöstlicher Richtung das Land durchschneidet und in der Yunghingbucht die Ostküste erreicht, an der Wönsan, der östliche Vertragshafen, und Port Lasarew liegen, auf den die Russen schon seit langem ein begehrliches Auge geworfen haben. Für den Anfang fiel mein Weg mit dieser vielbetretenen, auch von Fremden oft zurückgelegten Straße nach Wönsan zusammen. Der größere Teil der Strecke bis zum deutschen Bergwerk sollte aber durch Gelände führen, das nur wenigen bekannt und noch auf keiner Karte festgelegt ist. Mit den Karten über Korea ist es überhaupt höchst jammervoll bestellt. Die Japaner mögen zwar ausreichendes Material besitzen, jedenfalls mehr als irgend eine andere Nation. Aber was sie davon veröffentlicht haben, ist nur in sehr bescheidenem Maßstabe, überdies natürlich mit chinesisch-japanischen Hieroglyphen, gedruckt, so daß der Fremde nicht viel damit anfangen kann ohne fremde, sprachkundige Hilfe. Die wenigen Versuche zur kartographischen Darstellung des Landes, die in den Anhängen einiger Bücher über Korea gemacht worden sind, sind völlig unzureichend, meist sogar gänzlich unbrauchbar, weil unzuverlässig in den Entfernungen und irreführend in der Schreibung. Meine Hauptstütze war eine Karte, die vom jetzigen englischen Gesandten in Peking, dem als wissenschaftlichen Forscher in Ostasien sehr geschätzten Sir Ernest Satow, vor 25 Jahren aus dem Japanischen übersetzt und dann auch ins Deutsche übertragen worden ist. Der Maßstab 1 : 1700000, ist nicht ausreichend, um danach mit Packtieren und Fußgängern zu reisen. Unsere Generalstabskarten in Deutschland sind 17mal größer. Die übrigen Karten, die ich mit hatte, waren meist Darstellungen größerer Gebiete Ostasiens, auf denen Korea nur eine vernachlässigte Aschenbrödelecke eingeräumt war. Die vorzüglichen Aufnahmen der Küste, die ich in mehreren Blättern von der japanischen Admiralität erstand, hörten natürlich ein paar Meilen von der Küste auf, verwendbar zu sein. So war ich also gänzlich auf meine koreanischen Treiber und Pferdeknechte angewiesen, die das Land angeblich sehr genau kannten, und da ich mich mit ihnen nicht verständigen konnte, fiel die ganze Verantwortung für richtige Führung auf den Dolmetscher, der auf diese Weise zur Hauptperson der ganzen Karawane wurde.

Diese Unkenntnis des Landes und des Weges störte mich übrigens nicht im mindesten. Im Gegenteil, sie konnte nur den Reiz erhöhen, den es für jeden Naturfreund und Reisenden hat, ganz losgelöst von allem Zusammenhang mit der zivilisierten Außenwelt in einem fremden Lande sich sozusagen ins Blaue hinein zu bewegen, ohne zu wissen, was der Tag bringen wird, wo man abends nach fleißigem Marsch sein müdes Haupt niederlegen und wann und wie man sein Ziel erreichen wird.

Grell von der glühenden Mittagssonne beleuchtet, kahl und scharfzackig erheben sich vor uns die hohen Berge, die Söul auf allen Seiten wie mit einem Ringwall umschließen. Grüne Reisfelder dehnen sich zu beiden Seiten der breiten, erstaunlich gut gehaltenen Landstraße aus, das immer wechselnde Bild einrahmend, das sich vor und neben uns wie auf einer kaleidoskopischen Bühne in immer neuem Wandel bietet. Ununterbrochen geht es an uns vorbei, einfache Fußgänger, die, wie bei uns der Handwerksbursch auf der Walze, höchst eigenbucklig ihr Gepäck tragen in dem merkwürdigen kiepenartigen Traggestell, womit hier alle Lasten befördert werden, Vornehmere, die zu Pferde reisen oder gar sich mit viel Geschrei in den kleinen kastenähnlichen Martersänften durchs Land tragen lassen, die hier nur halb so groß wie in China oder Japan sind; Landleute, die auf ihren Riesenstieren ihre Waren zu Markte bringen, und ländliche Handwerker, die ihre einfachen Kunstwerke, gewaltige Tonkrüge, groß genug fürs Versteckenspiel der Kinder, oder bambusgeflochtene Hüte auf gewaltigen Kiepen in die Hauptstadt bringen. Ganz wunderbar, und jedesmal neues Erstaunen weckend, sind die koreanischen Riesenbullen. Nirgends habe ich einen größern, schönern Schlag gesehen. Und dabei lenksam und sanftmütig wie ein Haushund, so daß kleine Jungen von zehn Jahren in ihrer hilflosen Nacktheit ohne Furcht die gewaltigen nackenstarken Tiere führen können. Ein breiter hölzerner Ring in der Nase ist alles, was dazu nötig ist. Am Wegesrand sitzen Wanderer, die sich ein wenig verschnaufen wollen. Sie haben ihr Bündel, das sie wie einen Rucksack tief im Rücken tragen, abgelegt oder ihre Kiepen beiseite gestellt und widmen sich nun mit Andacht der langstieligen schmalen Pfeife, ohne die sich kein Koreaner denken läßt. Soviel man weiß, ist der Tabak erst durch die Japaner bei ihrem großen Einfall am Ende des 16. Jahrhunderts hierher gekommen. Aber wenig Länder wird es geben, wo sich das duftende Kraut rascher und gründlicher seine Gemeinden von ergebenen Verehrern geworben hat, als Korea. Hier raucht alles, Männer, Knaben, Frauen, von morgens bis abends, von der Wiege bis zur Bahre. Der Tabaksbeutel am Gürtel ist ihnen ein viel notwendigeres Stück des Anzugs als die Sohlen unter den Schuhen, und die lange Rohrpfeife mit winzigem Köpfchen kommt ihnen kaum eine Minute aus der Hand. Auch meine Pferdetreiber schwingen sie ununterbrochen, als obs Peitschen wären, und selbst wenn sie sich einmal rasch eine Gerte vom nächsten Busch brechen, um ihr Pferd anzutreiben, halten sie die treue Pfeife fest in derselben Hand, die die Gerte schwingt.

Plötzlich sperrt ein sonderbarer Aufzug den Weg. Mitten auf der Straße steht unter einem bunten Baldachin ein großes Möbel, das wie die Sänfte eines hohen Mandarinen aussieht. Die großen gelben Strohhüte aber, die mit ihrem 80 cm Durchmesser die Köpfe der darum Hockenden wie Riesenpilze bedecken, lassen erkennen, daß es ein Sarg ist, der hier von den Leidtragenden und gemieteten Trägern zum Familienbegräbnis gebracht wird. Denn die Abzeichen der Trauer beschränken sich beim Koreaner, dem ja die Kopfbedeckung Ausdruck für Alter und Rang, Stand und Gemütsverfassung ist, auf Farbe und Umfang des Hutes. Bei tiefer Trauer, wie beim Tode des Vaters, muß solcher Riesenhut drei Jahre lang getragen werden, in der ersten Zeit noch verstärkt durch einen dicken Schleier, der zwischen zwei kurzen Bambusstäben aufgespannt vor dem Gesicht getragen wird, so daß außer den Augen überhaupt nichts vom Kopfe des Trauernden zu sehen ist. Eine kleine Sklavin steht neben dem Sarg, völlig erschöpft vor Hitze und Ermüdung. Das arme Wesen muß ohne Kopfbedeckung im Trabe dem Sarge ihrer Herrin folgen, der von den starken Trägern erstaunlich rasch vorwärts bewegt wird.

III.

Morgenländische Zeitvergeudung. — Von den koreanischen Stieren und Hengsten. — Pferde, die warm zu Mittag speisen. — Erstes Nachtquartier.

Die Hitze, die schon am Morgen meines Abmarsches aus der Hauptstadt überm Lande gebrütet hatte, wurde um Mittag und in den ersten Nachmittagsstunden völlig unerträglich. Das Thermometer zeigte im tiefsten Schatten 33º C. Da ward auch die langsamste Fortbewegung zu Fuß oder zu Pferde eine Qual. Lächelnd mußte ich meiner Schülertage gedenken, wenn wir im Hochsommer erwartungsvoll in den Pausen das Thermometer im Lichthof unseres Gymnasiums umstanden: erreichte die Hitze noch am Vormittag 22º C. im Schatten, dann mußte nach einer weisen Verfügung eines hohen Senates die Schule geschlossen werden, und Jubel herrschte in Trojas Hallen, wenn endlich die Quecksilbersäule über den verhängnisvollen Strich kroch, vielleicht heimlich dazu ermuntert durch den verstohlenen Hauch aus dem Munde eines Schülers, der auch dann dem Aufenthalt in der Schule keinen Geschmack abgewinnen konnte, wenn ihre kühlen Hallen und Gänge erfrischende Kühle boten im Gegensatz zur draußen herrschenden Sommerglut. Und hier kroch man bei ungleich drückenderer Hitze im fremden Lande umher und niemand kam mit der Freudenbotschaft: Der Unterricht wird geschlossen, alle können nach Hause gehen. Da mußte ich schon selbst als rettender Gott auftreten und Feiertag verkünden.

In einem niedlich am Wasser gelegenen Dorfe ließ ich meine Karawane Halt machen, das Lager aufschlagen und abkochen, damit Mensch und Tier während der heißesten Stunden des Tages Ruhe hätten und nicht etwa schon am ersten Marschtage zusammenbrächen. Mit einer kurzen Mittag=

rast kommt man überdies in Korea nicht aus. Man lebt hier im fernen Osten, wo der einzige, allen gemeinsame Reichtum, dessen auch der ärmste Bettler sich rühmen kann, Zeit ist; Zeit, die wir raschlebigen Barbaren des Westens schon zu einem Geldbegriff gestempelt haben, als ob man sein Leben damit verlängern oder bereichern könnte, wenn man mit der Zeit geizt. Wenn es nach der Zeit ginge, wären alle Koreaner nicht nur wohlhabend zu nennen, sondern sogar, wie es in einem bekannten Studentenausdruck heißt, blödsinnig begütert. Und der fremde Reisende muß sich diesen morgenländischen Anschauungen schon anpassen, wenn er mit seinen Leuten auf friedlichem Fuße leben will. Allein die Pferde verlangen hier mehr Zeit zu ihrer Mittagsrast, als in Deutschland eine ganze Kavalleriedivision zu ihrer Hauptmarschpause beansprucht.

Die koreanischen Pferde sind eben recht verwöhnte Geschöpfe. Es sind lauter Hengste, da hierzulande das Wallachen ganz unbekannt ist und die Stuten nie im Arbeitsdienst verwandt werden. Ihr Leben gehört ausschließlich der Zucht, und im Gestüt bringen sie ihre Tage zu. Korea scheint überhaupt das Land des ewig Männlichen zu sein. Wie man als Reittiere, Packtiere und Zierstücke beim Aufzug der großen Beamten und Edelleute nur Hengste sieht, so begegnet man im Felde vorm Pfluge und auf der Landstraße unterm Packsattel nur Stieren. Ochsen gibt es nicht, und die Kühe wiederum sind von aller Arbeit befreit. Man schont sie hier, wie man in anderen Ländern einen wertvollen Zuchtbullen groß zieht und vor allen Unbilden zu bewahren sucht. Der koreanische Stier verliert indessen durch fleißige Arbeit nichts von seiner Schönheit. Er bleibt auch, wenn er jahrelang vorm Pfluge oder unterm Sattel gegangen ist, ein Staatskerl, der die Aufmerksamkeit unserer

Viehzüchter verdiente. Jedes einzelne Tier, dem man in
den Ställen der Herbergen oder draußen begegnet, ist ein
Anwärter auf den ersten Preis in einer Zuchtstierausstellung.
Die Hengste sind anatomisch weit weniger vollendete Muster
ihrer Art. Klein und unansehnlich, dickbäuchig, spitz im
Widerrist, sehen sie aus, als ob sie zu nichts gut wären.
Dazu sind sie zänkisch, beißen und schlagen fortwährend
um sich und benehmen sich so aufgeregt, daß einem angst
und bange werden kann. Meinem Reittier hat man die Nü=
stern aufgeschlitzt, damit er mehr Luft hat, wie der Dolmetscher
erklärt, und wenn er nach Hengstes Art prustet und wiehert
und grunzt und schnaubt, zittern die künstlich verlängerten
Nüsternflügel wie bei einer tückischen Bulldogge, die Blut
gewittert hat. Im Stall sind die Tiere nun vollends wie
unsinnig. Ein fortwährendes Brüllen, Wiehern, Grunzen
und Röcheln tönt von dort in die friedliche Mittagsruhe
des Lagers herüber, obwohl die Treiber jedes Tier einzeln
an starken Seilen derart festgebunden und in einer Riesen=
schlaufe an den Deckenbalken des Stalles geradezu aufgehängt
haben, daß es nur mit drei Beinen den Boden berühren
und auf diese Weise sich nicht viel von der Stelle rühren
kann, sondern nur gerade Raum genug hat, sein warmes
Mittagbrot zu verspeisen. Tatsächlich warmes Mittagbrot.
Anders tun es die Hengste hierzulande nicht. Schon in
China sieht man zu seinem Erstaunen die Mafu (Reitknechte)
den Pferden ihr Kauliang mit warmem Wasser anrühren
und dann Mais, Gerste oder Kleie hineinmischen. In
Korea aber fressen die Pferde überhaupt kein kaltes oder
frisches Futter. Man kocht ihnen aus dicken Bohnen eine
leibhaftige Suppe, in die Gras oder anderes Grünzeug
geschnitten wird, wie man bei uns Suppenkräuter und
Petersilie als Würze hinzutut. In jeder Herberge stehen

dazu gewaltige Bottiche bereit, in denen die Treiber sofort nach Ankunft die Bohnen mit Wasser anrühren und übers Feuer setzen. Das Kochen des Pferdefutters dauert allein wenigstens eine Stunde, und wenn man mit fünf Pferden reist, wie ich es muß, hat man noch seine liebe Not, bis man eine Herberge gefunden hat, in der für so viel Tiere sofort gekocht werden kann. Das alles verbietet rasches Reisen in Korea.

Erst als die Sonne tief am Himmel stand, setzte ich die Reise fort. Von der Hauptstraße, die nach Wönsan führt, bog der Weg bald ab. Man merkte an allem, es ging in Gegenden, die nicht vom großen Strom des inländischen Verkehrs, der zur Hauptstadt zieht, berührt werden und darum echter, ursprünglicher koreanisch sind als das Land im engeren Umkreise von Söul. Die Landschaft bot wenig Abwechslung, war aber wunderschön in ihrem dichten Schmuck üppiger Pflanzenwelt, der meine Augen immer wieder wie etwas gänzlich Neues, Unerhörtes erquickte nach dem monatelangen Anblick der gelben Flachlande und kahlen Berge Chinas. Die Straße, hier bedeutend schmäler als der große Reiseweg zur Ostküste, war auf unabsehbare Weiten von niedrigen Bergen eingefaßt, deren Hänge das Tal bildeten, das unsere Richtschnur war. Reisfelder bedeckten alle Niederungen, und dichte Gebüsche von Kastanien, Akazien, Ulmen und Zwergeichen und tausenderlei Sträuchern zeugten von dem Wasserreichtum der Berge, deren Rinnsale dem Reis unten zugute kamen. Schon seit Wochen erwartete man den Anbruch der Regenzeit, deren Pünktlichkeit eine Notwendigkeit ist in allen Ländern, die sich mit ihrer Landwirtschaft nach den unabänderlichen Gesetzen von trockener und Regenjahreszeit richten müssen. Ein paar Schauer waren schon herniedergegangen und hatten vorüber=

gehende Erquickung gebracht. Der längst erwartete wirkliche Regen schien aber erst bevorzustehen. Schon jagten rasche Wolken von West nach Ost quer über die Halbinsel, deren Schmalheit — sie ist hier nur etwa 200 km breit — einen raschen Witterungsausgleich zwischen dem Gelben und dem Japanischen Meer gestattet. Schwere schwarze Wolken türmten sich am Himmel auf, und über den Bergen lagen dicke, unheilverkündende blauschwarze Bänke. Gestattete einem eine der zahlreichen Paßhöhen, die zu überschreiten waren, einen größeren Fernblick, sah man vor sich, nach Osten, den ganzen Himmel schwarz gestrichelt: da ging also schon der Regen nieder, für die Bauern und ihre Reisfelder heiß=ersehnter Segen, für mich eine dringende Warnung zur Eile. Die Nacht brach herein, und noch hatte ich keinen Ort erreicht, wo ich mit meinen Pferden ausreichende Unter=kunft hätte finden können. Glücklicherweise ging der Mond bald auf und verbreitete sein mildes Licht über die fried=liche Landschaft, aus der kein Laut menschlichen Lebens ertönte und auch von Tieren nur die unermüdliche Grille hörbar wurde oder gelegentlich das heisere Krächzen eines verspäteten Kranichs, der sich trägen Flugs aus den Reis=feldern erhob und gegen das schwarzblaue Gewölk mit seinem mattsilbernen Gefieder sich leuchtend abhob, wie das die japanischen Maler mit Vorliebe und solcher Meisterschaft darzustellen lieben. Heimkehrende Landleute, die mit nackten, schlammbedeckten Beinen den Reisfeldern entstiegen, in deren Sumpfboden sie bis zur völligen Dunkelheit gearbeitet hatten, ließ ich anhalten und durch den Dolmetscher nach der nächsten Herberge fragen, wo meine Karawane unter=kommen könnte. Noch 10 Li war die Antwort, etwa 5 km. Auch die wurden im Mondenschein zurückgelegt, aber kein Dorf erschien. Dazu wurde der Weg immer schlechter; das

heißt für solch nächtliche Wanderung. Bei Tage wäre
keine Schwierigkeit gewesen, weiter zu kommen; beim un=
gewissen Licht des Mondes aber ließen sich die zahlreichen
Löcher im Wege nicht mehr erkennen, die in allen reis=
bauenden Ländern so lästig sind. Wo ein Berieselungs=
graben, wie er von Feld zu Feld geht, um der immer
durstigen Pflanze die nötige Tränkung zu bringen, von der
Straße überschritten wird, ist die unterspülte Stelle not=
dürftig mit Reisig und Steinen überdeckt, so daß ein vor=
sichtig tretendes Pferd, wenn es kein zu schweres Gewicht
trägt, ganz gut hinüberkommt. Im Dunkeln aber läuft man
Gefahr, vorbeizutreten und seinem Pferde die Fesseln zu
verstauchen. So beschloß ich denn im ersten besten Weiler
zu übernachten, der nur irgend Raum für Pferde und
Menschen bot. Nach einer weitern Stunde wurden einige
Häuser sichtbar. Eine Herberge gab es nicht, obwohl an
den größeren Heerstraßen jede noch so kleine Siedlung eine
Art bescheidenen Gasthofes hat. Aber hier war ich augen=
scheinlich schon zu weit ab von den üblichen Reisewegen,
und ich mußte mich begnügen und einrichten mit dem, was
ich vorfand.

Nach den Schilderungen der wenigen Bücher, die es
über Korea gibt, war ich auf das Schlimmste gefaßt: Un=
geziefer, Gerüche aller Art und jede nur erdenkliche Unbequem=
lichkeit. Aber wieder einmal war es mir versagt, das
Martyrium zu durchleben, das manche Reisende das Geschick
haben überall zu finden, wohin sie nur ihren Fuß setzen.
Raum für die Pferde ließ ich in verschiedenen Häusern
schaffen, was natürlich den Mißstand mit sich brachte, daß
die Tiere und ihre Treiber gänzlich meiner Aufsicht entrückt
waren. Aber in allen Ländern, wo der Weiße noch nicht haust,
gewöhnt man sich bald eine heilsame Vertrauensseligkeit an

die nicht notwendigerweise in jedem Menschen einen Schurken sieht, solange bis er das Gegenteil bewiesen hat. Für mich selbst fand ich auch keinen passenden Raum. Ich schlug daher mein Feldbett unter dem vorspringenden Dache eines Hauses auf, wo ich wenigstens gegen Regen geschützt und vor Ungeziefer sicherer sein würde, als drinnen in den engen Zimmern. Diener und Dolmetscher machten sich alsbald daran, auf einem Holzkohlenfeuer das Abendessen zu bereiten, was natürlich die ganze Einwohnerschaft des Örtchens, dessen Namen keine Karte verrät, herbeilockte; sie bildete in dichtem Kreise ein in schweigsames Entzücken versunkenes Auditorium, das kein Auge von den merkwürdigen Zaubereien verwandte, die da mit Flaschen und Blechbüchsen getrieben wurden. Als sich der westliche Barbar selbst aber aufmachte, um im Fluß, nach langem, ermüdendem Ritt seine Glieder zu strecken und im mondbeschienenen Wasser umherzuschwimmen, folgte der ganze Ort und starrte vom Ufer auf den seltenen Gast. Ich wartete aber, als ich noch spät nachts meine Eintragungen ins Tagebuch machte, vorsichtigerweise mit der Bemerkung: „Die Einwohner dieses Ortes baden nicht; wenn mal einer in den Fluß geht, ist das ein Ereignis für das ganze Dorf." Und ich tat sehr weise daran, zu warten. Denn siehe, in der Frühe des nächsten Morgens — das Brüllen der Stiere, das Wiehern der Hengste im Stall und das Krähen des Haushahns trieben mich schon mit Sonnenaufgang aus den Federn, wenn ich die harte Matratze meines Feldbetts mit dichterischer Freiheit so nennen darf —, als ich mich zum Morgenbade in den Fluß begab, watete darin schon die ganze Bewohnerschaft umher, sich waschend und beplätschernd und sogar die Zähne mit den Fingern putzend. Für diesmal also war es nichts mit den Schrecken der

koreanischen Herberge und dem aller Beschreibung spottenden
Schmutz der Bevölkerung.

IV.

Überreste uralten Heidentumes. — Einflüsse chinesischer Sprache
und Kultur. — Das Bergland Kangwöndo. — Reisfelder und
koreanische Berieselungskünste. — Dorfidyll.

Erst am dritten Tage konnte ich abends mein Quartier
aufschlagen, in einem Orte, dessen Namen ich auf den Karten
eingetragen fand. Bis dahin war meine ganze Topographie
nur Mutmaßung gewesen, nach den Angaben der Pferde=
treiber und der Reisenden, die mir begegneten, zusammen=
gestoppelt und mit Kompaß und Karte in möglichsten Ein=
klang gebracht. Hier aber war ich endlich in einem Ort, dessen
Name Kimsong klar und deutlich auf der japanischen Karte als
der einer Präfekturstadt vierten Ranges zu lesen war.
Längst hatte ich die hauptstädtische Provinz Gyönggwi hinter
mir und befand mich schon jenseit der Mittellinie der Halb=
insel im Norden des Berglandes Kangwöndo. Auf Schritt
und Tritt war an diesen beiden letzten Marschtagen deut=
licher geworden, daß man sich mit der Annäherung an die
große Bergkette, die das Rückgrat Koreas bildet, in immer
größere Entfernung von der Außenwelt und immer mehr
außer Zusammenhang mit allem setzte, was Europa und
europäischen Einfluß bedeutete.

Als ob man in dem völlig heidnischen Lande eines
Naturvolkes wäre, standen an den Seiten der Wege große
Götzenbilder, roh aus Holz geschnitzte überlebensgroße mensch=
liche Figuren, hermenähnlich, mit wild herausquellenden
Augen und greulich gefletschten Zähnen, das Ganze grell
bemalt und zur Erhöhung der Natürlichkeit auf Kopf, Kinn

und Lippe mit eingezogenem Roßhaar geschmückt. In merk=
würdigem Gegensatz zu der sehr an die Götzenbilder der
Maori auf Neuseeland erinnernden Erscheinung standen die
chinesischen Schriftzeichen, die auf dem untern Teile der
Standbilder groß und tief eingeschnitten waren: ältestes
Heidentum mit seiner Beschwörung böser Geister und die
ehrwürdigen Schriftzeichen eines uralten Kulturvolkes fried=
lich vereint auf demselben Holze. Meist las ich auf den
Bildern die Zeichen Tyënhsiá ta, „dem Großen unterm
Himmel", auf andern war ganz nüchtern, für den Reisenden
aber sehr willkommen, die Entfernung von Söul und von dem
nächsten Behördensitz angegeben. An hervorragenden Punkten,
an scharfen Biegungen der Wege, beim Eingang in ein Tal
oder am Anstieg zu einem Passe waren weithin sichtbar
Bäume gepflanzt, die ebenfalls zur Besänftigung der bösen
Geister zu dienen schienen, mit denen sich das Naturkind die
ganze Luft zwischen Himmel und Erde bevölkert denkt. Von
oben bis unten waren diese Bäume, soweit ihre Zweige
von Menschenhand erreicht werden konnten, mit allerhand
Lappen, Papierfetzen und ähnlichem Plunder behängt. Oft
auch hatte der abergläubische Wanderer seine ausgedienten
Strohsandalen als fromme Gabe geopfert und als stummes
Weihegeschenk zwischen den Zweigen dieses einfachen Natur=
tempels aufgehängt. Sehr viel scheinen die Leute von den
Geistern, die sie fürchten, nicht zu halten; denn die Be=
schwichtigungsgeschenke waren immer nur von ganz geringem
Wert, den ziffermäßig in unserer Landeswährung darzustellen
schon eine schwierige Formel der Integralrechnung erfordern
würde. Ein neues Paar Sandalen kostet hier 8 Stück Käsch,
was nach unserm Gelde, da 2500 Käsch auf einen Dollar
gehen, etwa $^2/_3$ Pfennig bedeuten würde. Wieviel ist dann
ein Paar ausgedienter Sandalen wert? Anscheinend doch

noch genug, um den Göttern angeboten zu werden. Wer keine Schuhe übrig hatte und auch nicht einmal einen Fetzen Zeug oder Papier, bewies seine Ergebenheit durch Beisteuerung eines noch billigern Geschenkes, eines einfachen vom Wege aufgelesenen Kiesels, wie sie zu Hunderten unter dem Baum aufgeschichtet lagen.

Sonderbar nahmen sich in unmittelbarer Nachbarschaft dieser Zeichen tiefstehenden Fetischdienstes die Schreine aus, die, oft nur durch die Straßenbreite getrennt, an denselben Stellen dem Andenken des alten Kungfutse errichtet waren, der als Kungdscha auch in Korea eine ähnlich große Rolle spielt wie in China. Die Inschriften in diesen kleinen Tempeln oder Heiligenschreinen waren stets chinesisch, und zu meinem Erstaunen konnte ich feststellen, daß meine Leute meist lesen konnten, was auf den Tafeln und unter den Bildern der Altäre geschrieben war. Die Kenntnis des Chinesischen scheint also recht verbreitet im Lande zu sein. Bis jetzt habe ich auch in den kleinsten Dörfern dieser dünn= bevölkerten Provinz, in allen Herbergen, auf den Wegweisern, in den Anschlägen der Ortsvorstände und den Hausinschriften der Dörfler, nur chinesische Schriftzeichen gefunden. Die einheimische Schrift, das sogenannte Onmun, eine einfache, uralte, aus Kreisen und einfachen Keilen bestehende Schrift, die ein wenig an die indianischen Alphabete erinnert, scheint ganz in Vergessenheit geraten zu sein. Wie es heißt, erscheint diese nationale Schrift den Koreanern im Vergleich zu den chinesischen Zeichen so lächerlich einfach, daß sie sich schämen, sie anzuwenden und sie ganz den Frauen und Kindern über= lassen, die in den Schulen keinen Unterricht im Chinesischen genießen. Verständigerweise haben die Missionare dem alten Onmun, das aus den Zeiten der Dynastie Tang (618 bis 905) stammt, wieder zu Ehren verholfen und es unter den, allerdings ja vorläufig wenig zahlreichen einheimischen Christen eingeführt und alle ihre christlichen Texte darin gedruckt. Es ist eine in der Tat sehr leicht zu lernende Schrift von nur 25 Zeichen, die mit Pinsel und Tusche senkrecht und von rechts nach links laufend geschrieben werden. Die französischen Christen pflegen untereinander die Schrift wagerecht und von rechts nach links zu schreiben, so daß etwa von den Behörden aufgefangene Briefe dem koreanischen uneingeweihten Leser wie in Geheimschrift geschrieben erscheinen. Nur in Sŏul, wo neuerdings teilweise unter fremdem Einfluß viel getan wird zur Stärkung des Nationalgefühls, wo sich seit dem japanischen Krieg eine immer stärker werdende Partei politischer Fortschrittler mit der Erweckung des Volkes beschäftigt, sieht man überall an Häusern und Schildern die alten einheimischen Schriftzeichen, während im Innern noch das alte China herrscht, unumschränkt wie vor dem Frieden von Schimonoseki. Man kann sich dem Eindruck der gewaltigen Macht nicht entziehen, die hier wie überall in Ostasien und bis weit hinein ins Innere und an den Südrand des Riesenerdteils chinesische Sprache und Kultur ausgeübt haben, durch die Jahrtausende hindurch und ungestört durch die tiefgreifendsten politischen Störungen und sozialen Umwälzungen, heute noch so lebenskräftig und tiefgewurzelt von Tibet bis Korea, von Singapor bis zum Amur wie zu den Zeiten, da in Deutschlands Urwäldern die alten Germanen noch auf beiden Ufern des Rheins lagen und ihre Zeit in der oft besungenen Weise verbrachten.

Unberührt wie das Bergland von Kangwöndo durch die Berührung mit der europäischen Welt geblieben ist, die sich mit ihren Neuerungen in den Vertragshäfen und in der Hauptstadt langsam Eingang verschafft, ebenso ursprünglich scheint sich das Leben der Einwohner abzuspielen, kaum anders, als es vor tausend Jahren gewesen sein mag. Alles ist noch auf der Stufe der ländlichen Idylle. Das Tal, in dessen windungsreichem Schlängelweg ich seit zwei Tagen entlang ziehe, bietet nur selten einen weitern Überblick. Aber hat man einmal eine der beiden Paßhöhen erklommen, die von Zeit zu Zeit quer durchziehen und vom Fluß noch nicht durchsägt worden sind, dann liegt das Land wie auf einer plastischen Reliefkarte vor uns. Nur wenig hat der Mensch hier bisher am Bilde der Erdoberfläche geändert. Das ganze Panorama ist eine verwirrende Fülle von Bergen und Hügeln, stark abgetragenen granitnen Kuppen, regellos eingelagert und hervorsprießend zwischen schroffern Höhen und Klippen aus Schiefer und Kalkstein. Auf den Höhen ist alles dicht mit hohem Gestrüpp und niederm Busch bestanden, die Hänge sind schon stärker abgeholzt und lichter geworden, so daß nur einzelne alte Baumgruppen übrig geblieben sind, die den einfachen riedgedeckten Hütten der Eingeborenen oder einem heiligen Schrein einen malerischen Hintergrund gewähren. Gegen die Talsohle hin mehren sich die Spuren des Menschen und seiner Arbeit. Da ist alles einigermaßen ebene Gelände für den Reisbau zurecht gemacht, ein Feld neben und über dem andern abgesteckt und eingedämmt, durch Berieselungsgräben miteinander verbunden, damit ohne Unterbrechung das fließende Wasser von Terrasse zu Terrasse die Felder zwischen ihren erhöhten Rändern überschwemmen und dem Reis ein Aussehen geben kann wie einem ungleich stehenden Rasen nach starkem Platzregen, wenn in unregelmäßigen Abständen die Büschel aus den trüben Pfützen hervorragen. Wo keine von den Höhen kommende Quelle nutzbar gemacht werden kann, muß das Wasser des im Tale halb ausgetrockneten einherschleichenden Flusses auf die Terrassen gebracht werden. Und dazu haben die Koreaner,

so einfach und unbeholfen ihre Landbebauung auch sein mag,
doch im Drange der Notwendigkeit recht sinnreiche Vor=
richtungen erfunden: ausgehöhlte Baumstämme sind zu einer
Art einfachsten Schöpfrads vereinigt, arbeiten mit Hilfe eines
Hebelwerkes selbsttätig und schaffen das Wasser, das ihnen
durch einen abgeleiteten Arm des Flusses zugeführt wird,
nach und nach in ununterbrochener Arbeit hinauf, zunächst
auf die nächste höhere Terrasse und dann durch Wieder=
holung dieser Schöpfwerke immer weiter bis auf das höchste
Feld, von wo es den Abfluß nach unten beginnt. Zwischen
den Reisfeldern sieht man Bohnen angepflanzt, auch etwas
Gerste, und ganz selten Hafer, Mais und Hanf. Auf den
Dächern des Hauses rankt sich der Kürbis, und entlang an
den windschiefen Reisigzäunen zieht sich die Klettergurke.
Sonst ist von Obst nichts zu sehen. Es soll auch Äpfel,
Birnen und Kirschen geben. Noch habe ich aber keine Spur
davon entdecken können; wie die Missionare versichern,
haben die koreanischen Früchte gar keinen Geschmack, und
das verringert natürlich das Interesse für diesen Teil der
Botanik bedeutend.

In den Dörfern herrscht tiefster Friede. Die Bewohner
verbringen fast den ganzen Tag auf ihren Reisfeldern, die
vieler Wartung bedürftige Pflanze umpflanzend, mit einem
kleinen Wall versehend, der ihr das Rieselwasser besser be=
wahren soll, und unermüdlich im Schlamme hockend und
mit den Händen den Boden lockernd. Schon von weitem
kann man die Felder unterscheiden, auf denen gearbeitet wird:
auf dem Damme stehen, aufgereiht wie eine lange Linie
Riesenpilze, die großen gelben Strohhüte der Bauern, wie
sie der Städter nur zur Trauer aufsetzt, und innen im
Wasser taucht hier und da ein wenig von der weißen
Kleidung der am Boden hockenden Arbeiter auf, die trotz

der brennenden Sonne barhäuptig bleiben, aus dem einfachen Grunde, weil die ungeheure Krempe ihres Hutes, die mehr als 2 m Umfang hat, beim Arbeiten hindern würde. Zurückgeblieben in den Dörfern sind tagsüber nur die ganz Alten und die ganz Jungen. Friedlich schmauchend hocken die Alten auf dem verandaähnlichen Vorplatz ihres Hauses und sehen ohne sonderliche Gemütsbewegung den Fremden mit seiner Karawane vorbeiziehen; auf Hof und Straße spielen die Kinder, splitterfasernackt oder höchstens mit einem lächerlich kurzen Röckchen bekleidet, das gerade das unverhüllt läßt, was man bei uns schamhaft verbirgt. Selbst der millimeterdünne Faden, mit dem sich das heranwachsende Kind in Indien um die Hüften „bekleidet", fehlt hier gänzlich.

Merkwürdig berührt die große Stille. Die Kinder zanken sich nicht, und die ganz kleinen, denen das Schreien Lebenswerk ist, sind draußen auf dem Felde bei Muttern, wo sie kurz und bündig in einen Sack gesteckt und der Mutter, die im Reis wühlt, auf den Rücken gehängt werden. Auch die Hunde, deren jedes Haus wenigstens einen zu besitzen scheint, verhalten sich manierlicher, als ich es in anderen Ländern des Orients gesehen habe. Zwar wittern sie den Fremden von weitem. Aber ein unterdrücktes Knurren, ein schüchternes Blaffen, und weg sind sie, wie vor einem furchtbaren Gespenst fliehend. Nur die Beherztern lugen zwischen Tür und Angel heimlich vor, um ihre Neugier zu befriedigen. Keinerlei Spuren oder Geräusche irgendwelcher gewerblichen Tätigkeit stören die Ruhe des Dorfidylls. Es gibt eben keine Handwerker im Innern des Landes, außer Hutmachern und Töpfern. Kleider, Schuhe, Pfeifen, Hausgerät und Ackerwerkzeug, alles macht sich jeder selbst, wenn ers gebraucht. Selbst seinen Reis schält sich jeder selbst auf die denkbar einfachste Art durch Stampfen. Es fehlt noch an jeder Einrichtung zur Erleichterung und Vervollkommnung der Arbeit, alles kennzeichnet den völligen Mangel jeder Organisation der Gemeinde oder des Besitzes. Man lebt hier noch auf der untersten Stufe des Einzelackerbaues.

Bei den Landsleuten in Tangkogä.

I.

Ankunft auf dem deutschen Goldbergwerk. — Aussichten und gegen=
wärtiger Stand der Arbeiten. — Notwendigkeit größern
Betriebskapitals. — Die Eingeborenen als Bergleute. — Ein
koreanischer Grubenausstand.

Je näher der Weg an den Kamm der großen Berg=
kette heranführte, die als Abzweigung des mandschurischen
Systems die ganze Halbinsel durchzieht und hier im Norden
von Kangwöndo ziemlich nahe der Ostküste bleibt, desto
wilder und unwegsamer wurde die Landschaft, aber auch
desto romantischer und großartiger. Die Straße ist ganz
einsam und leer. Nur einmal begegnete mir ein reisender
chinesischer Apotheker, der seinen ganzen Laden auf dem
Rücken trug und wohl den Koreanern ihre eigene Wunder=
wurzel, das Dschönnsseng, die seine Landsleute in Tschemulpo
von der Landesregierung für schweres Geld gekauft, wieder
aufschwindeln mochte. Auch einige Japaner kamen vorbei,
mit derber Leinwand und weißem Drell beladen, wie sie
die Eingeborenen für ihre Winterkleidung lieben, oder mit
großen, schon von weitem der Nase unangenehm bemerk=
baren Bündeln getrockneter Fische, mit denen die fleißigen
Japaner von Wönsan aus einen eifrigen Kleinhandel über
das ganze Land treiben. Ganz rätselhaft war beim ersten
Anblick ein Wesen, das mit kurzen bauschigen Hosen, weißen

engen hanfenen Gamaſchen um die Waden und großem Alpenſtock einhergezogen kam, das Geſicht unter einem Rieſenhut verborgen, der noch höher und größer war als die Trauerpilzdächer. Nur der Hinterkopf war ſichtbar, und der zeigte dichtes ſchwarzes kurzgeſchorenes Haar. Ich glaubte erſt, ein Birmane oder Siameſe hätte ſich hierher in dieſe Wildnis verirrt. Der Dolmetſcher aber belehrte mich eines Beſſeren: es war eine buddhiſtiſche Nonne auf der Bettlerwanderſchaft, das erſte Zeichen, daß wir uns der geheimnisvollen Bergeinſamkeit näherten, wo ſeit undenk= lichen Zeiten die Anhänger Buddhas ein ſicheres Obdach gefunden haben, das ihnen kein Krieg von außen, kein Aufruhr im Innern rauben konnte.

Sonſt war alles einſam und ſtill. Die Täler, durch die man allmählich emporzuſteigen hatte, wurden immer enger, die Windungen der Flußläufe immer häufiger, ſo daß man ſich ſtets in einem geſchloſſenen Keſſel zu befinden glaubte. Die Ortskenntnis der Pferdetreiber hatte ſchon längſt verſagt, und auch die wenigſten der uns Begegnenden wußten Auskunft zu geben, wo das deutſche Goldbergwerk läge. Endlich, am Nachmittage des vierten Tages, nachdem es ſechs Stunden lang auf ſchmalen Pfaden durch enge Schluchten und entlang an immer höher werdenden Gehängen von Kalkſtein und Schiefer gegangen war, erſchienen plötzlich zwei deutſche Flaggen in der Ferne: auf einem rings von hohen Waldbergen umgebenen Hügel ſtanden ein paar europäiſche Häuſer, wellblechgedeckt und einſtöckig, wie man ſie auf den Faktoreien ausländiſcher Häuſer in den Tropen ſieht. Das war Tangkogā, der Mittelpunkt des deutſchen Berg= werksbezirks und Sitz der Verwaltung. Durch das Hamburger Haus in Tſchemulpo hatte ich meine Ankunft ſchon vorher telegraphieren laſſen, denn ſeit kurzem geht quer über Land ein Draht von der Westküste nach Wönsan, der von Tangkogä in einigen Stunden zu erreichen ist. Herr Bergingenieur Bauer, der Direktor des Werkes, und einige der ihm unterstellten Herren, kamen sofort zu freundlicher Begrüßung, als meine Karawane oben auf dem Hügel angelangt war. Pferde und Treiber, Diener und Dolmetscher wurden hinunter ins naheliegende Dorf geschickt, und ich selbst fand im Hause des Herrn Bauer angenehme und bequeme Unterkunft.

Tangkogä (mit dem Ton auf der letzten, kurz und scharf zu sprechenden Silbe) liegt auf einem Knoten von Hügeln von Dolomitenkalk und Amphibolitschiefer, eingeschlossen in der Schlaufe eines vielgewundenen Flusses, dessen einheimischer Name gar nicht bekannt ist. Die Koreaner, die hier angetroffen wurden, als sich die Deutschen im Herbst 1898 festsetzten, nannten das Wasser den „Gang", den Fluß, und so hat man ihn denn jetzt einfach Goldbach getauft, denn der Fluß ist es, der zuerst den Reichtum des Ortes enthüllte. Fast alle Talschotter in Korea sind mehr oder weniger von „Goldbächen" herabgeschwemmt von den Höhen, wo der Ursprung ihres Goldgehalts zu suchen ist. In wenigen Fällen sind diese Schotterschichten mehr als ein paar Meter mächtig. In Tangkogä aber, wo der Fluß sich im Talkessel mit seinen Ablagerungen staut, sind sie bis zu 20 m stark, und da die Koreaner hier schon mit Erfolg und seit langen Jahren Gold gewaschen haben, so sollte Tangkogä bei sachgemäßer Ausbeutung sich einmal glänzend bewähren. Zum Teil hat hier die Erosion, die umarbeitende Kraft der fließenden Gewässer, schon vorgearbeitet. Bei den ungeheuren Regenmengen, die hier im Hochsommer während der Regenzeit niedergehen, machen die alten Ablagerungen der Flüsse manche Veränderungen durch, besonders da, wo das Wasser auf kürzerm, senkrechtem Wege in die Tiefe eindringen kann. Bei diesem Durchschwemmen des lockern, aus Geröll, Ton und Mergel zusammengesetzten Alluviums sinken die schweren, goldhaltigen Schichten nach unten und bilden auf dem Boden der gesamten Schicht goldhaltige Kiesellager, die leicht auszubeuten sind. Die Hauptaufgabe aber muß natürlich sein, den Grundstock ausfindig zu machen, von dem aus die kleinen Goldteilchen, die sich im Fluß und seinen Schotterablagerungen finden, ursprünglich fortgeschwemmt und ausgewaschen worden sind. Dann erst kann ein Betrieb im großen begonnen werden.

Vorläufig werden in Tangkogä nur Voruntersuchungen, Prospektierarbeiten gemacht, und auch die können noch nicht mit der wünschenswerten Eile und umfassenden Gründlichkeit betrieben werden, solange das zur Verfügung stehende Kapital noch so gering ist. Soviel bekannt, sind die von der koreanischen Regierung dem Hause E. Meyer u. Co. in Tschemulpo verliehenen Gerechtsame ganz in den Besitz eines in Deutschland gebildeten Syndikats unter der Verwaltung der Berliner Discontogesellschaft übergegangen und werden nun mit einem Kapital von einer Million Mark ausgebeutet. Mit einer solchen Summe kann man nicht viel anfangen, solange der Betrieb seine Kosten noch nicht selbst deckt, was bis jetzt in Tangkogä noch nicht der Fall sein kann. Die Amerikaner, die sich im September 1889 durch das Parlamentsmitglied Pritchard Morgan die Erlaubnis zum Bergbau auswirken ließen und unter den gleichen Bedingungen wie die Deutschen ein Gebiet aussuchten, haben sich sofort mit 500 000 Pfund Sterling, also 10 Millionen Mark, an die Arbeit gemacht und betreiben nun ihr Werk bei Densan in der Südhälfte der Provinz Pyöngan, an der schmalsten Stelle der Halbinsel, gleich in größerem Maßstabe, nebenbei gesagt unter der Leitung eines deutschen Fachmannes. Daß die Amerikaner, die die erste Wahl hatten, einen großen Vorsprung vor uns haben, ist ja schon erwähnt worden. In diesen Tagen sind noch Franzosen und Russen als Mitbewerber aufgetreten, und da die Belgier kürzlich ebenfalls ihren Freundschafts= und Handelsvertrag mit dem Kaiser von Dä Han abgeschlossen haben, werden sie wohl nicht lange auf sich warten lassen und auf Grund der Meistbegünstigungsklausel sich ebenfalls als Goldsucher entpuppen. Soweit man hier draußen weiß, geht man in Deutschland mit dem Gedanken um, das deutsch=koreanische Syndikat in eine Aktiengesellschaft umzu= wandeln. Wenn auf diese Weise das Betriebskapital ver= größert werden kann, wäre das für die baldige planmäßige Nutzbarmachung des deutschen Goldbezirkes sehr erwünscht. Aber man hört schon allerhand munkeln von Schwierigkeiten, denen diese Umwandlung begegne. Wundern könnte es einen ja kaum. Denn von allen Handelsvölkern der Erde ist keines mehr von den Vorzügen des Sperlings in der Hand vor denen der Taube auf dem Dache überzeugt als das deutsche. Und wenn es sich um eine Unternehmung über See handelt, in einem etwas abgelegenen Lande, am äußersten Ende Asiens, dann nimmt der sonst so rege unternehmende deutsche Kapitalist eine frostige Miene an, die sich vollends zu abwehrender Weigerung vereist, wenn es Deutsche sind, die ihn für ihr überseeisches Unternehmen interessieren wollen.

Der Widerstand, den die Landesregierung trotz des Vertrages gerade der Wahl von Tangkogä entgegensetzte, und die eifrige Tätigkeit eingeborener Goldwäscher in diesem Bezirk bis zur Ankunft der Deutschen sind bezeichnende Andeutungen für den Wert, den diejenigen dem Orte bei=

messen, die ihn am längsten kennen. Und die Koreaner scheinen die geborenen Bergleute zu sein. Es ist leider über Alter und Umfang, Dauer und Ertrag der einheimischen Goldgewinnung gar nichts in Erfahrung zu bringen. Es scheint, daß einzelne eingeborene Unternehmer der Regierung vorzuschlagen pflegten, die eine oder andere Gegend auf Gold zu untersuchen und den Ertrag dem König gegen angemessene Vergütung zur Verfügung zu stellen. So roh das Verfahren der eingeborenen Goldsucher auch noch heute ist, ein erstaunlicher Spürsinn und ein gewisses praktisches Verständnis für die natürlichen Bedingungen, unter denen anstehendes Gold in Quarzadern oder ausgewaschenes im Flußschotter erwartet werden kann, zeichnet die koreanischen Bergleute von vornherein aus. Man ist auf dem deutschen Goldbergwerk sowohl wie in Densan, dem großen amerikanischen Ausbeutungsfeld im Nordwesten von Pyöngando, mehrfach auf die Arbeitsstellen der Koreaner zurückgekommen und hat jedesmal nützliche Winke für die Prospektierungen daraus ableiten können. Wie die Ameisenhügel bedecken die frühern Hacklöcher und der zutage geförderte Schotter die Talkessel um den „Hausberg", den Kalksteinhügel, auf dem Bergassessor Knochenhauer vor drei Jahren die europäischen Häuser für die Leiter des Werks errichten ließ, als er sich überzeugt hatte, daß innerhalb des 600 qkm großen deutschen Gebiets die Lagen um diesen Hügel die besten Aussichten auf Erfolg boten. Verlassene Stollen und Schächte, von den Koreanern mit ihren einfachen Werkzeugen bis zu der Tiefe von 70 m getrieben, zeigen auf Schritt und Tritt, daß der Eingeborene zum Bergmann wohl zu gebrauchen ist.

In Tangkogä sind daher auch ausschließlich Koreaner als Arbeiter angestellt, und man ist mit ihnen sehr zufrieden.

Die in den Büchern verbreitete Lehre von der unüberwindlichen Faulheit der Koreaner erleidet also hier wenigstens eine Ausnahme. Die Leute bekommen 40 Cent den Tag, also beinahe 1 Mark, nach hiesigen ländlichen Begriffen sehr viel. Es arbeiten ihrer 250 in Tangkogä selbst und weitere 100 auf den Außenwerken. Obwohl gerade die Bergleute, die ihr ganzes Leben von Ort zu Ort ziehen und nun miteinander in der Bergeinsamkeit ohne Gesetz und Rechte leben, nicht gerade für den besten oder lenkbarsten Teil des koreanischen Volkes gelten können, geht die Arbeit unter der Aufsicht von elf Europäern und einigen japanischen Obersteigern doch glatt von statten. Jeder Mann trägt am Gürtel in seinem Tabaksbeutel eine Blechmarke mit seiner Nummer, unter der er in die Bücher eingetragen ist, in denen man ihm seinen Lohn nach der gearbeiteten Schicht berechnet. Kürzlich gab's aber doch einen kleinen Ausstand. Man hatte den Arbeitern untersagt, bei der Arbeit ihre lange Pfeife zu rauchen, die sie natürlich wie jeder Eingeborene leidenschaftlich lieben und ungern vom Munde nehmen. Da die Rohre dieser Pfeife aber stets zwischen 30 und 50 cm lang sind, bei altmodischen Herren gern noch länger, sind sie bei der Arbeit im Stollen oder an den Pumpen höchst lästig und beeinträchtigen das Maß der geleisteten Arbeit beträchtlich. Um aber die nötige Rücksicht auf alte, liebe Gebräuche und landestümliche Laster walten zu lassen, gestattete man den Bergleuten, außer den Eßpausen auch noch zweimal untertags die Schicht zu unterbrechen und sich ein paar Pfeifen zu gönnen, jedesmal eine Viertelstunde lang. Obwohl man sehr milde in der Bemessung dieser Rauchpause war und fast gewohnheitsmäßig eine halbe Stunde verstreichen ließ, ehe die Glocke zur Arbeit geschlagen wurde, murrten die Leute und ver=

langten mehr Pfeifenzeit. Ein richtiger Ausstand wurde
zur Unterstützung der Forderung ins Werk gesetzt, ganz
als ob man auch in diesem stillen Erdenwinkel schon von der
Organisation der westländischen Arbeit und ihren Kampf=
mitteln gehört hätte. Ein Schlaukopf, der Volksbeglücker
und guter Kaufmann zugleich war, verfiel auf ein vorzüg=
liches Mittel, das beide Teile sehr befriedigte. Es wurde
den Bergleuten erlaubt, eine kurze Pfeife zu rauchen, die
bei der Arbeit nicht weiter hinderlich ist, und da es keine
kurzen Pfeifen gibt in Korea, müssen sie durch die Berg=
werksverwaltung aus dem Auslande eingeführt und den
Arbeitern verkauft werden. Nun herrscht großer Jubel.
Jeder will natürlich so ein ausländisches Paradestück haben,
das Geschäft blüht, und die Arbeit gedeiht. So kam der
erste Ausstand in Deutsch=Korea zu wohlgefälligem Ende.

II.

Ein bergmännisch angehauchtes Kapitel. — Wie Gold gesucht und
gewonnen wird. — Waschgold und sein Wert. — Wanderungen
in der Umgegend des deutschen Werkes.

Wer nur europäische Bergwerke kennt, die längst in
festeingefahrenem Betrieb sind, kann sich gar keine Vor=
stellung davon machen, mit welchen Schwierigkeiten die
Anfangsarbeiten der bergmännischen Tätigkeit in neuem,
unbekanntem Lande zu kämpfen haben. Ist erst einmal das
Gelände topographisch und in großen Zügen auch geologisch
aufgenommen und auf einer Karte größten Maßstabes nieder=
gelegt — schon das ist eine Riesenarbeit, die unendlich viel
Mühe und Arbeit kostet —, muß mit der Einzeluntersuchung
begonnen werden. Da heißt es klettern, marschieren, berg=

auf, bergab, mit Hammer und Bergmannskompaß in der Hand, unermüdlich, so lange, bis die Lagerung und das Streichen der Schichten festgelegt, bis der Verlauf jener Tonbank, dieser Quarzader im einzelnen bekannt ist, und man beginnen kann, seine Theorien aufzustellen. Ist dann auf Grund solch eingehender Kenntnis eine geologische Idee geformt worden und kann eine darauf aufgebaute Mutmaßung das Vorkommen von Gold hier oder dort annehmen, dann kann mit dem Eintreiben eines Stollens begonnen werden. Das ist bei einfachen Hilfsmitteln, je nach Länge des Stollens, eine Arbeit von Wochen oder Monaten, die häufig genug durch erwartete oder unvorhergesehene Hindernisse unterbrochen werden muß. Stellt sich Wasser ein, muß gepumpt werden. Lassen sich die Mengen des zutage tretenden und nachdrängenden Wassers nicht mit den vorhandenen Dampfpumpen bewältigen, muß nach Hause telegraphiert werden um neue, größere Maschinen. Monate vergehen, bis die Sendung im Hafen von Tschemulpo eintrifft und von Bord geholt werden kann, und Wochen vergehen, bis alles, ins kleinste auseinandergenommen, auf den starken Rücken unzähliger Lasttiere verladen, den schwierigen Weg übers Gebirge zum Werk gemacht hat. Erweist sich dann das Gestein als vertrauenerweckend, wird es zunächst mit der Hacke gefördert, worin die Koreaner sehr brauchbare und verhältnismäßig rasche Arbeiter sind. In kleinen strohgeflochtenen Körben, die eine pantoffelähnliche Taschenform haben, wird das Haufwerk zur Stampfmaschine getragen, dort zerkleinert und dann erst mit dem Waschen begonnen. In flachen Schüsseln aus Holz geht diese Wäsche vor sich, in der es berufsmäßige Wäscher, auch Koreaner, zu großer Fertigkeit bringen. Ein paar Handvoll des zerstampften Quarzsandes — oder bei unmittelbarer Förderung aus dem

Fluß des Geröllsandes — werden in die Pfanne gefüllt, in die man ein wenig Wasser schöpft. Mit beiden Händen dreht und schwenkt man alsdann den Teller in der Weise, daß allmählich, unter fortwährendem Nachfüllen des über den Rand gewaschenen Wassers, die schwereren Bestandteile allein übrigbleiben, bis schließlich die glitzernden Goldkörnchen auf dem Boden einem entgegenblinken. Das ist der große Augenblick, in dem der Kenner schon entscheiden kann, ob es sich lohnen wird, mit der Arbeit an der Stelle fortzufahren oder nicht.

Wenn der Laie diesem Goldwaschen zuschaut und als Ergebnis all der Arbeit schließlich ein paar winzige hellfunkelnde Körnchen in den feinen Resten des ausgewaschenen Sandes sieht, so klein, daß man keines mit den Fingern greifen kann, möchte er am liebsten ausrufen: Du lieber Himmel, ist das alles? Und zu seinem Erstaunen wird er lernen, daß sich der Abbau schon lohnt, wenn 0,25 Gramm in einer Tonne gefunden werden, daß heißt also, wenn $1/4$ Gramm reinen Goldes in 1000 Kilogramm Flußsandes oder zerstampften Quarzes übrigbleiben. Auf ein einziges Pfund Gold müßten also vier Millionen Pfund auszuwaschenden Materials kommen. Sein Erstaunen wird wachsen, wenn er sich über den Wert solcher Mengen Goldes belehren läßt. Gar zu leicht läßt man volkstümliche Vorstellungen oder gar Erinnerungen an Hans im Glück mit seinem Goldklumpen in seinem Hirne spuken, wenn man sich über den Wert von Gold seine Begriffe zurechtlegen will. Aber Gold ist eben auch ein Handelsgegenstand, der seinen überlieferten und allerhand Wechselwirkungen unterworfenen Wert hat, wenn es auch in unsern Ländern als das Hauptzahlungsmittel und Bewertungsmaß für alles andere anerkannt und festgelegt worden ist. Für uns hat eine Unze

Bei den Landsleuten in Tangkogä

reinen Goldes den Wert von 72 Mark geprägten Geldes unserer Währung. Da eine Unze 31,3 g entspricht, würde ein Pfund Gold nur etwa 1150 Mark darstellen, und der einzelne Wäscher, wie es deren ja jetzt noch im Klondike und am Cap Nome unzählige gibt, müßte schon viele tausend besonders glückliche Findertage haben, ehe er als der Millionär nach Hause zurückkehren kann, als den er sich in seinen Träumen sieht. Das günstigste, was bisher in Tang= kogä gefördert worden ist, wies 0,76 kg in der Tonne auf, also etwas mehr als dreimal so viel, wie erforderlich ist, um den Abbau lohnend zu machen.

Gerade in diesen Tagen hatten Herr Bauer und gleich nach ihm ganz selbständig einer seiner koreanischen Berg= leute ein paar neue Stellen gefunden, wo im Grauwacken= schiefer Quarzadern besonders reiches Gold zu enthalten schienen. Eines Morgens begleitete ich den Direktor zu diesen Stellen, um die ersten Stufen solcher Prospektier= arbeit kennen zu lernen. Der Gang gab mir erst die richtige Vorstellung von der Mühe und Not, die gerade die allererſten Schritte verursachen. Es war ein hartes Stück Arbeit. Da mußte geklettert werden an Hängen hinauf von 60 und 70 Grad Steigung, wo nicht der Schatten eines Pfades, nicht die Spur eines künstlichen Hilfsmittels zu erkennen waren. An Wurzeln und Gestrüpp mußte man sich emporziehen, wenn Sohle und Bergstock nicht mehr genügend Stütze fanden, bis schließlich nach manchem Tropfen Schweiß im Zickzackwege die Höhe er= klommen war. Aber es war schon des Schweißes der Edlen wert. Ringsum die schönsten Blicke in malerische Täler, auf dichtbewaldete Kuppen und schroffe Klippen, die über 1000 m hoch ansteigen, und drüben gen Osten, wo schweres Gewölk von der See her gegen die Höhen zieht,

die geheimnisvollen dunkeln Höhen der Diamantberge Kim=
gangsan, die zu den unzugänglichsten Teilen des Landes ge=
hören, wo weder die Herrschaft der Mandarinen noch der
Einfluß der Fremden vorgedrungen ist, bis an die Berg=
horste und Zufluchtsstätten der buddhistischen Mönche. Und
unten im Tale die drei Dörfer der Bergleute und die Well=
blechhäuser der Fremden, Werkstätten, Maschinenräume,
Tischlerei und Schmiede, und mitten drin die große Dampf=
pumpe, deren Fauchen empordringt zu unserer Höhe, ganz
leise, dem raschen Atem eines erhitzten Hundes zum Ver=
wechseln ähnlich. Dort hinunter muß alles geschafft werden,
was hier oben gefördert wird, und wie unten im Talkessel
schon die grünen Flächen der Hänge verschwunden sind und
auf dem abgerodeten Boden sich Schutthaufen von Kies und
Sand und Geröll erheben, so wird auch hier auf den Höhen
im Laufe der Zeit die Hand des Menschen alles durch=
wühlen und die Eingeweide der Erde an die Oberfläche
bringen, bis die liebliche Landschaft zu der Einöde ge=
worden ist, die den Ausbeutungsstellen mineralreicher
Gegenden solch trostloses Aussehen gibt.

Mit bewundernswürdiger Sicherheit bewegen sich die
koreanischen Bergleute in diesem Gelände. Ihre aus Hanf=
stricken geflochtenen Sandalen sind ein vorzügliches Schuh=
zeug für Bergsteiger, deren Sohlen genügend abgehärtet
sind, um auf so dünner Unterlage über spitzes Geröll und
harten Fels gehen zu können. Mit unseren harten, unbieg=
samen Ledersohlen kann man nicht viel anfangen, wenn
man nicht ein geübter Bergsteiger oder mit dem ganzen
Apparat von Stock, Seil und Hacke ausgerüstet ist. Auf
dem Wege zu einer ebenfalls früher von den Koreanern
schon ausgebeuteten Stelle, die Herr Bauer mir zeigen
wollte, galt es an einer Felswand entlang über eine Kluft

hinweg zu gelangen. Es war ein ganz schmaler Grat, der nicht einmal Sohlenbreite hatte, aber überschritten werden mußte. Auf der einen Seite eine völlig glatte Kalksteinwand, die keinen Vorsprung, keinen Riß, nicht einmal eine Wurzel als Handhabe bot. Auf der anderen zwar nicht gerade die übliche „gähnende Tiefe", aber immerhin ein ganz anständiger Steilabsturz von etwa 75 Grad Hang. Drei Mann waren schon vor mir glücklich herübergekommen, aber bei jedem war etwas mehr von dem bröckligen Kalkfelsen heruntergerieselt. Ich wollte daher möglichst rasch hinüber, aber schon beim zweiten Aufsetzen des Fußes ging es ritsch, ratsch, der ganze Grat brach ab, und ich sauste mit bedeutender Schnelligkeit abwärts zu Tal. Glücklicherweise war es meist lockeres Geröll, was mir nachrutschte und mich von Kopf bis zu Fuß überschüttete, so daß ich mit dem Schrecken und ein paar schmerzhaften, aber unbedeutenden Hautabschürfungen davonkam.

An derselben Stelle hatte sich vor sechs Jahren ein Bergrutsch ereignet, der weniger glücklich ablief. Koreanische Bergleute hatten im Kalkstein eine Höhle entdeckt, die an mehreren Stellen Gold aufwies. Durch ihre Arbeiten im Innern der Höhle, von deren Boden aus sie einen Schacht in die Tiefe trieben, wurde das ganze Gerüst der Höhlenbekleidung wohl zu sehr in Mitleidenschaft gezogen, und eines Tages stürzte an der Außenseite eine ganze Wand ein. Sechs Mann wurden in die Tiefe geschleudert und von den abstürzenden Felsmassen und dem nachrutschenden Sande völlig begraben. Nur ein schmaler Spalt blieb offen, durch den man ihre klagenden Stimmen wie aus Grabestiefe hören konnte. Tagelang konnte man sich mit den Unglücklichen verständigen und ihnen sogar etwas Nahrung herunterlassen. Dann aber verschwand, von abergläubischer Furcht gepackt, der einheimische Unternehmer, der für den König die Ausbeutung dieses angeblich sehr reichen Punktes betrieben hatte, und nach seiner Flucht schien niemand unter seinen zahlreichen Leuten den Mut zu haben, an die Rettung der verunglückten Kameraden zu gehen. So sind sie denn elendiglich verhungert oder an ihren Verstümmelungen zugrunde gegangen, und ihre Gebeine modern noch heute ungestört in der Tiefe.

III.

Aus den Pioniertagen des deutschen Goldbergwerkes. — Kämpfe mit den eingeborenen Goldwäschern. — Leben der Einsiedler auf Tangkogä. — Prinz Heinrichs Besuch.

Wenn man heute die stillen Täler und Höhen in der Umgegend Tangkogäs durchstreift, deren dichtbewaldete Kuppen und Hänge an die schönsten Teile unserer deutschen Mittelgebirge erinnern, dann klingt es wie ein Märchen, daß hier noch vor weniger als drei Jahren eine feindselige Bevölkerung den deutschen Ankömmlingen das Leben sauer machte und sie nötigte, Tag und Nacht auf der Hut zu sein vor Angriffen und Überfällen, Fallgruben und Brandstiftung. Bergassessor Knochenhauer, der im Auftrage des deutsch-koreanischen Syndikats das deutsche Goldbergwerk hier begründete, hat einmal der Berliner Kolonialgesellschaft sehr anschaulich von den ungemütlichen Erlebnissen seiner ersten Monate in Tangkogä erzählt.

Der Koreaner ist an und für sich ein sehr gutartiger, freigebiger, gastfreundlicher Mensch, der sein von Natur sehr lebhaftes Temperament lieber in ausgelassener Fröhlichkeit und gelegentlich einmal in trunkenem Übermut austobt, als in Zank und Streit, Lärm und Rauferei. Aber die Anlage zu gefährlicher Rauhbeinigkeit und Schlimmerm ist im Keime entwickelt und bedarf nur günstiger, befruchtender Umstände, um die schönsten Blüten zu treiben. Das hat sich bei allen Aufständen, bei Fremdenverfolgungen und noch kürzlich gezeigt, wo anfangs dieses Jahres auf der Insel Tschedschu (Quelpart) die aufgehetzten Eingeborenen ein furchtbares Blutbad unter den französischen Christen anrichteten. Auch die Deutschen sollten die Koreaner von dieser Seite kennen lernen, ehe es ihnen möglich wurde, sich häuslich auf Tangkogä einzurichten.

Der mit dem Kaiser abgeschlossene Vertrag besagt, daß die Deutschen innerhalb eines 40 koreanische Li breiten und 60 Li langen Ländergebietes (etwa 600 qkm entsprechend) nach allen vorkommenden Mineralien graben und den Ertrag gegen eine Abgabe von 25 Prozent des Reingewinnes. für sich nutzbar machen dürften. Die einheimischen Bergleute, die bis dahin in dem Bezirk für die Regierung gegen Entschädigung gearbeitet hatten, sollten für den Verlust ihres bisherigen Verdienstes in der Weise entschädigt werden, daß man ihnen noch ein Jahr das Goldwaschen in der gewohnten Weise gestattete, währenddessen sie die Steuern, die sie bisher an die Regierung bezahlt hätten, an die deutschen Unternehmer abführen sollten. Ob den braven Bergleuten die Natur und die Rechtlichkeit eines solchen Vertrages unverständlich oder unbekannt war, oder ob es der natürliche Drang war, sich an denen zu rächen, die sie aus ihrem einträglichen Arbeitsfelde vertrieben, bleibe dahingestellt. Sicher ist, daß die Deutschen vom ersten Tage an nur feindseligen Mienen begegneten, selbst als durch den deutschen Konsul und den Chef des Hamburger Hauses in Tschemulpo, die eigens zu dem Zwecke die Reise nach dem

Bergwerk machten, in aller Form ein Abkommen mit den einheimischen Unternehmern getroffen war.

Auf dem Hausberg, wo man das Lager aufgeschlagen hatte, war man zwar von den Dörfern der Goldwäscher ziemlich entfernt und konnte ziemlich ungestört für sich leben. Aber alles, was im Dorfe selbst beschafft werden mußte, konnte nur mit der Waffe in der Hand erzwungen werden. Dazu kamen die täglich dreister werdenden Versuche der Wäscher und ihrer einheimischen Arbeitgeber, die den Deutschen gegenüber eingegangenen Verpflichtungen zu umgehen. Da ein Bruchteil des Ertrages bei der koreanischen Arbeitsweise schwer abzuschätzen ist, war vereinbart worden, die Abgabe sollte nach alter Landessitte als Kopfsteuer gezahlt werden, für jeden Arbeiter, der für einheimische Rechnung wusch, eine bestimmte Summe. Nun stellte es sich heraus, daß die Zahl der Arbeiter immer wuchs, ohne daß neue Zugänge angemeldet oder neue Abgaben entrichtet worden wären. Dem mußte natürlich gesteuert werden, wenn man sich nicht alles Ansehens den Eingeborenen gegenüber begeben wollte. Alle Versuche aber, die eingeschmuggelten Arbeiter zu fassen, schlugen fehl, und die Arbeitgeber gaben sich den Anschein, als ob sie selbst von der Überzahl der Wäscher überrascht wären. Eines Tages kam es bei einer solchen Auseinandersetzung zu einem richtigen Gefecht. Die Koreaner eröffneten den Angriff mit Steinwürfen, einer heimtückischen Kampfesweise, in der sie Meister sind, und ließen sich auch nicht durch Revolverschüsse verjagen. Erst als ein Karabiner ins Gefecht gebracht werden konnte — gerade zur rechten Zeit, als die Revolvermunition bis auf eine Patrone verschossen war — lichtete sich der Hagel, der von drei Seiten mit Sausen und Brausen auf die Deutschen niedergegangen war, und die Wäscher ergriffen die Flucht. Ihre Häuser wurden nieder=

gebrannt und ihre Schlupfwinkel gesäubert. Aber auf die
Dauer war man natürlich ihnen und ihren Rachegelüsten
nicht gewachsen. Ein telegraphisches Gesuch um militärische
Hilfe wurde nach Wochen durch die Absendung einer Abteilung
Soldaten beantwortet. Aber die Lage blieb bedenklich, da
die Goldwäscher die gefürchteten Tigerjäger aus dem Norden
des Landes anwarben, um einen regelrechten Kampf gegen
die Fremden zu eröffnen. Als letztes Mittel blieb die Ent=
waffnung der ganzen Gegend. Der Statthalter von Kang=
wöndo wurde nun angewiesen, alle im Bezirke vorhandenen
Gewehre und Waffen einzufordern. Angeblich wurde dieser
Befehl der Söuler Regierung auch ausgeführt, aber in und
um Tangkogä wurden nach wie vor Feuerwaffen gesehen,
weil in diesem „deutschen Bezirk" die Macht des Gouverneurs
aufhöre. Diese Erklärung vereinfachte die Sachlage ungemein.
Man brauchte sich nun weiter nicht um die Einmischung der
Provinzregierung zu kümmern, sondern konnte nach Belieben
schalten und walten, als ob man ganz auf eigenem Boden
wäre. Strenge Maßregeln konnten nun ergriffen werden,
und in wenigen Monaten war die Ordnung völlig und
dauernd hergestellt.

 Seitdem ist alles friedlich geblieben auf dem Werk,
und den Deutschen hier fehlte nichts zum Leben, wenn nicht
die ungeheure Einsamkeit wäre. Vier Tage beschwerlicher
Reise bis zur Hauptstadt und drei bis zum nächsten Hafen
an der Ostküste trennen die Einsiedler von der Außenwelt.
Der vor einigen Jahren von Söul hierher eingerichtete
Fernsprechdienst ist schon wieder außer Tätigkeit gesetzt
worden, und obwohl die koreanische Reichspost unter der
Verwaltung eines französischen Postmeisters allmählich auch
größere Ansprüche befriedigen lernt, bis zu einem Dienst
über Land hat man es doch noch nicht gebracht, so daß

Briefe immer durch eigene Boten befördert und aus Söul abgeholt werden müssen. Ebenso muß alles, was ein Europäer zum Leben braucht, mühsam und mit viel Zeitverlust über die Berge gebracht werden.

Zurzeit leben elf Europäer hier oben, natürlich fast alles Deutsche. Lauter weitgereiste Herren, die alle Goldländer der Erde kennen, und in Johannesburg ebensogut Bescheid wissen wie in Dawson City, Cape Nome oder Coolgardie, die von der märchenhaften Laufbahn Alfred Beits in Transvaal ebenso fesselnd erzählen können wie von dem großen Kampf auf Leben und Tod, den der amerikanische Kupferkönig Clark in Montana mit seinem deutschen Nebenbuhler führt. Keiner von den fremden Angestellten, auch nicht von den einfachen Bergleuten, tut wirkliche Bergarbeit. Aber ihr Tagewerk ist doch rauh, schweißtreibende oder — noch schwerer zu ertragen — nerventötende, einförmige Aufsichtsarbeit von früh bis spät in demselben ereignislosen Einerlei. Nur drei der Herren treffen sich regelmäßig bei den Mahlzeiten. Für die andern, die nicht auf dem Hausberg wohnen oder auf die Vorwerke verteilt sind, machen es die großen Entfernungen unmöglich, geselligen Verkehr zu pflegen. Und doch halten sie alle hier aus, ohne zu murren und zu klagen. Wer ausharret, wird gekrönt. Winken nicht als Leitsterne zum zuversichtlichen Ausharren Namen wie Cecil Rhodes und anderer Helden des Goldfeldes, an deren Erfolgen sich berauschen muß, wer nur einmal die auri sacra fames verspürt hat? Und zu gönnen wäre es diesen Pionieren des Bergbaues in Korea schon, die die besten Jahre ihres Lebens daran geben, daß auch ihnen einmal sich die Bergfee gnädig zeigte und ihnen die große goldene Ader wiese, die zu Glück und Reichtum führt.

Besucher kommen sehr selten einmal nach Tangkogá.

Dann sind es aber auch meist Landsleute, die man mit der größten Zuvorkommenheit aufnimmt und mit herzlicher Gastfreundschaft so lange festhält, bis sie sich von der Vorzüglichkeit und der weise getroffenen Zusammenstellung des Weinkellers überzeugt und auch gesehen haben, daß selbst ein koreanischer Koch aus haltbaren Speisen in Blech mit wenigen frischen Zutaten schmackhafte und fast schlemmerhafte Mahlzeiten bereiten kann. „Wir leben hier meistlich an Kannen" hatte einer der Herren gesagt, der Deutsch=Amerikaner ist und eine Sprache spricht, zu deren Entzifferung man schon ein Habitué der New Yorker Bowery sein muß, wo diese gräßliche Abart unserer guten deutschen Sprache wild wächst. Sein Sphinxausspruch aber war jene gar zu wörtliche Übersetzung des englischen Satzes „We live here mostly on cans" (wir leben hier meist von Büchsenspeisen, cans), den er nach der Weise unserer in Amerika lebenden Landsleute in seine halbvergessene Muttersprache übertragen hatte, die er trotzdem „nicht für einiges" (not for anything, um nichts in der Welt) aufgeben möchte.

Das Hauptereignis für die Einsiedler von Tangkogä war der Besuch des Prinzen Heinrich von Preußen, der vor seiner Rückkehr von Kiautschou nach Deutschland ja auch Korea einen kurzen Besuch abstattete und sich dabei nicht versagen wollte, diese neue Erwerbung deutschen Unternehmungsgeistes, ein Denkmal unsrer stetig wachsenden Interessen im fernen Osten, selbst kennen zu lernen. Sein Aufenthalt im Juni 1899 fiel gerade in die erste Zeit der Ruhe und friedlichen Entwicklung nach den aufgeregten Tagen des Kampfes mit den einheimischen Goldwäschern. Eine Reihe wohlgelungener Photographien, die damals gemacht wurden und den Prinzen und die Herren seines Gefolges selbst bei der Goldwäsche zeigen, halten den wackern Männern von Tang=

kogä vor Augen, daß man auch daheim in der Ferne ein Interesse für ihr Lebenswerk hat. Auch der Prinz scheint gern an seinen Besuch auf dem deutschen Goldbergwerk in Korea zurückzudenken. Bei Herrn Bauer sah ich eine Ansichtskarte, die der Prinz von dem ostasiatischen Liebesmahl an ihn geschickt hatte, als Zeichen seines Gedenkens an die Tage von Tangkogä. Sonst sind außer Deutschen, die in Korea ansässig sind, nur ein Herr der Gesandtschaft in Tokio und einer vom Generalkonsulat in Schanghai hier gewesen und kürzlich ein deutscher Sanitätsoffizier, der auf Urlaub von China aus in Japan gewesen war und über Korea zurückkehrte. Noch ist also Tangkogä nur ganz wenigen bekannt. Aber hoffentlich kommt noch einmal die Zeit, wo sein Name denselben goldenen Klang und denselben das Erdenrund erfüllenden Ruf hat wie die Goldfelder Südafrikas oder Australiens, deren Namen bis in jeden Winkel der Erde im Fluge bekannt geworden sind, sobald die große Stunde des Glücks für sie geschlagen hatte.

Zu den Buddhistenklöstern in den Diamantbergen.

I.

Blüte und Verfall des Buddhismus. — Anfänge des heutigen Koreas. — Korye und Tschossönn. — Verdrängung der Mönche in die Berge. — Aufbruch vom deutschen Goldbergwerk zu den Kimgangsan.

Die goldenen Tage des Buddhismus in Korea sind längst vergangen. Schon im vierten Jahrhundert unserer Zeitrechnung fanden glaubenseifrige Lehrer und Jünger von Sakyamunis milden Geboten der Nächstenliebe ihren Weg aus Indien und Tibet über China nach Korea, wo damals mehrere Stämme sich in die Herrschaft über die Halbinsel teilten, deren mächtigster in den chinesischen Geschichtswerken Fuyu genannt wird. Wahrscheinlich ist damit ein Vorläufer der Mandschuren gemeint oder eines verwandten Volksstammes, der aus den Bergen jenseit der beiden heutigen nördlichen Grenzflüsse Yalu und Tumen in die Halbinsel eingedrungen war und dort im Kampfe mit den Eingeborenen und mit den ländergierigen chinesischen und japanischen Nachbarn sich ein eigenes Reich erobert und bewahrt hatte. Jahrhundertelang ist Korea in mehrere solcher Teilreiche zersplittert gewesen. Ein buddhistischer Mönch aus Kangwöndo, noch heute der festesten Stütze der indischen Lehre, war es, der

zu Beginn des zehnten Jahrhunderts zuerst eine nationale
Bewegung entfachte, die in wenigen Jahren zu einer Einigung
des ganzen Landes führte. Der Mönch selbst, dessen Name
als Köngwo überliefert wird, fiel zwar dem Neide eines
seiner Helfer zum Opfer, der ihn ermordete und an seiner
Statt die Führung übernahm. Aber das Werk der Einigung
blieb bestehen, und vom Anfang des zehnten Jahrhunderts
an bis zum Jahre 1392, wo das noch heute in Söul
herrschende Königshaus auf den Thron kam, ist Korea ein
buddhistisches Reich gewesen, das seinerseits wieder die
empfangene Lehre nach Japan weitergeben und dort als
das „westliche Land der Schätze" gefeiert werden konnte.

Von diesen Schätzen ist heute wohl nichts mehr übrig
geblieben. Gemeint sind Schätze an kirchlicher Literatur,
an Übersetzungen der großen kanonischen Werke aus dem
Pali und dem Sanskrit oder dem Tibetischen, wie sie während
des frühen Mittelalters in den Klöstern Koreas aufgespeichert
gewesen sein müssen. Denn Wangken, der erste Herrscher
über das geeinigte Land, blieb der Lehre treu, die ihm zum
Erfolg verholfen hatte. Große Stiftungen aus Staatsmitteln
wurden den Bonzen während seiner Regierung gemacht,
prächtige Tempel und Pagoden errichtet und kostbare Bücher=
sammlungen angelegt, in denen alles zu finden war, was
das Herz eines gläubigen Anhängers des großen Erleuchteten
erbauen konnte. Wie in unserem eigenen europäischen
Mittelalter wurden in Korea die Mönche die Pfleger und
Bewahrer der Wissenschaft, während innere Unruhen und
Angriffe von außen das Land in seiner gedeihlichen Ent=
wicklung hemmten. Die Beschäftigung mit den Urschriften
ihrer heiligen Bücher hatte die buddhistischen Mönche zu
großen Sprachkennern gemacht, die der Regierung im Ver=
kehr mit den Nachbarreichen oft wichtige Dienste leisten

mußten. Viele von ihnen, die als Dolmetscher und Schreiber Dienst bei Hofe gefunden hatten, brachten es zu hohen Ämtern, in denen sie ausschlaggebenden Einfluß auf die Geschicke des Landes gewannen. Ein Gesetz wurde erlassen, daß jede Familie, die drei oder mehr Kinder habe, wenigstens eins den buddhistischen Mönchen zur Erziehung überlassen müsse, und in allen Teilen des Landes erhoben sich Klöster und Tempel, die von der machtvollen Stellung Kunde gaben, die sich Buddha und seine Anhänger im Lande Koryé erworben hatten. Denn aus dieser Blütezeit des Buddhismus stammt auch der Name, unter dem das Land heute bei uns bekannt ist. Aus Koryé machten die Portugiesen Coria, und so hat sich bei uns der Name des mittelalterlichen Koreas erhalten, der heute im Lande selbst gänzlich unbekannt ist.

Wiederum geschah es durch den Einfluß der buddhistischen Mönche, daß gegen Ende des 14. Jahrhunderts eine neue Zeit für Korea anbrach. Ein ehrgeiziger Jüngling, dem ein alter einsiedlerischer Bonze in den Wäldern von Hamgyöngdo, der Nordostprovinz, eine große Zukunft prophezeit hatte, machte sich nach der Hauptstadt Ssongdo auf, fest entschlossen, die Wahrsagung des buddhistischen Weisen wahr zu machen. Er trat in das Heer des Königs ein, erstieg immer höhere Stufen, wurde schließlich Oberbefehlshaber und begann auf eigene Faust Politik zu treiben. In China war das Haus des Mongolen Kublai Chan am Ende seiner Tage angelangt, die Chinesen erhoben sich gegen ihre Unterdrücker, und das einheimische Geschlecht der unter dem Namen „Ta Ming" bekannten Fürsten bestieg den Nankinger Thron (1368). Im ersten Rausche ihres Erfolges wollten die Ming sich alles wieder untertan machen, was früher der Tat oder der Form nach dem Drachenthron

Lehnsdienste geleistet hatte. Auch an den König von Koryé erging die Aufforderung, die Zeichen seiner Unterwerfung nach Nanking zu senden. Er weigerte sich, und eine große chinesische Streitmacht wurde gegen ihn abgesandt, um das widerspenstige Vasallenland zu unterwerfen. Die Truppen des Landes wurden unter dem jungen erfolgreichen Oberbefehlshaber gegen die eindringenden chinesischen Horden zu den Waffen gerufen. Der aber, eingedenk der buddhistischen Wahrsagung, handelte als schlauer Mann weniger königstreu als praktisch. In der Überzeugung, daß er mit seinen geringen Truppen nichts gegen die unendliche Übermacht des großen allmächtigen Nachbarreiches vermöchte, ging er zum Mingkaiser über, verriet seinen eigenen König, dessen allerheiligsten Besitz, die Seelentafeln seiner Ahnen, er entwenden ließ, um damit in den Augen des Volkes das Ansehen der Dynastie auf immer zu untergraben, und setzte sich selbst an Stelle des entehrten Königs auf den Thron. Unter dem Namen Dä Dscho Dä Wang begründete er das Haus der Tschi Tschyen, die seit 1392 noch heute auf dem Thron sitzen. Er verlegte die Hauptstadt nach Söul, richtete die Verwaltung des Landes neu ein, wobei er sich möglichst an chinesische Vorbilder hielt, und führte auch als Staatsreligion den Dienst des Confucius ein, in der Überzeugung, daß, je enger sein Anschluß an China, desto sicherer die Zukunft seines Hauses und des ganzen Landes sein würde.

Seit der Zeit ist der Buddhismus in Korea immer mehr zurückgegangen. Selbst der Name des Reiches, den es unter den buddhistischen Königen länger als vier Jahrhunderte geführt hatte, Koryé, wurde abgeschafft und durch einen chinesischen ersetzt. Seit dem Jahre 1392 bis heute heißt das Land Tschossönn, oder vollständiger Tschossönn

Guck, „Land der Morgenfrische", nicht, wie meist fälschlich übersetzt wird, „Morgenruhe", denn Tschossönn ist nichts als die einheimische koreanische Aussprache der chinesischen Worte Tschau (Morgen), Hsiën (Frische). Die freiwillige Abhängigkeit von China, die durch den Begründer des neuen Herrscherhauses herbeigeführt war, erfuhr eine schmerzliche Verschärfung, als zu Beginn des siebzehnten Jahrhunderts der König von Tschossönn sich den Mandschuren zu widersetzen versuchte, die ihre heimischen Berge und Täler zu eng fanden und begehrliche Blicke nach China und Korea warfen. Unter den Bedingungen, die der siegreiche Mandschurenfürst dem leicht unterworfenen Lande auferlegte, war auch die Bestimmung, daß alljährlich von Peking der chinesische Kalender abgeholt werden und ausschließlich in Korea gebraucht werden solle — von alters in China das endgültige Zeichen der Unterwerfung. Und mit der törichten chinesischen Zeitrechnung mit ihren ohne Numerierung wiederkehrenden Zeiträumen von sechzig Jahren, Jahrsechzigen sozusagen anstatt Jahrhunderten, hielt auch Kungfutse mit seinem Ahnendienst und Regenopfern seinen Einzug und verdrängte Buddha vollständig aus der Sonne königlicher Gunst. Das Beamtentum wandte sich aus Nützlichkeitsgründen der von oben begünstigten chinesischen Religion zu, und nur in den entfernten Bergprovinzen von Kangwön und Kyönnsang hielten sich Tempel und Klöster, die Buddha dienten, in größerer Zahl.

Viel ist über die koreanische Abart des Buddhismus nicht bekannt geworden. Was sich darüber zum Beispiel in den Darstellungen der französischen Missionare findet, ist ohne Zweifel nur auf die Aussagen der einheimischen Christen, nicht auf eigene Anschauung gegründet, und die einzige englische Beschreibung buddhistischer Einrichtungen in

Korea stammt von einer eifrigen Vorkämpferin presbyterischer Missionsbestrebungen, der Vorurteil und feindselige Voreingenommenheit die Feder geführt haben. Die interessantesten und malerischsten Niederlassungen buddhistischer Gemeinden sollen sich in den Diamantbergen finden, der unter dem einheimischen Namen Kimgangsan bekannten höchsten Erhebung des mittleren Bergrückgrates der Halbinsel. Auf unseren deutschen Karten findet sich der Name dieses Gebirgsstockes südwestlich vom Kap Peschtschurow eingetragen, meist mit der Schreibung Keum Kang San. Die Eingeborenen schreiben diesen Namen, der ebenfalls chinesisch ist (Pekinger Aussprache Tschingang Schan) und Diamantberge bedeutet, in der ersten Silbe mit einem Zeichen, das wie ein ganz dumpfes, unbestimmtes kurzes ö oder unklares i ausgesprochen wird, so wie es sich zum Beispiel in der Sprache des Berliners dem ü nähert. Kimgangsan dürfte daher die richtigere Schreibung sein. Vom deutschen Bergwerk in Tangkogä war der Beginn dieser Kimgangsan nur gegen hundert Kilometer entfernt, wenn es auch rauhes und schwer zu durchwanderndes Gelände sein mußte, das zwischen dem Goldbezirk und den hohen Granitfelsen lag, in denen sich die Mönche ihre Zufluchtsstätten erbaut haben. Da mir aber die Reste einer alten Religion, in so abgelegener versteckter Gegend, um o bemerkenswerter und eines Besuches würdiger erschienen, als nur ganz vereinzelte Europäer das eine oder andere Kloster besucht haben und von den Deutschen noch keiner sie beschrieben hat, so beschloß ich, ohne Verzug von Tangkogä aus aufzubrechen und zu versuchen, noch vor dem Einsetzen der eigentlichen Sommerregen den größeren Teil der Klöster zu besuchen und womöglich die Diamantberge zu überschreiten.

Herr Bauer, der Direktor des deutschen Goldbergwerks,

der auf seinen großen Reisen im Innern des Landes auch diese unzugänglichen Einsamkeiten durchzogen hatte, konnte mir höchst wertvolle Angaben über Namen und Entfernungen machen, so daß ich beim gänzlichen Mangel an Karten nicht so ganz im Dunkeln zu tappen brauchte. Denn auch die Pferdetreiber aus Sŏul waren nie in ihrem Leben in dieser Gegend gewesen, ihre Wegekenntnis beschränkte sich auf die große Straße zwischen der Hauptstadt und der Ostküste, und der Dolmetscher, ein Zögling der französischen Mission in Sŏul, hatte natürlich in seiner Heidenverachtung nie den Drang verspürt, diese Hauptsehenswürdigkeit seines Vaterlandes kennen zu lernen.

Die Gegend, die ich nach dem Abschied von Tangkogä zu durchziehen hatte, gab der wilden Schönheit des Landes in der Umgebung des deutschen Bergwerkes wenig nach. Zwar war das Land offner, die Täler weniger gewunden und schon breiter eingeschnitten, aber alles war ebenso dicht mit Laubwald und Nadelholz, mit Buschwerk und blühenden Sträuchern bedeckt, daß man immer wieder an unsere deutschen Mittelgebirge erinnert wurde. Nur im Tale selbst war natürlich alles fremdartig, da hörte die Ähnlichkeit mit Thüringen oder dem Schwarzwald auf, und Korea zeigte sich immer echter und unverfälschter, je weiter ich nach Osten ins Gebirge kam. Die Dörfer waren spärlich gesät im Lande und sehr klein, selten aus mehr als zwanzig oder dreißig Häusern bestehend, und die Bewohner offenbar noch gänzlich unbekannt mit der Erscheinung eines Weißen in ihrer Mitte. In einem der Dörfer, etwa dem sechsten, das ich nach Tangkogä erreichte, war, wie ich durch den Dolmetscher in Erfahrung bringen ließ, vor langen Jahren einmal ein Fremder gesehen worden. Seinen Namen hatte der Dorfälteste aufbewahrt. Ich fand eine in chinesischen und koreanischen Schriftzeichen gedruckte Visitenkarte, auf der auch nicht ein Wort oder ein Buchstabe die europäische Herkunft verriet. Mit vieler Mühe gelang es mir herauszufinden, daß sich unter dieser ostasiatischen Vermummung ein Russe aus Wladiwostok verbarg, der Lehrer an einer der Regierungsschulen zu sein schien, die man dort für die zahlreichen koreanischen Einwanderer eingerichtet hat. Dort werden die Koreaner, die aus dem unwirtlichen Norden der Provinz Hamgyöng in die verlockenderen Landschaften jenseit des Tumens übersiedeln, von den Russen mit offenen Armen aufgenommen, der griechischen Kirche zugeführt und mit der russischen Sprache vertraut gemacht — die ersten stillen Schritte zur friedlichen Erwerbung des Landes.

II.

Aufstieg gegen das Rückgrat der Halbinsel. — Wegschwierigkeiten. — Kletterleistungen koreanischer Packpferde. — Von der Neugier der Eingeborenen und der Neugier der Europäer. — Patriarchenfamilie im stillen Weiler.

Nach und nach wurde die Landschaft immer rauher und großartiger. Die sanfteren Formen der stark abgetragenen älteren vulkanischen Gesteine werden häufig abgelöst durch schroffere Bildungen der mesozoischen Zeit, und hier und da tauchen auch schon jüngere vulkanische Vorkommen auf. Basaltische Lava sieht man gelegentlich die Hänge bedecken, in ungefügen schwarzen Blöcken, schon von weitem durch die zahlreichen kleinen Löcher und schwammähnlichen Röhren kenntlich, aus denen die heißen Gase ihren Weg ins Freie gefunden haben. Augenscheinlich nähert man sich einem Gebiet großartiger vulkanischer

Tätigkeit, wenn auch die Formen, die einem jetzt entgegentreten, schon viele Millionen Jahre auf dem Rücken haben mögen. Die ungeheuren Wassermengen, die in so unmittelbarer Nähe der Küste heruntergehen müssen, haben hier schon emsig an der Umgestaltung des ursprünglichen Bildes gearbeitet. Unzählige Flüsse haben sich gebildet, alle vom Kamm des Gebirges rasch ihren Weg nach Westen nehmend. In den meisten Läufen ist zurzeit wenig Wasser, nur ein paar Fuß hoch fließt es in der Mitte entlang, zuweilen in mehreren fast gleichlaufenden Kanälen, von denen der eine oder andere für die Berieselung der Reisfelder dienstbar gemacht ist. Aber die ungeheure Breite der Betten läßt ahnen, welche Unsummen von Wasserkraft diese Wege herabkommen müssen, denn weit und breit ist alles besät mit wuchtigem Geröll, das nur von Flüssen starken Stromes heruntergeschafft und weitergeschoben worden sein kann. Auch jetzt noch, wo seit vielen Monaten keine nennenswerten Regenmengen heruntergegangen sind, hat das spärliche Wasser eine unglaubliche Kraft. Fast überall sind die Brücken, einfache korbgeflechtähnliche Machwerke aus Reisig und Lehm, auf ein paar Kiefernpfeiler gelegt, zerstört und liegen vernachlässigt im Fluß auf dem Trockenen. Nur in der Regenzeit, heißt es, bekümmert sich der Koreaner um seine Brücken. In den trockenen Monaten kann man ja durchwaten. Aber auch bei solch niedrigem Wasserstande, wie er der ausgehenden trockenen Zeit eignet, schießt das klare Wasser mit unheimlicher Kraft zwischen den mächtigen Blöcken hindurch, so daß die Pferdetreiber, die zu Fuß hindurch müssen, Mühe haben, sich gegen das starke Gefäll zu halten, wenn ihr Fuß einmal abgeglitten ist von den Steinen, die an Stelle der Brücke den Übergang trockenen Fußes ermöglichen sollen.

Schon am Abend des ersten Marschtages verlor ich den Weg. Zwei Pässe waren glücklich überschritten und auch ein Übergang über den großen Fluß gefunden, der von Norden aus Hamgyöngo herunterkommt und hier eine rechtwinklige Biegung zur Ostküste macht; die große Brücke, von der man berichtet hatte, war zwar verschwunden, aber die Pferde können den Fluß durchwaten, wenn dem Reiter auch das Wasser bis an die Knie geht. Von da ab aber war völlige Terra incognita. Die wenigen Leute, die sich auftreiben lassen und auf weite Entfernungen von Dolmetscher und Pferdeknechten angerufen werden, haben nicht die leiseste Vorstellung, wie man zu den Klöstern gelangen kann. Ein uralter, zahnloser Mummelgreis, den wir in der Nähe einer Köhlerhütte im Walde treffen, sagt mit rühren= der Naivität, er hätte den Weg zwar einmal gemacht, aber er wisse ihn nicht mehr, könne sich auch nicht mehr besinnen, wie weit es noch sei. Als ich ganz ungehalten über diese mangelhafte Auskunft durch den Dolmetscher frage, ob er denn nicht ungefähr sich noch der Richtung besinne, antwortet er ganz demütig: Ach Herr, es ist wohl schon 60 Jahre oder länger, daß ich diese Reise gemacht habe, jetzt weiß ich wirklich nichts mehr davon. Er erbietet sich aber, uns zu einem Ort zu führen, wo die Pferde ihr warmes Bohnen= futter bekommen können. Der Weg sei zwar ein bißchen lang, aber ganz bequem. Und nun beginnt eine Kletterei, wie ich sie für eine aus Pferden mit schwerem Gepäck und lasttragenden Menschen zusammengesetzte Karawane für un= möglich gehalten hätte. Wir hatten ja schon in China in den Bergen unser blaues Wunder erlebt und mit wachsen= dem Erstaunen gesehen, was man den Ponies der Chinesen und vor allem ihren Maultieren zumuten kann. Aber das war, wenn auch nach deutschen Erfahrungen schon gewaltige

Leistungen, Kinderspiel gegen die Kraxelei, die hier die kleinen koreanischen Hengste vollführten. Unverdrossen stiegen sie mit ihren schweren Packsätteln höher und höher, auf ganz glatten Granitblöcken empor, wo kein europäisches Pferd seinen Huf lassen könnte, auf schmalem Saumpfad, der kaum erkennen ließ, daß vor uns schon Mensch oder Tier ihn beschritten hatten. Um mein Pferd zu entlasten, war ich längst abgesessen, hatte das Tier leer unterm Sattel gehen lassen und war selbst zu Fuß vorangegangen. Aber ich mußte gewaltig ausschreiten, wenn ich mit meinen Pferdetreibern Schritt halten wollte. Unter fortwährenden ermunternden Zurufen der Treiber drängten die wackern Tiere vorwärts, klommen Steigungen hinan, die ihnen die ganze Bepackung auf die Kruppe rutschen ließen, so daß die Mafu ihnen durch allerhand kräftige Handgriffe an Schweif und Schenkel das Gleichgewicht wahren mußten. Ich gestehe, daß ich nach drei Stunden dieser Kletterei völlig erschöpft war. Dabei hatte ich nach und nach alle entbehrlichen Kleidungsstücke abgelegt, bis ich schließlich nur mit Tropenhelm, Hemd und Hose in meinen schweren Stiefeln, den Alpenstock in der Hand, einherging. Oben auf der Höhe des Berges fand sich eine prächtige kühle und klare Quelle, und ein kräftiger Schluck Wasser, - mit einem Tropfen Kognak vermischt, frischte die Lebensgeister wieder auf. Jetzt ließ sich erst sehen, was für einen Weg man hinter sich hatte. Es war in einem dichten, waldbestandenen Tal hinaufgegangen, das sich noch nicht genügend tief in den Granit eingeschnitten hatte, um einen brauchbaren Weg abzugeben. Die steile Rückwand des Tales hatte ganz erklommen werden müssen — nur damit wir auf der andern Seite wieder hinabsteigen könnten, denn dort lag das Dorf, wo die Pferde gefüttert werden sollten.

In andern Ländern würde man sich dafür bedanken, der Packtiere wegen sich solche Umstände zu machen. Da nun aber einmal die Pferde hier keine frische Fütterung kennen und wohl auch schwerlich vertragen würden — nicht einmal kaltes Wasser aus dem Fluß bekommt ihnen —, so muß man sich schon fügen und seinen Reiseweg nach den Bedürfnissen der Pferde einrichten. Und schließlich verdienen es die braven Tiere auch, sie leisten vielleicht soviel in ihrer Art wie kein anderes Tier ihrer Gattung. Unten im Dorf war es ganz idyllisch, so daß bald die Mühsal des Weges vergessen war. Die Ankunft von Fremden mit soviel Menschen und Tieren im Ort war natürlich ein hervorragendes Ereignis für die spärliche Bewohnerschaft. Die Leute hatten wohl noch nie einen Fremden gesehen. Es schien daher sofort von dem Schulzen= amt und den Ältesten in außerordentlicher Sitzung ein öffentlicher Feiertag angesetzt worden zu sein, denn alles ließ seine Arbeit stehen und liegen und eilte, die auslän= dischen Wundertiere anzuschauen.

Die Reisenden, die bisher Korea besucht und beschrieben haben, können sich gar nicht genug tun in ihren Klagen über die unausstehliche Zudringlichkeit und Neugier der Bevölkerung. Gewiß sind die Eingeborenen entsetzlich neu= gierig. Aber ich muß sagen, das hat mich nie gestört. Ihre Neugier hat etwas gutmütig Freundschaftliches, was nie verletzt oder ärgerlich macht. Ich glaube gern, daß eine Dame, die wie Frau Bishop allein durch ein solches Land reist, wo man die Frauen nicht in der Öffentlichkeit kennt, zuweilen peinlichen Unannehmlichkeiten ausgesetzt sein mag. Das würde aber eine alleinreisende Dame in den meisten Ländern der Welt sein, und man darf die Schuld an solchen aus Neugier und Unkenntnis der Eingeborenen entstehenden Mißlichkeiten nicht ausschließlich den Koreanern in die Schuhe schieben. Man sollte sich in solchen Lagen immer zu vergegenwärtigen suchen, wie man selbst den Leuten erscheint, mit denen man sich abzufinden hat. Den meisten Reisenden wird es gehen wie mir: sie müssen ohne jegliche oder nur mit ganz geringer Kenntnis der Landessprache sich durch unbekannte Gegenden bewegen und können sich mit den Bewohnern, auf deren Hilfe und Freundlichkeit sie auf Schritt und Tritt angewiesen sind, nur höchst unvollkommen durch einen unzureichenden Dolmetscher verständigen. Solange der ganze Verkehr zwischen zwei sich völlig fremden und unähnlichen Wesen auf dieser alleruntersten Anfangsstufe stehen bleibt, kann natürlich auch Bekanntschaft und Interesse nicht gut über den Menageriestandpunkt hinaus gedeihen. Das heißt, wir sind für die Eingeborenen genau das, was das wilde Tier im zoologischen Garten oder in der von Dorf zu Dorf ziehenden Tierbude für das Kind ist. Und man sollte sich in diese Rolle schicken können und ganz zufrieden sein, solange man nur „gefüttert", nicht „geneckt" wird. Wir betrachten und behandeln ja die Eingeborenen auch nicht anders als von diesem Standpunkt aus, als eine interessante Sehenswürdigkeit. Wir messen den armen, abergläubischen Kerlen die Schädel, wir befühlen ihr Haar, gucken ihnen in die Töpfe und lauschen ihnen ihre Küchengeheimnisse ab, wir stellen ihnen die indiskretesten Fragen über dies und das und benehmen uns mit einer, gelinde gesagt, geradezu pöbelhaften Neugier. Da aber alles der Wissenschaft zuliebe geschieht, verlieren wir kein Wort darüber, halten uns vielmehr für berechtigt, uns über die unausstehliche Neugier dieser Eingeborenen aufzuhalten, wenn sie ihrerseits auch gern ihr Wissen bereichern und sich darüber belehren wollen, wie so ein überseeischer Barbar eigentlich in der Nähe aussieht. Da muß erst befühlt werden, wo die Kleidung aufhört, wo die Haut anfängt, damit man auch weiß, ob man Fleisch von ihrem Fleisch, Bein von ihrem Bein oder gar ein leibhafter roter Teufel von jenseit des Weltmeeres ist. Da muß genau beobachtet werden, was das fremde Wesen an Speisen genießt, ob er wirklich schon zum Frühstück ein kleines Kind mit Pfeffer und Salz verspeist und nachher seine Zähne aus dem Munde nimmt. Die Anschauung, daß der Weiße sein Gebiß und womöglich auch seine Augen sich aus dem Kopfe nehmen könne, hat sich wie unter den Wilden Afrikas auch bei den Koreanern eingeschlichen; leider mußte ich dies schöne Sagengewebe mit rauher Hand zerstören, da ich sowohl mich noch meiner eigenen Zähne erfreue, als auch meine eigenen unverglasten Augen im Kopfe trage.

Eine Herberge gab es in dem kleinen Waldweiler nicht, und ich mußte das ganze Örtchen für mich, meine Pferde und Leute als Quartier in Anspruch nehmen. Ich selbst fand bei einem ehrwürdigen Pater familias Unterkunft, der sich augenscheinlich von früh auf an das Wort gehalten hatte: Seid fruchtbar und mehret euch! Denn der alte Weißbart, der übrigens schon auf Grund seines langen wallenden Bartes bei den meist sehr spärlich behaarten Koreanern wie ein Heiliger verehrt werden mußte, war umringt von einer großen Schar von jüngern Männern, Frauen, Kindern jeglichen Alters, die er insgesamt für seine Nachkommen erklärte. Das war in der Tat das Ideal der Familie, wie es Emile Zola in seiner Fécondité vorschwebt. Die Vorstellung der Söhne und Töchter, Enkel und Urenkel nahm gar kein Ende. Aus jedem Winkel des Hauses, aus jeder Hütte des Dorfes tauchten immer neue Menschen=

kinder auf, Enkel und Neffen, Großnichten und Urgroß=
enkelinnen. Auch einige sehr hübsche Frauen waren darunter.
Eigentlich die ersten, die ich hier im Lande sah. Denn der
Koreaner hält alles Weibliche im Hause, nur die misera
plebs läßt ihre Frauen ausgehen. Sonst gehören, wie die
Kühe und Stuten, Frauen und Mädchen zu den Selten=
heiten des koreanischen Straßenbildes. Aber „hier draußen
bei uns auf dem Lande" war es eben ländlich=sittlich, wie
anderswo auch. Ganz junge Frauen, von kaum mehr als
14, 15 Jahren, säugten sans peur et sans reproche ihre
Kleinen vor unseren Augen, wie überhaupt das Stillungs=
geschäft in Korea als eine Naturnotwendigkeit angesehen
wird, deren sich die Mutter nicht zu schämen hat. Aus
diesem Grunde läßt die Kleidung der Frauen die Brust
unbedeckt. Man kann ja auf dem Gebiete der Bekleidung
des Frauenkörpers mancherlei Absonderlichkeiten erleben.
Bald wird oben, bald unten etwas freigelassen. Die
Koreanerinnen sind von den Hüften nach unten ganz züchtig
mit weiten Hosen und Überröcken bekleidet, aber die Brust
wird frei getragen, Winter und Sommer.

Merkwürdigerweise war noch niemand von dieser zahl=
reichen Familie dieses koreanischen Pierre Mathieu in den
Buddhistenklöstern gewesen. Zu meiner großen Befrie=
digung hörte ich aber, daß ich nur noch etwa 20 km
von dem ersten entfernt sei. Ein Führer sollte mich
am nächsten Tage auf den richtigen Weg bis zum Eingang
des Klostergrundes bringen, wenn ich bereit wäre, dem
Manne 700 Käsch als Führerlohn zu zahlen. Das waren
nach Söuler Geld nur 28 Cent, und die, so schien mir,
konnte man schon anwenden, wenn man nach harten
Marschtagen endlich am dritten Tage das ersehnte Ziel
erreichen sollte.

In Tschanganssa, dem Kloster der ewigen Ruhe.

I.

Unter den Weltflüchtigen. — Wohltätiger Einfluß der Einsiedelei auf die Charakterbildung. — Vorteilhafter erster Eindruck der Mönche. — Ankunft und Empfang in Tschanganssa.

Drei Tage lebe ich nun schon hier inmitten der idyllischsten Natur und märchenhaftesten Umgebung, und noch scheint es, als ob der tropische Platzregen, der seit drei Tagen herunterprasselt und alle Wege unpassierbar macht, mich noch länger hier festhalten will. Es war wie bei einem Pfingstausflug in Deutschland, auf den man sich das ganze Jahr freut und der dann unweigerlich verregnet. Aber wie solche Gelegenheiten trotz Regens und gänzlich unvorschriftsmäßiger Abwicklung des Programms zuweilen sich viel schöner gestalten als vorausgesehen, so bin auch ich damit bis jetzt sehr zufrieden, daß der Anbruch der Regenzeit mir einstweilen einen Strich durch die Rechnung macht und mich gleich an der ersten Etappe meiner Überschreitung der Diamantberge eine unvorhergesehene Pause machen heißt.

Mit großer Erwartung hatte ich der Ankunft im Kloster entgegengesehen. Schon vor Jahren, als ich Lord Curzons ausgezeichnetes Buch Problems of the Far East las, waren mir die Buddhistenklöster, denen darin ein kurzes Kapitel gewidmet ist, als die vollkommensten Vertreter der Stätten weltflüchtiger Einsamkeit und tatenloser Beschaulichkeit erschienen, nach denen sich zu allen Zeiten und in allen Ländern unter bestimmten Verhältnissen Menschen gesehnt haben. Uns neuzeitlichen Mitteleuropäern will ja das Leben nicht des Lebens wert dünken, wenn wir nicht von morgens bis abends „etwas zu tun" haben, wenn wir nicht tagaus tagein, Jahr um Jahr einem bestimmten Ziele nachstreben können und unsere Tage hinbringen in der ruhelosen Jagd nach Erwerb von Geld und Gut, Ruhm und Ehre, Macht und Wissen. In dem jüngsten Ergebnis europäischer Rassenkreuzung, dem Amerikaner, hat dieser Drang nach Betätigung ja eine Fieberhitze erreicht, die selbst uns älteren Europäern, die wir nach Anschauung des Yankees schon in träger Entartung verkommen, wie etwas Krankhaftes erscheinen will, das des Mitleides und ärztlicher Hilfe bedarf. Ebenso muß dem Morgenländer das Leben des Europäers vorkommen, seine Ruhelosigkeit, seine Lust zur Arbeit, seine Unbeständigkeit und sein Verlangen nach Abwechslung, nach neuen Eindrücken, neuer Umgebung, neuer Beschäftigung. Kein größerer Gegensatz läßt sich denken in Lebensauffassung und Lebensführung als zwischen dem morgenländischen Weisen und Einsiedler und beispielsweise dem typischen Chicagoer Dollarjäger. Der eine hat nach kurzem, ruhelosem Schlaf des Morgens kaum die Augen geöffnet, da greift er schon mit nervöser Hast nach der Zeitung und überfliegt die kurzen Zeilen, die ihm in schreienden Lettern die jüngsten Verbrechen, Eisenbahnunfälle, Kursschwankungen wie mit Keulenschlägen vorsetzen. Dann geht es im Laufschritt zur elektrischen Bahn, im sausenden Fahrstuhl hinauf in die Geschäftsstube, wo Schreibmaschine,

Fernsprecher und Stenograph wetteifern, möglichst viel Tätigkeit in wenige Stunden zusammendrängen, während der selbsttätige Telegraph ununterbrochen die Drahtmeldungen der Börsen in aller Herren Ländern heruntertickt. Die Mahlzeiten werden in ein paar Minuten mit unwürdiger Hast heruntergeschlungen und die Getränke im Stehen hinabgegossen, damit auch nicht eine Minute dem Hauptzweck des Daseins verloren gehe, der unermüdlichen Jagd nach dem Dollar. Und so hastet er von früh bis spät, ohne eine einzige wirkliche Ruhepause, wo Körper und Geist sich von der aufreibenden Hetze erholen könnten. Der Beruf wird gewechselt mit derselben Leichtigkeit wie die Wohnung, der Lebensgefährtin wird man ebenso rasch überdrüssig wie des Elternhauses und des eigenen Heims. Abwechslung um jeden Preis ist die Losung. Und auf der andern Seite der morgenländische Mönch und weltfremde Waldmensch, dem Einförmigkeit des Lebens, Vermeidung aller Erregungen und Wechselfälle die Sorge aller Sorgen ist. Freiwillig sagt er sich los von der Welt und ihren Freuden, ihren Hoffnungen und Enttäuschungen, ihrem belebenden Wechsel von Anstrengungen und Erfolg, Arbeit und Ruhe. Er sucht sich die abgelegensten Erdenwinkel aus und errichtet sich dort, möglichst gesichert vor allen Störungen durch die Außenwelt, seine Heimstätte und ist zufrieden, wenn er hier sein Leben verbringen kann in beschaulicher Ruhe, ohne jeden Ehrgeiz als den seiner eignen sittlichen Vervollkommnung, damit seine Seele nach seinem buddhistischen Glauben bei ihrer nächsten Fleischwerdung eine höhere Stufe, näher der vollkommenen Wunschlosigkeit und Freiheit des Nirwanas, erreichen und einen Schritt weiter tun könne zur Verkürzung der Last und Qual dieses irdischen Daseins, das sich dem oberflächlichen Weltling fortsetzt in endlosen Wiederholungen.

Es sei bei diesem Vergleich, bei dem um des Beispiels willen die Gegensätze schärfer betont sind, als sie sich für gewöhnlich ausgeprägt finden werden, zunächst einmal von dem religiösen Element abgesehen, das in dem einen Fall eine mehr oder weniger konventionelle Rolle spielen wird, im andern den Hauptinhalt des ganzen Lebens darstellen soll. Wenn man nur die unmittelbaren Wirkungen betrachtet, die diese beiden Extreme von Lebensführung auf die Ausbildung des Menschen und seines Charakters ausüben müssen, wird man wohl bei dem Weltflüchtling, der sich in Entsagung übt, mehr von den anziehenderen Seiten des Gemüts und des Herzens finden, als bei dem ruhelosen Dollarjäger, der keine Zeit hat, über sich nachzudenken. Nach kaum siebzigstündiger Bekanntschaft soll man kein Urteil über Menschen fällen, vor allem nicht, wenn man sich nur mangelhaft mit ihnen verständigen kann. Aber das kann ich schon heute sagen, daß der erste Eindruck, den die Mönche von Tschanganssa auf mich machen, außerordentlich günstig ist. Ich mache mir durchaus keine Wahnvorstellungen über die überlegenen sittlichen Eigenschaften dieser buddhistischen Bonzen; ebensowenig wie in Europa das Anlegen der Kutte und das Gelöbnis der Frömmigkeit, Keuschheit und Armut mit Notwendigkeit aus einem Menschen einen Heiligen machen, so glaube ich auch nicht, daß die Insassen dieser koreanischen Klöster, nur weil sie sich den Schädel glatt geschoren haben und Mönche geworden sind, besser sein müssen in ihren Gedanken und Handlungen als wir Kinder der Welt. Mag der Schein auch trügen, einstweilen sind mir Abt und Mönche von Tschanganssa die freundlichsten Wirte und aufmerksamsten Diener, vom Augenblick an, da ich als müder Wanderer bei ihnen einkehrte.

Über viele brückenlose Gebirgsbäche, durch endlose Talwindungen war es gegangen, bis wir schließlich am Mittag

des dritten Tages, seitdem wir das deutsche Bergwerk ver=
lassen hatten, am Eingang eines schönen, hochstämmigen Laub=
waldes standen, wie ich ihn bisher in Kangwöndo noch nicht
gesehen habe. Wenige hundert Meter weiter erhob sich als
Zeichen, daß wir auf geweihtem Grunde seien, ein merk=
würdiges Bauwerk: auf zwei schlanken, etwa 7 m hohen
Pfosten ein Gitterwerk aus pfeilähnlichen Stäben, das in
der Mitte von einem Köcher mit dem Landeswappen gekrönt
war, jener eidotterähnlichen Verschlingung des männlichen
und weiblichen Prinzips, das in der Naturlehre von Confucius
eine große Rolle spielt und von dem jetzigen Herrscherhause
Tschi Tschyen als Wappen Tschossönns angenommen worden
ist. Es war ein Hungsalmun, ein „rotes Pfeiltor", das in
Korea dasselbe sagen will wie in China die gelben Ziegel:
was sich hinter diesem Tore befindet, steht über dem Gesetz,
es erfreut sich kaiserlicher Huld. An alten Grabdenkmälern,
Denksteinen und Heiligenschreinen ging es vorbei auf
herrlich kühlem, schattigem Waldweg, dicht umrahmt von
Kiefern, Eichen, Ulmen, Birken, Kastanien und Akazien —
da schimmern auch schon aus dem Grünen die zahlreichen
Dächer der Klosteranlage hervor, geschweifte ziegelgedeckte
Giebeldächer, wie sie uns aus China längst bekannt und
vertraut sind. Weiter geht es im Walde, an kleinen Hallen
vorbei, die unter ihrem wuchtigen Säulendach Inschriften=
tafeln mit chinesischen Schriftzeichen beschützen, über einen
reißenden Wildbach, den die Pferde durchwaten müssen, da
die Brücke nur für leichtes Menschengewicht ausreicht, mitten
durch die gewaltigen Granitblöcke, die dem brausend und
zischend dahin schießenden Wasser nur wenig freie
Bahn lassen, bis zu einem zweiten großen Tor, von
dessen Giebeldach einem schon von weitem die chinesischen
Schriftzeichen Tschang Ngan Sse entgegenleuchten,

"Kloster zur ewigen Ruhe", nach koreanischer Aussprache Tschanganssa.

Nach den Schilderungen, die ein amerikanischer Missionar, der mit Frau Bishop dasselbe Kloster besucht hat, in einer früher in Söul herausgegebenen Zeitschrift von seinen Erfahrungen und angeblichen Beobachtungen an diesem Platze gibt, sollte man ein „Laßt, die ihr eingeht, jede Hoffnung fahren!" überm Eingang erwarten, wie es Dante über die Höllenpforte setzt, anstatt eines Willkommengrußes, der für die Gefilde der Seligen eher angemessen wäre als für einen Ort, vor dessen Sittenlosigkeit es dem braven Heidenbekehrer schauderte. Gegen eine über hundert Meter hohe, üppig mit gemischtem Nadel= und Laubwald bestandene Felswand lehnt sich die ganze Anlage an: zahlreiche tempelartige Gebäude mit schweren geschweiften Dächern, deren graue Ziegel einen Flechten= und Moosbezug tragen, als ob sie alte Patina angesetzt hätten, offene Hallen, deren buntbemalte Dächer auf riesigen Holzsäulen ruhen, und alles, Höfe, Treppen, Hallen, belebt von zahlreichen weißgekleideten Männern mit kurzgeschorenem Haupthaar. Aus ihrer Mitte löst sich einer ab, der schon von weitem der Karawane entgegenkommt. Es ist der Abt, der, von meinem vorausgeschickten Dolmetscher verständigt, sich beeilt, mir entgegenzukommen und mich willkommen zu heißen. Er ist ein Mann von etwa vierzig Jahren, von eigentümlich weichen, sehr slawisch anmutenden Gesichtszügen, der mit seinem langen Spitzbart und der kronenartigen Kopfbedeckung aus gelbem, feinzersplissenem Bambus viel eher wie ein weltlicher Edelmann aussieht als wie der Häuptling einer kleinen Gemeinde weltfremder Büßer. Mit tiefen Verbeugungen, bei denen die Stirn fast den Boden berührt, nähert er sich und bittet einzutreten mit einer Handbewegung, die genau aussieht, als wolle er sagen: Bitte, treten Sie näher, tun Sie ganz, als ob Sie zu Hause wären. Und zum Zeichen, daß er's ernst meint, läßt er alsbald aus einer der Haupthallen alle Sachen der bisherigen Insassen entfernen, den mit wachstuchähnlichem koreanischen Ölpapier belegten Fußboden mit sauberen Matten bedecken und auf kleinen zierlichen Tischchen allerhand Erfrischungen herbeibringen. Da gibt es Honig, mit eiskaltem Wasser verdünnt, worin entschälte Kiefernkerne schwimmen, kleine Kuchen wiederum aus diesen Kernen und Honig gebacken und andere aus Reis und Honig, kleine Plätzchen aus einer Art Rübsamen oder ähnlichem Zeug, was sehr an Kanarienvogelfutter erinnert und von all diesen buddhistischen Schleckereien wirklich scheußlich schmeckt, während das Honigwasser mit den ölhaltigen weichen Kernen und die Reiskuchen ganz schmackhaft sind. Auf der breiten Veranda der Halle, die eine entzückende Aussicht auf den rings von hohen Bergen eingefaßten Tempelhof bietet, breiten die Diener Feldbett und Koffer aus, die Pferde werden in den geräumigen Klosterstallungen untergebracht, und auch den Dienern und Treibern schleppt man alsbald auf zahlreichen Tischchen allerhand geheimnisvolles Zeug in sauberen Schalen aus geglättetem Holz herbei: Algen gestowt und geröstet, gebrannte dicke Bohnen, Salat aus Pilzen und zu allem als Würze eine scharf riechende, dunkelbraune Tunke, die wie Soya oder Worcestersauce aussieht. So fühlt man sich nach kaum einer halben Stunde wirklich ganz wie zu Hause, kommt sich nach den engen Dorfherbergen wie im siebenten Himmel vor inmitten dieser geräumigen saubern Halle und unter den reinlich angezogenen Menschen und sieht ohne allzu große Beklemmungen, daß sich der Himmel immer dicker und schwärzer mit Regen und Sturm verheißendem Gewölk bezieht.

II.

Die Klosteranlage im Urwalde. — Gedenkhallen der Pilger. — Tibet, nicht Indien, das Ursprungsland des koreanischen Buddhismus. — Nam mu a mi ta Bul, die ewige Gebetsformel. — Nachtdienst im Tempel.

Es sind mehr als ein Dutzend Häuser und Hallen, die sich in dem uralten Klostergrund von Tschanganssa zwischen den hohen Bäumen am Ufer des rauschenden Gebirgsbaches erheben. Sie bilden mit dem einförmigen stillen Leben der Mönche, das sich zwischen ihnen abspielt, einen merkwürdigen Gegensatz zu der sie umgebenden Natur, die hier in aller Einsamkeit sich majestätisch und laut gebärdet. Die Schichten von Gneis, die, wie es scheint, den Grundstock der Diamantberge bilden, sind hier durchbrochen worden von vulkanischen Ausbrüchen, die ihrerseits wieder zerstört werden durch die in diesem Klima mit unerhörter Stärke arbeitenden Kräfte der Erosion, der Umgestaltung der Erdoberfläche durch die fließenden Wasser, die einmal im Frühling, zur Zeit der Schneeschmelze, und dann wieder im Hochsommer, in der Regenzeit, den Höhepunkt ihrer Tätigkeit erreichen. Mächtige Blöcke von Granit hat das Wasser schon abgelöst von den breiten, kuppenförmigen Decken, die den Gneis überlagern, und nach jedem Regenguß läßt sich mit wunderbarer Deutlichkeit die Art seiner zerstörenden Tätigkeit beobachten, wie Granitgrus und Sand mit Wucht im rasch dahin schießenden Strom gegen die Felswand geschleudert werden, wie in brausenden Fällen der Fluß von Stufe zu Stufe herunterstürzt und sein Bett allmählich vertieft und verbreitert. Ein ununterbrochenes Donnern und Tosen durchhallt den Wald, in der Nähe des Wassers alles übertönend, so daß man sein eigenes Wort nicht verstehen kann. Nur ganz schwach, wie aus weiter, unerreichbarer Ferne, läßt sich dann und wann ein verhallender Gongschlag oder der dumpfe volle Ton der großen Glocke hören, der davon Kunde gibt, daß die Bonzen in den Tempeln ihre Andacht verrichten.

Mit wenigen Ausnahmen dienen alle Baulichkeiten der ausgedehnten Anlage dem Gottesdienst, wenn man die Verehrung Buddhas, die ja die Anbetung eines persönlichen Gottes nicht kennt, Gottesdienst nennen darf. Selbst die Wohnhäuser der Mönche, das Refektorium und die Küchen haben Altäre, auf denen ein Bild des Heiligen thront, und wo eine Bronzeschale mit Räucherkerzen und glimmenden Lämpchen zeigt, daß man auch an diesen Orten des „großen Erleuchteten" eingedenk ist. Nur die Stallungen und die Hallen zur Aufnahme der Weihetafeln sind völlig profane Gebäude, wenn auch deshalb nicht weniger malerisch und stattlich. Bemerkenswert und im Gegensatz zu buddhistischen Tempelanlagen in China und Japan etwas eigen Koreanisches sind diese Weihehallen, in denen sich fromme Pilger verewigen. Es sind offene Hallen, die etwa 10 Meter im Geviert messen, gedeckt mit einem schweren, auf ungeheurem Dachstuhl ruhenden Ziegeldach, das in seinem grünen Hauch von Flechten und Moosüberzug ungemein ehrwürdig aussieht. Die größte dieser Hallen befindet sich in der Mitte vor dem großen Tempelhof und bildet zugleich den Hauptdurchgang und eigentlichen Eingang zum innern Kloster. Auf einem Unterbau aus massigen Granitblöcken erhebt sich das Bauwerk, in der Hauptsache nur ein Dach, das auf zwanzig starken Holzsäulen ruht. Wie überall in Ostasien ist Giebel und First des Daches überreich verziert mit verwickelten Holzschnitzereien, wie ja eine Baukunst, die noch kein anderes Material zu benutzen gelernt hat als Holz, sich zumeist in der Ausschmückung der Bedachung betätigen muß. Das ganze Schnitzwerk ist bunt bemalt, auch darin sehr ähnlich chinesischen Dächern, nur sind die Farben mannigfacher als in China, wo fast ausschließlich Grün, Blau und Rot verwendet werden. Wind und Wetter haben den ursprünglich wohl ziemlich grell barbarischen Farbenschmuck stark verwittert und abgetönt, so daß jetzt die Verblendung aller Töne vollkommen ist und die ganze Halle einen sehr malerischen Anblick bietet. Innen sind Dachstuhl und Säulen über und über bedeckt mit kleinern und größern eingerahmten Holztafeln, auf denen sich in zierlich eingeschnitzten chinesischen Zeichen die Pilger verewigt haben, die das Kloster besucht und vor seinen Heiligenbildern ihre Andacht verrichtet haben. Kein Fleckchen des Innenraums ist unbenutzt gelassen, dicht nebeneinander hängen die schwarzen Bretter mit ihren hellleuchtenden, weißgemalten Inschriften, ganz wie in den Kneipen unserer Studentenverbindungen sich Silhouetten und Photographien der alten Herren drängen. In der Mitte und alle andern durch Größe und Ausstattung überragend hängt eine hohe Tafel, auf der in fußgroßen chinesischen Zeichen der volle Name des Klosters eingeschnitten ist: Kimgangsan Tschanganssa, d. h. Kloster (ssa) zur ewigen (tschang) Ruhe (an) in den diamantnen (kimgang) Bergen (san).

Mit Hilfe meines Pekinger Dieners und des koreanischen Dolmetschers habe ich sämtliche Inschriften gelesen, da ich gern feststellen wollte, ob auch aus den buddhistischen Nachbarländern Pilger hier gewesen sind. Außer einigen wenigen japanischen Namen fanden sich aber nur koreanische, während man in den Tempeln und Klöstern Chinas und Indiens häufig Zeichen der Erinnerung an fromme Wanderer findet, die den weiten Weg aus Tibet oder Siam nicht gescheut haben, um an besonders verehrungswürdigen Stätten ihres Glaubens vor dem wundertätigen Buddhabilde zu beten und zu opfern. Überhaupt finde ich von Spuren des Zusammenhanges mit den Stammländern des Buddhismus in Tschanganssa fast nichts. Sanskrit kann kein einziger der Mönche lesen, nicht ein buddhistischer Text in der indischen Ursprache, Sanskrit, Prakrit oder Pali, ist zu finden und auch tibetanische Übersetzungen sind nicht vorhanden. Alles Chinesisch und immer nur Chinesisch. Daß aber Tibetisch noch nicht ganz vergessen und unbekannt ist bei den Mönchen, konnte ich aus einer großen, handschriftlichen Tafel sehen, die mir gestern einer der Bonzen zum Geschenk machte. Es sind darauf die Buchstaben des tibetischen Alphabets mit ihrem koreanischen Lautwert und chinesischen Merk= wörtern eingetragen, augenscheinlich ein Hilfsmittel für den Schulgebrauch. Und heute morgen habe ich sogar eine sehr zierlich geschriebene und niedlich in Seide gebundene Handschrift erstanden, eine Art buddhistischen Katechismus, der am Ende eine Reihe von tibetischen Ausdrücken auf Chinesisch und Koreanisch in Onmunschrift erklärt.

Sonst sind hier nur ganz zusammenhanglose Kennzeichen dafür aufzufinden, daß Tibet, nicht Indien selbst, für Korea im engern Sinne das Mutterland des Buddhismus ist. An der Decke des Haupttempels und auf der großen Glocke, die das Zeichen zu jeder gottesdienstlichen Handlung gibt, sind die allbekannten tibetischen Wörter „Om mani padme hum" angebracht, „o du Edelstein auf dem Lotus, Amen!", die der westliche Buddhist fast ohne Unterlaß auf den Lippen führt, die in millionenfacher Wiederholung in seinen Gebetsmühlen abgewickelt werden und eigentlich das ein und alles sind, um das sich der in stumpfsinnigem Formel= kram verblödete tibetische Buddhismus dreht. Auch die Mönche von Tschanganssa sind mit diesen sieben Silben, die wie ein unvermeidliches, allgegenwärtiges Verhängnis über Millionen ihrer Glaubensgenossen in Innerasien schweben, wohl vertraut, aber in ihren Litaneien spielen sie keine Rolle. An ihre Stelle ist im buddhistischen Dienst Koreas eine andere Formel getreten, die nicht weniger unverwüstlich und nicht weniger nichtssagend ist. „Nam mu a mi ta Bul" heißt es hier von morgens und bis abends, beim Lesen der Messe sowohl wie beim einzelnen Gebet, im Chorgesang wie bei den Opfern. Alle müßigen Minuten füllt der fromme Mönch aus mit dem ununterbrochenen Gemurmel dieser Worte, deren sechs Zeichen, wenn sie auf Weihetafeln und auf den Altären geschrieben erscheinen, gar keinen Sinn geben. Aber darum sind sie vielleicht um so heilkräftiger, wie ein geheimnisvolles Amulett, dessen Bedeutung nicht verstanden, an dessen unfehlbare Wirksamkeit aber um so fester geglaubt wird. Damit sich der fromme Büßer, der sein Heil in der ewigen Ableierung dieser Zauberformel Nam mu a mi ta Bul sucht, auch stets vergewissern kann, wieviel er im Laufe des Tages schon für die Rettung seiner Seele getan hat, führt er stets einen Rosenkranz bei sich, an dessen Perlen er die Zahl seiner Formeln mit den Fingern abgreift wie der Katholik seine Paternoster und Ave Maria. Außer einer großen Schnur durch ständigen Gebrauch geglätteter Holzperlen, die ihm um den Hals hängt, hat er noch am Handgelenk einen kleinen Rosenkranz von nur 15 Steinen, den er selbst während des Gesprächs rasch einmal zur Hand nimmt und herunterbetet, dabei wie traumverloren ins Leere starrend. „Bul" ist das koreanische Wort für Buddha, wie der indische Name sich in China zu Fo verändert hat, und sicherlich ist es von allen Lauten, die hier in der Abgeschiedenheit der Diamantberge von menschlichen Lippen kommen, der allerhäufigste. Selbst des Nachts läßt es dem Mönche keine Ruhe. Nicht nur beginnt und beschließt er jeden Tag seines Lebens mit mehrstündigen Gebetsübungen, auch des Nachts muß er zweimal seinen Schlaf unterbrechen und unter Opfern und Gebet wieder Nam mu a mi ta Bul singen, bis der Heilige, der in seinem Nirwana thront, ein menschliches Rühren fühlt und den armen Sünder auf Erden, der sich noch mit der Erfüllung des Karmas quält, in Gnaden erhört.

Jedesmal bin ich noch nachts aufgestanden, um mir die nächtlichen, im höchsten Grade fesselnden und phantastischen Religionsübungen im großen Tempel anzusehen. Alles geht hier sehr früh zu Bett. Schon vor Sonnenuntergang wird die letzte Mahlzeit eingenommen, dann bis zur völligen Dunkelheit Messe gelesen, und damit ist der Tag auch zu Ende — schon vor 9 Uhr abends. Nur das mächtige Brüllen des tosenden Wildbaches erfüllt die Nacht, und die kleinen Glöckchen, die mit fischförmigen Klöppeln an allen Ecken und Vorsprüngen der Tempel hängen, mischen sich schüchtern ein mit ihren feinen Stimmchen in das gewaltige Konzert der Natur. Von den Menschen ist nichts zu hören, alles liegt in tiefem Schlaf; vor den Tempeln brennen trübe Lampen, und von innen sieht man den Widerschein herausleuchten, den der Mond auf den bronzenen Götterbildern weckt. Plötzlich, etwa eine Stunde nach Mitternacht, ertönt ein dumpfer, starker Schlag, langsam verhallend und lange nachzitternd in dem von allen Seiten eingeschlossenen Tempelhof: ein kleiner Chorknabe hat angefangen, die große Glocke zu bearbeiten. Nach ein paar langsamen Schlägen läßt er die Zwischenräume immer kürzer werden, bis seine kleinen Arme schließlich mit dem Schlägel einen wilden Tanz aufführen auf dem mächtigen Bronzemantel der Riesenglocke, deren in allen Tiefen erdröhnender

In Tschanganssa, dem Kloster der ewigen Ruhe

Ton die Luft in raschen Schwingungen erzittern macht. Es ist ein Höllenlärm, als gälte es, die Toten von ihrem Schlafe zu erwecken. Von allen Ecken und Enden antworten nun andere Glocken, bald dumpf und schwer, wie die Totenglocke, bald dünn und hellstimmig, sich dreist und keifend in das Konzert der großen mischend und es übertönend. Man hört das leise Rauschen und Knistern aufschwingender Papiertüren — auch hier wie in Japan ist alles Holz und Papier —, und weiße Gestalten huschen wie die Gespenster der Nacht lautlos auf ihren Hanfsandalen über den Hof. Ein Priester, die rote Stola mit der kleinen tibetischen Stickerei auf dem Rücken, betritt den Haupttempel und zündet vor dem großen Buddha eines der Räucherstäbchen an, die aus Tibet über die ganze buddhistische Welt Asiens versandt werden. Dann stellt er eine schön blankgeputzte Opferschale mit dampfendem Reis, eine andere mit einfachem Trinkwasser auf den Altar und tritt selbst in achtungsvoller Entfernung vor den Gott hin.

In langsamem Zickzackschritt nähert er sich unter leisem, tiefstimmigem Gesang dem Heiligenbild, dabei in regelmäßigen Zwischenräumen mit einem Schlägel aus Rehhorn eine kleine Bronzeglocke anschlagend, die er in der linken Hand trägt. Sobald er der Buddhastatue gerade gegenüber steht, fällt er auf den Boden, läßt sich auf den Ellbogen ganz nach vorn gleiten und berührt lange und mit Inbrunst die Erde, dabei ununterbrochen seine Gebete singend, die einen nicht ungefälligen Klang und Rhythmus haben, aber nicht koreanisch zu sein scheinen. Langsam erhebt er sich, um die tiefe Verbeugung und den Kniefall noch dreimal zu wiederholen, bis der Dampf des Opferreises dem Heiligen in die zart geschwungenen, fast ironisch aussehenden Nüstern gedrungen ist und das Gebet Erhörung gefunden hat.

Dann werden Reis, Wasser und Räucherstäbchen vor ein großes Gemälde getragen, auf dem die langbärtigen, kriegerisch dreinschauenden Trabanten und Lehnsmannen Buddhas dargestellt sind. Wiederum der langsame Wandelgang des Priesters, die demütigen Verbeugungen und der reuevolle Kniefall, wiederum Gebet und Glockenschlag, bis der Weihrauch ganz verbrannt ist.

Um 4 Uhr wiederholt sich das Ganze. Nur ist dann alles viel lebendiger, da auf einer kleinen Holztrommel schon das große Wecken geschlagen worden ist, das noch vor Sonnenaufgang alle Mönche aufschreckt von ihrem harten Lager in den kleinen, kahlen Zellen. Aber wiederum ist das Schauspiel von außerordentlichem Reiz. Es ist ja im Grunde nicht so sehr verschieden von dem, was wir bei jeder katholischen Messe sehen können; aber die gespenstisch schwarz den Tempelhof überragenden und bedrohlich einengenden gewaltigen Berge, das geheimnisvolle Halbdunkel auf dem Hof, und innen im trübe beleuchteten Tempel mit seiner Riesenhalle die zauberhaft hinter dünnem Gazevorhang hervorschimmernden Statuen der Heiligen verleihen dem ganzen Bilde etwas so Seltsames, so fremdartig Anziehendes, daß ich mich seinem Reiz jedesmal wieder mit neuem Interesse hingebe.

II.

Alter der Klosterbauten. — Wie Buddha in Korea dargestellt wird. — Innere Ausstattung der Tempel prächtiger als in China. — Von der Reinlichkeit der Eingeborenen. — Ein nächtliches Wettessen.

Wie die Mönche hier erzählen, ist ihr Kloster vor fast tausend Jahren gegründet worden. Im Haupttempel zeigten sie mir eine Bronzeglocke, die ein Kaiser der chinesischen

Dynastie Tang (618 bis 906) bei der Gründung des Klosters
gestiftet haben soll. Leider vermeldet keine Inschrift das
Alter des hübschen Gusses, der verwittert und ehrwürdig
genug aussieht, um ein Jahrtausend hinter sich zu haben.
Eine augenscheinlich erst nachträglich eingeschnittene Inschrift
stammt aus der Zeit des Kaisers Kienlung, also erst aus
dem 18. Jahrhundert. Sonst ist von Altertümern hier wie
überhaupt in Korea nichts zu finden. Die Japaner haben
bei ihrem Einfall 1592 und in den folgenden Jahren
alles fortgeschleppt, was geschichtliches Interesse oder künst=
lerischen Wert hatte, ebenso wie die Franzosen und Ameri=
kaner bei ihren verunglückten Feldzügen 1866 und 1871
alles aus den paar Küstenplätzen zusammenrafften, was für
ihre Museen wünschenswert erschien.

Die Bauten von Tschanganssa sehen durchgehends wohl
älter aus, als sie sind. Mit ihren verwitterten Farben und
grünschimmernden Bezügen von Moosen und Flechten ge=
währen sie so überzeugend den Anblick des sagenhaft alten,
ehrwürdigen Vorzeitlichen, daß man ihnen gern ein Alter
von etlichen Jahrhunderten zubilligen möchte. Aber wenn
man bedenkt, daß selbst in der trockenen Luft Pekings, die
geradezu erhaltend wirken muß, keine Holzbauten aus
früheren Zeiten als aus der Regierungszeit der Mingkaiser
(1368—1644) sich erhalten haben, dann wird man hier in
der feuchten, eine rasche Verwitterung bewirkenden Gebirgs=
luft der Waldberge den auch ausschließlich aus Holz gebauten
Tempeln und Hallen kaum mehr als zwei oder drei Jahr=
hunderte zusprechen können.

In der innern Ausstattung der zahlreichen Tempel
und Schreine mag man sich das eine oder andere Stück
von großem Alter erhalten haben, so vor allen wohl die
Standbilder der Heiligen selbst, die besonderes Interesse

verdienen. Wie alle Buddhabilder, die aus Tibet oder über China ihren Weg genommen haben, zeichnen sie sich durch die unmäßig verlängerten Ohrlappen aus, die dem kahlen Schädel einen höchst lächerlichen Anstrich geben. Auf der Stirn prangt über der Nasenwurzel das indische Kastenabzeichen, dessen Bedeutung man hier nicht mehr kennt; aus der einfachen, aufgemalten Marke ist daher in China und Korea schon ein dickes, warzenförmiges Gebilde geworden. Merkwürdig anziehend dagegen ist das Gesicht mit der künstlerisch vollendeten Darstellung von Augen, Nase und Mund. Die Augen, deutlich indisch in ihrem länglichen, mandelförmigen Schnitt, sind halb verdeckt durch die schweren Lider, so daß der Augapfel nur halb, aber in seinem größten Durchmesser, zu sehen ist, was dem Blick der tiefen, großen Pupille etwas geheimnisvoll Unergründliches gibt. Die Nase ist ebenfalls in ihrer schlanken, ziemlich scharfrückigen Form unverkennbar arisch-indisch gebildet; die Nasenlöcher erscheinen ganz klein und fein geschwungen, so daß etwas wie ganz leiser Hohn in den Gesichtsausdruck kommt. Dazu passen auch die Lippen, die sehr zierlich und dünn sind, trotzdem aber unmerklich schwellend sich öffnen zu wollen scheinen, halb, als ob sie einen geistreich witzelnden Ausspruch täten, halb, als ob es sie mehr nach einem Kuß von schönen Frauenlippen gelüstete. Um die merkwürdige Mischung von Gegensätzen in diesem buddhistischen Medusenhaupt zu vervollständigen, ist die Oberlippe geschmückt mit einem allerliebsten Schnurrbärtchen, zierlich gekräuselt und emporgedreht à la Louis XVI., und auch das Kinn ziert eine kokette kleine Fliege, wie sie im Europa des 17. Jahrhunderts beliebt war; beide im heutigen Korea sehr seltene männliche Zierden sind mit grüner Farbe gepinselt.

Altäre und Schreine sind in der Anlage den chinesischen und schließlich auch den europäisch christlichen im wesentlichen gleich. Nur erscheint hier viel mehr Sorgfalt auf die künstlerische Ausgestaltung und Verzierung im einzelnen verwendet, als man es in chinesischen Tempeln sieht. Die bis zu 20 m hohen pagodenförmigen Schreine, unter denen die Heiligen in ihrem Bronzeglanz auf üppig gestickten Seidendecken thronen, sind sehr viel prächtiger, als sie in Tempeln gleicher Größe in China sein würden. Die Gemälde aber sind die gleichen wie in allen Heiligtümern des entarteten Buddhismus. Die zahllosen kriegerischen Beschützer Buddhas, die „108 Trabanten", die „vier Weisen", alle mehr oder weniger fratzenhaft mit schrecklich dräuenden, aus dem Schädel hervorquellenden Augen und negerhaftem Gesichtsschnitt; andere, die Fürsten der Unterwelt, grüne und blaue Fabelgestalten, mit allen Schrecken der Erscheinung ausgestattet, deren eine barbarisch kindliche Einbildungskraft habhaft werden kann. Auf andern großen Wandgemälden sieht man wie in China ein Sammelsurium von Darstellungen von allen möglichen Geschehnissen des täglichen Weltlebens, Gerichtsszenen, Bestrafung, Tanz und Spiel, Gaukler und Sänger, kriegerische Heereszüge, Belagerung von Städten, wilde Gefechte im Walde und üppige Gelage mit Weib, Wein und Gesang, alles zu einem einzigen Bilde vereinigt, das sich kühn über die Gesetze von Raum und Zeit hinwegsetzt.

Völlig verschieden aber von allen chinesischen Vorbildern sind die Wirtschaftsgebäude des Klosters. Da kann man geräumige Häuser und Hallen sehen, sehr zweckdienlich und verständig angelegt, in denen ein Chinese in Verlegenheit geraten würde, weil er nicht wüßte, was damit anzufangen. Auch mir war es vollkommen neu, daß die koreanischen

Mönche Baderäume haben und andere verwandte Einrichtungen, als deren alleinige Besitzer sich sonst die weißen Kulturvölker stolz fühlen. Die Reisenden, die bisher nach mehr oder weniger oberflächlicher Bekanntschaft mit dem Lande — oder den Vertragshäfen — über Korea geschrieben haben, scheinen mir in diesem Punkte den Eingeborenen bitter unrecht zu tun, wenn sie sie für eines der unreinlichsten Völker der Erde halten. Der Chinese benimmt sich ja in diesen Dingen allerdings wie das liebe Vieh. „Überall bin ich zu Hause", ist sein Grundsatz, und mit Vorliebe sucht er sich den Seitendamm der belebtesten Straßen zur Verrichtung von Geschäften aus, die selbst bessere Haustiere von Erziehung wie Hund und Katze sich schämen würden, coram publico zu erledigen. Daher der Schmutz und Gestank in chinesischen Städten und daher die Verseuchung des Wassers, das eben seit Urzeiten Spülarbeit verrichten muß wie eine Kloake. In Korea aber hat man dafür Einrichtungen, die selbst unsern Dörfern und Kleinstädten noch vorbildlich sein könnten. Hier hat der Mann von Erziehung einen solchen Abscheu vor der Verunreinigung des Bodens, daß sogar ein tragbarer Nachtstuhl zum unentbehrlichen Reiseausrüstungsgegenstand wird, wenn der „Yangban", der Edelmann und Beamte, sein Haus selbst nur auf kleine Entfernungen verläßt.

Auch in ihrer persönlichen Reinlichkeit sind die Koreaner weit besser, als ihr Ruf sie macht. Allein die Sitte, weiße Kleider zu tragen, dürfte dafür sprechen, wenn sie ja auch unter Umständen das Gegenteil zu beweisen scheint. Ein Bauer, der mit seinen weißen bauschigen Kleidern stundenlang im sumpfigen Reisfelde gearbeitet hat, kann natürlich nicht mehr in blendend weißer Wäsche heimkehren. Aber ich beobachte, daß sowohl die Leute in den Dörfern wie hier im Kloster sehr häufig ihren Anzug wechseln und niemals durch Unsauberkeit auffallen. Der Abt dieses Klosters z. B. wechselt alle Tage seine Kleidung von Kopf bis zu Fuß, was natürlich ein armer Landmann schon der Kosten wegen nicht kann. Aber wenn koreanische Reisende die Reinlichkeit der Deutschen beispielsweise nach Hafen= arbeitern oder Ackerknechten im Werktagsanzug beurteilen wollten, würde ein für uns ebenso beschämendes und un= gerechtes Zeugnis das Ergebnis sein, wie es die gewissen= losen Behauptungen eiliger Globetrotter für die Koreaner sind.

Eine weitere angenehme Enttäuschung brachten die Kücheneinrichtungen. Sie sind zwar ungeheuer einfach in ihren aus Lehm aufgetürmten Herden, aber sauber gehalten und geräumig. Die Kessel, Schüsseln, Schalen, Kellen, Teller, alles aus blitzblanker Bronze, nur die ungeheuren Kessel, in denen der Reis gekocht wird, waren irden. Im Reisessen ist der Koreaner stark, und auch der Mönch scheint trotz seines Gelübdes der Mäßigkeit sich beim Reis eine Ausnahme zu gönnen. Allerdings ist der Reis die einzige feste Nahrung, die seine sehr dünn besetzte Speise= karte aufweist. Was er davon bei festlichen Gelegenheiten vertilgen kann, konnte ich in einer Nacht beobachten. Ich war wie sonst um 4 Uhr aufgestanden, um den Gottesdienst bei Beginn der Morgendämmerung mit anzuhören. Während bisher aber unmittelbar danach wieder alles ruhig geworden war im Tempel, blieb heute früh alles auf den Beinen, Knaben liefen geschäftig hin und her, als ob sich etwas Großes vorbereite, brachten Matten, Eßschalen und die kleinen zierlichen Tischchen, auf denen man hier die Mahl= zeiten aufträgt, als ob man einer eleganten Rokokodame ihre Leckerbissen ins Watteausche Boudoir tragen wollte. Eine alte Dame war gestern im Kloster abgestiegen, eine

würdige Greisin, die nur mit Mühe aus ihrem Sänften=
kasten kroch. Sie war auf der Pilgerfahrt, hatte schon
viele Klöster besucht und wollte auch in Tschanganssa beten.
Zum Abschied vermachte sie dem Kloster ein Geldgeschenk,
das nun, recht irdisch, zum Teil in einem großen Festessen
zu Ehren der Götter angelegt werden sollte, wovon natürlich
in der Hauptsache die Mönche Nutzen haben würden. Alle
erschienen in großem Staat, der Abt in seidenartigem, grau=
hanfnem Überwurf und der Stola, die ältern Priester
sämtlich in der runden kronenähnlichen Kopfbedeckung und
die kleinen Neophyten in sonderbaren, weißseidenen Hauben,
unter denen sie schalkhaft hervorschauten wie friesische
Fischermädchen auf Liebermannschen Bildern. Selbst die
Laienbrüder traten vollzählig an, sie die einzigen, die ihr
Haar nicht geschnitten, sondern zum landesüblichen Knoten
gewickelt trugen.

Alles ordnete sich im Viereck in der großen Tempel=
halle, auf neuen saubern Matten auf dem Boden sitzend
mit untergeschlagenen Beinen. Dem Hauptbuddha gegenüber
der Abt, neben ihm in der Reihenfolge ihres Alters die
Priester und Mönche, während die Laienbrüder abseits
saßen, mehr als geduldete Gäste, und die Neophyten eifrig
dienend umhergingen und aus einer ungeheuern Bronzeschale
den dampfenden Reis jedem auffüllten. Jeder hatte vor
sich einen der Tische, die schon fertig gedeckt hereingetragen
und mit den üblichen Gerichten, Algen, saurem Kürbis,
Gurken, eingemachten Bohnen und saurem Kohl besetzt
waren. Auf ein Zeichen mit der Glocke in der Hand des
Priesters, der das Opfer darbringen soll, beginnt alles zu
murmeln und sich auf den Bauch zu legen. Langsam, nach
langer Verbeugung vor dem Heiligen, richten sie sich auf,
nehmen ein Körnchen Reis von ihrem Tischchen sorgfältig

zwischen den Eßstäbchen, die aus einer seidenen Scheide ge=
nommen worden, auf die linke Handfläche und machen
darüber mit der rechten beschwörende Bewegungen. Ein
Knabe geht mit einer großen Schale an allen vorbei, und
jeder legt ihm von seinem Reis ein paar gehäufte Löffel
voll hinein, die dann als Gabe der einzelnen an den Gott
auf dem Altar aufgestellt werden. Wiederum ein Glocken=
zeichen, Singen und Murmeln von Gebeten, tiefe Ver=
beugungen mit der Stirn auf dem Boden. Dann erst kann
die eigentliche Übung beginnen: ein ungeheures Wettessen.
Jeder scheint seinen Nachbar übertreffen zu wollen, un=
endlich viel und unermüdlich lange wird gegessen, als ob
man sich die ewige Seligkeit eressen könnte. Mit einfachem
Reiswasser wird nachgeholfen, und die erschlaffende Eßluft
wieder aufgestachelt mit einem Tropfen der scharfen, schwarzen
Bohnentunke, in die der lange, flache Holzlöffel immer
wieder hinabtaucht. Endlich, nach halbstündiger Esserei,
Schluß und feierliches Rülpsen, was nun einmal in Ostasien
zu einem richtigen guten Mahle ebenso dringend notwendig
ist wie bei uns ein gutes Getränk. Darauf werden Löffel,
Eßstäbe, Schalen, Schüsseln und Tassen gleich an Ort und
Stelle gewaschen, blank geputzt und beiseite gestellt und mit
diesen nüchternen prosaischen Dingen endigt die Feier, die
so fremdartig und eindrucksvoll begonnen hatte.

Quer über die Diamantberge.

I.

Ins unbekannte Innerste. — Unerhörte Wegeschwierigkeiten. — Im strömenden Regen über pfadlose Granittrümmer. — Natursinn der Koreaner.

Jedermann im Kloster Tschanganssa riet mir ab, zu dieser Jahreszeit quer über das Gebirge zu marschieren und zur Küste zu reisen. Mit Pferden und Lastträgern sei es völlig ausgeschlossen, den Weg jetzt zu machen, und auch für den einzelnen Wanderer sei es nicht mehr ratsam, nachdem in den letzten Tagen so große Wassermengen heruntergegangen wären. Da mir aber sehr viel daran lag, gerade diesen Weg kennen zu lernen, und ich doch nicht gut die ganze Regenzeit im Kloster absitzen konnte, so beschloß ich trotz alledem den Versuch zu machen und die Diamantberge (Kimgangsan) an ihrer höchsten Stelle zu überschreiten und die landschaftlichen Schönheiten selbst zu genießen, die sich gerade in diesem unzugänglichsten Teil Mittelkoreas nach dem Bericht der wenigen finden sollen, die den beschwerlichen Weg bis jetzt gemacht haben.

Außer der schon mehrfach erwähnten Frau Bishop, frühern Fräulein Isabella Bird, die das einzige Reisebuch über Korea auf Grund eigener Kenntnis verfaßt hat, sind nur ein paar Reisende über den Kamm der Kimgangsan gestiegen. Geschrieben hat darüber nur ein amerikanischer Missionar, der mit Frau Bishop die Reise machte, und Lord Curzon, der jetzige Vizekönig von Indien, der in seinen jüngern Jahren für die „Times" große Reisen in Asien gemacht hat. Einen kurzen Bericht hat auch noch ein englischer Konsul über seine Besteigung der Berge gegeben, die dadurch bemerkenswert ist, daß sie wohl die erste von einem gebildeten Europäer ausgeführte war. Die Reise ist deshalb so schwierig, weil der gerade Weg sich auf dem Westabhang des fast 2000 m hohen Gebirgsstockes in dem obern Tale des Wildbaches bewegt, an dessen Unterlauf das Kloster Tschanganssa liegt. Das Massiv des Gebirges scheinen archäische Sedimentgesteine zu sein, die von vulkanischen Bildungen durchbrochen und überlagert sind. Da außerdem noch das ganze Gebirge dicht bewaldet und bei seiner Unbewohnbarkeit noch in keiner Weise dem menschlichen Verkehr zugänglicher gemacht ist, so stellt sich das Tal des Flusses noch dar als ein in steilen, plötzlichen Abstürzen zu Tal führendes Gefäll, eng eingeschnitten in den harten und glatten Granit, der fast überall die Oberfläche beherrscht. In diesem Tal muß man also emporklimmen, wenn man den höchsten Paß der Kimgangsan erreichen will, von dem aus sich rasch und auf lohnenden Wegen die Küste des japanischen Meeres erreichen läßt.

An Stelle meiner fünf Pferde, die auch unter leerem Sattel nicht den Weg hätten machen können, mußte ich sieben Lastträger mieten, die aus dem nächsten talwärts liegenden Dorf geholt wurden, und diese ganze Karawane von Trägern mußte unter zuverlässiger Führung auf einem weitern, aber tiefer gelegenen und reizlosern Wege nach einem Kloster geschickt werden, das etwa 500 m unter dem Paß, schon auf dem östlichen Steilabfall, liegt, wo ich mein

Nachtquartier aufzuschlagen hoffte. Einige der berühmtesten Klöster liegen zwischen Tschanganssa und der Paßhöhe, von keiner andern Seite zu erreichen als auf diesem unzugänglichen Gebirgspfade, der jeden nur aus Neugier Reisenden abschrecken muß. Das war ein weiterer Anlaß, trotz aller Schwierigkeiten den Weg mitten über das Gebirge dem äußern bequemern Umweg vorzuziehen.

Obwohl ich mir nach einer kurzen, oberflächlichen Erforschung des Oberlaufes des Gebirgsbaches von Tschanganssa, die ich einmal in einer Regenpause vorgenommen hatte, ein ungefähres Bild machen zu können glaubte von der Art des Marsches, der mir bevorstand, war ich doch völlig überrascht, als die wirkliche Kletterei begann. Da war kein Schritt, den man auf etwas hätte machen können, das den Namen Weg oder Pfad oder dergleichen verdient hätte. Es ging geradezu in dem engen, mit gewaltigen Granitblöcken übersäten Wasserweg des Wildbaches hinauf. Anfangs konnte man am Ufer entlang klettern, wo der Gneis in vielfach gestörten Lagen mit aufgerichteten Schichtköpfen lag, für europäisches Schuhwerk nicht gerade der zuträglichste Spazierboden. Bald hörte aber der Gneis auf, und der Granit wurde Alleinherrscher. Jetzt hieß es von Stein zu Stein hüpfen, von Block zu Block, auf Händen und Füßen, denn für die Sohlen fand sich kein Raum mehr zu sicherm Auftreten. Der eingeborene Führer, den ich mitgenommen hatte, kam allerdings auf seinen Sandalen aus Hanfseil und Bast sehr gut vorwärts. Ich aber in meinen starken Bergschuhen, die mir noch jüngst bei der Besteigung des Kilaueas auf Hawaii vorzügliche Dienste getan hatten, war völlig verraten und verkauft. Ungezählte Male glitt der Fuß ab von den glatten Steinflächen, und dann ging's mit einem oder beiden Beinen hinein in das eiskalte, glücklicherweise aber flache Wasser des Flusses, dessen lautes Brüllen und Zischen einem ununterbrochen in die Ohren dröhnte. Und zur Nässe von unten kam alsbald auch die von oben. Obwohl ich eigens in Tschanganssa gewartet hatte, bis ein halbwegs klarer Morgen den Weitermarsch durchführbar erscheinen ließ, sammelte sich das Gewölk an den Spitzen der bewaldeten Kuppen so rasch, daß dem Regen nicht mehr auszuweichen war. Und unbarmherzig begann es herabzugießen, in breiten strichigen Flächen, so daß man im Handumdrehen bis auf die Haut durchnäßt war. Der einzige Trost war, daß der Weg durch den Regen nicht sehr viel schlechter werden konnte, da alles Fels und Wasser, fast nirgends aber Erdreich zu sehen war.

Je höher man stieg, desto schlimmer wurde es mit der Unwegsamkeit. An Stelle der großen Granitblöcke, auf denen man, wenn auch nicht gerade bequem, so doch ziemlich rasch emporklettern konnte, traten nun mit der Verengerung des oberen Tales zu beiden Seiten des Flusses auf viele Kilometer ausgedehnte Flächen von Granit, an deren steilen Hängen das nagende Wasser noch keinerlei Spuren hatte eingraben können, so daß sie aussahen wie ein Grusonscher Panzerturm, undurchdringlich und unnahbar. Daran galt, es, entlang zu klettern. Raum zum Aufsetzen des Fußes war nicht, wenigstens kein wagerechter. In den lächerlichsten Stellungen und Verrenkungen des Körpers mußte man entlang kriechen, bald auf allen vieren krabbeln, bald sitzend rutschen. Zuweilen waren die glatten Hänge so steil, daß selbst die Eingeborenen mit ihren Hanfsandalen nicht ohne Hilfsmittel weiter konnten. Dann wurden die starken verholzten Ranken von Schlinggewächsen um einen Steinblock geschlungen, so daß man sich daran empor- und

weiterziehen konnte. An zwei oder drei Stellen fanden sich
auch schwache Stufen in den Felsen gemeißelt, und an einer
Stelle sogar eine Art Leiter aufgestellt, nichts als ein starker
Kiefernstamm, gegen eine Felswand von etwa siebzig Grad
gelehnt und mit ein paar flüchtigen Kerben versehen, so daß
der Fuß darin beim Klettern eine Stütze fand. An den
unzähligen Stellen, wo der Wildbach von dem kreuz und
quer, hinüber und herüber führenden Wege überschritten
werden mußte, fanden sich Brücken von der denkbar ein=
fachsten Art. Einfach ein oder zwei schlanke Fichtenstämme
quer über das Wasser gelegt, weder miteinander noch am
Anfang oder Ende verbunden, so daß man, mit dem Alpen=
stock sich wie ein Seiltänzer das Gleichgewicht gebend,
hinübertänzeln mußte. An einer einzigen Stelle fand ich
fünf solcher Stämme nebeneinander quer über den Fluß von
Ufer zu Ufer gelegt. Wie der Führer erzählte, war an der
Stelle vor zwanzig Jahren einmal ein hoher koreanischer
Beamter abgestürzt und in der Schlucht tot liegen geblieben.
Seitdem sind die Mönche der nächstliegenden Klöster ver=
pflichtet, diese stattliche Brücke von fünf jungen Baumstämmen
in Stand zu erhalten, und an dieser merkwürdigen Stelle
kann der Wanderer zum ersten und letzten Male bei der
Übersteigung der Diamantberge sich den Luxus leisten, den
Fuß mit der ganzen Breite aufzusetzen. Aber schwindelfrei
muß er auch hier sein, denn Geländer gibt es natürlich bei
keiner dieser Brücken.

  Wenn diese bescheidenen Verkehrserleichterungen nicht
wären, würde man kaum glauben, daß überhaupt Menschen
sich über so unwegsames Gelände bewegen. Und doch gibt
es hier drei oder vier Klöster, die nur auf diesem Pfad quer
über den Kamm der Diamantberge miteinander verkehren
können. Allerdings sind die Mönche in diesen abgelegenen

Waldgebirgen die Hälfte ihres Lebens unterwegs, auf der Pilgerschaft von Kloster zu Kloster, von Dorf zu Dorf ziehend und sich spärliche Almosen erbettelnd. So werden sie geübte Bergsteiger, die es wohl mit den Gebirgsbewohnern jedes Landes an Ausdauer und Geschicklichkeit aufnehmen. Meine Leute erzählten mir, daß die Mönche und Dörfler der koreanischen Gebirgslandschaften mit Vorliebe im Winter reisen, da ihnen ihre Schneeschuhe auf der dichten Schneedecke, die von November bis April alles bekleidet, die Bewegung in den Bergen sehr erleichtern.

Aber auch außer den Mönchen, deren ganzes Dasein sich in diesen Waldeinsamkeiten abspielt, scheinen nicht wenig andere Wanderer nur aus Reiselust den Weg über die Kimgangsan zu nehmen. Der Koreaner ist ein leidenschaft=licher Bewunderer landschaftlicher Schönheiten. Sein Natur=gefühl scheint dem der Japaner viel eher verwandt zu sein als dem der Chinesen. Die schönsten Teile dieses darin so gesegneten Landes der Morgenfrische werden fortwährend von einheimischen Reisenden besucht und bevölkert, die nur der Drang, sich an der schönen Natur zu freuen, hinaus=lockt, die ohne jede etwa auf Erwerb gerichtete Nebenabsicht wochenlange Märsche machen und ihren Hausstand sich selbst überlassen. Oft habe ich, wenn ich durch den Dol=metscher uns begegnende Wanderer fragen ließ, was Zweck und Ziel ihrer Reise wäre, in ihrer Antwort die Worte Oan gyöng wiederkehren hören, „Aussichten genießen". Und in der Tat scheint dieses Oangyöng eine große Rolle im Leben des Koreaners zu spielen. Eine der allererſten Beobachtungen, die der Fremde nach seiner Ankunft in Korea machen kann, ist die rührende Andacht, womit sich die Eingeborenen dem stillen Naturgenuß hingeben. Auf den Höhen der Berge, an schönen Ausblicken auf Meer und Wald sieht man sie in Gruppen sitzen, unverwandt auf das hübsche Landschaftsbild vor sich starrend, ganz versunken in bewundernde Betrachtung. Oft, wenn ich in Tschanganssa die wundervollen Farbenwirkungen des wandernden Lichtes auf Wolken und bewaldeten Bergeshöhen beobachtete oder abends den funkelnden Sternenhimmel zwischen schwerem Regengewölk hervorschimmern sah, pflegte der eine oder andere Mönch im Vorbeigehen mir zuzurufen „Tschôsso?", Ist das nicht schön? Und dasselbe tiefe Gefühl für die Schönheiten der Natur spricht aus den Pilgerfahrten, die der Koreaner zu berühmten Aussichtspunkten und gefeierten Naturschönheiten seines Landes unternimmt.

Selbst an den wildesten Stellen des engen Tales, an den glatten Granitflächen, in Felsenhöhlen, die der Fluß ausgewaschen hatte, und an steilen Klippen fanden sich die Nameninschriften solcher frommen Pilger und schwärmenden Naturfreunde. Nicht mit Kreide angeschrieben oder mit dem Taschenmesser eingeritzt, sondern groß und stolz, weithin sichtbar, eingemeißelt in den harten Felsen, als ob der Pilger für alle Ewigkeit seinen Nachfolgern zurufen wollte, wie sehr er das Oangyöng hier genossen. Diese Inschriften kehren so häufig wieder und sind mit solcher Sorgfalt gemeißelt und mit der ganzen künstlerischen Vollendung geschrieben, deren die malerischen Formen der chinesischen Schriftzeichen fähig sind, daß sie einen nicht üblen Faktor in dem Landschaftsbilde der Diamantberge bilden. Es waren, wie mir der Dolmetscher sagte, ausschließlich Koreaner, die sich mit so viel Mühe auf diese Weise unsterblich machen wollten, meist wandernde Mönche oder buddhistische Laien, die gern auch einen frommen Satz oder eine gedrängte chinesische Sentenz in den Stein gehauen hatten, die ihre

Gedanken beim Anblick so viel wilder Schönheit wiedergeben sollten. Zuweilen waren auch die sechs chinesischen Zeichen zu lesen, mit denen der Buddhist seine ewige Gebetsformel Nam mu a mi ta Bul schreibt, ohne jeden weitern Zusatz, ohne Namen oder Datum, nur um dies alte Zauberwort auch hier ad majorem dei gloriam jedem Vorbeiziehenden zuzurufen.

II.

Die altberühmten Klöster Pyohunsa und Mahayönn. — Buddhistische Nonnen. — Ein verschlafenes Stilleben der Frömmigkeit. — Der Schrein der erhabenen Tugend. — Erklimmung des höchsten Passes. — Abstieg zur Ostküste.

Nur an drei Stellen wurden während des langen Marsches gegen den Kamm des Gebirges menschliche Behausungen berührt. Da war zunächst das berühmte Kloster Pyohunsa, völlig versteckt im Waldesdunkel gelegen, eine kleinere, aber viel wohlhabendere Anstalt als Tschanganssa, deren Gebäude sämtlich in neuem Farbenschmuck prangten und auch wohl in der ursprünglichen Ausstattung viel reicher gewesen sein mochten. In den Tempeln fand ich nichts von besonderer Bedeutung außer einem riesigen, aufrecht stehenden Buddha, wie er in Indien als Maitreya die kommende letzte Verkörperung des Heiligen darzustellen pflegt. Hier wurde das Standbild Popkepossal genannt, die indische Bezeichnung war Abt und Mönchen gänzlich fremd. Vor diesem großen Bronzebild stand eine prachtvolle Schale für Weihrauchstäbe in der merkwürdigen Eisensilberarbeit, die an das Niello der Perser erinnert und die einzige noch heute betriebene nationale Kunst der Koreaner ist. In der Hauptstadt kann man noch Proben davon bei den Kunst händlern finden, in ihrer Bescheidenheit allerdings längst nicht die Vollendung der vorderasiatischen Kunstwerke erreichend. Die Schale von Pyohunsa aber war ein Prachtstück von einer Sorgfalt der Ausführung, wie ich nichts Ähnliches im Lande gesehen habe. Eine lange Inschrift, die in feinen Silberzeichen auf dem Rande des Standfußes eingelegt war, besagte, daß der chinesische Kaiser Tschitschong im fünften Jahre seiner Regierung das Stück habe herstellen und dem Kloster als Geschenk überweisen lassen. Auch in diesem Kloster fand ich die Insassen sehr gastfreundlich und höflich. Seit mehreren Jahren hatten sie keinen fremden Besuch gehabt, und beeilten sich nun, durch Honigwasser und Kiefernkerne und allerhand süßes Gebäck sich der Gelegenheit gewachsen zu zeigen.

Nicht weit davon lag ein Kloster namens Panyongam, das ausschließlich von Nonnen bewohnt war. Mit scheuer Ehrfurcht betrachtete ich die wenigen blockhausähnlichen Bauten. Denn in den Büchern steht zu lesen, daß die koreanischen Nonnen einen höchst ärgerlichen Lebenswandel führen und an Sittenlosigkeit es mit den Betschwestern Boccaccios aufnehmen können. Drei von diesen würdigen Vertreterinnen waren mir schon im Walde auf dem Marsch begegnet. Es waren alles ältliche Damen, an denen der Lenz des Lebens vorübergegangen war, ohne ihnen auch nur die geringsten Spuren des nur einmal im Leben blühenden Maies als Geschenk zu lassen. Sie waren unweiblich und unansehnlich von Gestalt und runzelig im Gesicht wie die richtigen Waldhexen, die auch nicht den Einsamsten reizen könnten. Das Haar trugen sie kurz geschoren wie die Mönche, waren aber sonst wie die Frauen des Landes gekleidet. Nur hatten sie den Busen keusch und züchtig bedeckt. Mir scheint übrigens, daß solche Urteile, wie sie von den Reisenden über den Lebenswandel der Nonnen gefällt werden, einfach kritiklose Wiederholung von Angaben der Vorgänger oder bekehrter christlicher Eingeborenen sind, die sich den Missionaren immer gern als besondere Tugendbolde vorstellen, indem sie möglichst viel Schlechtes von ihren Brüdern erzählen, die noch von der Nacht des Heidentums umfangen sind.

An einer der schönsten Stellen des Tales, an ausgesuchter Großartigkeit der Lage alle andern Plätze übertreffend, liegt das Kloster Mahayönn, das letzte auf dem westlichen Hang des Gebirges. Hier schienen die Einsamkeit und die Kleinheit der Anstalt mit nur ganz wenigen Insassen einen geisttötenden Einfluß geübt zu haben. Die jüngern unter den Mönchen waren eifrig mit Bauen beschäftigt, einer Kunst, worin sie die feuchte Witterung, die das Holz rasch zerstört, in steter Übung hält und bald zu Meistern macht. Die ältern aber fand ich auf dem schön geglätteten Fußboden ihrer Tempel sitzen und mit gelangweiltem Ausdruck und langsamen Nasentönen ihr geistloses Nam mu a mi ta Bul plärrend, dazu Gong und Pauke schlagend. Einer der alten Bonzen erwiderte meinen Gruß durch flüchtiges Kopfnicken, fiel aber dabei aus dem Gleichgewicht und versank im Nu in einen tiefen Schlaf, zu dem das ewige Gelalle von Nam mu a mi ta Bul eine nicht üble Vorbereitung sein mag. Mit der Rechten schlug der schlafende Alte noch ein paar Takte auf seinem Gong, aber die Linke, die den Rosenkranz abgriff, erschlaffte sofort, und dann sank das ganze Jammerbild vornüber auf die Nase, ohne daß die übrigen auch nur die leiseste Notiz davon genommen hätten. Auch über mein plötzliches Erscheinen schienen sie mit wahrhaft philosophischer Ruhe hinwegzusehen; kaum daß sie einmal flüchtig aufschauten und mich angähnten als etwas Altvertrautes, obwohl doch der

Besuch eines Fremden hier nicht gerade zu den Alltäglichkeiten gehört. Die schwüle, träge Stimmung eines Schulnachmittags im Hochsommer lag über dem Ganzen. Es war das mühsam aufrechterhaltene Dekorum, die Erfüllung lästiger Pflichten, die zu versäumen man sich voreinander schämt, obwohl damit jedem der größte Gefallen getan wäre. Es mag übrigens keine kleine Anstrengung sein, stundenlang dieselben unverstandenen paar Silben herunterzubeten, immer in demselben Tonfall, in demselben Zeitmaß, zu derselben Begleitung von Gong und Paukenschlag. Aber darin besteht ja ein Haupterziehungsmittel der Mönche: durch derartige Anstrengungen den Geist einzuschläfern, vor aller Zweifelsucht und Versuchung durch solche künstlich herbeigeführte Erschlaffung und Verblödung zu sichern, in dem wohl nur allzu begründeten Argwohn, daß ein gesunder Geist in gesundem Körper viel weniger fügsam sein würde.

Von Mahayönn geht es weiter, immer aufwärts im engen Tal, immer höher auf den Felsblöcken emporklimmend, unbekümmert um das spitze Steingeröll, das den Schuhen arg zusetzt, ungeachtet des Regens, der ohne Gnade und ohne Pause vom Himmel gießt. Nur an einer Stelle noch gönnte ich mir einen kleinen Halt. Das enge Flußtal erschien plötzlich wie gesperrt durch eine senkrecht aufstrebende ungeheure Granitwand. Auf halber Höhe, etwa 70 m über mir, ist ein gewaltiger Block ausgebrochen, und in der dadurch gebildeten Nische erhebt sich ein kleiner Tempel von außerordentlich kühner und malerischer Anlage. Zum Teil auf schmalem Vorsprung gebaut und auf eine große Kupfersäule von etwa 15 m Höhe gestützt ins Tal hinaustretend, überschaut der unbewohnte kleine Tempel die großartige einsame Felslandschaft wie ein dräuendes Raubritternest, zu Schutz und Trutz angelegt, nicht wie die Stätte der

Andacht ruhesuchender, friedliebender Weltflüchtlinge. Man
muß schon an unsere romantischsten Burgen wie Lichtenstein
denken, wenn man einen heimischen Vergleich ziehen will.
Es ist Bodokam, der „Schrein der erhabenen Tugend", eine
der überraschendsten Schönheiten des Landes. Da sich eine
kleine Brise aufgemacht hatte, wartete ich eine halbe Stunde,
in der Hoffnung, der Wind könne die Regenwolken ver=
scheuchen und mir ermöglichen, das ungemein eindrucksvolle
Bild auf der Platte festzuhalten. Aber vergeblich, ich
mußte weiter, ohne dies Andenken an meine Wanderung
über die Diamantberge mitnehmen zu können, und höher
und steiler ging es fort hinauf zum Kamm. Bald umfängt
uns dichter, undurchdringlicher Wald, unberührt und pfadlos,
unergründlich und geheimnisvoll wie tropischer Urwald.
Eine drückende Schwüle herrscht in dem Halbdunkel unter
den hohen Bäumen. Verwesende Baumriesen, vom letzten
Gewitter zu Boden geschmettert, moderndes Laub, abge=
storbenes Unterholz und schon halb zu Humus gewordene
vorjährige Fichtennadeln schaffen eine beklemmende Treib=
hausluft, die einem den Atem versetzt und das Fieber in
den glühenden Schädel jagt. Trotz des strömenden Regens
ist es so schwül, daß ich ohne Rock im bloßen dünnen
seidenen Hemde marschiere, ohne Tropenhelm, der mir längst
zu schwer geworden ist. Endlich, endlich nach siebenstündigem,
heißem Bemühen ist die Höhe erreicht, und ich stehe auf
der höchsten gangbaren Stelle der Kimgangsan, auf dem
Gipfel des Anmutschäs, 1264 m hoch über dem Meere.

Eine offene, grasbestandene Lichtung krönt den Kamm.
Hunderterlei blühende Blumen sprießen wie das liebe Unkraut
in üppiger Fülle, wie auf einer deutschen Waldwiese. Und
anstatt der schwülen Waldluft fächelt einem eine köstliche
kühle Brise das erhitzte Gesicht, die bald alle Anstrengungen

vergessen macht. Hier oben in dem starken Luftzug hat sich auch das Regengewölk zerteilt, und ein herrlicher Rundblick bietet sich in die schwarze, düstere Landschaft voll Wolken und Bergspitzen. Nach Osten sinken fünf langgestreckte Bergketten zum japanischen Meere ab, das allerdings in der wassergesättigten Luft unsichtbar bleibt. Wie in unendlicher Ferne versinkt die letzte Kette in das nebelige farblose Nichts. Nach Westen ballen sich die schwarzen Haufenwolken, und die dicken schweren Bänke sind noch zu dicht, als daß sich mehr erkennen ließe als die letzten ansteigenden Höhen der eben durchwanderten Strecke. Hinter langen schwarzen Regenstrichen verbergen sich die sonst so helleuchtenden weißen „Diamantgipfel" der Kimgangsan, die zackigen Granitspitzen, deren merkwürdige, an Dolomitenformationen erinnernde Höhen noch 600 m höher sein sollen als der Anmutschä.

Unheimlich steil und rasch ist der Abstieg. Mit wahnsinniger Geschwindigkeit tobt mein Führer voran, über Bäche hinwegsetzend und Felsblöcke überspringend, wie ein eben ins Freie gelassener junger Ziegenbock auf grüner Au. Ihm merkt man nichts an von Ermüdung oder gar Erschöpfung, und ich muß schon an das Ehrgefühl der weißen Rasse, der blonden Bestie, gegenüber dem dunkelfarbigen Herdenmenschen appellieren, um Schritt halten zu können. Schon nach drei Stunden ging es in das dichte Waldtal eines ostwärts abfließenden Wildbaches, und bei strömendem Regen konnte ich meinen Einzug halten in das Kloster Yudschomssa, wo das Barometer 780 m zeigte. Gegen 500 m hatte uns der Abstieg herunter und näher zur Küste gebracht, die jetzt nur noch ein paar Tagereisen weit entfernt sein konnte. Völlig durchnäßt, mit beschmutzten, zerrissenen Kleidern, in völlig aufgeweichten Schuhen, wie

ein verkommener Handwerksbursche, mußte ich mich dem
alten Abt des Klosters vorstellen, der meine Pferde und
Treiber, die schon ein paar Stunden vor mir auf dem
tiefern Wege eingetroffen waren, freundlich aufgenommen
und untergebracht hatte. Zu meiner sauer verdienten Abend=
mahlzeit trank ich ein Glas Sekt auf die Diamantberge,
auf daß sie noch nicht allzubald vom Strome der Globe=
trotter entweiht werden mögen, und zum Nachtisch leistete
ich mir eine gehörige Dosis Chinin.

III.

Kloster Judschomssa, der Glanzpunkt der Diamantberge. — Ein
lebendiges Stück Altertum im Bergversteck. — Phantastische
Frühmesse in der Morgendämmerung. — Gutmütigkeit und Gast=
lichkeit der Mönche. — Von 1264 m Höhe hinunter zu 180 m.
— Vom gelben zum japanischen Meer.

Wenn nach den romantischen Bildern, die sich dem
Wanderer in Berg und Wald, in Klöstern und Tempeln
auf dem Westabhange der Diamantberge geboten hatten,
noch eine Steigerung möglich war, dann geschah es in dem
unzugänglichen Bergversteck, das sich die Buddhisten in
Judschomssa auf dem steilen Osthang des Granitmassivs,
unmittelbar unter dem Kamme, ausgesucht haben. Von
allen Anlagen der Art, die ich bisher hier in Korea wie in
andern Ländern Asiens kennen gelernt habe, ist das große
Kloster von Judschomssa bei weitem am malerischsten und
reizvollsten. Nicht nur liegt es in herrlicher Berglandschaft,
unerreichbar für den größern Verkehr und den eiligen Ver=
gnügungsreisenden, sondern es hat auch in seinen Ein=
richtungen und Insassen mehr als alle andern die unberührte
Ursprünglichkeit bewahrt, die heutzutage nur noch in so

wenigen versteckten Erdenwinkeln, und eigentlich bloß bei
Naturvölkern, gefunden werden kann. Hier aber hat sich
ein Stück uralter Kultur erhalten, unverändert und lebendig,
als ob die Jahrhunderte mit ihrem Wechsel diese stille
Stätte der Andacht in ihrer Waldeseinsamkeit nicht gefunden
und das Leben dort unberührt gelassen hätten, wie wenn
es ein Märchenschlaf gegen alle Einwirkungen von außen
gefeit hätte. Man kann sich dem Zauber nicht entziehen,
den dieser bisher nur von kaum einem halben Dutzend
Europäer betretene Ort übt, an dem seit Jahrhunderten
Gong und Pauke gerührt, Lieder gesungen und Gebetsformeln
gemurmelt worden sind zu Ehren eines Heiligen, der sonst
im Lande in Vergessenheit geraten ist. Man mag von den
religiösen Anschauungen, den kirchlichen Gebräuchen der
koreanischen Buddhisten halten, was man will, heute sind
sie eine festgeschlossene Gemeinde, die ihren Glauben vor
dem Spott der Menge auf die Berge in unnahbare Felsen=
nester gerettet hat, eine Welt für sich, die seit fast einem
Jahrtausend unbekümmert um den Gang der Geschichte in
ihrer freiwilligen Verbannung gelebt hat und uns heute
anmutet wie ein lebendiges Stück Altertum.

Wie mir der alte Abt von Yudschomssa erzählt, gibt
es in den Diamantbergen nicht mehr als etwa 300 bud=
dhistischer Mönche und 50 Nonnen, die auf 4 Klöster und
etwa 30 einzelne Tempel und Schreine verteilt sind. Das
gibt dem Dasein dieser versprengten Reste einer alten
Religion noch einen besondern Charakter, der an die merk=
würdige Geschichte der Parsi erinnert, der persischen Feuer=
anbeter, die vor den erobernden Arabern die Lehre Zara=
thustras nach Indien hinüberretteten, wo sie noch heute an
der Westküste ihre Gemeinden haben. Nur sind die Parsi
durch ihren überlegenen Verstand, durch ihren Unter=

nehmungsgeist und dank ihrer strengen Rechtlichkeit im
Laufe der Zeit in Bombay allmächtige Handelsfürsten ge=
worden, deren Einfluß bis an die Küsten der chinesischen
Gewässer und nach Australien reicht, während die buddhi=
stischen Einsiedler Koreas bei ihrem Gelübde der Armut
bis heute wirklich arme Schlucker geblieben sind, die von
ihrer Hände Arbeit und von milden Spenden anderer
leben. Und allein deshalb verdienen die Mönche der Kim=
gangsan unsere Teilnahme, weil sie nur aus Hingebung an
die überlieferte Lehre sich ein Leben schaffen, das andere
nur unter dem äußersten Zwange ertragen würden. Denn
für nichts und wieder nichts verzichtet der staubgeborene
Erdensohn doch nicht auf die Freuden dieser Welt, auf Ge=
selligkeit, auf Hab und Gut, Weib und Kind und selbst
die kleinen Hilfen, die der Mensch ersonnen und sich nutz=
bar gemacht hat zur Erleichterung des Lebens im irdischen
Jammertal, auf Wein und Tabak. Daß die Mönche nicht
rauchen dürfen, war mir ganz neu, und jedenfalls ist die
Enthaltung von Tabak ein ganz besonders schweres Opfer
für einen so leidenschaftlichen Raucher wie den Koreaner.
Ich fand sie darin aber völlig unnahbar, nicht einer von
ihnen hat eine Zigarette von mir angenommen, als ich ihnen
welche anbot, ehe ich das Rauchverbot kannte.

Die Absperrung von der Außenwelt hat in dem ver=
stecktesten Kloster, Judschomssa, das wohl für immer, auch
wenn Eisenbahnen das Land durchkreuzen, vor der Neugier
der Massen bewahrt bleiben wird, den „Buldo", wie der
Buddhadienst im Koreanischen heißt, besser in seinen alten
Formen bewahrt als anderswo. Und die große Gast=
freundschaft und natürliche Gutherzigkeit der Mönche gestatten
dem Fremden von anderm Stamme, andrer Sprache und
anderm Glauben, ganz ungehindert durch irgendwelche

fremdenfeindlichen oder unduldsamen Äußerungen, die dem koreanischen Buddhisten ganz fern liegen, sich das Leben in Tempel und Zelle anzusehen, als ob er selbst einer von den Ihrigen wäre und nicht der sechste oder siebente Fremde, der überhaupt hierher den Weg gefunden hat. Wohl in keinem andern buddhistischen Lande der Welt könnte ein Gelehrter, der aus solchen Dingen ein besonderes Studium macht, so ungestört und mit solcher Ausbeute seinen Forschungen nachgehen, wie hier im Herzen der Diamantberge. Ceylon, Indien, Siam haben schon zu sehr durch die Berührung mit der Außenwelt gelitten, China und die Mongolei haben zuviel fremdartige Elemente in den Buddhismus aufgenommen, und Tibet, der Ausgangspunkt für seine Ausbreitung über Innerasien und den fernen Osten, ist noch für lange ein verschlossenes Land. Gleich den ersten Morgen nach meiner Ankunft konnte ich einem Frühgottesdienst beiwohnen, wie er sich phantastischer und seltsamer gar nicht denken läßt.

Wie in den anderen Klöstern beginnt der Tag auch in Yudschomssa um 4 Uhr morgens. Da aber unter den etwa 30 Gebäuden, die die stattliche Niederlassung zusammensetzen, nicht weniger als 18 Tempel und Schreine sind, so gestaltet sich hier der Morgendienst ungleich großartiger, zumal auch an Stelle der wenigen Einsiedler der andern Anstalten gegen 100 Priester, Mönche und Neophyten sich in die kirchlichen Obliegenheiten teilen können. Ich trete in einen der Haupttempel ein, der in großen chinesischen Zeichen als Lyenhwatu, Lotostempel, bezeichnet ist. Draußen ist eben die Sonne aufgegangen, aber ihre Strahlen werden noch nicht bis in unser Bergtal geworfen, so daß nur ein ganz schwacher Schimmer die Umrisse von Hallen und Häusern erkennen läßt. Innen herrscht noch völliges Dunkel, und von den zahlreichen Mönchen, die nach der langen Reihe draußen stehender Sandalen schon zur Stelle sein müssen, sind nur dunkle Schatten an den Wänden zu erkennen. Es ist ein niedriger Raum, dessen Boden mit glattem Ölpapier bedeckt ist, auf dem alles mit untergeschlagenen Beinen kauert. Eine einzige kleine Lampe brennt vor dem prächtigen, unter Glas gehaltenen Schrein, der drei goldbronzene Buddhabilder enthält. Diese Lampe, europäischer Herkunft, ist neben einer amerikanischen Weckuhr, die wie ein Weihgeschenk am Altar hängt, das einzig Fremde in dem Bilde, das den Gesamteindruck ein wenig stört. Vor dem Hauptbuddha verglimmt langsam ein Weihrauchstäbchen, das mit seinem an abendländische Kirche erinnernden Duft die Halle bis in die fernsten Winkel füllt. In der Mitte sitzt ein Priester auf dem Boden, der auf einer Art Pritsche mit Bambusruten den Takt zu schlagen scheint zum Gesang der Mönche, die längs den Wänden hocken. Nach einem hübschen, an den Gesang der Naturvölker erinnernden Rhythmus ertönt eine lange Litanei, deren Wohllaut und Vokalreichtum auf Sanskrit eher als auf Koreanisch schließen lassen. Die Silben scheinen alle kurz zu sein, so daß sich die Weise ganz willkürlich und beweglich dem gesungenen Text anpassen kann, bald rasch und feurig, bald getragen und weich sich bewegend und den Sinnen mit ihrem ohrenfälligen Wohlklang eigentümlich mitspielend. Mitten hinein tönt in gemessenen Zwischenräumen der dumpfe Schlag der Pauke, die an starken Seilen von der Decke hängt und zur Begleitung des Gesanges von einem Mönche bearbeitet wird. Das weiche, halblaute Singen dieser fremdartigen Laute, die den Gläubigen selbst unverständlich sind, hat etwas Beruhigendes, Sammelndes, mit seinem einschmeichelnden Wohllaut und unwiderstehlichen Rhythmus. Es läßt sich dabei ebenso schön den Gedanken nachhängen und über dies und das nachdenken, als ob tiefstes Schweigen herrschte. Und mir scheint, den Mönchen geht es ebenso. Für sie ist das eine rein mechanische Übung, die den Geist nicht so in Anspruch nimmt, als daß er nicht kleine Ausflüge in das Wunderland der Träume machen könnte.

Aber nicht lange dauert diese wohltuende, zum Sinnen und Träumen einladende Stimmung. Die Sonne ist unterdessen höher gestiegen und beginnt mit ihren Strahlen einen schwach rötlichen Hauch auf die dichtbewaldeten Hänge draußen zu werfen. Die Lampe vor dem Altar wird ausgelöscht, und in dem nur von einem einzigen, wie ein winziges Pünktchen vor dem großen Buddhabilde glimmenden Räucherstäbchen beleuchteten Dunkel beginnt ein neuer Teil des Morgendienstes. Von den Wänden und aus allen Ecken, wo ich auch trotz schärfsten Zusehens noch keine Gesichtszüge unterscheiden kann, erhebt sich ein mißtöniges Geplärr: das ewige „Nam mu a mi ta Bul" wird von allen zugleich angestimmt, und zur dumpfen Pauke kommt der schrille, keifende Ton des Gongs, das jedesmal die Silbe „ta" unterstreicht, während die Pauke beim letzten Wort „Bul" erdröhnt. Das gibt einen Höllenlärm, der an das barbarische Getöse der Heilsarmee erinnert, aufrüttelnd, erregend, abstoßend und doch nicht ohne eine gewisse Anziehungskraft. Und von draußen dringt der gewaltige Ton der vielhundertjährigen großen Hauptglocke hinein, die vor dem Haupttempel geschlagen wird, und von allen kleinern Gebetshallen und Schreinen antworten die kleinen Glocken, Pauken und Gong, und aus allen Zellen und Häusern ertönt der Gesang und das Gemurmel der Mönche: Nam mu a mi ta Bul. Es ist eine gewaltige Synfonie, dieses hundertstimmige Gebet mit Glocken, Pauken, Gong und

Zymbal, ein „Die Himmel rühmen des Ewigen Ehre" ins barbarisch Asiatische übersetzt, das hier oben in der fahlen Morgendämmerung des einsamen Gebirgswaldes ertönt.

Nur ungern benutzte ich den ersten regenfreien Morgen zur Abreise von Judschomssa. Die herrliche Lage des Klosters, sein uralter stiller Wald, sein Wildbach mit dem klaren, eiskalten Wasser und nicht zuletzt die Freundlichkeit der Mönche luden zum Bleiben. Verweile doch, du bist so schön, möchte ich zum Augenblicke nicht nur sagen, sondern zu dem ganzen wundervollen Zusammenwirken von Naturidyll und Gastlichkeit, von erquickender Waldesruhe und merkwürdigem fesselnden Menschenwerk. Als ob es sich von selbst verstünde, hatten die Mönche mir allerhand Geschenke gebracht und mich mit sonstigen Aufmerksamkeiten überhäuft. Der eine brachte eine seltene Blume, die er auf dem Felsen gepflückt, der andere sonderbare Leuchtkäfer, die er für mich eingefangen, ein dritter bestand durchaus darauf, sein Frühstück von Algen und Pilzen mit mir zu teilen, während der alte, lebensmüde Abt, der schon seit dreißig Jahren auf seinen Tod wartet, dafür sorgte, daß man mir seltene alte Drucke, Bilder und das eine oder andere Stück buddhistischen Kultes als Andenken an Judschomssa mitgab. Längst hatte ich Spiegel, Taschenmesser und dergleichen Kleinigkeiten als Gegengabe geopfert und stand nun vor der häßlichen Notwendigkeit, bares Geld anbieten zu müssen in Ermangelung anderer Geschenke, mit denen ich mich hätte erkenntlich zeigen können. Aber davon wollte niemand etwas wissen. Die natürliche Gutmütigkeit und freundliche Gebelaune der Mönche blieb echt bis zum Schluß. Auch als ich ihnen durch den Dolmetscher erklären ließ, ich wollte ihnen ihre Bücher und Bilder nicht bezahlen, sondern ihnen nur, da ich nichts anderes mehr wegzugeben hätte, ermöglichen, sich selbst in der nächsten Stadt dafür etwas zu kaufen, hieß es allgemein: wir brauchen nichts und haben keine Verwendung für Geld, wenn du nur unsere heiligen Bücher recht in Ehren halten willst.*)

Der Abstieg vom Kamm der Kimgangsan zur Küste war wiederum ein hartes Stück Arbeit, wenn auch gar nicht zu vergleichen mit dem Aufstieg von der Westseite. Der Abfall des Gebirges war aber so steil, daß man auf der kurzen Strecke von 45 km von der Paßhöhe von 1264 m auf 180 m herunterkam, also in etwa neun Stunden nicht weniger als 1084 m abwärts zu klettern hatte. Besonders für die Pferde war das eine ungeheure Anstrengung. Für den größern Teil des Weges mußten Lastträger an ihre Stelle treten, die trotz ihrer waldmenschlichen Unerfahrenheit für je 40 Li Weges (etwa 20 km) jeder einen Dollar verlangten. Ich ließ ihnen je 35 Cent geben, und auch mit dieser bescheidenen Summe, die immerhin für sie ein kleines Vermögen darstellte, waren sie sichtlich hochbeglückt. Vor etwa zwölf Jahren, als der erste Reisende in diese Gegenden kam, konnte man einen Lastträger einen ganzen Monat für zwei Dollar haben, was einem Tagelohn von wenig über 10 Pfennigen entsprechen würde. Aber auch im innersten Korea sind diese seligen Zeiten für immer vorbei. Nach dem ersten Drittel des Weges wurde ein Paß von 795 m Höhe erreicht, dessen Namen ich nicht ausfindig machen konnte, obwohl ein sehr landeskundiger und gebildeter Mönch mir als Führer diente. Ein herrlicher Blick bot sich von der Höhe nach Osten zur Küste. In mehreren

---

*) Es ist, wie schon in der Einleitung bemerkt worden, leider nicht mehr zu ermitteln gewesen, wo bei dem ruhelosen Reiseleben des Verfassers diese und ähnliche von ihm erwähnte Sammelgegenstände, photographische Aufnahmen u. dgl. geblieben sind. A. d. H.

Abstufungen sah man den ganzen Nordosthang der Kim=
gangsan zum Meeresspiegel hinuntersinken. Kamm reihte sich
an Kamm, grüne Waldtäler folgten auf stark abgetragene,
gerundete Granitkuppen, und in den spärlichen Niederungen,
in den Ausweitungen der Täler leuchteten die Reisfelder in all
ihren Schattierungen, vom gelbschimmernden Grün des
Kopfsalats bis zum schwärzlichen Spinatgrün der reifen
Halme. Und über die letzte Kette hinaus blinkte die See,
das Japanische Meer, auf dem die zwischen schwerem
Regengewölk durchbrechende Sonne einen förmlichen Farben=
tanz aufführte.

Die Halbinsel war überschritten. Vom Gelben Meere
zum Japanischen waren etwa 280 km meist recht schwie=
rigen Weges zurückgelegt in einem Lande, das den Wanderer
für alle Mühsal des Marsches überreich entschädigt durch
die Schönheit seiner Landschaft und die Eigenart seiner
Bewohner. Ein paar Wochen waren verlebt, fern von
aller Berührung mit der Außenwelt, unter Menschen, deren
Mehrzahl noch keinen Weißen gesehen hatte, in einer
fremden, unberührten Welt, dem verstecktesten Winkel des
Landes der Morgenfrische, wo sich erst vor kurzem und für
wenige der Schleier gelüftet hat, den Vorurteil und Arg=
wohn über das Land gebreitet hielten.

Aus der Hauptstadt Sfoul.

Die Stadt und ihr Leben.

I.

Sſoul in ſeiner Miſchung von unverfälſchter Barbarei und neuzeit=
lichem Firnis die merkwürdigſte aller aſiatiſchen Hauptſtädte.
Bis in die jüngſte Vergangenheit gänzlich unbekannt. — Die
wirkliche und einzige Ausſprache des Namens Sſoul. — Eine
Kaiſerreſidenz ohne „Sehenswürdigkeiten". — Religionsloſigkeit
der Koreaner. — Telegraph, Fernſprecher, elektriſche Bahn und
Beleuchtung in Sſoul.

Von allen Hauptſtädten Aſiens gewährt Sſoul, die
Reſidenz des ſogenannten „Kaiſers von Dä Han", zurzeit
vielleicht den merkwürdigſten Anblick. Merkwürdig, weil
er ſo völlig von dem verſchieden iſt, was man ſich ſonſt
unter der Hauptſtadt eines morgenländiſchen Fürſten vor=
zuſtellen pflegt, und auf der andern Seite ſo ſchroffe Gegen=
ſätze zwiſchen alt und neu aufweiſt, zwiſchen barbariſch
aſiatiſchen Urzuſtänden und weſtlichen Neuerungen, wie ſie
wohl kaum zum zweiten Male auf der Erde zu finden ſind.
Bis gegen das Ende des 19. Jahrhunderts hat es ja das kleine
Land der Morgenfriſche fertig gebracht, ſich die Fremden,
die ſich in China und Japan längſt uneingeladen häuslich
niedergelaſſen hatten, vom Leibe zu halten, mit ſolchem
Erfolge, daß Korea an Unbekanntheit es in der Tat mit
Tibet aufnehmen konnte. Und obwohl ſeine Hauptſtadt der

Küste näher liegt als beispielsweise unsere Hansestädte, viel leichter zu erreichen war als etwa Peking oder Kabul, von Khatmandu, der Residenz des Fürsten von Nepal, oder gar Lhassa ganz zu schweigen, sind doch außer den französischen Missionaren der Pariser Missions Etrangères bis in unsere Zeit keine Europäer ins Land oder in die Hauptstadt gekommen. Selbst als 1882 die große Stunde der Umwälzungen für Korea geschlagen hatte und die fremden Mächte mit dem damaligen Könige von Tschossönn Freundschaftsverträge und Handelsabkommen abschlossen, blieb die Hauptstadt des nun in aller Form den Fremden eröffneten Landes auffällig von Reisenden unberührt und selbst von den allgegenwärtigen Globetrottern verschont. Nur ganz wenige setzten sich der Unbequemlichkeit eines mehrstündigen Rittes oder einer eintägigen Bootfahrt aus, die übrigen, die von Japan oder China aus einen Abstecher nach Korea machten, begnügten sich meist mit einem Besuch der Hafenstädte und verkündeten von dort aus ihre Weisheit über das geheimnisvolle Land der „Morgenruhe", wie es ebenso hartnäckig wie falsch von ihnen genannt zu werden pflegte. Erst seit der Eröffnung der Bahn zwischen der Hafenstadt Tschemulpo und der Hauptstadt, die nur 42 km von der Küste entfernt liegt, beginnt der Fremdenstrom auch Ssoul zu berühren, wenn es auch meist nur wenige Stunden sind, die die Reisenden, während ihr Dampfer Ladung im Hafen löscht, der interessanten Stadt widmen.

Bevor wir uns näher mit Ssoul beschäftigen, seien ein paar Worte über die richtige Aussprache seines Namens gesagt, die ein ständiger Streitpunkt nicht nur zwischen den sich wie üblich nicht einigen Gelehrten ist, sondern auch zwischen den ortsansässigen Fremden. Ssoul bedeutet im Koreanischen nichts als „Hauptstadt". Das landesübliche

Die Stadt und ihr Leben

chinesische Schriftzeichen ist dasselbe, das in der Schreibung der Namen Peking, Nanking, Tonkin (Tungking), Tokio und Kioto gebraucht wird, wo es mit der Bezeichnung der Himmelsrichtung zusammengesetzt ja auch nur Benennungen wie nördliche, südliche, östliche, westliche Hauptstadt bilden hilft. In der einheimischen altkoreanischen Schrift, dem sogenannten Önmun, wird der Name Ssoul in zwei Silben mit vier Schriftzeichen geschrieben, die sich ihrem Lautwert nach im Deutschen etwa als ss, yo, u und l wiedergeben lassen. Das o ist dabei sehr offen wie das russische oder spanische o, und der j=Laut davor wird nach Zischlauten im Koreanischen nicht gelautet, so daß die wirkliche Aussprache Ssó=ul mit dem Ton auf dem sehr offenen o ist. Bei flüchtigem Hinhören erscheint es fast wie Ssaul. Wie aber jemand aus dem Munde eines Koreaners Söul oder gar, wie die Franzosen schreiben, Séoule mit dem Ton auf der vorletzten Silbe hören zu können glaubt, ist nicht zu verstehen. Nachdem wir auf Richthofens maßgeblichen Rat den sehr ähnlichen chinesischen ou=Laut auch in die deutsche Schreibung übernommen haben (Kiautschou), sollten wir auch dem vielgeschmähten Ssoul sein Recht auf richtige Nennung seines Namens gewähren. Es sei außerdem bemerkt, daß der alte Name Hanyang (Festung am Hanfluß) und Gyöng (koreanische Aussprache des chinesischen Wortes für Hauptstadt) im Lande selbst gänzlich ungebräuchlich sind und daher nicht mehr auf unsern Karten verewigt werden sollten.

Die Lage von Ssoul ist sehr eigenartig. Eingelagert zwischen hohe, kreisförmig umschließende Berge, die bis unmittelbar an die äußersten Häuserreihen herantreten, muß die Stadt zu den schönsten Residenzen der Erde gezählt werden. Man hat die Lage mit der von Teheran und der von Salzburg verglichen. In der Tat bieten diese beiden Städte manche Ähnlichkeit, aber beim Vergleich mit der alten Bischofsstadt an der Salzach vermißt man im Bilde von Ssoul das Gegenstück zur hochragenden Hohenfeste, und bei dem mit Teheran fehlt der gewaltige Demawend, an dessen mächtige Kuppe der Pukhan und der Namsan, die Ssoul im Norden und Süden überragen, doch nicht heranreichen. Vom Namsan aus, der sich etwa 300 m hoch über der Stadt erhebt, bietet sich ein ganz überraschender Anblick: ein weites, fast unübersehbares Häusermeer, das die ganze Ebene zwischen den ringförmig umlagernden Bergen ausfüllt und sich noch in ein paar kurzen Tälern fortsetzt, die sich wie Zuflüsse eines Sees in den eingeschlossenen Kreis der Ebene öffnen. Aber ein Meer von ganz kleinen niedrigen Häusern, Hütten mehr als Häusern nach unsern Begriffen, niedrig, einstöckig, aus Lehm gebaut, mit hölzernem Fachwerk gestützt und mit Reisstroh oder Ziegeln gedacht. Die Strohdächer sowohl wie die etwas festern Ziegel schwelgen in einer Einförmigkeit von grauen und blauen Farbentönen, die so wenig von der umgebenden Lokalfarbe abweichen, daß man beim ersten Hinsehen die Stadt gar nicht bemerkt. Es herrscht in dem Häuserbau eine durch Aberglauben und jahrtausendalte Überlieferung geforderte Gleichmäßigkeit, die selbst durch die starre Regelmäßigkeit der Straßenbilder im Lande des Confucius nicht übertroffen werden könnte. Nur an ganz vereinzelten Stellen, gegen den Rand des Stadtkreises hin, erheben sich einige höhere Giebeldächer über die allgemeine, am Boden hinkriechende Flachheit: das sind die gewaltigen Bedachungen der Königspaläste, die ganz im chinesischen Stil erbaut sind mit überhängenden und geschweiften Ziegeldächern, die, wie überall in der von China beeinflußten ostasiatischen Baukunst, gänzlich außer Verhältnis stehen zu den übrigen Abmessungen des Baues. Sonst gibt es keine öffentlichen Gebäude in Sfoul. Die Ministerien, die Wohnungen der hohen Staatsbeamten sind nur große Gehöfte, ganz wie die Yamönn chinesischer Mandarine, von Privatwohnungen nur durch ihre Ausdehnung in der Breite, nicht durch größere Verhältnisse in der Höhe unterschieden.

Und vor allem gibt es in der Hauptstadt dieses merkwürdigen Landes keine Tempel! Auch das ist wohl eine im übrigen Asien, vielleicht in der ganzen übrigen zivilisierten oder halbgebildeten Welt ohne Beispiel dastehende Tatsache: eine große Königsresidenz mit Hunderttausenden von Einwohnern, die sich samt und sonders zur einen oder andern Religion bekennen, und kein Tempel! Sonst pflegen in asiatischen Ländern die kirchlichen Bauten neben den Palästen des Herrschers die kennzeichnenden Merkmale der Städtebilder zu sein. In mohammedanischen Ländern die Moscheen, bei den Hindu und Buddhisten die vielstöckigen Pagoden und in den Gegenden des Confuciusdienstes und des Schintotumes die stattlichen Opferhallen mit ihren schweren Dächern, sie alle bilden die auffälligen Wahrzeichen der größern menschlichen Siedlungen, die „Sehenswürdigkeiten", die ein Bädeker in erster Linie mit einem Stern auszeichnen würde. Ein einziges Tempeldach läßt sich in der Mitte der Stadt erkennen, inmitten der Palastbauten des Kaisers, der sich eine bescheidene Nachbildung des Pekinger Himmelstempels geleistet hat, um seine Opfer nach den Forderungen des chinesischen Welsen, der auch für die amtliche Welt Koreas maßgebend ist, möglichst stilgerecht vollziehen zu können. Dieser kleine Tempel mit seinem hübschen erhöhten Rundbau und der zierlichen Balustrade ist aber nur für die allerheiligste Person des Landesherrn selbst bestimmt, das Volk darf ihn nicht betreten und scheint auch ohne dieses Recht sich ganz zufrieden zu fühlen.

Der Koreaner ist wirklich so gut wie religionslos. Man hat in einem Scherzwort die merkwürdige Gleichgültigkeit beschrieben, mit der er sich durch die drei oder vier in seinem Lande herrschenden Religionsformen hindurchwindet, ohne sich je fest zu verankern. Es heißt, er wird geboren als ein Verehrer des Confucius, von seinen Eltern begrüßt als ein hochwillkommener Bürge für die Sicherung der Opfer an ihren und der Ahnen Gräbern. Im spätern Leben ist er ein mehr oder weniger offener Anhänger des uralten Schamanentums, das mit Geisterverehrung, Beschwörung von Bäumen und Felsen und hunderterlei abergläubischen Bräuchen die eigentliche allgemeine Volksreligion des Landes heute ist wie vor Tausenden von Jahren. Und im Tode endlich nähert sich der Koreaner dem Buddhismus, dessen Lehre von endlosen Wiedergeburten dem Ostasiaten erst in der Todesstunde wahrscheinlich und bedrohlich zugleich erscheint; auch hierzulande werden fast überall, selbst bei den von Amts wegen auf Confucius schwörenden Staatsbeamten, Sterbegebet und Totenopfer nach buddhistischen Bräuchen vollzogen, und auch in den Familien, die nie ein Kupferkäsch auf dem Altare Buddhas oder Amitabhas niedergelegt haben, wird in schwerer Krankheit oder bei herannahendem Tode die Fürsprache eines Bonzen aus dem nächsten Tempel oder Kloster in Anspruch genommen. Das ist auch die Gelegenheit, wo hier und da die vierte und jüngste Religion einen Ansatzpunkt findet, wo der Missionar mit seinem ärztlichen Können und seinen fremden wundertätigen Arzneien angegangen wird. Aber in keinem Falle vertieft sich das religiöse Gefühl des Koreaners zu wirklich überzeugtem

Glauben; nicht einmal die Stufe wird erreicht, auf der die
großen Massen der westlichen Völker heute stehen, bei denen
die Religion eine Sache der hergebrachten äußern Form
und Erziehung geworden ist, deren Satzungen und Bräuche
man befolgt und mitmacht schon um des guten Tones willen.
In Europa und Amerika zahlt man seine Beiträge zum
Kirchenbau, weil man sich eben nicht gut ausschließen kann.
In Korea ist die Gleichgültigkeit so groß, daß niemand auf
den Gedanken verfällt, Tempel zu erbauen. Es würde auch
niemand hineingehen, sie würden leer stehen, verstauben und
verfallen wie in China. Denn die dumpfen Vorstellungen,
die sich der Koreaner wie ein Naturkind der Südsee oder
Innerafrikas von höhern Mächten, bösen Geistern oder
sonstigen außermenschlichen Einflüssen macht, führen zu nichts
anderm als zu gelegentlicher Anrufung des Windes oder
des Regens, der Sonne oder des Mondes, der als ein die
Luft beherrschender Drachen gedacht wird, oder kleiner Erd=
geister, deren Forderungen gänzlich Genüge geschieht, wenn
man ihnen durch Stiftung eines Streifens Amulettpapiers
oder eines Weihgeschenkes in Form eines abgetragenen
Schuhes oder eines Kleiderfetzens eine Aufmerksamkeit
erweist.

Man traut seinen Augen kaum, wenn man über den
graubraunen, niedrigen Dächern dieses Riesendorfes sich
Drähte spannen, Pfosten mit Porzellanköpfchen sich erheben
sieht, die wie die Herolde einer andern Welt den siegreichen
Einzug der Elektrizität in dieses Reich barbarischer Unkultur
und kindlichen Aberglaubens verkünden. Und in der Tat
ist Ssoul in der Nutzbarmachung der Erfindungen der
Westländer für die Erleichterung des großen hauptstädtischen
Verkehrs allen andern Großstädten des Ostens vorange=
gangen. Zwar hat der Emir von Afghanistan schon seit

Jahren eine kleine elektrische Bahn, die von Kabul nach seinem Sommerschloß hinausführt, und seinen Palast in Khatmandu hat sich der Maharadscha-Diradsch von Nepal schon in den achtziger Jahren elektrisch beleuchten lassen; aber weder Peking noch Tokio, weder Bangkok noch Schanghai können sich wie Ssoul rühmen, Telegraph und Telephon, elektrische Straßenbahn und elektrische Beleuchtung zugleich zu haben. Hier bei den verschlafenen Koreanern des Landes der Morgenfrische wird es Ereignis, das unglaubliche, beschämende: während der Europäer in den blühenden Vertragshäfen Chinas sich noch mit dem ursprünglichsten Fortbewegungsmittel, der einzelnen Menschenkraft, in der Dschinrikscha, dem „Menschenkraftwagen" durch seine stattlichen Häuserreihen bewegen muß, fährt der Koreaner zwischen Lehmhütten und Strohdächern seiner Hauptstadt in sausenden elektrischen Straßenbahnwagen umher, und nachts erleuchten grelle Bogenlampen das Dächergewimmel seines hauptstädtischen Riesenkraals.

II.

Die fremden Mächte in Ssoul. — Überwiegender Einfluß der Japaner, Franzosen und Amerikaner. — Die klägliche Unterbringung des deutschen Konsulats. — Das Deutsche Reich als Aschenbrödel unter den Mächten.

Aber nicht nur die elektrischen Anlagen sind es, die die Einheitlichkeit des Bildes stören, wenn man von der Höhe des Namsans auf Ssoul hinunterschaut. Hoch über die unscheinbaren Dächermassen hinweg ragen ein paar fremde Steingebäude empor, durch ihren europäischen Stil, ihre Größe und Pracht aufdringlich aus dem friedlichen Rahmen des stillen Dorfmäßigen, das Ssouls bezeichnendste

Eigenschaft bleibt, herausfallend und jeden Augenblick daran
erinnernd, daß für Korea neue Zeiten angebrochen sind. Es
sind die stattlichen Häuser der fremden diplomatischen Ver=
tretungen und die Kirchen christlicher Gemeinden, die sich
es leisten können, für ein paar hundert bekehrter Anhänger
kostspielige Gotteshäuser aufzuführen.

Es ist merkwürdig, daß schon der Umfang der fremden
Häuser Einfluß und Absichten der Nationen, von denen sie
errichtet sind, erkennen lassen. Am auffälligsten sind unter
den weltlichen Bauten die Gesandtschaften von Japan, Ruß=
land und Frankreich, und unter den Kirchen diejenigen der
französischen Katholiken und der amerikanischen Presby=
terianer. Und Japaner, Russen, Franzosen und Amerikaner
sind wirklich diejenigen, die heute die größte Rolle im Lande
spielen. Japan hat nicht nur ein stattliches Konsulat, son=
dern auch auf hübscher, gebietender Anhöhe gelegen ein
vornehmes Gesandtschaftsgebäude, von dem die weiße Flagge
mit dem roten Sonnenball herableuchtet, als ob sie sich hier
recht zu Hause fühlte. In der Tat ist sie auch durchaus nicht
einsam. Denn da gibt es noch japanische Kasernen, Schulen,
Krankenhäuser, von denen dieselbe Flagge weht, und vor
allem ein funkelnagelneues, zweistöckiges Postgebäude, das
kürzlich unter großen Feierlichkeiten eingeweiht wurde, zum
großen Ärger der hilflosen koreanischen Regierung, die sich
durch solche Zeichen japanischer Einnistung sehr peinlich an
ihre Schwäche und Unselbständigkeit erinnert fühlt. Wenn
Japan aber außer durch die Würde seiner Regierungs=
vertretung sich noch mit bescheidenern Zeichen seiner Tätigkeit
bemerkbar macht, wie mit Schulen und Krankenhäusern,
Banken und zahlreichen Läden und Wohnhäusern, so treten
die europäischen Mächte stolz und herausfordernd auf den
Plan mit Gesandtschaftsgebäuden, denen man auf den ersten

Blick die auf Eindruck berechnete Absichtlichkeit ansieht.
Rußland sowohl wie Frankreich haben ihren diplomatischen
Vertretern hier Paläste errichtet, vor denen die ganze übrige
Stadt aus Scham und Zerknirschung in den Boden zu
sinken scheint. Nichts, was Ssoul selbst an architektonischen
Leistungen aufweist oder was die übrigen Nationen bisher
an Wahrzeichen ihrer Machtstellung aufgebaut haben, kann
den Eindruck erreichen, den die neuen prächtigen Gesandt=
schaften Rußlands und Frankreichs von ihren Hügeln im
Westen der Stadt machen. Die praktischen, durch Handel
oder Industrie dargestellten, in Geld oder Geldeswert
umzusetzenden Interessen dieser beiden Länder sind in Korea
ja höchst unbedeutend; Rußland hat überhaupt nichts derart,
und die Franzosen fangen eben erst an, sich mit ihrem Kapital
an Bahnbau und Bergunternehmungen zu beteiligen. Es
ist der politische Einfluß, den sie erstreben, der durch diese
Bauten zum Ausdruck kommen soll. Und dieser Zweck wird,
bei den Koreanern jedenfalls, vollständig erreicht. Es sieht
aus, als ob die Hauptstadt und Residenz des Kaisers
unter dem unmittelbaren Schutze der Flaggen von Rußland
und Frankreich stände.*)

Da können die übrigen Nationen gar nicht mitreden.
Die Amerikaner, die bedeutende wirtschaftliche und ideelle
Interessen im Lande haben und durch einen seit 17 Jahren
am Orte lebenden Gesandten vertreten werden, verschmähen
es ja in falscher Anwendung ihrer demokratischen Anschau=
ungen fast überall, ihren Diplomaten anständige Behausungen
zu geben. In den europäischen Hauptstädten sind die

---

*) Diese und ähnliche durch die Zeitereignisse überholten Be=
merkungen des Verfassers sind absichtlich nicht getilgt worden, weil
ihr Vergleich mit der folgenden Entwickelung von Interesse ist.

A. d. H.

Gesandtschaften und Botschaften der Vereinigten Staaten immer das Gespött der übrigen Vertreter, eine ewige Anklage für eine mächtige und reiche Regierung, die ihren Vertretern ein lächerlich unzureichendes Gehalt zahlt und sie zwingt, in Häusern ihr Quartier aufzuschlagen, die zu denen ihrer fremden Amtsgenossen meist in einem beschämenden Gegensatz stehen. Einen Trost hat der hiesige amerikanische Gesandte, wenn er in seinem kleinen koreanischen Häuschen sich überragt und eingeengt sieht von seinen europäischen Nachbarn: der Vertreter des Deutschen Reiches verbirgt sich ebenfalls in einem Eingeborenen=Häuschen, still und bescheiden wie das Veilchen, das im Verborgenen blüht und in Demut sein Haupt neigt, wenn neben ihm die stolzen Lilien und Rosen ihr Haupt in die Luft recken. Die Götter mögen wissen, warum die Regierung des Deutschen Reiches darauf besteht, ihren Vertreter in Korea in diese beschämende Lage zu bringen und in einer Stellung zu belassen, die nicht nur des Ansehens unseres großen und selbstbewußten Landes unwürdig, sondern auch für den Konsul selbst häufig recht peinlich ist. Alle anderen Mächte sind beim Hofe des Kaisers von Dä Han durch Gesandte oder Ministerresidenten vertreten. Deutschland allein hat nur einen Konsul, der selbstverständlich bei allen öffentlichen Gelegenheiten an letzter Stelle marschiert und die Koreaner in dem Glauben läßt, das Deutsche Reich sei ein bescheidenes Ländchen vom Range Montenegros oder Luxemburgs. Selbst das kleine Belgien ist zurzeit durch einen Gesandten in Korea vertreten, die Vereinigten Staaten haben ihre Mission, die bisher Ministerresidentur und Generalkonsulat war, zu einer wirklichen Gesandtschaft erhoben, und England, Rußland und Frankreich sind ihnen darin mit der Rangerhöhung ihrer Vertretungen kürzlich gefolgt. Nur wir begnügen

14*

uns noch mit einem Konsulat bescheidensten Ranges, ohne Vizekonsul oder Dolmetscher. Früher gab es in Ssoul noch einen deutschen Vizekonsul, der genügend zu tun hatte, um die dauernde Doppelbesetzung des Konsulates zu rechtfertigen. Aber auch dieser Posten ist eingezogen worden, damit ja die Aschenbrödelrolle, die sich das Deutsche Reich für Korea vorgenommen zu haben scheint, streng und stilgerecht durchgeführt werde.

III.

Forstverwüstung in der Umgebung Ssouls. — Heizkünste und Holzverschwendung der Koreaner. — Geheizte Stuben bei 30° Hitze im Freien. — Die Riesenstraßen und die Stadtmauer der Residenz nach Pekinger Vorbild. — Straßenleben. — Vermummung der Frauen.

Die absprechenden Urteile, die oberflächliche Reisende über die Armut und Aussichtslosigkeit Koreas gefällt haben, scheinen alle auf dem Namsan entstanden zu sein, dem hohen die Hauptstadt überragenden Südberg, von dessen Höhe aus sich allerdings Ssoul mit seiner Umgebung als trostlos ödes Bild abschreckend kahler Gebirgslandschaft darbietet. Die scharfzackigen Höhen aus alten Eruptivgesteinen sind völlig unbewaldet, von Wind und Wetter scharf herausmodelliert, so daß sie wild und dräuend auf die flache Stadt herabschauen, die friedlich in ihrer Umklammerung sich unten ausdehnt. In der entzückend klaren Luft, die ein Hauptreiz Koreas zu jeder Jahreszeit zu sein scheint, sehen die Berge mit ihren spitzen und scharfen Graten noch höher und steiler aus, als sie in Wirklichkeit sind, und etwas wie hoffnungslose Gedrücktheit überkommt einen in diesem großartigen Bilde von Öde und Unfruchtbarkeit, das durch

Die Stadt und ihr Leben 213

keinen Ausblick auf die See oder auf grüne Ebenen gemildert wird.

Wer von diesem ersten Eindruck der Hauptstadt auf die Beschaffenheit des Landes schließen wollte, wie es verschiedene Schriftsteller getan haben, kann allerdings nur zu dem voreiligen Urteil kommen, daß das ganze Land ein kahles, unfruchtbares Bergland sei ohne jeden landwirtschaftlichen Wert. Aber Ssoul mit seiner näheren Umgebung ist nur eine Ausnahme, die leicht durch einen Blick auf die Geschichte des Landes erklärt wird. Seit dem Jahre 1392 hat die jetzt herrschende Königsfamilie Tschi Tschyen ihren Sitz in Ssoul, und ihre Vorgänger haben fast vier Jahrhunderte lang in Ssongdo, jetzt Kässöng genannt, residiert, einer Stadt, etwa 50 km nordwestlich von der jetzigen Hauptstadt gelegen. Fast tausend Jahre lang hat also in diesem engen Bezirke eine ungeheure Menschenmenge gewohnt, die Hunderttausende von wirklichen Bewohnern der Hauptstadt und im engern und weitern Umkreis die große Zahl von Menschen, die ihren Unterhalt durch die Anwesenheit des Hofes fanden. Kohlen, obwohl an verschiedenen Stellen des Landes vorhanden, sind niemals planmäßig abgebaut worden; der ganze ungeheure Bedarf dieser Hunderttausende an Feuerung ist jahraus, jahrein gedeckt worden aus den Forstbeständen in der Nähe von Kässöng und Ssoul. Kein Wunder, daß nach neun Jahrhunderten ununterbrochenen Abholzens nichts mehr übrig geblieben ist von dem ursprünglichen Waldreichtum, dessen Umfang und Pracht man jetzt nur ahnen kann, wenn man die herrlichen Waldungen gesehen hat, die noch heute in Kangwöndo und Hamgyöngdo weite Strecken des Berglandes bedecken. Der Koreaner gebraucht sehr viel Feuerung, nicht nur wegen der sehr scharfen und andauernden Kälte der langen Wintermonate,

sondern vor allem infolge seiner leidigen Gewohnheit, auch
im Sommer seine Schlafstätte zu heizen. Ich habe in der
nordöstlichen Provinz Hamgyöngdo, die noch die größten
Waldbestände aufweist, beobachten können, mit welch sträf=
lichem Leichtsinn der kostbare Schatz vergeudet wird. Herr=
liche alte Kiefernwaldungen bedecken den größten Teil der
Provinz; aber nur dem Umstande der großen Dünne der
Bevölkerung ist es zu danken, daß noch heute so stattliche
Reste davon vorhanden sind. Denn mit dem größten
Leichtsinn wird ein Stamm nach dem andern gefällt, zu
Brennholz zerhackt und verschnitten, das die unersättliche
Röhrenheizung verschlingt, die sich der Koreaner sehr geschickt
unter seinen Zimmern anzulegen versteht.

Von allen ostasiatischen Völkern scheint der Koreaner
allein die große Kunst gelernt zu haben, sich im Winter sein
Heim behaglich zu erwärmen. Der Chinese heizt seinen Kang,
den gemauerten Röhrenofen, der zugleich als Schlafstelle
dient, mit Stroh und setzt sich täglich der Gefahr aus, in
dem raucherfüllten engen Raume blind zu werden oder gar
an den giftigen Gasen der Holzkohlenbecken, an denen er
sich die Hände wärmt, zu ersticken. Der Japaner heizt über=
haupt nicht, er kennt keinen Ofen, keinen Kang wie die
Chinesen und keine Feuerungsröhren wie die Koreaner; er
behilft sich in höchst unvollkommener Weise mit Holzkohlen=
becken für die Hände und den kleinen Glühkästchen, die man
ja in Europa eingeführt hat, mehr als Spielerei denn als
ernstliche Ergänzung unserer Heizvorrichtungen. Der Koreaner
aber, der im Winter wirklich gemütlich warme Stuben hat,
scheint so stolz auf seine Heizkünste zu sein, daß er auch im
Sommer davon Proben ablegen möchte. An Tagen, wo
selbst noch gegen Sonnenuntergang mehr als 30 Grad Cel=
sius im Schatten waren, sah ich die Dorfbewohner sich

Kiefernscheite für die Nacht zurecht legen, damit sie die
10 bis 15 Grad nächtlicher Abkühlung, die sich dort
oben im Gebirge einzustellen pflegen, auf glühend
heißem Fußboden überstehen könnten. Nach wenigen
Jahrhunderten wird Korea an den Folgen dieser wahn=
sinnigen Heizsucht schwer zu leiden haben, wie China, das
sich auch seine nördlichen Provinzen durch jahrhundertelange
Abholzung zugrunde gerichtet hat.

Hat Sſoul von außen etwas Abschreckendes und Be=
drückendes, so ist innen in der Stadt alles weit und luftig.
Schon die ungeheure Stadtmauer macht im Gegensatz zu
den eng umschließenden Bergen den Eindruck der großartigen
Raumverschwendung, die für den Aufbau von Sſoul be=
zeichnend ist. Das Riesenviereck, das die Stadt mit ihrem
unentwirrbaren Gewirr von niedrigen, riedgedeckten Hütten
und Ziegelhäusern ausfüllt, wird in weitem unregelmäßigen
Bogen umspannt von einer Stadtmauer, die sich die große
chinesische Mauer zum Vorbilde genommen zu haben scheint.
Zwar viel kleiner in allen Abmessungen der Höhe, Breite
und Dicke, ist sie doch in ihrer Art nicht minder bewun=
dernswert als das große Weltwunder Chinas. Sie klettert
auf die höchsten Grate der umgebenden Berge, auf Höhen,
wo aller Wahrscheinlichkeit nach niemals Häuser gestanden
haben, und entfernt sich auch auf den niedrigern Stellen so weit
von der Stadt, daß sie zuweilen ganz zu vergessen scheint,
wozu sie eigentlich da ist. Und innerhalb dieser Einfassung
von alten Quadern dieselbe Weitschweifigkeit und Gering=
schätzung des Bodens. Die Hauptstraßen haben eine un=
geheure Breite, viel größer selbst als die riesigen Straßen=
züge, die Peking durchziehen von Norden nach Süden, oder
wie die gewaltige, von uns Kaiserstraße genannte Haupt=
verkehrsader der Chinesenstadt, die sich vom Tschyönn Mönn

in wirklich großstädtischer Stattlichkeit hinunterzieht zum Yungting Mönn. Nur sind die Ssouler Straßen, seit einigen Jahren wenigstens, befreit von allen kleinen Verkaufshallen und Krambuden, die hier wie in Peking den breiten Fahrdamm einzuengen pflegten. Und der Eindruck der außerordentlichen Weite wird noch bedeutend erhöht durch die unverhältnismäßige Niedrigkeit und Gleichmäßigkeit der Häuserreihen zu beiden Seiten der langen Straßenzüge, die dadurch mehr wie unförmlich verlängerte öffentliche Plätze aussehen, als wie Straßen einer dichtbevölkerten Hauptstadt.

In merkwürdigem Gegensatz zu der Länge und Breite der Straßen steht alles, was darauf und daneben zu sehen ist. Die Häuser der Koreaner sind winzig klein und innen gar nicht viel größer als die geräumigen Puppenstuben, in denen unsere Kinder ihr Spielzeug tummeln. Die Eingangstüren kann man nur gebückt durchschreiten, in den Zimmern sich nur sitzend, auf dem Boden kauernd aufhalten und sich trotz der gänzlichen Abwesenheit von Möbeln nur ganz engumschriebene Bewegungen seiner Gliedmaßen gestatten. Der einzige Schmuck solcher koreanischer Zwergstuben sind hübsch geflochtene Matten und das unzerreißbare ölgetränkte Papier, woraus man hierzulande Regenmäntel, Hüte, Fußbodenmatten, Tabaksbeutel und tausend andere Dinge macht. Auch die Sänften und Pferde, die die Straßen beleben, sind viel kleiner als anderswo. Kein Chinese oder Japaner könnte sich in einen so engen quadratischen Kasten zwängen, wie ihn der Koreaner, der doch ein gut Stück größer gewachsen ist als seine östlichen und westlichen Nachbarn, als standesgemäßes Fortbewegungsmittel benutzt. Wagen gibt es im ganzen Lande nicht. Nur in den Vertragshäfen sieht man neuerdings Schubkarren oder kleine Frachtwagen, die von den Fremden eingeführt worden sind. Sonst werden alle Lasten auf den Zwergpferden fortgeschafft oder auf den gewaltigen Bullen, die zu den wenigen Dingen gehören, die aus dem Straßenbilde Souls durch ihre unverhältnismäßige Größe herausfallen. Überraschend durch ihr Mißverhältnis sind auch die Lasten, die man hier kleine Kinder auf ihren hölzernen kiepenähnlichen Traggestellen fortschleppen sieht. Es scheint, als ob die Koreaner mit diesem einfachen dreieckigen staffeleiförmigen Gestell, das an Tragbändern auf dem Rücken getragen und mit den unförmlichsten Lasten bequem vom Boden aufgenommen werden kann, das beste Mittel gefunden haben, die große Leistungsfähigkeit der Rückenmuskeln gründlich auszunutzen. Ganz kleine Bengel von zehn Jahren und weniger sieht man hier Lasten auf dem Rücken tragen, die nicht nur mit ihrem Umfang oft doppelt über den kleinen Träger herausragen, sondern auch an Gewicht vielmal über das hinausgehen, was ein Kind in unseren Ländern bewältigen könnte. Die ganze Länge des Rückens wird von der Kiepe bedeckt, die am Bodenende ein paar Stützen hat, so daß sich der Träger durch Aufsetzen dieser Stützen ausruhen kann ohne die zeit- und kraftverschwendende Mühe des Abschnallens seiner Last.

Am fesselndsten aber sind in diesem merkwürdigen Straßenleben die Menschen selbst. Alles vom Kopf bis zum Fuß in weiße weite Kleider gehüllt, die durch kein Stückchen fremder Zutaten die Echtheit und Fremdartigkeit ihrer Erscheinung mindern. Es ist auffällig, wie wenig einen die Drähte und Pfosten der elektrischen Anlagen stören, sie fallen in ihrer nichtssagenden Nüchternheit viel weniger als etwas Fremdes, von jenseits der See Eingedrungenes auf, als die europäischen Gestalten, die sich gelegentlich einmal zwischen die weißen, wie Mummenschanzfiguren verhüllten

Figuren der Eingebornen mischen. Das ereignet sich aber sehr selten. Die Zahl der Fremden ist noch sehr gering in Ssoul; außer den Diplomaten und den wenigen Angestellten der Regierung gibt es fast nur Missionare, die allerdings in der Hauptstadt viel zahlreicher vertreten sind als in den Provinzen. Aber man kann doch stundenlang durch die langen, breiten Straßen oder tagelang durch die engen, krummen Zeilen der Nebengassen schlendern, bis man einem in der Rickscha dahineilenden Fremden begegnet. Diese nützlichen, kleinen „Manneskraftwagen" sind natürlich auch eine Neuerung in Ssoul, die erst vor kurzem eingeführt ist. Aber die leichten Gefährte, mit dem unverdrossen trabenden Kuli davor, sind im ganzen übrigen Ostasien schon ein so fester Bestandteil des Straßenverkehrs geworden, daß man sie nicht mehr als etwas Fremdes und Störendes empfindet.

Abenteuerlicher noch als die koreanischen Männer in ihren wallenden weißen Kleidern und den drolligen Roßhaarhüten sehen die Frauen aus, die in den Straßen der Hauptstadt eine viel häufigere Erscheinung sind als in den Dörfern des Innern, wo man nur in den allerabgelegensten Ortschaften zuweilen die Frau und Mädchen ihre Häuser verlassen sieht. Auch hier in Ssoul scheint der öffentliche Ausgang für die Frauen noch immer als ein mit vielen Gefahren verbundenes Wagnis angesehen zu werden. Wie im mohammedanischen Morgenlande muß das Gesicht sorgfältig verschleiert werden, damit die Tugend nicht durch die begehrlichen Blicke der bösen Männerwelt Schaden leide. Aber auch die Linien des Körpers müssen nach Möglichkeit verhüllt sein. Nicht nur ziehen sich die Frauen daher über ihre engen, langen Unterhosen noch ganz ungeheuer weite Pluderhosen, die nur an den Knöcheln eng zusammen=

gebunden werden, sondern über diesen alles bereits bis zur
Unkenntlichkeit vermummenden Beinsäcken tragen sie noch lange
Röcke, so daß die ganze Gestalt nicht unähnlich den kleider=
sackähnlichen Erscheinungen der persischen Frauen wird, die
auch eifersüchtiger auf die Verhüllung ihres äußern Menschen
bedacht sind als auf die Bewahrung ihrer Tugend. Dieses
ganze unförmliche Kleiderbündel, unter dem sich die zierlichen,
kleinen Koreanerinnen verbergen, wird zum Schluß, wenn
es auf die Straße gehen soll, noch verhängt mit einem
grünen Mantel, der mit seinen Ärmeln oben am Kopf be=
festigt wird, so daß die weiten, leeren Ärmel mit ihren
weißen Aufschlägen wie eine geisterhafte Tarnkappe das
Gesicht und den Oberkörper umflattern, aus dessen
wohlassekurierter Tugendhaftigkeit nur die nackte Brust
hervorlugt wie zum Spott auf den Überfluß der sonstigen
Verhüllungen.

IV.

Ssoul viel altertümlicher als Peking. — Anbruch der neuen Zeit:
Kaiserliche Erlasse über Haarschnitt und Pfeifenkürzung. —
Kaiser und Volk bildungsfähig und fremdenfreundlich. — Vom
koreanischen Militär. — 9000 untätige Söldner im friedlichen
Riesendorfe Ssoul. — Kriegsdienst als kindlich froher Zeitvertreib.

Seit einer langen Reihe von Jahrhunderten hat sich
das Straßenbild von Ssoul wohl unverändert so erhalten,
wie wir es heute noch bewundern können in seiner unge=
schminkten asiatischen Echtheit. In China, das in so
manchen Dingen den Ruf starrer Unveränderlichkeit, den es
bei uns genießt, viel weniger verdient als seine Nachbar=
reiche, hat allein die Herrschaft der Mandschuren durch die
zwangsweise Einführung der Zopftracht und der mandschurischen

Oberkleidung eine einschneidende Veränderung herbeigeführt, die das ganze äußere Bild des Volkes und seiner Städte von Grund aus verändern mußte. Korea aber erscheint noch heute so, wie uns die alten Bilder aus der vormandschurischen Zeit Land und Leute in China schildern. Durch einen besondern Erlaß hatte 1638 der erste Kaiser des jetzt noch in China herrschenden Hauses Tatsching den Koreanern als Anerkennung für ihre bereitwillige Unterwerfung den Zopf erlassen, und auch die alte chinesische Gewandung blieb am Hofe in Ssoul unverändert bestehen bis auf den heutigen Tag, während in China nur noch mandschurische Moden zu sehen sind. Das Volk aber trägt noch allgemein dieselben Kleider, nach demselben alten einheimischen Schnitt, der in Korea maßgebend gewesen ist, solange man die Geschichte des Landes kennt. In dem uralten Kloster Ssökwangssa, das inmitten herrlicher Waldungen im äußersten Südwestzipfel der Nordostprovinz Hamgyöngdo versteckt liegt, werden mit andern heilig gehaltenen Überbleibseln die Kleider des Königs Tädscho Dä Wang aufbewahrt, der vor mehr als einem halben Jahrtausend die heutige Dynastie gründete. Der Schnitt der Kleider, die Form der merkwürdigen Lanzenschwerter, Krummstäbe, Laternenhalter und andere Abzeichen seiner königlichen Würde sind genau dieselben, wie sie heute noch bei Hof in Ssoul gebraucht werden, ebenso wie auch die Beschreibung, die der holländische Schiffbrüchige Hendrik Hamel im 17. Jahrhundert von dem Anzug der Koreaner gab, Wort für Wort auf ihre heutige Tracht paßt.

Vom geschichtlichen Standpunkt aus kann man daher nur mit Bedauern die Zeit herannahen sehen, wo von dem uralten und am Alten so zähe hangenden Korea nicht mehr viel übrig sein wird. Zwar wird es wohl noch lange Wege haben, bis der Koreaner in Rock und Hose erscheint und sich den Zylinder auf sein geschorenes Haupt setzt wie sein Nachbar im allzu fortschrittlichen Japan. Denn hier liebt man verständigerweise die europäische Kleidung nicht. Vor einigen Jahren, als nach dem chinesisch-japanischen Kriege das ganze Land und der König selbst nicht zum wenigsten ganz unter japanischem Einfluß standen, wurde eine Bestimmung erlassen, die auswärtigen Vertreter des Landes müßten hinfüro mit kurzem Haar und europäischer Kleidung erscheinen. Das gab gewaltige Aufregung. Eine koreanische Gesandtschaft, die schon unterwegs nach Europa war, blieb in Hongkong stecken, weil sich die hohen Herren ohne ihren geliebten Haarknoten gar nicht in die ihnen zugeteilte Rolle eines diplomatischen Würdenträgers finden zu können glaubten. Im Lande selbst wäre es fast zur Revolution wegen des Haarschneidegebotes gekommen, obwohl der König selbst mit gutem Beispiel voranging und allerhöchst seinen Haarschopf auf dem Altare der Verwestlichung und des für unerläßlich gehaltenen allgemeinen Fortschrittes opferte und plötzlich eines Tages mit kurzem Haar erschien wie ein Europäer, oder vielmehr, in den Augen seiner Untertanen „wie ein Japaner". Obwohl er in einem sehr drolligen Erlaß die Albernheit und Torheit, Umständlichkeit und Schädlichkeit der bisherigen Haartracht überzeugend schilderte, fand er keine Nachahmung unter seinem Volk, das sich der Neuerung widersetzte, weniger aus Liebe zum Alten als aus Haß gegen die Japaner und alles, was an die Japaner erinnert.

Aus demselben Grunde konnte auch dem Gesetz der Pfeifenkürzung keine Geltung verschafft werden. Die einheimische koreanische Tabakpfeife ist wenigstens einen halben Meter lang, häufig aber so unendlich, daß selbst ein Gibbon mit seinen langen Armen den Pfeifenkopf nicht erreichen könnte, wenn er das Mundstück im Munde hat. Tatsächlich ist diese koreanische Pfeife, deren Kopf bei dem echten eingeborenen Raucher alten Stiles niemals kalt wird, ein Kulturhindernis. Solange der Koreaner an ihr und ihrer märchenhaften Länge festhält, wird er niemals arbeiten können wie ein Westländer und niemals den Sinn des Wortes „Zeit ist Geld" auch nur ahnen können. Da aber unglücklicherweise die vorgeschriebene Kürze der Pfeifen wiederum an die Japaner erinnerte, die jetzt nur noch aus winzigen Pfeifchen von 15 cm Länge rauchen und die ältern längern Rohre ihren Frauen überlassen, so wäre es dem Koreaner wie Landesverrat an die verhaßten Japaner vorgekommen, wenn er sich zum kurzen Pfeifenrohr bequemt hätte.

Mit anderen Neuerungen hatten der König und seine fortschrittlichen Ratgeber mehr Glück, denn im Grunde seines Herzens ist der Koreaner weder Fremdenhasser noch neuerungsfeindlich, so daß man ihn unter geschickter Leitung ohne Schwierigkeiten völlig zu einem modernen Menschen in unserm Sinne verwandeln könnte. Der König selbst hat fast immer mit Eifer und Verständnis die fortschrittlichen Gedanken und Anregungen aufgegriffen, die ihm seine fremden Ratgeber nahelegten. Den empfindlichsten Einschnitt in das bisherige Wesen des Königreichs und zugleich den auffälligsten Umschwung im äußern Bilde der Hauptstadt brachte die Neubildung des koreanischen Heeres mit sich, die bald nach dem Abschluß der auswärtigen Verträge eingeleitet wurde. Seit altersher war zwar im Lande eine Art Aushebung zu kriegerischen Dienstleistungen geübt worden, deren Ausdehnung noch heute aus den alten Volkszählungslisten erhellt, die von jeder Stadt und jedem Dörfchen die Zahl

der waffenfähigen Männer angeben; aber von militärischer
Erziehung, gleichförmiger Einkleidung und Bewaffnung war
natürlich keine Rede. In wenigen Jahren hat nun das
neugegründete Kriegsministerium eine ganze Reihe von Ent-
wicklungsstufen durchlaufen, getrieben von den verschiedensten
Einflüssen, die fremde Ratgeber am Hofe geltend machen
konnten. Amerikanische, russische und japanische Instrukteure
wechselten miteinander ab, französische und japanische Vorbilder für Uniform und Bewaffnung wurden eingeführt,
nachdem die alte einheimische Hofwachenuniform, die als erstes
Muster gedient hatte, sich als zu unpraktisch erwiesen hatte.
Jetzt stehen in Sfoul allein neun Regimenter gleichförmig gekleideter und mit modernen Waffen ausgestatteter Truppen,
die sich einem auf Schritt und Tritt aufdrängen, so daß
man nur wenige Minuten in der Hauptstadt zu sein braucht,
um zu merken, daß unter den vielen Plänen und Träumen,
die Seiner Majestät leicht erregbares Gehirn beschäftigen,
zurzeit der „Militärvogel" die Oberhand hat.

Man stelle sich neuntausend untätiger Soldaten in einem
friedlichen Riesendorf vor, dessen Bevölkerung es an harmloser Gleichgültigkeit wohl mit jeder Hauptstadt der Erde
aufnehmen kann. Gelegentlich kommt zwar eine ernste
Schlägerei zwischen Koreanern und Chinesen vor, häufiger
noch zwischen den Eingeborenen und ihren alten Erbfeinden,
den Japanern, von denen Tausende in Tschinkogä, dem
japanischen Viertel Sfouls, ihr dauerndes Heim aufgeschlagen
haben. Im allgemeinen aber findet die sehr zahlreiche
Polizei, die neuerdings ebenfalls in europäischen Uniformen
steckt und Tag und Nacht die Straßen und Kreuzwege be-
geht, recht wenig zu tun, und für das Militär bleibt gar
nichts übrig, als sich zu Tode zu langweilen und sich auf
Posten die Zeit zu vertreiben mit Griffeklopfen und allerhand

Übungen, die man bei uns auf dem Exerzierplatz macht. Aber hier fehlt gänzlich die straffe Zucht und die unerbittlich strenge militärische Auffassung, die im Soldatenberuf etwas schreckliches Ernstes sieht, womit kein Scherz getrieben werden darf. Der Koreaner betrachtet das Ganze augenscheinlich noch als ein lustiges Spiel, das ihm Spaß macht, solange es neu ist. Denn seine Freude hat er dran, das ist kein Zweifel. Die Burschen sind immer vergnügt, und selbst wenn sie vor dem Palast Posten stehen — übrigens immer als Doppelposten oder gar zu vieren — und sich längst alle neuen Anekdoten erzählt und alle Griffe und Chargierübungen für sich zum dutzendstenmal durchgemacht haben, geht ihnen die gute Laune nicht aus. Dann lehnen sie sich malerisch an eine Säule, träumen von der nächsten Mahlzeit mit massenhaftem Reis und dem heißgeliebten Kimtschi, ihrem Leibgericht, das schärfer brennt als irgend eines der Spanier oder Ungarn, und fangen schließlich einen „Dauerlauf auf der Stelle" an, ganz unbekümmert um den Zwiespalt, den sie schaffen zwischen ihrer kindlichen Spielerei und der ernsten Würde, die einem Wachtposten vor dem Tore des Kaisers von Dä Han geziemte. Dem Fremden fällt dieser Mangel an militärischem Geist nach unserm Sinne um so mehr auf, als die koreanischen Soldaten jetzt in ihren neuen Uniformen wirklich ganz gut militärisch aussehen.

Der Schnitt der Uniformen ist augenscheinlich von Japan entlehnt, nur das Käppi erinnert an Frankreich. Die Röcke sind kurz und eng anliegend, die Achselklappen tragen in Gelb aufgemacht die Regimentsbezeichnung in einheimischer Önmunschrift. Die Hose aus schwarzem Tuch steckt in kurzen Gamaschen aus weißem Drell, die nur bis zur Mitte der Waden hinaufreichen. Da die Koreaner meist recht gut gewachsen und kräftig entwickelt sind, sehen sie in dieser Bekleidung besser aus als die Japaner, die mit ihren kurzen Beinen nicht recht in die europäische Uniform zu passen scheinen. Nur hapert es bei ihnen noch mit der Sauberkeit und Güte des Anzugs. Besonders der Hosenboden zeichnet sich meist durch vorzeitige Abnutzung aus, ein Zeichen dafür, daß außer Dienst der koreanische Soldat noch nach alter Weise sich mit untergeschlagenen Beinen auf den Fußboden setzt.

Einzelne tragen Gummikragen; da aber das dazu gehörige Hemd fehlt — selbst im wäschesparenden deutschen Vaterland hat man es ja wohl noch nicht zur Erfindung von Gummihemden gebracht —, so umschwebt dieses überflüssige Talmikulturstück hilflos umhertanzend den Hals des Soldaten, wie die Ringe den Saturn. Ungleichmäßig ist auch die Fußbekleidung. Die Japaner, die sich selbst nur mit Schmerzen an europäisches Lederschuhwerk gewöhnen können, haben der koreanischen Heeresverwaltung schreckliche Stiefel aufgeschwindelt, die nach wenigen Märschen untauglich werden und schon ihres harten, unnachgiebigen Stoffes wegen eine Qual für den Koreaner sind, der zeitlebens nur Hanfsandalen getragen hat. Mit Vorliebe kehrt denn auch der Soldat, sobald er außer Dienst ist, zu seinen vernünftigern und bequemern Sandalen zurück. Selbst auf dem Marsche habe ich häufig Soldatenabteilungen im Innern des Landes getroffen, die ihre Lederschuhe in der Hand oder am Gürtel trugen und barfuß einhergingen.

Ein anderer Übelstand ist die verschiedene Haartracht. Die in Ssoul, in den Provinzen Kyönggwido und Hwanghädo ausgehobenen Mannschaften müssen sich das Haar scheren lassen. Den besonders geschätzten Truppen aber aus der nördlichen Provinz Pyöngando, die im Rufe größerer

Brauchbarkeit und Leistungsfähigkeit stehen, hat man als Zeichen besonderer Gunst die alte Haartracht gelassen. Sie tragen nun auf ihrem sonderbaren Haarschopf und dem Kopfband das Käppi, und sehen damit aus wie deutsche Studenten, die frisch von der Mensur kommen und über die Paukmütze das Cerevis gestülpt haben. Höchst sonderbar berührt es, wenn man sieht, daß diese neugebacknen Verteidiger des Landes der Morgenfrische, die trotz aller gerügten äußerlichen Mängel ein sehr brauchbares und bildungsfähiges Soldatenmaterial darstellen, nicht einen Schritt marschieren können, ohne daß ihnen dazu Musik gemacht wird. Musik zwar von der allereinfachsten Sorte. Mit rührendem Eifer blasen die Hornisten, die auch vor den kleinsten Abteilungen gehen, in ihr Blech und entlocken ihm kindlich=frohe Töne, die mehr an die Kinderstube und ihre Trompeterleistungen erinnern als an Militärmusik. Es scheint denn auch nichts anderes zu sein als die Aneinanderreihung von Signalen, die nur aus wenigen bescheidenen Takten bestehen. Da die ganze Stadt überschwemmt ist mit Wachkommandos und Doppelposten, so vergeht kaum eine halbe Stunde, wo man nicht dies einfältige Getute der pausbackigen Bläser aus allen Richtungen ertönen hört, da auch die paar Schritte, die zum Ablösen der Wache nötig sind, nur mit Hilfe musikalischer Anregung gemacht werden können.

Vom koreanischen Kaiserhof und andres.

I.

Die Pforte der großen Ruhe. — Nächtliches Treiben im Palast. — Ein Empfang beim Kaiser von Dä Han. — Wie man ohn all Verdienst und Würdigkeit zu einem Bändchen im Knopfloch gelangen kann.

Schon so manche Woche sitze ich hier in meinem Quartier gegenüber dem Osteingang des neuen kaiserlichen Palastes und beobachte mit immer neuer Freude die malerischen Bilder, die sich vor meinen Augen wie auf einer Schaubühne des Märchenhaften und Geheimnisvollen in raschem Wechsel abspielen. Ssoul ist wirklich unvergleichlich viel fesselnder als Peking mit seiner mehr und mehr abbröckelnden Echtheit oder Tokio in seiner verwässerten Charakterlosigkeit. Die Farben des Ssouler Straßenlebens sind so viel bunter als die von Peking, die Gestalten so viel unverfälschter geblieben als die von Tokio, und über dem Ganzen liegt etwas so unsagbar Fremdartiges, das einem jede Minute wieder die stets von neuem erstaunliche Tatsache ins Gedächtnis zurückruft: Du bist hier in einem Lande, das noch vor zwei Jahrzehnten so verschlossen war für den Fremden, und den Gelehrten so unbekannt, wie nur irgend ein andrer Staat im Innern Afrikas.

Wenn mich noch vor Sonnenaufgang der friedlich kriegerische Lärm der aufziehenden Palastwache aus dem Schlafe weckt und an die Fenster meiner Wohnung treibt, so sehe ich unter mir in greifbarer Nähe ein Bild sich abspielen, wie es dem Fremden in andern asiatischen Hauptstädten nicht mehr so leicht zuteil wird. Zu meinen Füßen dehnt sich die große Terrasse vor dem Palasttor aus, überschattet von einem gewaltigen Dachträger mit der weithin sichtbaren Inschrift „Ta Ngan Mönn" oder wie man's hierzulande ausspricht Dä An Mun, „Pforte der großen Ruhe", und Treppenstufen und Steinfliesen sind über und über bedeckt von seltsam vermummten schwarzen Gestalten in weiten wallenden Mänteln und großen schwarzen breitkrempigen Filzhüten, deren rotes Kopfband allein einen lebendigen Farbton hineinbringt in dies düstere Bild geheimnisvoller Dunkelmänner, die alle aussehen wie Philipp II. von Spanien auf seinem Bergsitz zu Escorial. Zu Hunderten liegen sie malerisch hingefleezt auf dem Boden, gegen die Umfassungsmauer des Schlosses gelehnt stehen dicke Bündel von breiten abenteuerlichen Lanzenschwertern, wie sie die chinesischen Boxer hatten, von Krummstäben und andern sonderbaren Geräten, und vor den breiten Stufen der großen Freitreppe sind unzählige der kleinen quadratischen Marterkästen aufgestellt, die der Koreaner von Rang als Sänfte benutzt. Kleine Zwergpferde mit unförmlich hohen Sätteln und allerhand buntem Flitterkram am Zaumzeug sind an Pflöcken angebunden und harren, wie die Sänften und die schwarzen Schläfer auf der Terrasse, der Rückkehr ihrer Herren: der Staatsminister und Hofbeamten, die jetzt bei Morgengrauen ihre Geschäfte und Beratungen mit dem Herrscher beendet haben müssen und den Palast jeden Augenblick verlassen können.

Wie in China „regiert" der Landesherr auch in Korea nur während der allerunwahrscheinlichsten Stunden, in den ersten Morgenstunden nach Mitternacht, wenn die treuen Untertanen im tiefsten Schlummer liegen und kein Laut die erhabene Ruhe stört, deren der Herrscher bedarf, wenn er über die Geschicke seines Landes nachdenken will. Die unglücklichen Beamten, Minister und vortragenden Räte müssen sich bald nach Mitternacht wecken lassen, sich in Gala werfen, denn nur in höchster Festkleidung dürfen sie sich der Majestät nahen, und ihren Weg durch die langen, ausgestorbenen Straßen der nächtlichen Stadt nehmen, die wie tot daliegt, stiller als die kleinste Landstadt.

Denn geräuschvolles Nachtleben gibt es zu so früher Morgenstunde nicht mehr in Ssoul. Zwar werden die alten Gesetze nicht mehr so streng gehandhabt, die es den Männern überhaupt verboten, nach Sonnenuntergang noch auszugehen. Die Stunden der Dämmerung und der beginnenden Nacht gehörten den Frauen, die ja tagsüber sich kaum auf der Straße sehen lassen können, es sei denn, daß sie sich der Qual der dicken Verpackung in ihr verhüllendes Ausgeh=
gewand unterziehen. Aber auch jetzt noch scheint der Koreaner wenig Geschmack an lärmendem nächtlichen Treiben zu haben. Seine großen Gelage feiert er lieber bei Tage und draußen in der freien Natur, mit den Persern den Geschmack am Picknick teilend, wo man im Grünen, auf hübscher, aussichtsreicher Waldhöhe oder am murmelnden Gießbach mit ausgelassenen Mädchen und zierlichen Tänze=
rinnen Kurzweil treibt. Mit dem sinkenden Tage ist die Tagesordnung erledigt, es wird bald still auf den Gassen, und nur in den großen Karawansereien der Reisenden geht es noch laut und lebhaft zu; späte Ankömmlinge müssen ihren Pferden und Packtieren noch die unvermeidliche warme

Bohnensuppe vorsetzen, und sie selbst haben das Bedürfnis, bei Reiswein und Hirseschnaps die neuesten hauptstädtischen Nachrichten vom Wirt einzuholen und von andern Reisenden zu hören, wovon man im Lande spricht.

Aber lange vor Mitternacht ist auch hier alles ruhig. Es ist des Kaisers eigene Schuld, wenn er jetzt noch nicht Zeit und Ruhe findet für die Abwicklung der Staatsgeschäfte, denn in seinem Hause allein ist noch alles lebendig und laut. Auch wenn die ganze Stadt wie Babylon „in stummer Ruh" liegt:

> Nur oben in des Königs Schloß
> Da flackert's, da lärmt des Königs Troß.

Nacht für Nacht höre ich aus dem Palaste zu Tschong Dong die klagenden Stimmen der koreanischen Flöten und die unmelodischen Töne der Saitenspiele, die den nächtlichen Tanz der Haremsmädchen begleiten, hinausklingen in die stille Nacht, die außer vom schläfrigen Schritt der Schildwachen durch kein Geräusch mehr gestört wird. Ein Tag wie alle Tage scheint am Ssouler Hofe gefeiert zu werden: Tanz und Spiel, Trinkgelage und Liebesfeste in endloser Reihe, als ob der sorgende Landesvater seinen lieben Untertanen mit gutem Beispiel vorangehen wollte in der Betätigung koreanischer Lebensweisheit: Leben und leben lassen, und nach uns die Sintflut!

Sonderbare Dinge werden von den wilden Festen erzählt, die der Kaiser und seine Höflinge feiern. Außer seiner Hauptfrau und acht amtlichen Nebenfrauen verfügt ja der glückliche Landesherr über 300 Kebsweiber, die unter den schönsten und klügsten Töchtern des Landes ausgesucht sind, um dem vielgeplagten Herrscher die Bürde der Krone erleichtern zu helfen. Die besten Tänzerinnen, die anmutigsten und begabtesten Sängerinnen des Landes müssen sich in erster Linie zur Verfügung des Hofes halten, und da Frohsinn und Freude an Wein, Weib und Gesang den Koreaner in ganz andrer Weise auszeichnen als den nüchternen Chinesen, so läßt sich wohl vermuten, daß Ssouler Hoffeste lustiger und reizvoller sind als ähnliche Feste der Pekinger Hofhaltung oder gar der Tokioer, die in ihrem Bestreben, möglichst korrekt europäisch zu erscheinen, schon langweilig und uninteressant geworden ist. Während meines langen Aufenthaltes in der Hauptstadt habe ich das Glück gehabt, mehrere Male zu großen Hoffestlichkeiten eingeladen zu werden. Obwohl solche Veranstaltungen, zu denen die fremden Diplomaten oder Reichsbeamten Zutritt erhalten, selbstverständlich etwas ad usum delphini zurechtgestutzt sind, ging ich doch jedesmal mit großer Spannung durch die „Pforte der großen Ruhe" ein zu den geheimnisvollen Hallen, aus denen ich so oft den Klang festlicher Gelage hatte ertönen hören. Und jedesmal war es ein seltsames Gemisch von Befriedigung und Enttäuschung, womit ich abends meinen Rückweg wieder antrat durch die langen Reihen einstöckiger tempelartiger Hallen, an den nichtssagenden Wohnräumen der Palastwache vorbei und wieder hinaus zur „Pforte der großen Ruhe", die ihren Namen erst verdient beim Verlassen des Palastes. Lärm und Licht bleiben hinter einem, Dunkelheit und Ruhe erwarten einen beim Hinaustreten in die Stadt. Eine Enttäuschung war es für mich, zu sehen, wie fabelhaft zivilisiert alles zugeht am Hofe des Kaisers von Dä Han. Wenigstens wenn fremdländische Gäste geladen sind. Da speist man an prächtig gedeckten Tischen, läßt sich Trüffelpasteten und die auserlesensten europäischen Leckerbissen vorsetzen und trinkt das Wohl des Landesherrn und fürstlichen Gastgebers in französischem Schaumwein, ganz als ob man an irgend einem unserer westlichen Höfe wäre. Das hat die geschickte Leitung des kaiserlichen Haushaltes zuwege gebracht, die seit einer Reihe von Jahren sich der schätzbaren Dienste einer vielgewandten Elsässerin, des Fräuleins Sonntag, erfreut, die dem früheren russischen Gesandten, ihrem Schwager Waeber, den Haushalt führte und schon damals den Beifall des Königs fand. Als auf Anstiften des japanischen Geschäftsträgers Vicomte Miura im Oktober 1895 eine Rotte japanischer Soldaten von der Gesandtschaftswache in den Palast drang und in viehischer Rohheit die Königin mordete, ihren Leichnam in Stücke hieb, mit Petroleum begoß und an Ort und Stelle verbrannte, flüchtete sich der geängstete König in der dichtverhängten Sänfte einer Haremsdame in die russische Gesandtschaft, die ihm in jenen schrecklichen Tagen revolutionärer japanischer Hochflut allein völlige Sicherheit zu gewähren schien.

In der Behausung des Gesandten Waeber, ganz als Gast der Gesandtschaft, wartete er die Beruhigung des Landes ab, die mit einer Ablösung des japanischen Einflusses durch den der Russen auch bald zustande kam. In dieser Zeit seiner freiwilligen Flucht und Gefangenschaft hatte der Kaiser, damals noch „König von Tschôssönn", täglich Gelegenheit, die Annehmlichkeiten eines europäischen Haushalts kennen zu lernen. Er war so entzückt, daß er Fräulein Sonntag bat, in seine Dienste zu treten, und seitdem ist eine deutsche Dame sozusagen Majordomus von Dä Han. Es ist übrigens nicht bei der Nachahmung der hauswirtschaftlichen Dinge allein geblieben. Auch das Haus der russischen Gesandtschaft selbst, allerdings ein sehr stattlicher und eindrucksvoller Bau, hat so viel Begeisterung erweckt, daß jetzt mit großen Kosten unmittelbar neben dem neuen Palast zu Tschong Dong und schon über-

greifend auf die Grundstücke der Seezollverwaltung ein neues Schloß gebaut wird, ganz nach dem Vorbilde der russischen Gesandtschaft. Nur soll alles noch prächtiger, kaiserlicher werden. Das ganze Gebäude, mit seinen Wandelhallen und säulengetragenen Veranden, wird aus gewaltigen Granitblöcken aufgeführt und verspricht in der Tat recht großartig zu werden — wenn die stets in Nöten der Ebbe schmachtende Staatskasse es aushält. Ob der Kaiser selbst in diesem neuen Palaste wohnen wird, ist allerdings fraglich. Es scheint doch mehr die Rücksicht auf die Repräsentation den Fremden gegenüber zu sein, die den Neubau veranlaßt hat. Denn der Kaiser selbst ist in seinen Lebensgewohnheiten noch ganz echt und unverfälscht korea=
nisch geblieben. Dem ist es auch zu danken, wenn ein Besuch an seinem Hofe für den Europäer zu den interessan= testen Erlebnissen einer asiatischen Reise gehört.

Ich hatte das Glück, vom Kaiser, der sich für meine ausgedehnten Reisen in seinem Lande zu interessieren schien, in Audienz empfangen zu werden, was mir um so wert= voller war, als das frühern deutschen Reisenden, trotz heißem Bemühen, nicht gelungen war. Durch die freund= lichen Bemühungen des deutschen Vertreters, Dr. Weipert, war alles aufs beste eingefädelt, Einladung vom Hof= marschallamt ergangen, Ort und Zeit des Empfanges fest= gesetzt. Vor mir wurde der neue Befehlshaber der britischen Seestreitkräfte in Ostasien, Vizeadmiral Sir Cyprian Bridge, Seymours Nachfolger, mit seinem Stabe durch den eng= lischen Gesandten vorgestellt. Und kaum hatte der letzte der englischen Stabsoffiziere rückwärtsschreitend seine letzte dritte Verbeugung in der Tür gemacht, als ein Hofbeamter uns das Zeichen zum Näherkommen gab. Die Audienz verlief in der natürlichsten Weise. Der Kaiser, der für seine eigenen Untertanen ein fast stets unsichtbares noli me tangere ist und ganz ähnlich wie der Himmelssohn in Pekings verbotener Stadt durch unüberbrückbare Klüfte von Vorurteilen und abergläubischen Vorstellungen von seinem Volk getrennt ist, gab sich wie der erste beste Gentleman, frei und unbefangen, höflich und liebenswürdig. Vorschriftsmäßig näherte ich mich, hinter dem Konsul schreitend, mit den in gewissen Abständen zu wiederholenden Verbeugungen, als gewissenhafter Reisender und Beobachter dabei nach allen Seiten schielend und die einfache europäische Ausstattung der Empfangsräume musternd: billiger Fachwerkbau, hell tapeziert, ein paar französische Lithographien in gebeiztem Holzrahmen an den Wänden, japanische Stühle, zu leicht für europäisches oder koreanisches Gewicht, und über den Tischen als Decken ziemlich buntfarbige Maschinenteppiche. Als ich nach der letzten Verbeugung aufsah, die nur ein klein wenig tiefer und langsamer ausgeführt zu werden brauchte, als wenn ich mich zu Hause irgend einem meinesgleichen vorgestellt hätte, sah ich mich zwei sehr reich gekleideten, in dunkle Seidenkleider gehüllten Männern gegenüber: dem Kaiser und seinem ältesten Sohne, dem Thronfolger. Zur Rechten des Kaisers hielt sich etwas abseits, in stets ehrfurchtsvoll gebückter Stellung und gefalteten Händen, der Dolmetscher, der in flüsternder Höflingsstimme in leidlichem Englisch die Worte des Kaisers zu übersetzen begann. Wir standen nun dem Herrscher des Landes der Morgenfrische dicht gegenüber, nur durch einen kleinen runden Tisch von ihm getrennt, der mit einem jener bis auf die Erde herabwallenden Teppiche bedeckt war. Der Kaiser, der übrigens keinen Namen hat und nicht Lihsi oder Yihöi heißt, wie es immer in unsern Büchern, selbst im Gothaischen Almanach zu finden ist, macht einen sehr klugen und wohlwollenden

Eindruck. Er ist ein guter Typus des koreanischen Edelmannes, und auch die hervorragendste Nationaleigenschaft des Koreaners, die Gutherzigkeit, findet sich in seinen Zügen stark ausgeprägt. Er trägt einen Knebelbart, etwas stärker als die sonst hier üblichen dünnen spärlichen Ziegenbärte, und ist von etwas hellerer Gesichtsfarbe als sonst der Koreaner, was sich wohl aus seinem zurückgezogenen Leben erklärt, das nur ein oder zweimal im Jahr ein Verlassen des Palastes erlaubt, und auch dann nur in gedeckter Sänfte.

Die Unterhaltung bewegte sich in ziemlich hergebrachten Formen der Höflichkeit. Der Kaiser erkundigte sich nach dem Verlauf meiner Reisen, freute sich sehr zu hören, daß ich sein heißgeliebtes „Tschossönn-Guck", das Land der Morgenfrische, für eines der schönsten Länder der Welt erklärte, und vernahm mit Befriedigung meine Nachricht über den verhältnismäßig günstigen Stand der Reisernte. Bei jedem Wort, das der Kaiser sprach, verklärte eine gewinnende Freundlichkeit seine an und für sich schon sehr ansprechenden lebhaften Züge. Man hatte den Eindruck, mit einem Manne zu reden, der von den besten Absichten für sein Volk beseelt ist und im Verkehr die seltene Kunst versteht, aus wirklicher Höflichkeit des Herzens jeden Besucher glauben zu machen, gerade sein Wohl liege ihm besonders am Herzen. Auch der Thronfolger beteiligte sich mit ein paar Worten an der Unterhaltung. Er sieht weniger vorteilhaft aus als sein Vater. Seine Gesichtszüge sind aufgedunsen und leicht durch Blatternarben entstellt, die übrigens fast jeden dritten Koreaner verunstalten, und seine müden Augen scheinen anzudeuten, daß ihm das Leben nicht allzu leicht wird in der richtigen Zeiteinteilung zwischen den siebzehn Lehrern, die ihm das Hofzeremoniell zur Erlernung der chinesischen

Sprache und Literatur beigibt, und den Tänzerinnen und
Nebenfrauen, die auch seinen Hofhalt bevölkern.

Übrigens hatte die Audienz für mich noch ein uner=
wartetes Nachspiel. Nach wenigen Tagen schon überreichte
mir der Konsul im Namen des Kaisers einen Orden. Zwar
ist es mir bis heute unklar, worin meine großen Verdienste
um das Land oder seinen Herrscher bestehen könnten, auch
die Verleihungsurkunde schweigt sich darüber aus. Sie
verkündet nur in chinesischem Lapidarstil, der „große Kaiser
des Reiches Dä Han" habe mir den silbernen Orden Kirion
Öndschang verliehen, den er im Jubiläumsjahre V der
„glänzenden und kriegerischen Zeit" (Kwang Mu, Name der
neuen Zeit seit 1897) gestiftet habe.

II.

Von koreanischer Rechtspflege. — Tanzbelustigungen. — Die Gissöng,
die Tänzerinnen und Sängerinnen des Hofes. — Merkwürdige
Bittschriften an den Kaiser von Dä Han. — Berliner Backfische
melden sich zum Eintritt in den Harem.

Für die mancherlei siegreichen Einfälle, die europäisches
Wesen schon in das Hofleben der kaiserlichen Residenz zu
Ssoul gemacht hat, wird der Fremde reichlich entschädigt
durch die zahlreichen bunten Gestalten und merkwürdigen
Veranstaltungen echt koreanischen Gepräges, die das Ge=
samtbild doch überwiegend zusammensetzen. Schon die
Europäer, die man auf den Hoffesten trifft, sind meist
außergewöhnliche Erscheinungen. Zwar die goldstrotzenden,
ordenbesäten Staatskleider der Gesandten, zwischen denen
sich der deutsche Konsul in seinem schlichten Uniformfrack
mit den schmalen Goldlitzen immer recht bescheiden ausnimmt,
sieht man ja anderswo auch und besser. Da gibt es aber

unter den fremden Reichsbeamten einige, die in Kambodscha oder Siam gedient haben, die von Japan oder China herübergekommen sind und auf ihrer Heldenbrust die blitzenden Kreuze und Sterne tragen, die sie zu ewigem Gedächtnis ihrer Verdienste in den neuen Wirkungskreis hinübergerettet haben. Da ist der neue französische Ratgeber des Kaisers für juristische Dinge in einer phantastischen Gewandung aus grellem Rot mit Hermelinbesatz und einem Barett auf dem Kopf, das einen im Zweifel läßt, ob die Kleidung eines Kirchenfürsten der Renaissance oder das blutrote Wams eines Oberhenkers der Inquisition bei der Erfindung dieser Amtstracht Gevatter gestanden hat. Für hiesige Verhältnisse ist jedenfalls das Überwiegen der Blut= farbe nicht ohne Geist gewählt worden. Denn das Geschäft des Blutrichters blüht. Erst kürzlich, noch in diesem Jahre, wurden in Ssoul an einem Tage 66 Hinrichtungen voll= zogen, meist an Straßenräubern, die schon durch die An= nehmlichkeiten der hauptstädtischen Gefängnisse sich allgemach an den Jammer dieser Welt hatten gewöhnen können. Mit dem Schwert des Henkers ist man hier verblüffend rasch bei der Hand. Noch rascher allerdings mit dem Schlägel des Prügelwarts, der selbst die Schienbeine und edlern Weichteile hoher und höchster Staatsbeamten nicht verschont. Kann man doch im Reichsanzeiger lesen, daß höhere Beamte zu dreißig Stockhieben auf die Schienbeine verurteilt werden, weil sie einen Bittsteller zu dicht an den Palast haben herankommen lassen oder weil sie die angeordneten Opfer vor dem Regengott nur lässig und deshalb ohne Erfolg betrieben haben.

In der Rechtspflege kann sich also kein Liebhaber ur= sprünglicher Verhältnisse über vordringende Verfälschung westländischer Anschauungen und Bräuche beklagen. Ebenso altertümlich und wohl noch älter als die nach chinesischem Vorbilde gehandhabte Gerichtsordnung und die grausamen Strafen und Foltern sind die Vergnügungen des Koreaners. In seinen Spielen ist er jedenfalls viel weniger beeinflußt worden von seinen Nachbarn; hier scheint viel mehr von uraltem Koreanertum erhalten zu sein. Das Schaukelspiel, die Wettkämpfe ganzer Ortschaften im Steinschleudern, die Ringkämpfe und vor allem der Tanz sind augenscheinlich echt koreanische Eigentümlichkeiten, auf die auch vom ganzen Volke großer Wert gelegt wird. Zumal der Tanz scheint dem frohsinnigen Koreaner sehr ans Herz gewachsen zu sein. Kein Familienfest ohne Tänze, kein glücklich bestandenes Staatsexamen ohne „Gissöng", die koreanischen Bajaderen, kein Gastmahl bei Hofe ohne großartige Aufführungen durch die kaiserlichen Tänzerinnen. Die langen Stunden zwischen Empfang beim Kaiser und großer Hauptmahlzeit versteht man hier trotz der erstaunlichen Sprachgewandtheit der Hofdolmetscher nicht recht mit einfacher Unterhaltung auszufüllen. So fesselnd ein eingehendes Gespräch mit den Prinzen des Hauses oder den hohen Beamten des Reiches auch für den Fremden ist, es erlahmt bald, wenn es den Umweg über die Lippen des Übersetzers machen muß. Und vorderhand sind es nur ganz vereinzelte unter den Mitgliedern des Herrscherhauses und den höhern Beamten, die außer ihrer Muttersprache und chinesisch eine europäische Sprache sprechen. So muß denn für Unterhaltung der Sinne gesorgt werden. und außer reichlichem Getränk — zwischen den Mahlzeiten werden Whisky und japanisches Bier als Dauergetränk aufgetragen — müssen da in erster Linie die Tänzerinnen als Augenweide herhalten.

Sie haben etwas sehr Sympathisches, diese koreanischen Gissöng. Zunächst zwar, beim ersten Auftreten, machen sie keinen besonders vorteilhaften Eindruck. Vor lauter Kleiderwust sieht man sie kaum. Der Oberkörper ist bedeckt mit einem dünnen, seidenen Jäckchen, das unmittelbar unter der Brust mit einer einzigen großen Schleife zugeschnürt ist und das goldene Verhältnis des Körpers grausam stört. Ein aus stärkstem Seidenzeug schwer und reich gearbeiteter Rock, vielfach gesteppt und um die Hüften einen dicken Wulst bildend wie bei unsern oberhessischen Bauernmädchen, wird weit über die Hüften hinaufgezogen, so daß von der natürlichen Gliederung des Leibes nichts mehr zu sehen ist. Auf dem Hinterkopf erheben sich mit Hülfe zahlreicher Einlagen von falschem Haar und Riesenflechten ungeheure Haartrachten, förmliche Turmbauten und Festungen, mit Bastionen, Kurtinen, Lünetten, Laufgräben und allem Zubehör. Vorn aber liegt das glänzend schwarze, schlichte Haar fromm gescheitelt und glatt auf, den kindlich jugendlichen Gesichtern einen merkwürdigen Ausdruck kirchlicher Andacht und sonntagsschulmäßiger Artigkeit gebend, der selbst während des Tanzens nicht verschwindet. Da gibt es keine Blitze schleudernden Glutaugen wie bei den indischen Bajaderen, keine wollüstigen Körperbiegungen wie bei den javanischen Nâtschmädchen, keine ekelhaften Bauchverrenkungen und zuckenden Muskelkrämpfe wie bei den ägyptischen Ghawâsi. Der ganze Tanz ist nichts als eine Reihe künstlerisch abgemessener edler Bewegungen des Oberkörpers und der meist wagerecht ausgestreckten Arme. Das Spiel von Händen und Füßen, die außerordentlich zart und zierlich sind, und das geschickt berechnete Hin- und Herwenden der schillernden Seidenkleider und endlich die Handhabung der Fächer liefern die übrigen Momente, die uns ja seit der Einführung der Serpentintänze auch in Europa nichts Fremdes mehr sind. Nur bei einigen der ältern Tänze, die der Kaiser neuerdings hat wieder aufleben lassen, zeigten sich Spuren größerer Lebhaftigkeit und des ewigen Urgrundes aller Tanzkunst, des Liebesspiels.

Und doch sind Liebe und Leidenschaft, selbst wahnsinnige, verzehrende Leidenschaft diesen so harmlos und artig dreinschauenden Geschöpfen nicht unbekannt. Die Chronique scandaleuse der Hauptstadt erzählt ohne Unterbrechung von der verhängnisvollen Rolle, die die Liebe zu einer schönen Gissöng in dem Leben des einen oder andern Höflings oder jungen Edelmannes gespielt hat. Auch diese kindlichen Gestalten mit den nonnenhaften Gesichtchen bilden den Mittelpunkt manches blutigen Trauerspiels mit Eifersucht, Verzweiflung, Gift und Dolch. Und auf der andern Seite wieder hört man von dem großen Einfluß, den Sängerinnen oder Nebenfrauen auf Beamte oder gar den Herrscher selbst gewonnen haben und damit eine Macht im Lande geworden sind, wie das eben im Orient nun mal zur Natur der Dinge gehört. Merkwürdig, wie solch Leben voller Ränke und Aufregungen, Genüsse und Gefahren, das Ganze verbrämt mit dem Flitterkram exotischer Königsspielerei und autokratischer Selbstherrlichkeit, romantisch angelegten Naturen mehr gilt als ein ruhiges Glück im eigenen Vaterlande unter gewohnten alltäglichen Verhältnissen. Wohl an jedem Hofe morgenländischer Machthaber findet man Europäer, die nach Gott weiß was für bunten Abenteuern sich in irgend einer amtlichen oder halbamtlichen Stellung verankert haben und nun mit Muße darüber nachdenken können, wieweit ihre romantischen Jugendträume den Vergleich mit der endlich gefundenen orientalischen Wirklichkeit aushalten können.

Daß aber auch Frauen und Mädchen aus bürgerlichen und geregelten Verhältnissen unserer deutschen Großstädte sich nach der zweifelhaften Ehre sehnen, den Harem des Kaisers von Dä Han zu zieren, war mir doch neu.

Der amerikanische Ratgeber des Kaisers im Hausministerium machte mich mit einigen solcher Briefe bekannt, wie sie fast mit jeder überseeischen Post bei Hofe eingehen. Da bittet Karlchen Mießnick oder ein unerschrockener Quartaner um koreanische Briefmarken, ein französischer Geldmann kann nicht mehr leben, wenn er nicht die Würde eines „Fürsten von Tschöllado", einer südkoreanischen Provinz, verliehen bekommt, und Damen aus Berlin wünschen „so oder so" geheiratet zu werden von Seiner Majestät Lihsi, dessen angeblichen (und natürlich falschen) Namen sie wohl im Briefmarken-Album ihrer Brüder gefunden haben. Ja, wie herrlich, Gemahlin oder auch ganz bescheiden nur Nebenfrau eines solchen exotischen Fürsten zu sein, wie er da im Briefmarken-Album zu sehen ist mit Turban und Diamantagraffe, den ganzen lieben langen Tag ein seidenes Gewand nach dem andern vor dem Spiegel und bewundernden Sklavinnen anproben zu können, täglich neue Juwelen geschenkt zu bekommen, und dazu Palmen und ewigblauer Himmel, laue Sternennächte und vielleicht auch mal ein ganz kleines süßes Geheimnis mit dem dunkeläugigen Pagen, der sich so viel in der Nähe des Frauengemaches zu schaffen macht! O, ihr ahnungslosen Backfische! Es ist nur ein Glück, daß der Kaiser von Korea eure Briefe nicht selbst liest — dafür sorgen praktisch denkende Männer mit kaltem Wirklichkeitsverständnis —, es könnte sich sonst ereignen, daß der gutherzige Beherrscher des Landes der Morgenfrische aus lauter Mitleid mit eurer uferlosen Schwärmerei sich erbarmt und euch eines schönen Tages aufgreifen und seinem wohlassortierten Harem einverleiben läßt.

Was für grausame Enttäuschungen würden Europäerinnen

erleben müssen, die nach einheimischer Art Frau eines Koreaners werden wollten! Hier hat die Frau keine Rechte, keine Freiheiten. Sie ist abgeschlossen von der Welt wie ein Sträfling, strenger noch als die Indierin, die je vornehmer desto mehr „Pardanischin" (hinter dem Vorhang sitzend) bleibt. Wann werden diese barbarischen Zustände freiheitlichern Anschauungen Platz machen? Wie oft habe ich mich das gefragt, wenn ich auf meinem Lieblingsbeobachtungspunkt sitze, dem Balkon des einzigen zweistöckigen Eingeborenenhauses auf der großen Truhenmacherreihe, der Hauptgeschäftsstraße Ssouls. Hier habe ich meine photographische Camera aufgestellt und manches merkwürdige Bild des vorbeiflutenden Straßenlebens festgehalten. Lautlos wallen die weißen Gestalten mit ihren schwarzen Rembrandthüten vorbei, lautlos auf ihren weichen Sandalen aus Hanf oder Strohgeflecht. Seit undenklichen Zeiten muß dies Bild dasselbe gewesen sein, und wenn nicht die Drähte und Pfosten der elektrischen Leitung wären, man würde nie auf den Gedanken kommen, daß es sich je ändern könnte.

Und doch bricht eine neue Zeit an für dies märchenhaft verschlafene Land, das vielleicht noch rascher dem Ansturm westlicher Gedanken und Einrichtungen erliegen wird als seine Nachbarländer, weil sein Volk hellere Köpfe und weitere Herzen hat. Wie rasch eines schönen Tages hier einmal der Umschwung kommen kann, das wurde mir klar, als ich zum letztenmal die deutsche Staatsschule in Ssoul besuchte, deren Blühen und Gedeihen an sich ein lautredendes Zeugnis für die Entwicklungsfähigkeit des Koreaners ist.

III.

Reformbewegung in Korea. — Gründung einer deutschen Staats=
schule in Csoul. — Außerordentliche Schwierigkeiten des Unter=
richts. — Große Erfolge der Koreaner im Deutschen. — Eine
Schlußprüfung in der deutschen Schule.

Der Hauch freien Geistes, der nach dem japanisch=chinesi=
schen Kriege in das Land hineinwehte, das sich während der
blutigen Kämpfe, die sich auf seinem eigenen Boden zugunsten
seiner politischen Unabhängigkeit abspielten, einer wahrhaft
stoischen Gleichgültigkeit befleißigte, brachte zum ersten Male
die Anregung zu wirklichen Neuerungen, die für die Zukunft
des Landes bedeutungsvoll werden sollten. Die politischen
Verträge, die schon seit 1882 mit einer ganzen Anzahl
fremder Staaten abgeschlossen waren, hatten noch zu keinen
größern Umwälzungen geführt. Jetzt endlich, wesentlich unter
dem Drängen des übereifrigen Japans, brach die Zeit der
wirklichen Reformen an. Reformen in der Verwaltung, in
der Landesverteidigung, der Rechtspflege, dem Münzwesen,
den Verkehrsmitteln, Reformen in der Steuererhebung, der
Ämterbesetzung, der Landwirtschaft — kurz, es gab kein
Gebiet des öffentlichen Lebens, auf dem nicht der rührige
Japaner im Vollgefühle seiner Überlegenheit als Besieger
des allmächtigen Chinas kurzerhand als Neuerer und
Erlösung bringender Heiland aufgetreten wäre. Aber die
Hast und Schroffheit, womit die an und für sich nicht
an allzu großer Bescheidenheit leidenden Japaner diese
Neuerungen anbahnen wollten, brachten das Scheitern der
meisten Pläne von vornherein mit sich. Eines der wenigen
Gebiete, wo Dauerndes erreicht wurde, war das Unterrichts=
wesen. Der damalige deutsche Vertreter, Konsul Krien, jetzt
in Kobe, machte sich die günstige Stimmung zunutze und
bewog die Regierung, die schon englische und französische

Schulen gegründet hatte, auch zur Errichtung einer staatlichen deutschen Schule. Das war im September 1898.

In diesen wenigen Jahren hat die Anstalt schon Erfolge aufzuweisen, auf die sie sehr stolz sein kann. Es will doch etwas heißen in einem Lande, das von Europas übertünchter Höflichkeit sozusagen noch gar nichts weiß, eine Sprache zu lehren, die den meisten Eingeborenen selbst dem Namen nach fremd ist. Das Wagnis wird um so größer, wenn der Lehrer selbst die Landessprache nicht beherrscht; und doch ist es geglückt.

Der Mann, der mit dieser außergewöhnlich schwierigen Aufgabe nach Verständigung zwischen den deutschen diplomatischen Vertretungen in Ssoul und Tokio betraut wurde, war Herr Johannes Bolljahn, ein wackerer Pommer, der schon mit großem Erfolge seit zehn Jahren an der japanischen Kadettenanstalt, der Kriegsschule und dem Gymnasium zu Tokio unterrichtet hatte. Die Schwierigkeiten, die er anfangs zu überwinden hatte, waren gewaltig. Schüler im Alter von 15 bis 30 Jahren, meist schon Familienväter, ohne einheitliche Vorbildung, teils mit chinesischen, teils nur koreanischen Vorkenntnissen, und die Hilfslehrer und Dolmetscher ohne die Kenntnisse eines einzigen deutschen Wortes! Dazu die politischen Schwierigkeiten. Das Land war damals in großer Aufregung wegen des gewaltsamen Vorgehens der Japaner. Politische Parteien wurden gebildet für und gegen Japan. Ausländische, besonders amerikanische Einflüsse unter tätiger Wühlarbeit amerikanischer Missionare richteten sich besonders an die koreanische Jugend und forderten sie zur Wahrung ihrer nationalen Unabhängigkeit und zur Erweckung ihrer verschlafenen Mitbürger auf. Die lernbegierige Jugend wurde mit in diese Umtriebe hineingezogen, die Schulen mußten geschlossen werden. Schließlich kamen zu den äußeren Unbilden und den technischen Schwierigkeiten die rein menschlichen Bedenklichkeiten: erwachsene Menschen, die noch nie in ihrem Leben auf einer Bank gesessen hatten wie ein Europäer, die von Ordnung und Pünktlichkeit nach unserm Sinne nur die schattenhaftesten Vorstellungen hatten, an stundenlanges Stillsitzen, an Frage und Antwort, an regelmäßigen Schulbesuch und häuslichen Fleiß zu gewöhnen.

Die heutigen Leistungen der Schule sind das beste Zeugnis für die unermüdliche Hingebung, womit Herr Bolljahn seines außerordentlich schwierigen Amtes gewaltet hat. Mit seiner freundlichen Erlaubnis habe ich mehrmals Gelegenheit gehabt, dem Unterricht beizuwohnen, auch einmal eine große Schlußprüfung mitzumachen. Das Gebäude der deutschen Schule liegt sehr hübsch auf einem Hügel hinter dem sogenannten Hochzeitspalast des Thronfolgers. Augenscheinlich war es früher eine Beamtenwohnung; man hat aber alles drinnen unverändert gelassen, nur die Bänke in den Schulzimmern und die Landkarten an den Wänden lassen den neuen Zweck erkennen. Die Schüler machten alle einen vortrefflichen Eindruck von Wohlerzogenheit und Eifer. Das ist allerdings das Ergebnis nicht nur vieler Mühe, sondern auch einer scharfen Auslese. Unfähige oder sonst weniger wünschenswerte Leute sind, wenn sie sich gemeldet hatten, wieder nach Hause geschickt worden. Ebenso die Überläufer aus den andern fremdsprachlichen Schulen, weniger dieser Schüler selbst wegen, die manchmal recht erwünschten Zuwachs abgegeben hätten, als aus Rücksicht auf die Amtsgenossen und Leiter der anderen Schulen, damit kein Neid und böses Blut entstehe. Am auffälligsten war mir das verschiedene Alter der Schüler derselben Klasse. Da saßen neben noch ganz kindlichen Erscheinungen von 10 Jahren, die noch nach koreanischer Weise ihr schönes Haar zu einem mädchenhaften, langen, dicken Zopf geflochten hatten, Männer von 20, ja, 25 Jahren, deren zu Schopf und Knoten gedrehtes Haar ihre Ehemannswürde sofort erkennen ließ. Alle hatten kluge Gesichter mit lebendigen Augen, wenn auch die typische koreanische Gutmütigkeit und Weichheit in allen Zügen besonders ausgeprägt erschien.

Ich hörte in verschiedenen Fächern zu, Erdkunde, Kopfrechnen, Geschichte, deutsche Grammatik und deutsche Dichtung. Am meisten wunderte mich, wie es gelungen war, ein so schwer greifbares und selbst den meisten Deutschen nur dem Gebrauch nach vertrautes Stoffgebiet, wie die deutsche Grammatik, den jungen Koreanern faßlich zu machen. Beim Abfragen bediente sich der Lehrer ausschließlich des Deutschen, nur bei schwierigern und erstmaligen Erläuterungen wurden mit Rücksicht auf den eingeborenen Hilfslehrer Englisch und Koreanisch zu Rate gezogen.

Besonders lehrreich war eine allgemeine Prüfung und Preisverteilung, die am Ende des Sommerhalbjahres stattfand. Der Konsul sowie Leiter und Angestellte der Hamburger Firma E. Meyer & Co. hatten verschiedene Preise gestiftet, eine goldene Uhr für den Fleißigsten, silberne Zigarettenbüchsen, Tabakspfeifen, Weckuhren und andere nützliche Dinge für die verschiedenen Grade der Leistungen. Der Kaiser hatte den Unterrichtsminister abgesandt, und die Deutsche Kolonie hatte sich vollzählig eingefunden. In sichtlicher Erkenntnis der feierlichen Bedeutung des Tages waren die Schüler sämtlich in peinlichst sauberer Festtagskleidung erschienen, manche sehr vornehm, gänzlich in Seide, mit Bernsteinknöpfen im Haar und an der Hutschnur.

In einem Nebenzimmer waren die Prüfungsarbeiten ausgelegt, deutsche Aufsätze, deutsches Diktat, Rechnen, alles in deutschen, das heißt gotischen Buchstaben mit Tinte geschrieben von echten Koreanern, ohne fremde Mithilfe, und dabei waren die ältesten Schüler erst im dritten Schuljahr. Es war in der Tat überraschend: diese fremdartigen Menschenkinder, die noch nicht mehr als ein halbes Dutzend Deutsche in ihrem Leben gesehen hatten, diese rührenden Leute in ihren vorweltlichen Kleidern, hatten da mit eigener Hand in unserer Sprache, unsern Schriftzeichen ihre Gedanken niedergeschrieben über ein gestelltes Thema oder hatten nach dem Diktat des Lehrers beliebig ausgesuchte deutsche Wörter in unserer unvollkommensten aller sogenannten Rechtschreibungen nachgeschrieben. Ich fand da beim Durchblättern der Hefte der ersten Klasse recht kniffliche Wörter wie Lafette, Ästhetik und ballotieren, bei deren Niederschrift ja selbst zu Hause dem „unentwegtesten" Federfuchser das Herz in der Männerbrust erbeben und die Feder in der Hand stolpern könnte.

Die Aufsätze waren selbstverständlich, da sie in der eigenen Ausdrucksweise der Schüler, denen noch kein koreanisch-deutsches Wörterbuch Eselsbrücken bauen kann, abgefaßt waren, bedeutend einfacher. Da war weder von der Lafettierung schwerkalibriger Geschütze noch von der Ästhetik sezessionistischer Farbenempfindungen oder von der Ballotage des Jockeiklubs die Rede, sondern mehr von Hund und Schwein, Katz und Maus und andern ungefährlichen Dingen, bei denen man sich schon eher trauen kann, nach dem Vorbilde der unsterblichen Plötz und Ollendorf eine fremde Sprache zu mißhandeln. Daß dies nicht alles nur auf dem Papier stand, zurechtgemacht und verbessert für den Tag der Prüfung, ergab sich alsbald aus dem mündlichen Teil der Verhandlungen, dem eigentlichen „Aktus", wie man das auf deutschen Schulen ebenso schön wie deutsch zu nennen pflegt. Eine Reihe der im Laufe des Halbjahrs auswendig gelernten

Gedichte hatte der Lehrer zur Auswahl gestellt, und der Konsul griff danach beliebig ein paar heraus, die von verschiedenen Schülern der ersten Klasse aufgesagt wurden. War der Titel eines Gedichts genannt, flogen wie in unsern Schulen die Finger in die Höhe, Eifer und siegesgewisse Bereitwilligkeit verratend.

Das erste ausgesuchte Gedicht war Goethes Fischer. Ein bescheidener, unverheirateter Junge mit prachtvollem Zopf trug es vor. Er war erst seit anderthalb Jahren Schüler, aber er hatte gut gelernt, wenn auch die Aussprache noch etwas fremdartig klang:

„Dâs Wasser rausst
Dâs Wasser swoll,
Ein Fisser ssass darran,
Ssah nach dem Angell ru—he—voll
Küll bis ans Herrs hinan."

Diese brave Seele zeigte im Schriftlichen und Mündlichen die besten Fortschritte und den größten Fleiß von allen. Er bekam den ersten Preis, die goldene Uhr, wenn er auch für seine tatsächlichen Leistungen nur einen geringeren Preis erhalten konnte. Ganz ausgezeichnet sprach ein junger Ehemann mit weicher Altstimme das „Erkennen" von Johann Nepomuk Vogel, das altvertraute Gedicht vom „Wanderbursch mit dem Stab in der Hand"; es wurde fehlerlos und mit vielem natürlichen Ausdruck vorgetragen. Noch eine ganze Reihe weiterer Proben von Sprachfertigkeit und Gedächtnis wurden abgelegt. Zuletzt kam noch das alte Gedicht vom Herrn Urian, der eine Reise getan hatte, an die Reihe. Es wurde „mit verteilten Rollen" aufgesagt, was Schülern wie Zuhörern ganz besondern Spaß machte. Die Schüler fühlten das Ende der Prüfung herankommen, sahen auf den wohlwollenden Gesichtern des gestrengen Herrn Kultusministers und der deutschen Spitzen unverkennbare Zufriedenheit leuchten und ließen nun, in seliger Erwartung des Schlusses und der Ferien, ihrer natürlichen Fröhlichkeit die Zügel schießen, die sie so lange hatten hinter ernsten Prüfungsgesichtern verbergen müssen. Sie konnten kaum den Augenblick abwarten, wo der ganze Chor mit einzustimmen hatte: „Erzähle er weiter, Herr Urian!" Das gab jedesmal einen Jubel, als wenn Herr Urian selbst noch bis zur Verkündigung der Ferien gebracht werden könnte.

Bei der Preisverteilung hielt der Unterrichtsminister eine längere Rede in fließendem Koreanisch, die außer den Schülern natürlich kein Mensch verstand, und der Konsul und der Lehrer schlossen mit lobenden und aufmunternden Worten. Die Preisverteilung erregte viel Freude; selbst die leer ausgingen, nahmen gutherzig und neidlos an der Freude ihrer Kameraden teil. Der Herr Minister hatte Sekt gestiftet, und an dem fröhlichen kleinen Imbiß, der gleich an Ort und Stelle veranstaltet wurde, durften auch die einheimischen Lehrer und Hilfskräfte mit teilnehmen, lauter klug und artig dreinschauende Leute in sorgfältigstem Anzug aus schneeweißem Linnen und gelber Seide.

Von den älteren Schülern, die bereits abgegangen sind, war niemand zur Stelle. Sie sind schon in alle Winde verstreut. Der eine ist auf dem deutschen Goldbergwerk in Tangkogä angestellt, ein anderer im Palast als Hilfsdolmetscher. Ein dritter hilft dem neuangestellten königlich preußischen Kapellmeister beim schwierigen Werk des musikalischen Unterrichts in einem Lande, wo man noch keine Notenschrift kennt, und ein vierter, der besonders begabte Hyen Hong Sik, hat es trotz seiner Jugend schon zum Legationssekretär bei der kürzlich errichteten koreanischen Gesandtschaft in Berlin gebracht.

Noch einmal ergriff der Kultusminister beim Abschied das Wort, um auf das Gedeihen der deutschen Schule zu trinken. Er hatte der Natur der Sache nach während der Prüfung nur eine gänzlich passive Rolle spielen können. Von dem, was vorgetragen wurde, hatte er kein Wort verstehen können. Nur ganz im allgemeinen hatte der erste Hilfslehrer ihn darüber mit einigen koreanischen Worten auf dem laufenden gehalten. Um so mehr Zeit wird er gehabt haben, seinen Gedanken nachzuhängen. Was muß ihm alles durch den Kopf gegangen sein angesichts seiner jungen Landsleute, die sich da vor seinen Augen und Ohren in der Sprache westlicher Barbaren übten, von deren Dasein er bis vor kurzem keine Ahnung gehabt hatte! Ob er wohl geahnt hat, daß sich hier etwas vorbereitet, was für sein Land größere Bedeutung hat als die wichtigsten Daten der bisherigen koreanischen Geschichte, daß hier still und unauffällig der neuen Zeit eine friedliche Bahn bereitet wird, auf der dem Lande, das die „Morgenfrische" gepachtet zu haben glaubt, wirkliche Morgenfrische, der befreiende Hauch einer neuen größern, freiern Welt zugeführt werden soll?

# Inselabenteuer und Irrfahrten im chinesischen Ostmeer.

Nach der Insel Quelpaert.

I.

Bergsteigegelüste auf hoher See. — Stromboli und Hâlassan. — Ein 2000 m hoher Vulkan mitten im Ozean. — Erkundigungen über die Möglichkeit einer Reise nach Tschêdschu (Quelpaert). — Alle Welt rät von dem „tollen Wagnis" ab. — Abfahrt auf einem norwegischen Dampfer unter koreanischer Flagge.

Vor vielen Jahren, als ich einmal von Neapel nach Alexandrien fuhr, verspürte ich zum ersten Male die verdrießliche Gebundenheit des Seereisenden, der seinen freien Willen abtreten muß an den Kapitän seines Schiffes, sobald er an Bord kommt, und räumlich und körperlich, politisch und rechtlich unter die Oberhoheit des Schiffsführers gerät. Unser Dampfer, einer der ältesten und ehrwürdigsten Kästen der frühern Florio-Rubattino-Linie, ging viel dichter als sonst üblich an den Liparischen Inseln vorbei und fuhr zum großen Entzücken der Reisenden ganz nahe unter dem Stromboli entlang, jenem gewaltigen Inselvulkan der äolischen Gruppe, der sich wie ein gewaltiger Gebieter erhebt zwischen den zahlreichen übrigen Inseln und Klippen, die ähnlich malerisch, aber weniger machtvoll geformt und gelegen sind. Der kühne Kegel mit seiner koketten Wolkenkappe und seinen gischtumsprühten Strandhängen machte mir einen tiefen Eindruck. Wie herrlich muß es sich da oben auf seiner Kuppe träumen lassen: mehr als 900 m in steiler Erhebung überm Meeresspiegel, und rings, soweit das Auge reicht, nichts als die sonnenbestrahlte, leuchtende blaue Meeresfläche mit ihren Inseln, Schifferbooten und Dampfern, die wie Spielzeug von Zwergenkindern aussehen würden und die gewaltige Einsamkeit da oben nicht stören könnten. Ich fragte den Kapitän, ob es nicht möglich wäre, auf die Insel zu gelangen, ob er mich nicht mit meinem Gepäck in einem Boot ans Land setzen lassen könnte, ich wollte auf Ägypten, das eigentlich Ziel und Zweck meiner Reise hatte sein sollen, gern verzichten und gern alle besonderen Unkosten bezahlen. Der aber sah mich mitleidig an, als ob er's mit einem harmlos Blödsinnigen zu tun hätte, zuckte die Achseln und sagte nichts als „Mi rincresce, signor, impossibile". Die ganze Verachtung des seebefahrenden Mannes für den Laien und die naive Landratte lag in seiner Antwort. Ich sehe ihn noch vor mir, er war ein kleiner, dicker Knirps, der mir kaum bis an die dritte Rippe reichte, sehr elegant, mit zierlich geschniegeltem Haar und spitz gewachstem Schnurrbärtchen, eigentlich sehr unseemännisch anzuschauen, aber doch so überlegen in seinem spöttischen Lächeln, womit er die dumme Frage des unerfahrenen Fahrgastes abtat, der sich einbildete, es gäbe irgend etwas in der Welt, außer den Naturgewalten, was die Fahrt eines Postdampfers auch nur um ein paar Minuten aufhalten könnte.

Und jetzt war ich auf meinen Fahrten im äußersten Osten wiederum, und zu wiederholten Malen, an einem solchen einsamen Berggriesen vorbeigekommen, der sich noch mehr als doppelt so hoch wie der Stromboli aus dem Meer erhebt und mit seiner Riesenspitze sich in den Wolken verliert. Es war der Vulkan Hâlassan auf der Insel

Tschêdschu, die sich am Ausgang der Straße von Korea zwischen Japan und dem Festland erhebt, wo gelbes Meer und chinesisches Ostmeer zusammenstoßen. Als Quelpaert ist die Insel auf unsern Seekarten verzeichnet, und der Vulkan als Mount Auckland, nach der unglücklichen Weise der Engländer, alle möglichen Berge, Inseln, Flüsse, die sie zum ersten Male sehen, nach einem Mitglied ihres Herrscher=
hauses oder des gerade am Ruder befindlichen Ministeriums zu nennen. Auch in diesem Falle erkundigte ich mich bei meinem Kapitän nach den Möglichkeiten, auf diese Insel zu gelangen. Ich war unterdessen zwar selbst recht weit in der Welt herumgekommen und stellte nicht mehr die kindliche Frage, ob der Dampfer mich nicht absetzen könnte. Aber ob es überhaupt möglich sei, die Insel zu besuchen und den Bergriesen zu besteigen, wollte ich gern wissen. Und der japanische Kapitän meines Dampfers war höflicher als der Italiener, lang und breit setzte er mir auseinander, daß ein Besuch von Quelpaert ganz unüberwindliche Schwierigkeiten biete, teils der Meeresströmungen wegen, die für größere Fahrzeuge die Ansegelung der Insel höchst gefährlich machten, teils der Eingeborenen wegen, die roher und blutdürstiger seien, als Chinesen und Koreaner oder Japaner es je gewesen, kühne und unerbittliche Seeräuber, die von Fremden nichts wissen wollten.

In verschiedenen Hafenstädten setzte ich meine Er=
kundigungen fort. Die geheimnisvolle, unnahbare Insel mit der märchenhaften Höhe ihres in den Wolken verlorenen Vulkankegels kam mir nicht aus dem Sinn. So leicht wie mit dem Stromboli wollte ich mich diesmal nicht wieder abspeisen lassen. Aber überall hieß es, es sei wirklich so gut wie ausgeschlossen, nach Tschêdschu zu kommen. Zwei=, dreimal im Jahre macht zwar einer der Dampfer, die die

koreanische Regierung auf ihre Rechnung in Handelsgeschäften die Küsten besuchen läßt, den Versuch, Waren und Reisende nach der Insel zu bringen. Aber meist bleibt es bei dem Versuch, denn Häfen gibt es nicht, die ein Dampfer anlaufen könnte, und die Brandung an den Inselküsten ist meist so ungeheuerlich, daß Fracht und Leute nicht einmal in Booten ausgeschifft werden können. Dazu die übelbeleumundeten Eingebornen! Ein rohes Pack, das nichts von der Gutmütigkeit des festländischen Koreaners besitze, sich auch im Gesichtsschnitt und in der Tracht von ihm unterscheide. In der Tat waren ja erst vor wenigen Wochen sämtliche Christen der Insel in der grausamsten Weise von den heidnisch gebliebenen Eingebornen getötet worden. Das ganze Land war noch in größter Erregung über dies unerhörte Blutbad, das an die schlimmsten Zeiten der Christenverfolgungen unter dem Vater des jetzigen Kaisers erinnerte. In der Hauptstadt wartete man mit Spannung auf das Ergebnis der hochnotpeinlichen Untersuchung, die gegen Statthalter und Beamte, gegen alle hervorragenden Händler und Fischer der Insel eingeleitet und mit größtem Aufwand von Zeugenbeibringung und Vernehmungen weitergeführt worden war.

Um sich ein unabhängiges Urteil bilden zu können in der Frage nach der Schuld an diesem Massenmord, der wegen der arg geschädigten französischen Missionen leicht einen Vorwand für eine bewaffnete Einmischung Frankreichs liefern konnte, hatte der Kaiser seinen persönlichen Ratgeber, den jungen Amerikaner Sands, nach Tschědschu geschickt und mit der Einleitung der Untersuchung sowie der eingehendsten Berichterstattung betraut. Ich traf Sands bald nach seiner Rückkehr in Ssoul. Von ihm erfuhr ich alles, was ich brauchte. Seine Mitteilungen waren zuverlässiger als die

Nachrichten, die ich in den Häfen hatte sammeln können von Leuten, die auch nur vom Hörensagen erzählen konnten. Er war der erste Fremde, der, von dem verunglückten Besuch zweier englischer Missionare abgesehen, seit dem siebzehnten Jahrhundert sich längere Zeit auf Tschĕdschu selbst aufgehalten hatte. Den Vulkan hatte er zwar nicht bestiegen, meinte auch, das würde wegen bestimmter abergläubischer Vorstellungen der Eingebornen kaum angehen; aber alles, was er mir von der Landschaft der Insel und der Altertümlichkeit der Einrichtungen der sehr merkwürdigen Eingebornen erzählte, reizte mich so, daß ich beschloß, um jeden Preis den Versuch zu wagen, trotz Christengemetzel und Fremdenhaß, trotz mangelnder Verkehrsmittel und gefährlicher See. Sands gab mir einen persönlichen Brief mit an den ihm befreundeten Statthalter, und unser Konsul besorgte mir vom Auswärtigen Amt in Ssoul Pässe und Geleitbriefe, die den Statthalter mir in jeder Weise behilflich sein hießen und ihn für meine Sicherheit verantwortlich machten. So ausgerüstet, fuhr ich mit meiner Dienerschaft und ausreichenden Vorräten an Lebensmitteln, Getränken, Wäsche und Kleidern für längere Zeit und alle Zufälle nach dem Hafenplatz Tschemulpo, um mich dort nach einer Fahrgelegenheit umzusehen. Die wenigen Europäer, die in diesem Vertragshafen leben, erklärten samt und sonders mein Vorhaben für baren Wahnsinn. Nur ein junger Engländer, der erst vor kurzem aus Cadiz angelangt war, wo er auf einer kleinen Spritzfahrt nach Tandscha in Marokko den Geschmack an Reisen in fremde Länder geweckt hatte, wollte mich durchaus begleiten, wenn ich ihn in irgendeiner Weise in meine Dienste nehmen wollte. Da ich aber Dolmetscher und Koch mit mir hatte und mein eigener Sekretär bin, war für den Abenteuerlustigen kein Platz mehr in meiner Karawane.

Er hätte wohl auch bald die Lust verloren, wenn er schon gleich anfangs all die Schwierigkeiten und Verzögerungen hätte durchmachen sollen, die sich mir sofort entgegenstellten. Ich hatte von der Leitung der koreanischen Schiffahrts=Gesellschaft, die für Rechnung des Kaisers Handel treibt, die Versicherung erhalten, der Dampfer „Tschangryong" („großer Drache") würde in kürzester Zeit nach Japan gehen und mich auf dem Wege dahin auf Tschêdschu ab=setzen. Ein Mal nach dem andern wurde die Abfahrt des Schiffes verschoben, ein Telegramm nach dem andern kam von der Gesellschaft in Ssoul mit Entschuldigungen und Vertröstungen, und schließlich eine letzte Depesche, leider könne die „Tschangryong" wegen Kesselhavarie überhaupt nicht gehen. Überraschend waren diese Nachrichten weniger für mich als ärgerlich. Ich wußte schon, daß ein Fahrplan in Korea ebenso unmöglich ist, wie in Preußen Unpünktlichkeit bei einem im Dienst ergrauten Schreibstubenvorstand, und daß ein Schiff, das nach Wladiwostok bestimmt ist, unver=züglich den Kurs ändern und nach Schanghai fahren muß, wenn der Kaiser plötzlich eine neue Badewanne haben will oder ähnliche Kulturgelüste empfindet.

Endlich, nach vielem Hangen und Bangen in schwebender Pein, wurde mir unwiderruflich mitgeteilt, die „Hyenik", ein anderes von Seiner Majestät Handelsfahrzeugen, werde eine Rundreise um ganz Korea antreten und dabei Tschêdschu anlaufen, die erste und einzige Kajüte sei mir gesichert. Ich fand einen alten norwegischen Dampfer im Hafen liegen, vor zwanzig Jahren in Bergen gebaut, mit dem bescheidenen Gehalt von 700 Tonnen und dem echt nordisch anmutenden Namen „Bankchef Henriksen", der nur außen an der Schiffswand am Bug und auf den Rettungsringen mit dem neuen koreanischen Namen in lateinischer und chinesischer

Schrift überpinselt war. Kapitän und Erster Offizier waren auch Skandinaven, richtige nordische Seebären, wie sie im Buch stehen. Erster Steuermann und die Jungen waren kurzgeschorene Koreaner, alle übrigen von der Besatzung unverfälschte Eingeborene, die nur aus praktischen Gründen ihre weiten Pluderhosen vertauscht hatten mit solchen nach europäischem Schnitt, in denen sie Maschine und Takelwerk besser bedienen konnten. Etwa 60 Reisende hatten sich eingefunden, lauter Koreaner, ich war der einzige Weiße an Bord außer den beiden Nordmännern.

Die Fahrt wurde zu einem Hochgenuß. Herrliche Landschaftsbilder entlang der malerisch zertrümmerten Felsenküste, Tausende von Inseln und Eilanden in dichten Schwärmen, die ununterbrochen den Gesichtskreis auf allen Seiten begrenzten, merkwürdig geformte koreanische Dschunken mit ungeheuern Segeln aus Bambusmatten, dazwischen schlanke, schnellsegelnde japanische Schuner mit europäischer Takelung, und über dem Ganzen und dazwischen der zarte Farbenzauber der koreanischen Herbstlandschaft, ganz in den duftigsten Tönen von Rosig und Blaugrau gebadet, die mit den überraschendsten und entzückendsten Abstufungen über die Küstenbilder des Landes der Morgenfrische solch märchenhaft geheimnisvollen Schleier breiten. „Der Herr der zehntausend Inseln" ist einer der dichterischen Beinamen des Landesherrn, und hier scheint einmal die Myriadenzahl keine Übertreibung zu sein. Die Inseln wollen kein Ende nehmen, nirgend bietet sich ein unbehinderter Ausblick auf die freie See. Das Meer, das hier den Witterungsausgleich zu ertragen hat zwischen dem landumfangenen gelben Meer und dem chinesischen Ostmeer mit den japanischen Gewässern und ihren raschen Strömungen, hat ein höchst launisches Fahrwasser gebildet, das den Schiffer Tag und Nacht auf Posten sein heißt. Mein braver Kapitän kam kaum für ein paar Stunden des Tags herunter von der Brücke. Dann aber setzten wir uns in seine gemütliche enge Kajüte, brauten uns einen gehörigen Seemannsgrog und spannen bei qualmender Pfeife ein Garn, wie sich's auch Holger Drachmann nicht besser hätte wünschen können. Der Kapitän sprach ein drolliges Kauderwelsch, aus Norwegisch, Englisch, Plattdeutsch, Pidschin=Englisch und etwas Chinesisch zusammengesetzt, ganz so bunt und planlos wie sein Leben verlaufen war, seit er seine heimischen Fjorde mit den chinesischen Gewässern ver= tauscht hatte. Keine Sprache beherrschte er völlig, „von all man son betjen". Aber es reichte aus, auch Fremde, die einigermaßen Gehör für fremde Sprachen hatten, teilnehmen zu lassen an dem reichen Schatze seiner köstlichen Erzählungen. Zuweilen schmeckten zwar seine abenteuerlichen Geschichten gar zu sehr nach Seemannslatein. Aber mir schien, mit ihren Wurzeln waren sie doch im eigenen Garten dieses nordisch=ostasiatischen Odysseus gewachsen, und nur bei wiederholtem Vortrag setzten sie in der Treibhausluft von Grog und Tabak in der Kapitänskajüte mal eine besonders blaue Blume der Romantik an, die stutzig machen konnte. Wer aber ein halbes Leben auf großen Segelschiffen und kleinen Dampfern in diesen Gewässern verbracht hat und alle Häfen zwischen Singapur und Wladiwostok mit ihren Geheimnissen wie sein Schiff kennt, der hat einen Vorrat von Geschichten erlebt, woraus sich ein stattlicher Band von „Plain Tales from the Seas" zusammenstellen ließe, so fesselnd und abenteuerlich wie Rudyard Kiplings Erzählungen aus Nordindien.

II.

Ankunft vor Tschêdschu. — Auf Flößen durch eine wilde Brandung. — Unwirtlicher Eindruck der geheimnisvollen Felseninsel und ihrer verrufenen Bewohner. — Barbarisch prächtiger Aufzug des Statthalters. — Eine Wahrsagung, der die Erfüllung auf dem Fuße folgt.

Am dritten Morgen der Fahrt war ich schon vor Sonnenaufgang auf Deck und sah voll Spannung die graue Nebelmasse, die sich im Süden auftürmte, näher und näher kommen. Es war die Insel Tschêdschu mit dem Vulkan Hâlassan, der die ganze Fläche des Eilandes auszufüllen schien. Denn bis ans Meer hinab erstrecken sich die Hänge des gewaltigen Berges, der merkwürdigerweise immer flacher zu werden schien, je näher unser Dampfer an die Insel herankam. Ein breiter weißer Streifen umkränzte die Küste in ihrer gesamten Länge, ein deutliches Warnungszeichen für die Macht der Brandung, die von weitem schon ihr wildes Donnern und ihren schäumenden Gischt erkennen ließ. Gegen 6 Uhr waren wir bis auf ein paar Kilometer heran an die Küste. Aber weiter erklärte der Kapitän nicht gehen zu können, die See sei zu stark. Deutlich lag jetzt die ganze Insel vor uns: eine flache Pyramide mit zwei kuppelähnlichen, fast gleich hohen Spitzen, die sich auf den absteigenden Schenkeln des Dreiecks in immer kleinern Formen zu wiederholen schienen, ein ganz unverkennbares Anzeichen einer starken frühern vulkanischen Tätigkeit. Bis zur höchsten Spitze schien der Berg bewaldet zu sein. Tiefer unten im Vorland ließen sich auch schon mit unbewaffnetem Auge die geraden Linien der Feldraine erkennen, zwischen denen die viereckig abgegrenzten grünen Flächen sich wie Wüstenoasen abhoben gegen den schwarzen Untergrund. Denn merkwürdig, alles schien schwarz zu sein auf dieser Insel, der Boden, die Häuser, der Strand, die Menschen. Und als jetzt nach dem langen Dampfpfeifengeheul unseres Dampfers an der Küste alles lebendig wurde und die ersten Fahrzeuge vom Lande zu uns abstießen, zeigte sich, daß dieses Vorwalten von Schwarz keine Täuschung war.

Es waren merkwürdige Gefährte, worin uns die Tschödschuer ihren Besuch abstatteten. Keine Boote irgendwelcher Bauart, keine Kanus oder ausgehöhlten Baumstämme, sondern gewaltige Flöße ohne jede Bordwand oder Schiffsform. Sehr bald zeigte sich, wie hier der Schiffsbau sich unter den Zwangsforderungen einer ungeheuern Brandung nach den Gesetzen der Anpassung zu ähnlich abenteuerlichen Erzeugnissen entwickelt hatte, wie sie zum Beispiel die Brandung an der Küste von Madras in Ostindien notwendig gemacht hat. Die hochgehenden und in kurzen, raschen Stößen breit und schwer heranrollenden Wogen schlugen fortwährend über den Fahrzeugen zusammen. Ein geschlossenes Boot würde in wenigen Minuten voll Wasser gelaufen und gekentert sein. Dieses luftige Gestell aber aus starken Balken, die mit großen Zwischenräumen in ihrem starken Gefüge dem Anprall der Wellen die Hauptkraft raubten, konnte unter keinen Umständen voll laufen und kentern, konnte allerdings auch seinen Insassen oder vielmehr Aufsassen keinen Schutz gegen völlige Durchnässung bieten. Denn die geehrten Fahrgäste werden ersucht, oben auf einer Art zweiten Stockwerks Platz zu nehmen, wo sie zwar in einer gewissen Höhe überm Wasser thronen können, aber weder seitlich noch von unten gegen die Zudringlichkeiten der Brandung geschützt sind.

Zum erstenmal sah ich hier Koreaner, die nicht weiß gekleidet waren. Alle trugen ohne Ausnahme sehr grobe hanfgewirkte Stoffe, die schwarz oder rotbraun gefärbt

waren und den Leuten einen sonderbar unheimlichen und
unfreundlichen Anstrich gaben. Als sich mein Dolmetscher,
der mit den Briefen der Ssouler Behörden sich sofort zum
Statthalter an Land begeben sollte, gleich auf dem ersten
Floß, das längsseit kam, einschiffte, sah er in seinen hellen
Seidenkleidern und dem kostbaren Roßhaarhut wirklich wie
ein weißer Rabe aus einer höhern, gesitteteren, Welt aus
zwischen diesen wüsten schwarzen Gesellen von Tschêdschu,
die anstatt der auf dem Festlande üblichen zierlich gearbei=
teten Rembrandthüte aus Bambus oder Haargeflecht grobe
breitkrempige, schwarze Filzhüte trugen, unter denen sie
finster und bedrohlich hervorschauten wie die Abruzzen=
räuber. Die Ausschiffung war übrigens ungemein schwierig.
An ein Herablassen des Fallreeps war gar nicht zu denken.
An einer Strickleiter, die aus einer Bordwandsluke hing,
mußte man hinaus= und hinabklettern auf das Floß, das
mit vieler Mühe längsseit gehalten wurde, während die
auf und ab gehende See es hin und her warf wie die
sprichwörtliche Nußschale. Besonders das Verladen meiner
Kisten und Koffer brachte manchen bangen Augenblick. Dem
Kapitän schien die Sache nicht ganz geheuer. Er wollte
die Fracht, die er für Tschêdschu an Bord hatte, bei solcher
Dünung dem unsicheren Floß nicht anvertrauen. Überdies
sah er eine starke Bö aus Nordost aufkommen, die ihm
die schlimmsten Befürchtungen einflößte. Wenn er hier vor
dieser hafenlosen, steinigen Küste mit ihren verräterischen
Strömungen von dem drohenden Oststurm betroffen würde,
wäre er verloren, meinte er, wie schon so viele andere vor
ihm gerade hier ihren letzten Tag erlebt hätten. So ging
er denn schleunigst Anker auf, um sich nach der kleinen
Insel Ssoando (Crichton Harbour) zu flüchten, die ihres
geschützten Hafenbeckens wegen auch zuweilen von den

fremden Kriegsschiffen bei drohendem Wetter angelaufen wird.

So war ich also allein mit meinen Leuten und den Sachen auf dem Floß und steuerte dem Lande zu. Wie ein Ausgesetzter kam ich mir vor, den man mit einigen Lebensmitteln auf eine wüste Insel bringt, in der christlich milden Hoffnung, er würde ja doch nur noch ein paar Tage zu leben haben, Klima und Eingeborne würden den Rest besorgen. Kapitän und Erster Offizier winkten mir von der Brücke aus Abschied zu, und auch die koreanischen Reisenden, die weiter zur Südküste des Festlandes wollten, standen dicht gedrängt an der Reeling, um sich den verrückten Europäer anzusehen, der sich allein auf Tschêdschu absetzen ließ. „In vier, spätestens fünf Tagen holen wir Sie wieder ab!" wurde von der Brücke nochmals nachgerufen, als das Floß schon so toll herumgeschleudert wurde, daß ich Mühe hatte, mich festzuhalten und meinen photographischen Apparat, das Marineglas, den Barometer und andere wertvolle Dinge vor Nässe zu schützen. Die Verabredung lautete folgendermaßen: ich sollte den Vulkan besteigen, was nach Ansicht des Kapitäns sehr bequem in einem Tage hin und zurück gemacht werden konnte, und dann würde der Dampfer vom nächsten Hafen aus wieder hierher zurückkehren, mich abzuholen, ehe er seine Reise weiter fortsetzte. Nochmals schärfte ich dem Kapitän ein, Wort zu halten. „By all means, be sure about it!" „Dead sure" kam als letzte Antwort zurück. Das war das letzte Wort, das ich von meinem braven Kapitän und seinem Schiff hörte. Ich habe sie nie wieder gesehen.

Am Strande stürzte sich sofort eine Horde Weiber auf die Schifferknechte, die mein Gepäck vom Floß aus, durch die Brandung watend, an Land trugen. Eine dichte Schar

von Männern und Kindern hockte regungslos am Boden,
eifrig am langen Pfeifenrohr saugend und mit einer Art
gelassener Neugier den Fremdling musternd. Die Frauen
bemächtigten sich ohne weiteres meiner Sachen und zogen
damit im Geschwindschritt ab, auf ein großes Haus in der
Ferne deutend, das, nach seinem mächtigen Dach zu urteilen,
ein Tempel oder ein Amtsgebäude sein mußte. Solange
der Dolmetscher noch nicht zurück war mit der Antwort
des Statthalters, blieb mir nichts anderes übrig, als hier
am Strande zu warten und mich in Muße von den Ein=
gebornen begaffen zu lassen. Einladend sahen weder sie
selbst noch ihr Eiland aus. Die dunkelfarbigen, hartzügigen
Gesichter, die schwarzen Kleider, die gewaltigen schwarzen
Hüte und die finstern Blicke machten es einem nicht schwer,
sich daran zu erinnern, daß diese Leute erst vor wenigen
Wochen sämtliche Christen ermordet hatten. Noch heute
liefen sie frei und unbestraft umher. Nur einige ihrer
Beamten und Führer waren nach Sfoul geholt worden, um
Rechenschaft abzulegen. Strand und Äußeres der Stadt
paßten zu den schwarzen Gesellen. Große schwarze Basalt=
lavablöcke, von der Brandungswelle glatt geschliffen und
gerundet, bedeckten fußhoch den Strand, an dem auch kein
Körnchen Sand zu sehen war. Dieselben plumpen
schwarzen Blöcke bildeten die Mauern der Häuser, schützten
deren Dächer gegen den starken Wind und führten die
gewaltige Mauer auf, die in riesigem Umkreis die Haupt=
stadt umzog. Nach dem Meere zu fiel die Mauer steil ab,
wie eine alte Seeräuberburg trutzig und unheimlich, auf der
Landseite gab es auch Bastionen und Wachtürme, verfallen
und dicht mit rankendem Efeu bewachsen. Diese üppig
wuchernden Klettergewächse auf der alten Mauer bildeten
den einzigen Lichtblick und Farbenfleck in dem düstern,

schwarz auf schwarz erscheinenden Gemälde. Auch drinnen war alles dunkel und abschreckend. Die Gassen sehr eng, jedes Gehöft wie zur Verteidigung im Straßenkampf ummauert mit diesen schweren schwarzen Lavablöcken, die der ganzen Insel ihren Stempel aufzudrücken schienen, und die hirsestrohbedeckten Dächer der Häuser mit schweren Stricken gegen die Stürme versichert, die ungehindert von allen Seiten über das Eiland dahinbrausen, und belastet wiederum mit schwarzen Lavablöcken. Ekelhafte schwarze Schweine, mit scheußlich im Staube schleifendem Hängebauch wühlten mit nackten Kindern und magern schwarzen Hunden im Straßenschmutz umher, und faul und teilnahmslos saßen die Männer rauchend vor ihren Türen, während man die Frauen in ihren häßlichen dunkeln Kleidern Holz und Wasser schleppen und in den Häusern Reis oder Hirse stampfen sah.

Endlich kam mein Dolmetscher zurück, gefolgt von einer großen Schar von Läufern und Beamten des Statthalters, die mir im Namen ihres Herrn die Ehren des Empfanges erweisen und mich in das Haus bringen sollten, das mir für die Dauer meines Aufenthaltes bestimmt war. Man geleitete mich auf eine große, ungewöhnlich breite Straße, die an Ssoul mit seinen Riesenstraßenzügen erinnerte, und führte mich in ein aus mehrern kleinen Häusern bestehendes Gehöft, das mir und meiner Dienerschaft ganz zur Verfügung stehen sollte. Deutlich war zu sehen, daß man den bisherigen Bewohner, augenscheinlich einen höhern Beamten, eben erst vertrieben hatte. Überall waren die Spuren rascher Ausräumung und flüchtiger Reinigung sichtbar. Da es aber, wie ich schon in der Hauptstadt gehört hatte, auf ganz Tschêdschu keine Herbergen oder Gasthäuser irgendwelcher Art gibt, nahm ich ohne allzu arge Gewissensbisse die Wohnung des vertriebenen Beamten an und begann sofort mich häuslich einzurichten. Als erfahrener Orientale ließ ich's mein erstes sein, dem Herrn des Landes meine Aufwartung nach landesüblicher Weise zu machen. Das heißt, ich stellte einige Flaschen französischen Weines, einige Büchsen kalifornischen Obstes, zwei Pfund russischen Karawanentees und ein Dutzend Schachteln japanischer Zigaretten zu einem festlichen Bewillkommungsgruß zusammen und ließ die Sachen durch den Dolmetscher mit meiner Karte dem Statthalter zu Füßen legen und zugleich meinen Dank aussprechen für die Überlassung des Gehöftes. Mit erstaunlicher Geschwindigkeit erfolgte die Antwort. Lautes Durcheinanderschreien zahlreicher Stimmen lockt mich plötzlich auf den Hof, mehrere in grellroten Röcken steckende Gesellen mit wallendem Roßhaarbusch an ihren großen Filzhüten empfangen mich da. Es sind die Vorläufer des Statthalters, die mit großem Geheul aller Welt verkünden, daß „Tschêdschu Mokssa J Dschä Ho", der große Statthalter der Insel, dem neu angekommenen Fremdling seinen Besuch machen werde. Und in der Tat, da kam er selbst, der große Statthalter, mit einem Gefolge wie ein shakespearescher Theaterkönig. Voran schritten zwei nette, saubergekleidete Pagen mit den Abzeichen seiner Amtswürde, einem messingbeschlagenen schweren Kasten, worin die Staatssiegel den Machthaber auf allen Gängen begleiten, und einem zweiten ganz ähnlichen Behälter, der aber, wie meine Leute sagten, nur Pfeife und Tabak enthielt. Hinter diesen Pagen schritt der Statthalter selbst, ein stattlicher Mann mit wallendem weißen Bart wie ein biblischer Patriarch, in gelblichem Seidenrock, roten Schuhen aus feinem Filz und großen Nephritknöpfen hinter den Ohren, woran der Kundige den Beamtenrang erkennt, der außerdem durch eine schön geknüpfte, auf der Brust verschlungene rotseidene Schnur angedeutet war. Hinter dem Statthalter noch zwei Beamte in hellgrüner Seide, hinter diesen wieder eine große Zahl mittelalterlicher Landsknechte mit Hellebarden und Lanzenschwertern. Einen europäischen Rohrsessel, wohl das Renommierstück der Statthalterei, einen zusammengerollten Teppich und eine Flasche japanischen Weins stellt man vor mich hin als Gastgeschenke des Inselherrn, und dann beginnen bei Wein und Tabak die langwierigen leeren Redensarten, ohne die es im zeitverschwendenden Orient keine Besuche gibt. Schließlich aber rückt man doch mit dem Kern der Sache heraus: um keinen Preis soll ich wagen, den Vulkan zu besteigen! Noch nie sei jemand, weder Eingeborner noch Fremder, oben gewesen, und die Berggeister würden unweigerlich die Insel heimsuchen mit Unwetter, Mißwachs und Pestilenz, wenn sie jemand in ihrer Unnahbarkeit und Ruhe stören wollte. Winde würden sich erheben, die alles mit sich fortreißen würden, das Volk würde sich gegen den Fremden empören, der mit seinem Besuch die Geister beleidige, kurz, die Folgen meiner Tollkühnheit seien gar nicht abzusehen.

Und nun geschah wirklich etwas Merkwürdiges. Kaum war der Dolmetscher fertig geworden mit der Übertragung dieser halb verlegen lächelnd, halb eindringlich warnend vorgebrachten Einwände des Statthalters, als es plötzlich zu dunkeln anfing und ein Pfeifen und Brausen sich draußen erhob, als ob alle Geister der Hölle losgelassen wären. Ich stürzte hinaus, aber ein klatschender Regen trieb mich wieder zurück zum Statthalter, der selbst erschrocken schien über diesen plötzlichen Wutausbruch der Berggeister. In sichtlicher Angst verabschiedete er sich, um sich in sein nahe gelegenes Yamen zu flüchten. Ein Unwetter von so riesiger Gewalt war losgebrochen, wie ich es nie erlebt hatte. In

ein paar Minuten fiel das Barometer um vier Strich. Der
Wind war zu einem förmlichen Orkan geworden, der mein
ziemlich stark gebautes, mit schwerem Ziegeldach bewehrtes
Wohnhaus fortzutragen drohte, so bebte und krachte es in
allen Fugen. In Wasserstiefeln und Regenmantel, mit
bloßem Kopf, ging ich nochmals hinaus und erkletterte die
Stadtmauer, um einen weitern Überblick zu haben. Ein
grausig großartiges Bild bot sich dar. Gewaltige, tief blau=
schwarze Wolken jagten mit unheimlicher Geschwindigkeit
von Ost nach West, ein pfeifender Wind trieb den Regen
in fast wagerechten Schichten vorüber. Es war eine Be=
wegung und ein vielstimmiges Geheul und Gewinsel in der
Luft, das abergläubischen Menschen gewiß Furcht einjagen
konnte. Vom Hâlassan, der kurz zuvor in greifbarer Nähe
sich mit seinen zweitausend Metern über uns in die Lüfte
gereckt hatte, war auch nicht mehr das mindeste zu sehen.
Alles war in dunkelgraue und blauschwarze Haufenwolken
und Wasserdampfschichten gehüllt. Zu meinen Füßen aber
brandete das empörte Meer gegen die Stadtmauer, schwarz=
grün mit fahl leuchtenden Wellenkämmen, mit betäubendem
Donner und Brausen den lavabedeckten Strand überschäumend.
Kein Mensch, kein Tier war zu sehen. Nichts als die wilde
Natur in ihrem trotzigen Aufruhr. Kein Zweifel, mein
Besuch war den hohen Göttern nicht genehm.

III.

Abergläubischer Widerstand der Behörden. — Erinnerungen an das
große Christengemetzel. - Überwindung der letzten Schwierig=
keiten.

Für den Statthalter bedeutete das große Unwetter,
das wie zur Bestätigung seiner Warnungen sich so recht=
zeitig eingestellt hatte, natürlich einen großen Triumph. Für

mich aber war es ein bedenklicher Zeitverlust. Ich hatte nur noch drei, höchstens vier Tage bis zur Rückkehr meines Dampfers, der mich abholen sollte, und dem Aufbruch meiner Reisekarawane stellten sich immer neue Schwierigkeiten entgegen. Pferde, Treiber, Führer waren zwar beschafft und jeden Augenblick bereit, aufzubrechen. Aber der Statthalter machte immer neue Einwände. Schon bei meinem Erwiderungsbesuch, bei dem er mich in seinem großen, aber sehr vernachlässigten Palast mit See=Igeln, Algen, getrockneten Seeohren und ähnlichen einheimischen Leckerbissen bewirtete, versuchte er nochmals, mir den ganzen Plan, den Berg zu besteigen, auszureden. Wenigstens sollte ich noch bis zum Ende des Herbstes warten, wenn Hirse und Reis geerntet, alles Obst eingebracht sein würde und das Volk einem etwa durch meinen Besuch hervorgerufenen Unwetter schon gleichgültiger zusehen könne als jetzt, wo durch Wind und Regen seine ganze Sommerarbeit vernichtet werden würde. Er fürchte außerdem, auf den einsamen Gebirgswegen könne mir leicht etwas zustoßen, wenn ich da mit meinen verdächtigen Apparaten hantierte. Nach den jüngsten Vorkommnissen könne er für nichts bürgen.

Mir tat der alte Mann wirklich leid, er war so aufrichtig und hilflos in seiner Besorgnis, daß es schon ein wenig Mühe kostete, fest zu bleiben und nicht nachzugeben. Er hatte augenscheinlich seelisch stark gelitten durch die blutigen Ereignisse der letzten Monate, deren Ausgang er noch selbst miterlebt hatte. Er erzählte sehr anschaulich, wie er bei seiner Ankunft auf der Insel, die er gegen Ende der Unruhen von seinem Amtsvorgänger übernahm, an der Schwelle seines Palastes begrüßt worden sei durch achtzig schauderhaft verstümmelte blutige Christenleichen, die so, wie man sie zusammengehauen hatte, liegen geblieben waren.

Nicht weniger als 317 Katholiken, die vor der Eingangs=
pforte seines Namens ermordet worden, hätte er selbst an
einem Tage bestatten lassen. Und was jetzt noch an
Strafen, Verfolgung und allgemeinem Elend den Ein=
gebornen bevorstünde, müsse jeder doch schließlich den
Fremden und den Christen als den ersten, wenn auch viel=
leicht unbewußten Urhebern zuschreiben. Das waren ja lauter
richtige und unwiderlegliche Sätze. Die hatte ich mir aber
selbst schon vorgehalten, ehe ich mich hierher auf den Weg
gemacht hatte. In der Erbitterung der Eingebornen gegen die
Christen konnte ich kein unüberwindliches Hindernis sehen.
Ich hielt dem Statthalter einen hübschen kleinen Vortrag
über die Entwicklung von China und Japan, das unab=
wendbare Vordringen der westlichen Barbaren und die
Notwendigkeit hilfloser Völker, wenn auch nicht aus Liebe
und Bewunderung, so doch aus Berechnung und Klugheit
sich mit diesen unwillkommenen Eindringlingen und Neuerern
auf einen möglichst guten Fuß zu stellen. Es wurde
ein förmliches Privatissimum über die Zukunft Ostasiens,
angenehm untermischt mit geschichtsphilosophischen Ausblicken,
harmlos zum Vergleich sich darbietenden Lehren aus der
jüngst vergangnen großen Boxerei in China, wovon nur
ganz schattenhafte Sagen hierher gedrungen waren, und
andern belehrenden Proben von der Gemeingefährlichkeit des
kolonialen Übermenschen aus dem Stamme der blonden,
angelsächsisch=germanischen Bestie. Schließlich versicherte ich
ihm, nach meiner Erfahrung sei man immer selbst am
meisten schuld, wenn man im fremden Lande unliebsame
Abenteuer erlebe, mir sei auch nicht im mindesten bange,
daß seine braven Tschêdschuer mit mir etwa ähnlich
umspringen würden, wie mit den umstürzlerischen Zöglingen
der französischen Missionare. Wenn er aber ein übriges

zur Beruhigung seiner eigenen Seele tun wolle, könne er mir ja eine Begleitmannschaft mitgeben aus der Kompagnie Soldaten, die der Kaiser kürzlich zur Bewachung der Insel geschickt habe. Das wurde sofort angeordnet, ein Zug Kanghwaer Schützen, mit 1874er Chassepots von 8 mm bewaffnet, mußten sich von Stund an bereithalten, mit mir zu marschieren.

Damit waren indes die Vorbereitungen und Sicherungsmaßregeln noch nicht erschöpft. Es mußten Erlasse in alle Amtsbezirke geschickt werden durch Läufer, die Tag und Nacht traben und mit ihrem ausgedehnten System von Ablösungen sehr gut den noch fehlenden Telegraphen ersetzen — um der Bevölkerung mitzuteilen, es sei ein Fremder ins Land gekommen, der den großen Hâlassan besteigen und davon Bilder machen und Maße nehmen wolle. Ich hatte schon versucht, dem Statthalter die Geheimnisse der Höhenmessung zu erklären, hatte ihn auch von der gänzlichen Harmlosigkeit des photographischen Apparats überzeugt und von ihm und seinem ganzen Hofstaat ein paar Aufnahmen gemacht, so daß jedermann sehen konnte, daß das Photographieren nicht weh tut und auch beim Hantieren mit den übrigen geheimnisvollen Werkzeugen nicht gleich der Himmel einstürzt. So war denn feindseligen Kundgebungen der abergläubischen Inselleute nach Möglichkeit vorgebeugt.

Es blieb nur noch die geographische Vorbereitung des Unternehmens. Karten von Tschêdschu gibt es natürlich nicht. Auf allen Seekarten, selbst auf den japanischen, ist vom Innern der Insel auch nicht ein einziger Punkt festgelegt, und auf den englischen, französischen, russischen und japanischen Darstellungen des festländischen Koreas, die ich gesehen hatte, hat man der Einfachheit halber Quelpaert in das dem Kartographen so bequeme Gewand weißester Un=

schuld gesteckt, das völlige Unerforschtheit bedeutet. Der Statthalter hatte einen Mann aufgetrieben, der zwar keineswegs oben auf der höchsten Spitze gewesen war, aber doch den Weg genau zu kennen vorgab und Wunderdinge von einem großen See erzählte, der die ganze Spitze des Vulkans ausfülle. Endlich erschien ein Beamter der Statthalterei und überreichte mir freudestrahlend eine große Rolle aus dickem koreanischen Bastpapier, worauf ich zu meiner freudigen Überraschung eine ausführliche Karte der Insel fand. Augenscheinlich ein einheimisches Kunstwerk, sehr drollig in der Art unserer mittelalterlichen Karten gezeichnet, die Grundriß und Bild aus der Vogelschau zu einem ganz anschaulichen Gebilde zu verbinden wissen. Die Namen sämtlicher Ortschaften waren mit chinesischen Zeichen eingetragen.*) Auf meinen Wunsch wurden sie sofort durch einen Schreiber ins Koreanische übertragen, das heißt in die alte Onmunschrift, die man sehr leicht lesen lernen kann. Damit waren die letzten Schwierigkeiten hinweggeräumt.

Die Besteigung eines gegen 200 m hohen Hügels vor der Stadt vermittelte mir noch einen nützlichen Überblick über das Gelände. Nicht weniger als 39 vulkanische Kuppen sah ich von meinem Standpunkt aus zwischen mir und dem eigentlichen Hâlassan liegen. Ganz leicht und glatt würde also voraussichtlich die Kletterei nicht werden. Ein bißchen unheimlich war es auch, daß einem schon hier auf diesem niedrigen Berg die Adler mit einer Dreistigkeit um den Kopf flogen, die sonst nur Fledermäuse bei beginnender Dämmerung auszeichnet. Erst spät merkte ich, warum sich diese Hunderte von Adlern und Geiern hier zu

---

*) Vergl. die Anmerkung auf S. 196. A. d. H.

schaffen machten. Als sich gegen Abend der Seewind legte und eine vorübergehende Windstille eintrat, belehrte mich ein sofort aufsteigender entsetzlicher Gestank, süßlich und beklemmend, über die Anziehung, die sich hier den Raubvögeln bot: die Leichen der ermordeten Christen waren hier heraufgeschleppt worden in diese Bergeseinsamkeit, wo keine menschliche Ansiedlung, keine landwirtschaftliche Tätigkeit beleidigt oder gestört werden konnte, wenn man ein paar hundert Leiber flüchtig einscharrte. Und recht hastig und oberflächlich mußte die Bestattung vor sich gegangen sein, denn die Geier schienen es recht lohnend zu finden, in dem notdürftig wieder festgestampften Erdreich herumzuwühlen und nach Nahrung zu hacken. Rasch machte ich noch eine Skizze des ausgedehnten Rundblicks, der sich von diesem hochgelegenen Leichenfelde auf den Hâlassan und einen beträchtlichen Teil der Südhälfte der Insel bot, und stieg dann wieder zur Hauptstadt hinab, fest entschlossen, in der Frühe des nächsten Morgens den Aufstieg zu beginnen.

Es war für mich die höchste Zeit geworden, den immer wiederkehrenden Einwänden des Statthalters endlich Halt zu gebieten und mich auf den Weg zu machen. Vier Tage waren seit meiner Landung schon vergangen, der Dampfer, der mich abzuholen versprochen hatte, konnte jede Stunde kommen und meinem Aufenthalt auf Tschêdschu ein Ende machen. Damit mir während meiner Abwesenheit der einzige Weg, von der Insel wieder fortzukommen, nicht abgeschnitten würde, ließ ich einen Kissu, einen jener phantastischen Gesellen im roten Mantel von des Statthalters Leibwache, als Posten am Strande auf der Stadtmauer aufstellen, damit er die Ankunft des Dampfers beobachte. Es wurde verabredet, eine rote Flagge solle auf der höchsten Stelle der Mauer gehißt werden, sobald der Dampfer herankomme. Falls ich noch unterwegs sei, würde mir dies Zeichen, das mir, übrigens ebenso wie der Dampfer selbst, wohl von jeder Stelle meines Aufstiegs sichtbar sein mußte, den Befehl zur Umkehr vermitteln. Ich würde dann einen Boten zur Küste schicken mit einer genauen Zeitangabe meiner Rückkehr, so daß der Kapitän nicht die Geduld verliere und ohne mich weiterfahre. Noch einmal machte der Statthalter zu guter Letzt einen rührenden Versuch, mich vom Aufbruch abzubringen. Indessen war alles bereit, die Pferde waren gesattelt, die Packträger mit ihren Lasten auf dem Rücken angetreten, Dolmetscher, Treiber, Führer, alle marschfertig; selbst ein höherer Yamenbeamter, der bei Schwierigkeiten oder Feindseligkeiten eingreifen sollte, hatte sich zum Dienstantritt gemeldet und war natürlich als willkommene Verstärkung der Reisegesellschaft angenommen worden. Wenn ich bloß noch zwei oder drei Wochen warten wolle, bat der Statthalter, dann würde alles viel leichter sein, ja, er selbst wolle dann mitkommen und für mich sorgen wie ein Vater. Aber es wäre Torheit gewesen, jetzt nicht zu reisen, nachdem einmal alles so schön vorbereitet war. Das Wetter war herrlich. Keine Wolke am ganzen Himmel, in leuchtender Klarheit lockte der Berg. Das Barometer war stetig gestiegen, so daß alle Vorbedingungen ungewöhnlich günstig waren, wie sie sich gewiß nicht allzuoft wieder bieten würden.

Besteigung des Hâlassans.

I.

Aufbruch zum Vulkan. — Merkwürdige Bestattungsgebräuche der Tschêdschuer. — Streik der Lastträger.

So ging es denn unter großem Geleit hinaus durch das Westtor der Stadt. Die ganze Einwohnerschaft hatte sich vor meinem Hause versammelt, Kinder und Bettler gaben mir noch lange mittrabend das Geleit bis weit über die Bannmeile hinaus, nachdem der Statthalter mit seiner Beamtenschar sich schon am Tor verabschiedet hatte. Über lavabestreute Felder ging es nun in scharf westlicher Richtung der Küste entlang, da erst ein gut Stück auf verhältnismäßig ebenen Wegen gewandert werden mußte, ehe von Westen aus, wo sich der Berg am mählichsten senkt, der eigentliche Aufstieg beginnen sollte. Die untersten Gürtel der Insel fand ich ziemlich dicht bevölkert. Zahlreiche Dörfer und einzelne Gehöfte ließen die Angabe wahrscheinlich erscheinen, daß ein paar hunderttausend Menschen auf der Insel leben, die etwa 70 km lang und 30 km breit und nur in ihrem küstennächsten niedrigsten Uferlande bewohnbar ist. In diesen tiefern Lagen, wo die von den Höhen kommenden Wasser die feste Lavadecke schon zerstört und zu

fruchtbarem Detritus umgeschaffen hatten, sah man überall
fleißigen Anbau, meist von Hirse und süßen Kartoffeln, die
eine Besonderheit Tschĕdschus zu sein scheinen. Aber schon
in der geringen Höhe von 500 m hörten die Felder auf.
Unzählige Gräber nahmen ihre Stelle ein, jedes einzelne,
wie auch die Felder, eingefaßt von hohen Mauern aus
schwarzen Lavablöcken, die den merkwürdigen Eindruck von
Ungastlichkeit, den ich schon bei der Landung bekommen
hatte, auch auf die Höhe zu tragen schienen.

Bis zum Anfang des vorigen Jahrhunderts sollen die
Inselbewohner die Sitte der Totenbestattung gar nicht
gekannt haben. Sie setzten ihre Verstorbenen auf Flößen
einfach aus auf hoher See und überließen sie dem Zufalls=
spiel von Wind und Wellen. Ich habe nicht erfahren,
welche Einflüsse schließlich in der Neuzeit die Beerdigung
an Stelle dieser unheimlich phantastischen Sitte in Aufnahme
gebracht haben, die an bestimmte buddhistische Bräuche er=
innert, wie sie sich heute in Japan beobachten lassen.
Dort werden allerdings nicht mehr die Leichen selbst aus=
gesetzt, sondern nur kleine Papierschiffe, die mit einer
brennenden Kerze die Seele darstellen sollen als blindes
Spielzeug der Schicksalsgestalten, sendet man am Ssegaki=
feste aufs Meer hinaus, während am Strande die Priester
für den Frieden der Abgeschiedenen vor einem in der Bran=
dung errichteten Altar beten, auf dem in fünf chinesischen
Zeichen die Worte stehen: „Für den Frieden derer ohne
Zahl, die auf den drei Daseinsstufen leben." Vielleicht ist
mit dem Aussterben des Buddhismus auf Tschĕdschu auch
die Aussetzung der Leichen auf See abgeschafft worden.
Erst vor wenigen Menschenaltern machten es die Insel=
bewohner mit den Buddhisten so, wie sie es heute mit den
Christen getan haben: sie schlugen eines schönen Tages

sämtliche Anhänger des großen Erlösers tot, verbrannten die Tempel, zerstörten die Klöster und vernichteten die letzten Zeichen dieser Religion, die einst auch hier wie im übrigen Ostasien für die allein seligmachende gegolten hatte.

Selbst meine Expedition sollte noch von dieser Bekämpfung des Buddhismus zu leiden haben. Man hatte mir unten in der Hauptstadt gesagt, ich würde etwa auf halber Höhe die Trümmer eines buddhistischen Klosters finden, das zwar längst verlassen und unbewohnbar sei, aber für ein notdürftiges Nachtobdach noch ausreichen würde, da noch ein Dach und ein Teil der Umfassungsmauern ständen. Nun war der Tag seinem Ende nahe, wir waren fast 1000 m geklettert, und keine Klosterruine wollte erscheinen. Dafür wurden die Träger immer unwilliger; schon noch den ersten paar Stunden hatten sie eine lange Marschpause verlangt. Leider hatte der Statthalter in seinem Übereifer eine große Zahl von Pferdewechseln vorbereiten lassen, die ich aus Höflichkeit annehmen mußte, wenn sie auch nur ein lästiger und in dieser Häufigkeit überflüssiger Aufenthalt waren. Das gab aber den Lastträgern das Recht, für sich ebenfalls Ablösung zu verlangen. Und als nun die Sonne sank und ich mit aller Entschiedenheit darauf drang, noch vor völliger Dunkelheit das Nachtlager in dem Kloster zu beziehen, warfen sie ihre Lasten mitsamt den Tragkörben einfach hin und machten sich auf und davon. Die Pferdetreiber zeigten nicht übel Lust, diesem lockenden Beispiel zu folgen, und erklärten die Pferde wären übermüdet, obwohl die zuletzt gesattelten kaum 10 km gegangen sein konnten. Der Führer setzte diesem allgemeinen Ausbruch von Streikgelüsten die Krone auf und behauptete, es gäbe überhaupt gar kein Kloster, nicht einmal ein Steinhaufen sei davon übrig, geschweige denn ein Dach, worunter man übernachten könne.

Die Lage wurde immer ungemütlicher. Die Dunkelheit brach mit großer Schnelligkeit herein, kein Weg, kein Steg war mehr zu erkennen, dichtes, hohes Gestrüpp umgab uns von allen Seiten, und oben vom Berge herab begannen höchst empfindliche Strömungen kalter Luft herunter zu wehen. An ein Nächtigen unter freiem Himmel war unter keinen Umständen zu denken. Menschliche Ansiedlungen waren nicht mehr in der Nähe, wieder umkehren und weiter unten Unterkunft in einem Dorfe suchen, wäre ein Faustschlag in das Gesicht des Europäers gewesen, der sich hier draußen vor nichts mehr hüten muß, als Schwäche zu zeigen oder Mißerfolge einzugestehen. Den Trägern und Treibern gegenüber war ich nun leider ziemlich machtlos. Sie standen nicht in meinem Sold, brauchten mir also nicht zu gehorchen. Der Beamte, der mich begleitete, um mich gegen etwaige Feindseligkeiten der Dörfler in Schutz zu nehmen, schien ein etwas ängstlicher Herr zu sein. Augenscheinlich war er, wie sein Gebieter, der Statthalter, erst vor kurzem auf die Insel gekommen und den Eingeborenen gegenüber schüchterner, als es sonst koreanische Beamte zu sein pflegen. Nach vielem Hin= und Herreden, das hierzulande immer mit schrecklichem Getöse und nervösmachenden Wiederholungen vor sich geht, konnte dem Führer schließlich begreiflich gemacht werden, wenn er vorher schon gewußt habe, daß bei dem ehemaligen Kloster kein Obdach zu haben sei, wäre es jetzt seine verdammte Pflicht und Schuldigkeit, irgendwie und irgendwo Ersatz zu schaffen. Und den Lastträgern konnte schließlich durch goldene Versprechungen das Herz erweicht werden, daß sie ihre Trachten wieder aufnahmen, bis Ablösung gefunden würde.

Da zeigte sich mit einem Male ein schwacher Feuerschein. Dort mußten Menschen sein. In gerader Richtung ging es nun dem verheißenden Schimmer nach, durch dick und dünn, mitten durch das zähe, widerspenstige Urgestrüpp. Zweige schlugen einem fortwährend ins Gesicht, es setzte blutige Schrammen und Hautabschürfungen die Menge, aber man kam wenigstens dem Lichte näher, das uns Hilfe und Auskunft bringen sollte. Der Führer stieß in sein großes Muschelhorn, das er als Signal mitgenommen hatte. Aber es kam keine Antwort auf die schauerlichen Töne, die aus der gewaltigen Muschel in die nächtliche Dunkelheit drangen. Doch deutlich tönten jetzt die scharfen Schläge von Äxten herüber, kein Zweifel, es waren Holz= fäller bei der Arbeit. Und da sah man auch schon durch die Zweige schimmern die von einem offenen, im Winde flackernden Feuer schwach beleuchteten Gestalten merkwürdig vermummter Männer in dicken Pelzen, ungeheure Mützen mit Ohrenklappen übers Gesicht gezogen, wie Lappländer, die sich auf diese Felseninsel im chinesischen Ostmeer verirrt hätten. Im Nu hatten meine Träger ihre Lasten ab= geworfen und sich mit wüstem Geheul auf die Lichtung ge= stürzt, wo die Pelzmänner Holz schlugen, und noch ehe ich mich durch die Büsche herangearbeitet hatte und recht begriff, was vor sich ging, war ein regelrechtes Gefecht im Gange zwischen den Fremden und meinen Trägern, denen sich Treiber, Aufseher und Führer im Handumdrehen anschlossen. Mit ihren schweren Knüppeln schlugen sie auf die völlig verdutzten Holzfäller unbarmherzig los, entrissen ihnen ihre Beile und schleppten sie zurück, wo die fortgeworfenen Lasten am Boden lagen. Jetzt erst wurde mir der Zweck dieses rohen Überfalles klar. Man hatte die Wäldler zum Fron= dienst für mich gepreßt, was den Dolmetscher, dem ich darüber Vorwürfe machte, zu der lakonischen Bemerkung veranlaßte: „Chaijoo fashion, Master!" So macht man es auf Tschêdschu.

II.

Mühsames nächtliches Klettern bei Fackelbeleuchtung. — Obdach in der Höhle der Holzfäller. — Alkohol als Friedensvermittler. — Aufstieg zur höchsten Spitze des Hâlassans.

Die in ihrer Holzschlägerei so grausam gestörten Hinterwäldler, die nun ohne Murren sich meine Lasten aufpacken ließen, bestätigten die Angabe des Führers, daß von dem Kloster, das früher hier gestanden, kaum noch eine Spur zu sehen sei. Aber noch etwa zehn Li (gegen 5 km) weiter hätten sie ihre eigene Behausung, wo die ganze Sippe der Holzsammler dicht unter der zweithöchsten Kuppe des Berges die Nächte zubringe; da wäre auch Platz genug für den fremden Herrn und seine Karawane. Mit Fackeln, das heißt einfachen schwelenden Kiefernästen, ging es nun weiter mit der müseligen Kletterei durch das Dickicht. Von einem Weg waren auch nicht die bescheidensten Andeutungen mehr zu erkennen. Alles war mit starkem Kieferngebüsch und undurchdringlichem Unterholz von allerhand stachligen Sträuchern und Dorngewächsen bestanden. Wenn man im Dunkeln in unbekanntem Gelände reiten muß, tut man im allgemeinen gut, dem Pferde die Führung zu überlassen. Diese braven Tiere finden viel eher und sicherer ihren Weg als der Mensch mit seinen unvollkommenen Sinneswerkzeugen. Aber hier wurde das Reiten zur Qual. Das Holz war so dicht, die Gewächse so niedrig, daß einem die scharfen Zweige fortwährend ins Gesicht schlugen oder sich schwer und hemmend quer über die Brust legten. Überdies konnten die Tiere nur ganz langsam vorwärts kommen, Schritt für Schritt sich ihren Pfad suchend, die Wurzeln vorsichtig überschreitend, die sich wie Schlangen über den Boden legten, und nur hier und da einmal mit der Vorderhand in ein Wurzelloch versinkend, das sich heimtückisch unter der dichten, schlüpfrigen Decke von faulendem

Laub verbarg. Da war es denn eine Erleichterung, abzusitzen und selbst sein Heil zu versuchen, und stolpernd, kriechend, unter starken, allzu niedrigen Zweigen sich auf allen Vieren durchwindend, dem ungewissen Schimmer der vorn im Zuge getragenen Fackeln zu folgen. Mein Mafu, der Pferdetreiber, hatte für mich besonders eine große koreanische Papierlaterne mitgenommen, die er dicht vor mir zu tragen versuchte. Aber schon nach wenigen Minuten war die Hülle zerrissen und das Licht erloschen; die Kienfackel allein war dieser Umgebung gewachsen. Doch auch ihr Licht war höchst unvollkommen. Die lodernde Flamme hielt nie lange vor, das harzreiche Holz begann zu glimmen und nur noch auf wenige Fuß im Umkreise einen Lichtschimmer zu versenden, bis der Führer auf einer etwas freiern Stelle den ganzen Zweig in großem Kreise herumschwenken konnte, daß die Funken stoben und der so geschaffene Luftzug das glühende Holz wieder für kurze Zeit in leuchtenden Brand setzte.

Volle zwei Stunden dauerte diese äußerst qualvolle, erschöpfende Kraxelei. Da endlich ward Halt gemacht, die Holzfäller erklärten, sie seien „zu Hause". Vor uns öffnete sich ein langer, niedriger Spalt, aus dem Feuerschein und dicker Rauch drangen. Man mußte sich bücken, um zu sehen, daß es der Eingang zu einer Höhle im Gestein war, die sich unendlich nach hinten in die Tiefe des Felsens auszudehnen schien, während die Höhe nicht ausreichte, um einen mittelgroßen Mann drinnen aufrecht stehen zu lassen. In der Mitte der Höhle brannte ein gewaltiges Feuer aus Kiefernholz und trocknem Laub, und ringsherum hockten und lagen Männer, Frauen, Kinder, dicht zusammengedrängt wie Schafe in der Winterhürde, eingehüllt in rohe Fellkleider und baumwollgefütterte Pluderhosen, Pelzkappen und Ohren=

klappen auf dem Kopf. Das waren die Holzfäller des Hâlassans in ihrer Bergwohnung. Sie hatten wohl noch nie einen Weißen gesehen und starrten nun wie ungläubig auf den Eindringling, der zu später Nachtstunde sie in ihrem Waldversteck ausfindig gemacht hatte und Anstalten traf, sich häuslich bei ihnen einzurichten. Durch den Dolmetscher und den Hofbeamten ließ ich ihnen in einigen guten Worten sagen, ich wäre ihnen dankbar, wenn sie mir für die Nacht Obdach gewähren und ein bißchen zusammenrückten wollten, damit auch meine Begleiter Platz fänden und nicht der kalten Nacht draußen ausgesetzt seien. Bereitwillig ließen sie meine Leute nun gewähren, die sofort die Lasten hereintrugen und wie zu einem befestigten Lager im Viereck aufstellten. In der Mitte wurde mein Nachtlager aufgerichtet, etwas abseits die Küche aufgeschlagen, wo der Koch sich sofort an die Arbeit machen mußte, um rasch etwas Wärmendes fertig zu stellen.

Es war bitter kalt hier oben. Die Holzfäller zitterten trotz ihres großen Feuers und der dicken Kleidung am ganzen Leibe wie Espenlaub. Dabei tränten ihnen die Augen vor beizendem Rauch, den das frische Holz und das feuchte Laub beim Verbrennen bis in die innersten Winkel der Höhle sandten. Unten in der Hauptstadt hatten wir noch 35° C. gehabt, hier oben in der Höhle maß ich am Boden, wo mein Lager aufgeschlagen war, nur 12,5° C. Solche Abkühlung von 60 Prozent fährt einem ins Mark, besonders wenn man ausgehungert und übermüdet ist. Dazu kam, daß ich zum großen Schmerz der Höhlenbewohner und meiner Leute mich entschließen mußte, die schwelenden Feuerbrände aus der Mitte der Höhle entfernen und draußen aufschichten zu lassen, Augen und Lungen litten entsetzlich unter dem erstickenden Qualm und der die Kehle zuschnürenden Aus=

räucherei. Als Ersatz für die erhebliche Verminderung der Innenwärme ließ ich an sämtliche Leute — es wurden 23 Holzfäller gezählt, dazu meine 12 Leute — aus meinen Vorräten Kognak und Tabak austeilen. Obwohl ich Fieber hatte, braute ich mir selbst einen Tee, bei dem Rum und Tee einigermaßen zu gleichen Teilen gemischt werden mußten, um die rasch sinkende Körperwärme wieder zu steigern. Mit dem Kognak erzielte ich übrigens einen ungeheuern Erfolg. Die Koreaner trinken sehr gern stark gegorene Getränke. Ihre eigenen, aus Reis und Hirse hergestellten Schnäpse sind aber sehr viel schwächer als der chinesische Samschui aus den gleichen Stoffen und schlechter und unreiner als der japanische Sake. Der Kognak erschien ihnen nun wie ein Elixier des leibhaftigen Teufels, „wie flüssiges Feuer", sagten sie, rinne es ihnen durch den Leib, dieses „pop ssul" (französisches Feuerwasser), das täte so gut wie zehntausend „tschossönn ssul" (koreanisches Feuerwasser) auf einmal genommen. So herrschte denn bald eitel Friede und Freude in der riesigen Höhle. Inmitten dieser abenteuerlich und räubermäßig ausschauenden Gestalten entwickelte sich ein Idyll, als ob ich mich unter den Heinzelmännchen oder Rübezahls Zwergen befände. Mit größter Teilnahme wurden alle die Vorbereitungen zu meinem Abendessen gemustert, der Koch angestaunt, der so sicher und rasch mit all den fremdartigen Büchsen und Flaschen umzugehen wußte, obwohl er doch auch nur ein Koreaner war, und mit noch größerer Spannung verfolgte man meine Vorbereitungen für die Nacht. Reitgamaschen, Stiefel, Lederhose, alles wurde in die Hand genommen, befühlt, berochen und dann pro fisco herumgegeben, und jedes Stück erntete ein beifälliges „tschosso!" (sehr schön), das sich wie ein Rundgesang durch die am Boden kauernden

Reihen fortpflanzte. Alles Mißtrauen war gewichen, ich war ohne Zweifel der volkstümlichste Mann auf dem Hâlaſſan.

Um ſo jammervoller geſtaltete ſich die Nacht. Die Kälte nahm natürlich zu. Am frühen Morgen, bei der erſten Dämmerung war alles draußen mit Rauhfroſt bedeckt, während in der Höhle Tropfwaſſer von den Wänden und der Decke kam, das ſich alle Augenblicke einmal mit einem beſonders großen eiskalten Tropfen auf mein Geſicht verirrte und mich jäh aus dem Schlaf aufrüttelte. Mit der Erwärmung durch Tee und Rum mußte man aber vorſichtig ſein, da früh aufgebrochen werden mußte und noch ein ſchwerer Tag bevorſtand. Nach meinen Meſſungen und Berechnungen, die ich noch am Abend vornahm, waren erſt 40 km zurückgelegt, und die erreichte Höhe betrug erſt 1070 m, ſo daß noch faſt die Hälfte übrigblieb, und vorausſichtlich die ſchwerere. Denn es zeigte ſich, daß der Berg in ſeinen unteren Hängen ſchon faſt ganz abgeholzt war, während im mittleren Gürtel, in den wir geſtern abend gelangt waren, noch Hochwald ſtand, der erſt am oberſten Drittel durch dichtes Urgeſtrüpp abgelöſt wurde. Nur die wirkliche Spitze des Berges, aus zwei anſcheinend faſt gleich hohen und nicht weit voneinander entfernten Kuppen beſtehend, war ganz kahl und leuchtete von hier aus geſehen ziemlich grell und ſcharf in die hellblaue Morgenluft hinein.

Mehr als die Hälfte meiner Leute ließ ich in der Höhle bei den Holzſchlägern zurück. Sie waren alle ziemlich erſchöpft und äußerten nicht die geringſte Luſt, die Spitze zu beſteigen. Einer von den Holzleuten wurde als Führer mitgenommen, einem andern, einem beſonders ſtämmigen Geſellen, ſchnallte man eine Kiepe auf mit warmen Kleidungsstücken und einem kleinen Imbiß. Freiwillig erboten sich nur der Dolmetscher und der Hofbeamte mitzukommen.

In einem völlig mit schwerem, brüchigem Lavageröll übersäten Flußtal ging es aufwärts, zunächst in scharf östlicher Richtung, der einzigen, wie der Holzfäller sagte, in der man der Spitze beikommen konnte. Der Boden war außerordentlich wasserhaltig. Offenbar stürzten die atmosphärischen Niederschläge an den kahlen, undurchlässigen Felsen der höchsten Spitze ohne großen Aufenthalt rasch herunter, bis sie hier, wo noch ein ziemlich dichter Pflanzengürtel für eine dünne Verwitterungskrume des Bodens sorgte, von den Tausenden von Wurzelfäden und Erdröhrchen aufgefangen und zur Bildung morastähnlichen Sumpfbodens benutzt wurden. Klettern war natürlich nicht leicht auf so schlüpfriger Grundlage. Dazu kam die große Unübersichtlichkeit des Geländes. Ganz selten einmal tauchte in scheinbar größter Nähe über unsern Köpfen voraus die Spitze des Vulkankegels auf, um sofort wieder zu verschwinden hinter den dichten Wällen von pfadlosem Wald und Gestrüpp, das sich vor einem auftürmte. Nur nach dem Kompaß konnte marschiert werden, der Führer wußte nicht Bescheid und machte sich dadurch verdächtig, daß er bei jeder nur möglichen Gelegenheit abwärts strebte und meinte, weiter unten würden wir viel bequemer gehen können. Schließlich, als wir vor einer gewaltigen Basaltschroffe angekommen waren, erklärte er ganz unverfroren, es sei überhaupt unmöglich, in einem Tage noch bis oben auf die Spitze und wieder zurück zur Höhle zu gelangen. Da er aber nachts zuvor gesagt hatte, es seien nur 30 Li, also etwa drei Stunden Weges bis zur Höhe, wurde ihm nicht geglaubt. Die ungeheure Klippe, die sich dicht vor uns senkrecht und unnahbar erhob, war allerdings so großartig in ihrer Wildheit und phantastischen Gestaltung, daß der Führer wohl glaubte, er könne mich damit anstatt der letzten wirklichen Spitze des Hâlassans abspeisen. In einer Länge von etwa 2 km war eine mächtige schwarze Basaltmasse 330 m in die Tiefe gestürzt in völlig senkrechtem Abbruch, der durch die Verwitterung die merkwürdigsten Formen von Schroffen, Zacken, Klippen angenommen hatte, die dem Volke natürlich mancherlei Sagen bedeuteten. Der einheimische Name für diese phantastischen Bildungen ist „O päk tschang gun" (die fünfhundert Helden), eine Erinnerung an die buddhistische Zeit der Insel und augenscheinlich eine Verkörperung der fünfhundert Bodhisattwa, früherer Fleischwerdungen Buddhas, die im tibetischen Kult solch große Rolle spielen und bis nach Japan und Korea den Umkreis ihrer Verehrung ausgedehnt haben.

Hier vor dieser mächtigen Felsenmauer zeigte das Barometer 1460 m. Zum erstenmal wurde die Südküste der Insel sichtbar, aber noch reichte der Gesichtskreis der erklommenen Höhe zur Umspannung des ganzen Eilandes nicht aus. Auf das Meer bot sich zwar schon ein unendlich weiter Ausblick, der um so unbegrenzter schien, als leise Nebelschleier, auf und ab wallend, das Bild geheimnisvoll verhüllten und in endlose Fernen zu rücken schienen. Um Mittag aber, wenn die Sonne die letzten Spuren des überm Wasser webenden Dunstes aufgesogen haben würde, mußte die Aussicht prächtig werden.

Der Weigerung des Führers ungeachtet wurde daher der Aufstieg fortgesetzt und dem Manne nur bedeutet, dem Statthalter solle es nicht unbekannt bleiben, daß sein Befehl, uns die Besteigung nach Möglichkeit zu erleichtern, so wenig Beachtung gefunden habe. Das half. Plötzlich schien sich der Brave zu erinnern, man könne die steile Klippe um-

gehen und auf einem kurzen, allerdings sehr steilen Wege
bis auf die höchste Kuppe gelangen. Schon seit der Höhe
von 1200 m hatten die Waldbäume und Kiefern niedrigerm,
aber außerordentlich dichtem Buschwerk Platz gemacht. Von
jetzt an gab es nichts mehr als ganz zwergenhafte, knorrige,
hartholzige Sträucher mit rötlichen kleinen Beeren, die von
Führer und Träger fortwährend gepflückt und gegessen
wurden. Sie hatten ein weiches, mehliges Fleisch mit
leichtem Wacholdergeschmack. Dieser Fund von reichlichem
Naschwerk schien die Koreaner zu frischen Taten zu be=
geistern. Mit neuen Kräften ging es jetzt weiter, auf den
immer kahler und steiler werdenden Hängen in die Höhe.
Ein eisiger Wind blies aus Nordost und trieb zur Eile.
Nase, Ohren, Hände wurden blau, obwohl das Thermo=
meter in der Sonne noch fast 10º C. zeigte. Dabei wurde
die Kletterei immer schwieriger. Auf dem rauhen Basalt=
lavageröll war schwer Fuß zu fassen, man rutschte leicht
und schrammte sich dann gehörig, wenn man mit den Händen
oder Füßen einen Halt suchte. Endlich, nach 62 km, war
der höchste, dem Vulkan aufgesetzte Auswurfkegel erreicht,
der wie glattgeschliffen nach allen Seiten zu gleichmäßig
steil abfiel. Noch eine letzte heiße Anstrengung von zwei
und einer halben Stunde, um auch diese letzten 300 m
noch zu überwinden. Und dann, außer Atem, schwitzend,
keuchend, sinkt man auf dem äußersten Kraterrand nieder
und vergißt im Augenblick alle Ermüdung, denn ein Rund=
blick von märchenhafter Größe und Herrlichkeit öffnet sich
mit einem Schlage nach allen Seiten, über die ganze Berg=
insel und weit, weit übers Meer wie in die Unendlichkeit.

III.

Auf dem Kraterrand des Hâlassans (Mount Auckland) auf Quelpaert. — 1950 m überm Meer. — Unbeschreiblich herrliche Fernsicht. — 165 km Rundblick im Umkreis, wie von einem dreißigmal überhöhten Helgoland. — Wilde Zwergpferde am Kraterrand.

Es gibt gewiß nur sehr wenige Punkte auf der Erde, die einem unter ähnlichen Verhältnissen einen so unsagbar großartigen, ergreifenden Rundblick gewähren, wie der Hâlassan auf Tschêdschu. Er ist mitten im Meere gelegen, weit über 100 km von jeglichem Festland entfernt, so steil und hoch aufragend in der unendlichen Meeresfläche, daß von seiner höchsten Höhe das Auge unbehindert Räume durchwandern kann, die es im Hochgebirge auch bei sehr viel höheren Aussichtspunkten wegen der engern Begrenzung des Gesichtskreises nicht so leicht wird meistern können. Bei sorgfältigster Benutzung meiner beiden Aneroidbarometer fand ich die Höhe des äußersten Kraterrandes an seiner steilsten Stelle zu 1950 m. Ein englischer Apparat, den ich ebenfalls zu Rate zog, gab 6390 Fuß an, ein Zeichen, daß meine Messung auf den tagelang vorher geprüften und ausgeprobten Apparaten stimmte. Das ist eine Höhe, wie sie bekanntlich in unsern deutschen Mittelgebirgen nicht vorkommt. Etwa so, als wenn man den Feldberg im Taunus oder den Thüringer Inselberg auf den Brocken türmen wollte. Und nun stelle man sich eine solche Höhe im Ozean aufsteigend vor! Es ist schwer, sich klar zu machen, in welche kaum faßlichen Weiten der Blick von solcher Seewarte aus dringt. Man kann ja an der Küste leicht den Versuch machen und sich von dem raschen Anwachsen des Gesichtsradius überzeugen, wenn man vom Strande auf eine Düne oder einen Leuchtturm steigt. Um annähernd vergleichen zu können, wie es einem auf dem Kraterrand des Hâlassans zumute ist, stelle man sich das Felseneiland von Helgoland dreißigmal höher vor. Dann würde man denselben Rundblick haben, wie hier auf Tschêdschu, man würde vom Oberlande aus die Türme von Hamburg, Lübeck und Bremen zu gleicher Zeit sehen können, das heißt, man würde einen Umkreis beherrschen, der dem gleich wäre, wenn man vom Kölner Dom bis zur Nordsee oder wenigstens bis zur Zuider See und auf der andern Seite bis Frankfurt schauen könnte. Man darf natürlich nicht an solche Riesen denken, wie den Pico de Tenerife, der genau noch einmal so hoch ist. Aber der dicht dabei sich aus dem Atlantischen Ozean erhebende Pico del Pozo de las Nieves auf der Gran Canaria, der die gleiche Höhe wie der Hâlassan hat, würde den besten Vergleich bieten, den ich anführen könnte, wenn er ähnlich einsam dastünde, wie dieser Vulkan im ostchinesischen Ostmeer und nicht überragt würde von seinem allgewaltigen Nachbarn. Seit den Zeiten von Leopold v. Buch und Alexander v. Humboldt haben ja manche Reisende die canarischen Vulkane bestiegen, darunter auch verschiedene Deutsche, wie Ernst Haeckel, die ihre Begeisterung über die prachtvolle Fernsicht auch dankbar und laut verkündet haben.

Mir gab es hier einen erhöhten Genuß, hoch oben auf dem Hâlassan zu thronen, den noch kein Weißer bisher erklommen hatte. Ich war froh und stolz, daß es mir gelungen war, das kleine Wagnis, das so viel Widerspruch und Hindernisse gefunden hatte, glücklich durchzuführen und, was man nicht immer von schwierigen Forschungsreisen sagen kann, es der Mühe wert zu finden.

Aber das macht nicht den Reiz aus, den ich oben auf Tschêdschus höchster Spitze empfand. Gewiß kitzelt es einen

ein wenig, sich sagen zu können: du hast nun mit einiger
Mühe und Ausdauer einen schwer zugänglichen Berg er=
klettert, den vor 250 Jahren schiffbrüchige Holländer zuerst
sahen, dessen Insel erst von ganz vereinzelten Europäern
und nur vorübergehend betreten worden ist, einen höchst
merkwürdigen ozeanischen Vulkan, den vor dir noch niemand
bestiegen, gezeichnet, photographiert, vermessen hat. Bei
meinem Mangel an Zeit und an ausreichender fachmännischer
Ausrüstung mußten meine geographischen Verdienste um die
Insel und den Vulkan aber immer in den bescheidensten
Grenzen bleiben. Nicht das Bewußtsein, der Erste zu sein,
ließ mich jetzt alle voraufgegangene Mühe vergessen, es
war vielmehr die mit plötzlicher Allgewalt auftretende
Empfindung: hier hast du ein Erlebnis deines innern
Menschen, etwas so Eigenartiges, so Großes, wie du
überhaupt in deinen langen Wanderjahren noch nicht ge=
sehen hast.

Wenn wir zum erstenmal das Weltmeer sehen oder
angesichts des in ewigem Schnee starrenden Hochgebirges
erschauern, wenn ein Künstler in gewaltigen Worten, Farben
oder Tönen zu uns spricht, wenn wir zum erstenmal vor
einem ungeheuren Menschenwerk stehen, den Pyramiden oder
der großen chinesischen Mauer, dann fühlen wir, das sind
Eindrücke, die sich nicht verwischen werden und nicht
verblassen bis ans Ende unsres Lebens. Sie graben sich
in unsere Hirnrinde ein, so scharf, so tief, daß nach langen,
langen Jahren, nach einer endlosen Reihe neuer und auch
bedeutender Eindrücke jede verwandte Stimmung die Saite,
die damals zuerst erklungen, wieder in Schwingung ver=
setzen und die mächtige Stimmung von damals wieder her=
vorzaubern kann, als wäre sie von gestern und nicht über=
wuchert von tausend anderen Erlebnissen, Gedanken und

Empfindungen, die auch in unserm Hirne ihre Spuren hinterlassen haben.

Wie ein König fühlt man sich da oben auf der gewaltigen einsamen Höhe inmitten räumlicher Unendlichkeit. Rings um einen, nach allen Seiten, nichts als die leuchtende Bläue von Himmel und Meer. Obwohl die Sonne den Höhepunkt ihrer Laufbahn erreicht hat, ist noch ein ganz leiser, durchsichtiger Schleier in den fernsten Weiten des Rundbildes übrig geblieben. Gesichtskreis von Wasser und Luft vermischen sich zu einem märchenhaft Unendlichen, ohne feste Grenzen im Raume, als ob auch unter uns nicht die Insel mit ihrem festen Felsgerüst sichern Boden böte, sondern alles schwebe, schwinge und hinge in dieser grenzenlosen unwirklichen Welt von Blau. Wie ein unbedeutendes Menschenwerk liegt die Insel unter uns, die doch mit ihren 70 km Länge ein recht anständiges doppeltes Rügen abgeben könnte, in hellen Farben leuchtend, da auch die dunkeln Schotterhalden basaltischer Lava im grellen Sonnenschein festlich glänzen. Der Absturz nach der Südseite der Insel ist so steil, daß die Landschaft in einer sonderbaren Verkürzung erscheint, als ob man bequem in einem halben Stündchen hinunter zur Küste klettern könnte. Die scharfen Augen meines Führers und Holzfällers haben den Punkt entdeckt, wo sich unsere nächtliche Höhle befinden muß. Die tausend Meter, die wir seit dem Morgen geklettert sind, sehen aus wie ein Nichts in der klaren kalten Luft. Das ganze Land macht den Eindruck gemächlich abfallender, fruchtbarer Hänge. Erst wenn man das Glas zur Hand nimmt, erkennt man die gewaltigen Spuren, die die Lavaströme hinterlassen haben bei ihrem verderbenbringenden Eilmarsch zur See. In zwei schwarzen, breiten Linien, die nach unten zu immer breiter werden zu förmlichen Flußmündungen, hat sich die flüssige Masse des Erdinnern ins Meer ergossen, und ihre Spuren zeichnen sich von unserm Standpunkt aus leicht ab, da hier, wo die jüngsten Ausbrüche den Weg mit basaltischer Lava und Tuffen gepflastert haben, die von den Höhen kommenden fließenden Gewässer leichtere Arbeit gehabt und gründlicher haben zerstören können, als auf dem festern Kegelmantel der ersten, ungleich großartigeren Ausbrüche, die die ganze Insel emporgehoben haben.

Aber immer wieder kehrt der Blick von dem landkartenhaft unter uns liegenden Insellande zurück in die rings sich wölbende Märchenbläue. Man kann es gar nicht fassen, dieses grenzenlose, wie überirdisch sich ins Ewige verlierende Meer von Luft und Wasser, das so unvergleichlich viel mächtiger erscheint, als das nächtliche Himmelsgewölbe, für dessen räumliche Begrenzung uns Begriff und Sinn fehlen. Zudem ist hier nicht die ewige Ruhe, wie wir sie in einer schönen klaren Winternacht am Sternenhimmel sehen, alles ist Bewegung und Leben, Wechsel von Formen und Farben. Mit überraschender Schnelligkeit ändert sich das Bild von Minute zu Minute, aber immer ist es reizvoll und neu, immer farbenprächtig, wie die Ausgeburt eines schwelgenden Künstlerhirns, fremdartig und fruchtbar in seinen wechselnden Formen, wie keine menschliche Einbildungskraft sie ersinnen könnte. Bald ziehen auch leichte Federwölkchen unter uns vorüber in scharfen, eckigen Formen, wie ein Geschwader von Reihern in der Farbendichtung eines japanischen Träumers, bald ballen sich dichtere, größere Dunstmassen zusammen zu langen Reihen, die vor dem blauen Hintergrunde auf und ab wallen, wie ein Fries tanzender Mädchen in leichten Tüllgewändern auf dem weichen, warmen Blau einer Wedgewoodvase. Zerstört ein schärferer Luftzug das duftige Gebilde, so wird ein glänzender Streifen sichtbar, eine rätselhafte, spiegelglatte, glitzernde Fläche, die wie mit Fischschuppen bedeckt erscheint. Das sind keine Schäfchenwolken, wie auf einem Mondscheingemälde Douzettes, es scheinen überhaupt keine Luftgebilde zu sein. Die Erscheinung wird immer rätselhafter. Die Fischschuppen wechseln, ihre Farbe, erscheinen bald heller, bald dunkler, bald dichter aneinander gerückt, bald weiter auseinander gezogen. Erst als sie einmal für eine Sekunde ganz verschwinden, erkenne ich, worum es sich handelt: es ist die spiegelnde Meeresfläche, die vom Winde gekräuselt wird! Wer hätte aber das Meer hier oben in den Lüften gesucht? Das ist von all den merkwürdigen Dingen, die man hier oben sieht, die verblüffendste Erscheinung, die Aufkippung des Gesichtskreises zu unfaßbaren Höhen. Als ob das Meer in den Himmel gestiegen wäre, als ob die ganze Fläche aufgeklappt wäre und nun selbst hier, wo wir fast zweitausend Meter überm Wasserspiegel stehen, uns bis an unsere Augenhöhe gerückt wäre.

Es ist ja dem Physiker kein Geheimnis, wie weit er, theoretisch wenigstens, von einem beliebigen Standpunkt aus sehen kann. Es ist eine einfache trigonometrische Rechnung, bei der ich nur die Länge (oder Höhe) der aufrecht stehenden Kathete zu kennen brauche, um sofort die der andern, die mir den Radius meines Gesichtskreises gibt, ausrechnen zu können. Der Seemann hat dafür eine bequeme Formel: der Halbdurchmesser meines Gesichtskreises in Seemeilen oder der Abstand der Kimm von meinem Augenpunkte ist gleich dem Produkt aus 2,0833 und der Quadratwurzel aus meiner Augenhöhe in Metern. Sobald ich mich also von der Richtigkeit meiner barometrischen Ablesungen überzeugt hatte, rechnete ich mir mit Hilfe dieser Merkformel aus, daß ich mehr als 165 km weit nach jeder Richtung hin sehen konnte! In Wirklichkeit war das nun zwar diesmal nicht der Fall, da die untern Luftschichten den Horizont da verschleierten, wo in der Nähe größerer Inselmassen oder des Festlandes der Ausgleich zwischen Landwärme und Meerestemperatur Verdichtungen der Luft zu Wolken und Nebelbänken mit sich brachte. Wo ich also das Festland des südlichen Koreas oder die Inselgruppe der Goto mit der dahinter liegenden großen japanischen Berginsel Kiuschiu hätte sehen sollen, verlor sich der Blick in geheimnisvolles Helldunkel von bläulichem Dunst, der mehr andeutete und erraten ließ, als er in sichern Umrissen zeichnete. Nur in geringeren Entfernungen hoben sich, anscheinend in der Luft schwebend, die zahllosen Inseln und Felsklippen ab, mit denen die Zertrümmerung des koreanischen Festlandes die Randgewässer des gelben und des chinesischen Ostmeeres übersät hat. Wie kleine braune scharfkantige Bucheckern ragten die „zehntausend Eilande" hervor aus der allgemeinen, durch nichts Festes und Greifbares unterbrochenen blauen Unendlichkeit. Die wenigen, ganz kleinen Felseninselchen, die dicht vor Tschêdschu, vor allem vor seiner Südküste liegen, erschienen uns unmittelbar zu Füßen, sehr sauber mit einem leuchtend weißen Streifen oder Halbkreis eingefaßt: das war die Brandung, die ihre felsigen Ufer umschäumte.

Es kostete Überwindung, sich loszureißen von diesem gewaltigen Gemälde, das sich von der Spitze des Hâlassans aus entrollte. Aber es galt, noch vor Dunkelheit denselben mühevollen Weg zurückzulegen zu unserer gastlichen Höhle, die auch für die kommende Nacht uns wieder Obdach gewähren mußte. Sodann durfte der Hauptzweck, die Untersuchung des Kraters, nicht vernachlässigt werden. Es war bitterkalt auf der Höhe, trotz der vom Träger mit heraufgeschleppten warmen Überkleider froren wir alle wie die Schneider, waren überdies in Nase, Hals und Magen sämtlich von Grund aus erkältet infolge des Nachtlagers auf dem feuchtkalten Boden der Höhle und litten unter dem schneidenden Nordost, der den Gipfel des Berges umheulte, um so mehr, als wir von der vielstündigen, anstrengenden Kletterarbeit sehr erhitzt waren. Meine Begleiter machten daher sehr lange Gesichter, als ich anfing, noch den Krater abzugehen, die Höhe seiner Wandungen zu messen und ein paar Aufnahmen von ihm zu machen.

Ich fand einen unerwartet kleinen Krater von etwa 400 m Durchmesser, von steilen, gegen 70 m hohen Wänden umschlossen. Auf dem Grunde blinkte ein kleiner See, nicht viel größer als eine tüchtige, vom Winterschnee übriggebliebene Lache. Die Eingeborenen behaupteten, der See wäre unergründlich tief und habe einen Zugang zur Unterwelt. Ich konnte aber keinerlei Anzeichen für tiefgehende Ausbruchsspalten finden. An den Ufern des Wassers weideten wilde Pferde von jener kleinen zähen Zwergart, die die Insel auf dem Festland in den Ruf der Heimat des Pferdes gebracht hat. In ihren zottigen Winterpelzen schienen die Pferde gegen die Unbilden des Bergklimas gänzlich unempfindlich zu sein. Sie suchen sich im strengsten Winter keine tiefer gelegenen Weideplätze auf. An windgeschützten Stellen fand ich am Krater dicke Lagen ihrer Losung, ein Zeichen, daß die abgehärteten Tiere auch die Nächte in dieser luftigen Höhe zubringen. Welch ein Hohn auf die rauhe Natur der wilden Berggeschöpfe, daß der Koreaner im Tale ihnen warme Bohnensuppen als einzige Nahrung gibt! Gegen Süden erschien der Absturz des Vulkankegels so steil, daß von der Südküste aus ein Aufstieg ohne große Bergsteigerhilfsmittel wohl gänzlich aus=

geschlossen ist. Etwas leichter, aber auch beträchtlich lang=
wieriger als unser Weg, würde die Besteigung von Osten
aus gewesen sein, wo die Höhe viel allmählicher anhebt.
Aber im allgemeinen hatte ich doch den Eindruck, daß wir
den besten Weg zu einer raschen Besteigung gefunden hatten
und mit Leistung und Erfolg sehr zufrieden sein konnten.
Schmerzlich war nur, daß der Genuß der über alle Maßen
herrlichen Rundsicht so abgekürzt werden mußte mit Rück=
sicht auf die wenigen Stunden Tageslichtes, die uns noch
für den Rückmarsch zur Verfügung standen.

Nach kurzem Imbiß wurde zum Abmarsch geblasen und
im Eilschritt die Richtung auf die Berghöhle eingeschlagen.
Ohne Rücksicht auf Bequemlichkeit ging es ohne jegliche
Unterbrechung, meist im Trabe, oft rutschend, auf dem kürzesten
Wege bergab. Schon nach drei Stunden dieser tollen Jagd
loderte uns das große Kienfeuer vor dem Eingang unseres
abenteuerlichen Unterschlupfes den Willkomm entgegen.

Unfreiwilliger Aufenthalt.

I.

Die Berggeister verhindern die Abreise. — Schiffbrüchige an den Küsten Tschêdschus. — Eine Ruhmeshalle des Strandsegens. — Reise zur Insel Udo, um von den Japanern ein Segelboot zu mieten. — Ein unverändert aus dem Mittelalter überkommener Mandarin auf Reisen.

Selten habe ich einen Menschen sich so freuen sehen, wie J Dschä Ho, Seiner koreanischen Majestät Statthalter auf Tschêdschu. Der Gute geriet förmlich aus dem Häuschen, als er mich am Abend des dritten Tages nach meinem Aufbruch an der Spitze meiner Karawane wohlbehalten und munter in seine Hauptstadt wieder einziehen sah. Es war ihm deutlich anzusehen, daß er den glatten Verlauf des Abenteuers gar nicht für möglich gehalten hatte, wohl weniger der Eingeborenen wegen, die nach dem großen Blutbade sich wohl kaum noch einmal so dreist über alle Obrigkeit hinwegsetzen würden, als aus Furcht vor den bösen Geistern des Berges, vor denen jeder echte Koreaner doch mehr Scheu hat, als vor wilden Tieren oder blut=
dürstigen Menschen. Meine glückliche Rückkehr mag und wird hoffentlich der bedingungslosen Verehrung der Berg= götter einen ordentlichen Stoß versetzt haben. Für zu=

künftige Reisende wäre das eine bedeutende Verkehrs=
erleichterung. Denn schließlich sind diese hohen Unbekannten
für Einheimische wie Fremde doch nichts als rechte Plage=
geister. Das wurde mir sofort klar, als ich mich um meine
Abreise zu sorgen begann.

Von meinem Dampfer, der mich abzuholen versprochen
hatte, war natürlich während meiner Abwesenheit keine
Spur gesehen worden. Ich fing an, die Notwendigkeit
einer Seefahrt im koreanischen Boot als letztes Mittel in
Erwägung zu ziehen, wenn auch der Tag verstrichen sein
würde, an dem der Dampfer nach Beendigung seiner Rund=
fahrt zu allen Vertragshäfen wiederum an der Insel
Tschêdschu vorbeikommen mußte. Aber kaum hatte ich diesen
Plan, ohne mit dem Dampfer zu rechnen, mich einem ein=
heimischen Boot anzuvertrauen, dem Statthalter unterbreitet,
als mir zum andern Male die Berggeister entgegengehalten
wurden, die sich augenscheinlich mit ihrer Herrschaft über
den Hâlassan nicht begnügten, sondern auch auf dem Wasser
noch ein Wort mitreden wollten. Um diese Jahreszeit sei
es gänzlich unmöglich, von der Insel aus nach dem Fest=
lande zu kommen. Denn jeden Abend verhülle der Hâlassan
sein Haupt mit einem dichten Schleier, und solange dieser
Schleier sichtbar sei, dürfe kein Schiffer es wagen, den Zorn
der Geister zu erregen und die Insel zu verlassen. Da
müsse ich schon warten, bis der Berg sein Haupt wieder
ohne die Nebelkappe und damit seine wohlwollende Gesinnung
zeige. Ich wollte von dieser ewigen Rücksichtnahme auf die
Tschêdschuer Ortsgötter natürlich nichts wissen und schickte
heimlich, hinter dem Rücken des Statthalters, meinen Dol=
metscher nach Ssandschipo, dem Hafenvorort der Hauptstadt,
der mit einer kleinen Einbuchtung des Meeres einigen
wenigen Fischerbooten Schutz gewährt, mit dem Auftrag,

die Möglichkeit einer Reise mit dem koreanischen Boot zu untersuchen. Die Mühe war vergeblich, die Fischer hatten nicht weniger Scheu vor der Nebelkappe, als der Statthalter, niemand wollte die Götter versuchen.

So war denn Geduld die einzige Losung. Aber leicht war es nicht, sie zu bewahren angesichts der verbohrten Hartnäckigkeit, womit jedermann, scheinbar aus reinem Wohlwollen für mich, sich meiner Abreise widersetzte. Ich gestehe allerdings, daß ich mich diesmal etwas leichter in den Willen der Berggötter fügte, als in den ersten Tagen, wo es sich um die Besteigung des Vulkans gehandelt hatte. Denn die Fahrt im offenen Boot schien mir doch nicht so ganz geheuer. Ja, wenn man eine seetüchtige Segeljacht gehabt hätte, mit tausend Freuden. Aber in einer koreanischen Dschunke, aus plumpen Planken mit Holzpflöcken und Hanfwerk aneinander gezimmert, mit Segeln aus durchlöcherten Bambusmatten eine tagelange Fahrt in einem der gefährlichsten Meere, die man kennt, mit rein koreanischer Mannschaft anzutreten, das war denn doch ein Wagnis, das überlegt sein wollte und am besten für den alleräußersten Notfall aufgespart blieb. Einstweilen konnte ich mich auch durchaus nicht beklagen. Ich hatte ein ausreichendes Obdach, war reichlich mit allem Lebensbedarf versehen, der höchste Beamte des Landes erschöpfte sich in liebenswürdigen Aufmerksamkeiten, schickte täglich mehrere Male Gastgeschenke, kam, mir die Zeit mit unterhaltenden Plaudereien zu vertreiben, stand willig Rede und Antwort auf meine vielen Fragen über Land und Leute — kurz, ich brauchte gar keine voreilige Abkürzung dieser lehrreichen Zeit zu wünschen, wenn ich nicht eben auch noch andere Aufgaben in der Welt zu erfüllen gehabt hätte, als mein Leben im dolce far niente auf einer abgeschiedenen Insel des ostchinesischen

Meeres zu verdämmern. Und bis an den jüngsten Tag konnte ich doch auch nicht auf meinen treulosen Dampfer warten. Höchst wahrscheinlich hatte ein Unglück dem wackern Kapitän die Erfüllung seines Versprechens unmöglich gemacht. So mir nichts dir nichts läßt man doch hier draußen, wo die Weißen noch eine seltene Erscheinung sind, einen Stammes= genossen und halben Landsmann nicht auf einer wüsten Insel im Stich, wo ihm die naiven Naturkinder lieber heute als morgen den Hals umdrehen möchten. Mich aber ein= fach sitzen zu lassen und sich zu sagen, der Mann kann ja im Segelboot weiterreisen, würde ich einem Seemann von solcher Erfahrung, wie mein braver Kapitän, am aller= wenigsten zutrauen. Er kennt besser als andere die zahl= losen Schiffbrüche, die diese Gewässer in Verruf gebracht haben. Er kennt jede Klippe, worauf Kriegsschiffe fest= gelaufen, Handelsdampfer marschunfähig geworden, Fischerboote zerschellt sind. Seine Seekarten wimmeln von solchen Eintragungen, wie ein Friedhof von Toten= kreuzen.

In der Tat könnte man sich hier draußen kaum ein bedenklicheres Versuchsfeld für ein solches Seeabenteuer aussuchen, als diese Grenzgewässer zwischen China, Japan und Korea, wo die Taifune ihr böses Spiel treiben und in der engen Straße zwischen Festland und japanischen Inseln sich der Witterungsausgleich von drei Meeren und zwei einander entgegenarbeitenden Strömungen vollzieht. Und gerade Tschêdschu mit seinen hafenlosen Küsten scheint immer das Hauptkarnickel gewesen zu sein. Schon der große Kublai Chan, der die Alte Welt von Malakka bis zur polnisch=deutschen Grenze beherrschte und sich auch Japan untertan machen wollte, mußte das erfahren. Er ließ auf Tschêdschu, dessen Bewohner für die kühnsten Seefahrer dieser Gegenden galten, hundert Kriegsbarken bauen, um damit seine Mongolen nach Japan hinüberzuwerfen. Aber ein echt Tschêdschuer Sturm zerstörte seine ganze Flotte. Übrigens braucht man nicht in diese grauen Zeiten des dreizehnten Jahrhunderts zurück zu wandern, um Schiffbrüche großen Stiles an den Küsten dieser verräterischen Insel aufzuführen. Auch noch nach der Strandung des holländischen Schiffes „Sperwer" im Jahre 1653, dessen überlebender Mannschaft Europa die erste Kenntnis von Tschêdschu und Korea überhaupt verdankt, ist die Liste der Schiffsunfälle „bei und um Quelpaert" sehr lang. Die Franzosen büßten 1846 ebenfalls ihr ganzes Geschwader ein, womit sie endlich nach Korea kamen, um die vor sieben Jahren geschehene Ermordung ihrer Missionare zu rächen. Englische, italienische, norwegische, japanische Schiffe sind seitdem hier gestrandet, häufig mit Mann und Maus, von dem Verlust eingeborener Dschunken ganz zu schweigen. So ist der Ruhm der Seeräuberei, dessen sich die wackern Tschêdschuer erfreuen, zumeist auf ihren passiven Räuberberuf zurückzuführen, das heißt, sie lassen es sich gefallen, daß möglichst viele Schiffe an ihrer Küste stranden, und danken dann ihren Göttern für den reichen Strandsegen. Ich habe selbst in dem großen Waffenhause an der Hauptstraße, neben meiner eigenen Wohnung, manch sonderbares Andenken liegen sehen, gewaltige Anker, Schiffsschraubenflügel, Gangspille und ähnliche für den koreanischen Schiffer unnütze Riesengaben des Strandsegens, die den Göttern zu Ehren in einer Art Ruhmeshalle des Strandräubertums aufbewahrt werden.

Endlich, als ich in meiner wachsenden Ungeduld dem Statthalter mehrmals täglich auf den Leib zu rücken begann und Stellung und Ausrüstung eines seetüchtigen Fahrzeuges

Unfreiwilliger Aufenthalt

von ihm als eine Regierungshandlung forderte, wurde mir gemeldet, in einem japanischen Fischerdorf auf der Insel Udo könnte ich wohl ein sehr schnelles, nach europäischer Art gebautes Schiff von den Japanern, die sich dort während der Hauptfischzeit niedergelassen hätten, mieten und damit sicherer als in Tschêdschuer Dschunken nach Hause kommen. Ich besann mich nicht lange. Meine Karawane war bald wieder zusammengetrommelt, die Pferde waren gesattelt, Treiber, Träger, Koch standen marschbereit. Auch die kriegerische Bedeckung war wieder da und als besonderer Zierat sogar ein ganz hoher Beamter, der schon vor vielen Wochen vom Festlande gekommen und die Verwaltung der östlichen Inselhälfte übernehmen sollte, bisher aber offenbar keinen rechten Mut zur Abreise nach seinem neuen Arbeitsfeld gefunden hatte. Da ich, um zur Insel Udo zu gelangen, sein Gebiet durchziehen mußte, schloß er sich mir an. Seine Begleitung wurde mein einziger Trost. Denn es sei gleich verraten: diese Reise, die mich 98 km zu machen zwang und fünf Tage zu Lande und zu Wasser kostete, verlief gänzlich ergebnislos. Zwar fand ich die Japaner, auch einen sehr hübschen, schneidigen Kutter, mit dem ich ohne weiteres die Fahrt gewagt hätte. Aber diese Japaner waren so unverschämt, so gänzlich bar der sonst in ihrem Lande selbst von den Untersten der Untern geübten Höflichkeit, daß nichts mit ihnen anzufangen war. Selbst als ich ihnen einen Mietpreis bot, den ich gar nicht mehr zu zahlen vorhatte, ließen sie mich abfahren wie einen Bettler. Es blieb mir nichts übrig, als ärgerlich und gesenkten Hauptes wieder zur Hauptstadt zurückzukehren.

Mein Trost wurde, wie gesagt, der Mandarin, der mich begleitete. Nicht als ob er mir ein Fahrzeug besorgt hätte, das stand auch nicht in seiner Macht: aber er selbst

war während der Reise einfach unbezahlbar in seiner un=
verfälschten Mandarinenhaftigkeit. Es war, als ob eine
Gestalt aus einem alten chinesischen Geschichtenbuch des
frühesten Mittelalters lebendig geworden wäre und nun
hier zu Nutz und Frommen des erstaunten Weltkindes eine
Vorführung längst vergessener Sitten veranstaltete. Schon
sein äußerer Aufzug und Anzug. Sein Pferd, natürlich
eines von den einheimischen Zwerggeschöpfen, war aufs
kostbarste — und unpraktischste — mit allerhand buntem
Flitterwerk behängt, zwei Läufer in rotem Überwurf und
mit leuchtend rotgefärbtem Roßhaarbusch am breiten schwarzen
Filzhut mußten ihm ständig zur Seite bleiben und sich an
den bunten Bändern halten, die vom Zaumzeug des Pferdes
herabhingen. Vor und hinter dem Reittiere liefen andere
Yamenknechte, die hinten im Kreuz eine silberne Schelle
hängen hatten, womit sie bei jedem Schritt natürlich ein
gräßlich dünnstimmiges, durchdringendes Gebimmel machten,
das geradezu zum Grundton unserer Reise wurde. An den
Fransen der Satteldecke hingen ebenfalls zu beiden Seiten
silberne Glöckchen, die schüchtern ob ihrer Verstimmtheit sich
in das lautere Getön ihrer Genossen auf dem Rückenplatze
einmischten. Siegelbewahrer, Pfeifenträger, Tabakverwalter,
Schreiber und Pagen umgaben als weitere Begleitung in
dichtem Schwarm ihren Herrn, unverdrossen trabend,
bimmelnd, rufend, singend. Denn ohne fortwährende Aus=
rufe und ohne Siegesgetöse kann ein so vornehmer Mann
wie ein unverfälscht aus dem Mittelalter erhaltener koreani=
scher Mandarin nicht über Land reiten. Bei jedem kleinen
Hindernis, bei einer kleinen Bodenschwelle oder einem Bach,
stimmte die Schar der trabenden Trabanten unisono den
Chorus an: Ho ho ho ho ho! Zehn, zwölf Fäuste stützten,
schoben, zogen den hohen Herrn auf seinem hochgetürmten

Sattel hin und her, bis das dräuende Hindernis über=
wunden war, und wenn es auch nur ein kleiner Hopser von
zwei, drei Fuß gewesen, ertönte nach errungenem Sieg eine
Fanfare wie Gloria in excelsis, „seht den Sieger ruhm=
gekrönt!" wie er so unerschrocken über die Täler und
Schluchten hinwegsprengt auf stolzem Rosse, als ob es gar
nichts wäre. Und er, der Held, im vollen Bewußtsein
seiner Größe und mit der Gelassenheit, die den Großen
auch im Siegesrausche nicht verläßt, flüsterte nach diesen
großen Augenblicken weiter nichts, als das kleine Wort
„Dambä", und sofort waren viele Hände bemüht, die drei
Fuß lange Tabakspfeife zu füllen, anzuzünden und ihm hin=
auf aufs Pferd zu reichen. Der Leibpage hatte den Vor=
zug, mit seinen eigenen Lippen am nephritgeschnitzten Mund=
stück die Pfeife seines Gebieters in Brand setzen zu dürfen.
Nur wenige Züge geruhte der hohe Herr durch die Lunge
zu ziehen, dann nahm ihm der Leibpage das lange Rohr
wieder vom Munde, ein anderer klopfte das winzige Bronze=
köpfchen aus, ein dritter wischte das Mundstück ab, und so
wanderte die Pfeife durch zahlreiche Hände, bis sie endlich
ihren Platz auf dem Rücken des Pfeifenträgers wieder=
gefunden hatte.

II.

Der Mandarin reist mit Fackelbeleuchtung und Geisterfurcht. —
Auf dem Ausguck nach dem Dampfer. — Gerichtssitzung bei
Abend und öffentliche Auspeitschung bei Nacht.

Wirklich, kein Zar, kein Schah könnte mit größerer
Ehrfurcht und mit eifrigerm Gehorsam bedient werden als
der Mandarin von Ost=Tschêdschu, der nach seinem Range
doch noch ganz unten auf der Stufenleiter koreanischen
Beamtentums stand. Aber bezeichnend war es für die

altertümlichen Zustände der Insel, daß hier auch noch so
ein Kleiner unter den Großen wie ein Gott sich erhob über
die misera plebs, die nur mit gekrümmtem Buckel und
scheu von unten schielenden Augen zu dem Erhabenen auf=
zuschauen wagte. Wo er sich sehen ließ, stockte alles Leben,
jede Arbeit. Feldgeräte wurden hingeworfen, Packtiere
angehalten, Mensch und Tier beeilte sich, seinen Kratzfuß zu
machen. Alles strömte an die Seite der Straße und blieb
gebückt stehen, bis unser ganzer Zug vorbei war. Nur
abends, wenn die Nacht sich auf die Felder senkte, mußte
auch der Mandarin sich vor höhern Gewalten beugen. Er
und seine Leute fingen an zu singen und zu schreien, um die
bösen Geister zu verscheuchen, die nach Ansicht dieser an=
scheinend auch noch vom chinesischen Föngschui beeinflußten
Naturkinder sofort die Gegend unsicher machen, wenn die
Sonne untergegangen ist. Aber kein Sterblicher außer dem
Gefolge konnte den hohen Herrn in dieser Stunde der
Erniedrigung sehen. Das Volk durfte sich nicht mehr
im Freien herumtreiben, nachdem die großen Stadtglocken
und in den Dörfern die Gongs der Ortsschulzen Feierabend
geboten hatten. Dann werden, wie in unserm eignen Mittel=
alter, die Tore gesperrt, der Tag wird amtlich damit für
beendet erklärt, und kein Mensch hat draußen mehr etwas
zu suchen. Der Bezirksmandarin natürlich darf sich über
seine eigenen Gesetze hinwegsetzen, wenn er den Mut hat,
im Dunkeln zu reisen.

  Dunkel bleibt's auch für ihn, trotz der Fackeln, die
ihm die Bevölkerung zu stellen hat. Seine Läufer sorgen
ohne viel Federlesens dafür, daß in jedem Ort ein paar
Männer aus dem Schlaf gerüttelt werden, die am Dorf=
eingang den Zug des Gewaltigen mit brennenden Fackeln
erwarten und ihn trabend begleiten, bis beim nächsten Ort

die Ablösung kommt. So geht es ohne Aufenthalt im Trabe weiter, ohne daß man von der Gegend etwas sähe. Denn man bewegt sich umschlossen von dem hellen Schein der knisternden Späne, der zwar die laufenden Gestalten in ihren weiten Gewändern wie Gespenster grell und unruhig beleuchtet, aber die allernächste Umgebung schon völlig im Dunkeln läßt, so daß man nichts tun kann, als blindlings den Fackeln folgen, ohne sich um Richtung und Wegebeschaffenheit zu bekümmern. Es ist wie die wilde Jagd, man muß folgen, ob man mag oder nicht, immer vorwärts dem Feuerscheine nach, ohne rechts oder links zu schauen. Die undurchdringliche Nacht zu beiden Seiten, das wilde, aus angstgequälter Seele hervorgestoßene Geschrei der außer Atem mit den Pferden Schritt haltenden Troßknechte, die rohen, lautschallenden Knüppelschläge auf die Rücken der zum Dienst gepreßten Fackelträger, und die ganze, diesen gleichgültigen Morgenländern sonst so fremde Hast geben unsrer nächtlichen Reise etwas Unheimliches, Gespenstisches. Jedermann ist schließlich froh, wenn der Ort erreicht ist, wo für die Nacht durch voraufgeschickte Läufer Unterkunft bestellt worden ist.

Mit einem Schlage ändert sich dann alles. Man atmet erleichtert auf, als ob man irgend einer großen, unbekannten und darum um so schrecklichern Gruselgefahr entronnen wäre, als ob das leerstehende Yamen, wo wir nun unsere Vorkehrungen für die Nacht treffen, ein Hort des Friedens wäre wie eine stark befestigte Burg. Kaum bin ich abgesessen und habe mich des Reitanzugs entledigt, da kommt auch schon mein Mandarin mit einigen hier gewachsenen Pfirsichen und Pomeranzen, um sich nach meinem Befinden zu erkundigen. Sobald er sich innerhalb seiner sichern vier Wände weiß, ist er wieder der vornehme Mann, ruhig und höflich, der peinlich auf die Wahrung der Form dem Ausländer gegenüber bedacht ist. Zwischen ihm und seinen Beamten in ihren schönen Seidenkleidern komme ich mir in meinem einfachen Reisekhaki wie ein Landstreicher vor, und die Gastgeschenke, die ich meinerseits zur Erwiderung schicken kann, zeichnen sich auch durch ärmliche Einförmigkeit aus, da ich auf die Dauer nichts anders zu bieten habe als Proben meiner Lebensmittel und türkische oder japanische Zigaretten. Aber auch diese bescheidenen Gaben genügen, ihn bei guter Laune zu erhalten und allen meinen Wünschen geneigt zu machen. Er tut so, als ob es für ihn kein größeres Vergnügen gäbe, als meine ausgiebigen Fragen über die Bevölkerung jedes Ortes, den wir durchritten haben, über Tempel, Erwerbsverhältnisse und Landverfassung genau zu beantworten. Er läßt mir sogar jedesmal am nächsten Morgen eine schriftliche Ausarbeitung überreichen, mit deren Herstellung er irgend einem seiner Beamten die Nachtruhe bedenklich gekürzt haben mag, so daß ich mir in aller Muße zu Hause von meinem Dolmetscher diese Stoffsammlungen übersetzen lassen kann.

An reichhaltiger Ausbeute uud merkwürdigen Beobachtungen bot die Reise daher Stoff genug. Ich hatte den größern Teil der Insel kennen gelernt, die Hauptorte besucht, die seltsame Stellung der Frauen, denen alle Arbeit von den faulenzenden Männern aufgebürdet wird, überall beobachten können beim Einbringen der Ernte von den Bergen, beim Tauchen nach den berühmten Tschêdschuer Perlmuscheln an der gefährlichen Küste, bei der mühsamen Salzgewinnung und der Hutflechterei, den Hauptgewerben der volkreichen Insel.

Aber der Hauptzweck blieb unerfüllt. Ein Boot zur Abreise war nicht aufzutreiben, ich blieb zum Bleiben verurteilt.

Unfreiwilliger Aufenthalt

Tag für Tag stieg ich nun nach meiner Rückkehr auf den höchsten Warteturm der hauptstädtischen Mauer, von wo aus ich einen umfassenden Ausblick auf die See hatte. Mit einem großen Marineglase bewaffnet, spähte ich nach meinem Dampfer aus. Aber das weite Meer blieb einsam und öde, kein Segel, kein Mast, keine Rauchwolke zeigte sich. Und wenn ich auch den besten Teil meiner Tage da oben auf der Mauer saß und mit einer Sehnsucht wie Iphigenie den Rauch des Dampfers mit der Seele suchte, es wurde darum nicht besser.

Die langen einsamen Abende waren auch nicht besonders erquicklich. Wenn ich meine Dienerschaft entlassen hatte und mich zur Niederschrift meiner Beobachtungen mutterseelenallein in mein Arbeitszimmer setzen wollte, störten mich die nächtlichen Geräusche der Stadt. Die Nachtwächter gingen tutend und ihr Gong schlagend durch die Gassen, und aus der einen oder andern Hütte drangen die kläglichen Töne des Saitenspiels. Draußen brauste die See gegen die Mauer meines Gartens, und in den kurzen Pausen der Brandung und des Windes hörte ich schauerliche Töne aus dem benachbarten Yamen des Statthalters herüberschallen. Das waren nicht die Laute nächtlich froher Gelage, wie ich sie in Ssoul allabendlich zu hören bekommen hatte, das war ein Ächzen, Wimmern, Stöhnen, als ob jemand im Sterben läge. Und dazwischen lautes Aufschreien, kurze scharfe herrische Befehle, und dann, nach einer Stunde ungefähr, plötzliches Verstummen. Das ging so Nacht für Nacht. Ich fragte den Dolmetscher, fragte ihn sogar in Gegenwart des Statthalters; aber niemand konnte oder wollte mir Auskunft geben. Nur ein Zufall brachte schließlich die Erklärung. Als ich einmal noch nach Sonnenuntergang mit einigen Fragen zum Statthalter hinüberging, der meinen Besuch wohl nicht mehr erwartete, fand ich den hohen Herrn selbst mit seinen sämtlichen Beamten noch beim „Regieren". In allen ostasiatischen Staaten, die noch nicht wie Japan sich eine Verfassung nach westländischem Vorbild geleistet haben, liegt die Rechtspflege zugleich in den Händen der Verwaltungsbeamten. So sah ich auch meinen Freund J Dschä Ho gerade mit der Abteilung „Justiz" seiner vielseitigen Pflichten beschäftigt.

Er saß sehr würdevoll mit untergeschlagenen Beinen auf dem Fußboden einer der offnen Hallen, die den großen Hof seines Palastes einrahmen. Um ihn herum standen mehrere von den niedrigen schemelartigen Tischchen, die fast die einzigen Möbel koreanischer Zimmer sind, und auf diesen Tischen lagen hoch aufgeschichtet ganze Rollen und Bündel von Akten, immer neue Stöße von Schriftstücken wurden herangeschleppt, durchsucht, teilweise vorgelesen, verglichen und wieder fortgetragen. Dann gab der Statthalter ein Zeichen, und herein schleppte man einen an Händen und Füßen gefesselten Mann, der mitten auf dem großen Hof aufgestellt wurde. Es war also eine Gerichtsverhandlung mit allem Zubehör. Ich erfuhr, der Mann habe Streit mit seinen Nachbarn gehabt, sich von jeher durch Unverträglichkeit ausgezeichnet und sei jetzt vorgeladen, weil er bei seinem letzten Zank seinem Gegner ein paar Wunden beigebracht hatte. Für solche Kleinigkeit etwas viel Schreibwerk — ganz wie bei uns, dachte ich. Das Ende der Sache verlief aber in echt asiatischem Stil. Der Übeltäter wurde zu dreißig Stockhieben verurteilt, und dieses Urteil wurde gleich an Ort und Stelle vollzogen. Mit einer Geschwindigkeit, die an Hinrichtungen in China erinnerte, wurde der Verurteilte auf einer bereitstehenden Bank festgeschnürt und von dem Henker und seinen Knechten nach

Vorschrift bestraft. Daher also allabendlich die Klagetöne, die bei einfallender Nacht aus der Statthalterei in die stille Stadt hinausdrangen.

Es muß übrigens gesagt werden, daß sich die Folterknechte bei der Ausübung ihres widerlichen Amtes sehr viel menschlicher benahmen als ihre Amtsgenossen in China. Immerhin ist die öffentliche Auspeitschung eines erwachsenen Mannes oder gar einer Frau kein Schauspiel, das einen für die Einführung der Prügelstrafe in unsern Ländern begeistern könnte. Es gibt ja in Deutschland und besonders in England sonderbare Schwärmer, die von der Wiedereinführung dieser mittelalterlichen Barbarei das Heil der Welt erwarten. Diese guten Leute wissen wohl kaum, wovon sie reden. Sobald eben die Ausführung einer amtlich ausgesprochenen Strafe eigens dazu angestellten Männern, deren Beruf dann die Mißhandlung wird, übertragen werden muß, verliert die Strafe auch die letzte Ähnlichkeit mit den harmlosen Vorgängen im Schoße der Familie, wenn der liebende Vater mal das Stöckchen schwingt und der Sprößling schon nach ein paar Stunden kaum mehr weiß, was geschehen ist. Verbrecher, die nach ostasiatischer Weise mit dem Rohr oder dem Bambus oder gar dem breiten harten Schlägel gestraft werden, tragen regelmäßig tiefe, ekelhafte, blutige Wunden, oft Siechtum fürs Leben davon.

III.

Besuch im Tschêbschuer Gefängnis. — Folterwerkzeuge. — Christliche Märtyrer. — Ein zum Hinterwäldler gewordener Europäer. — Wie Völkerkunde gemacht wird.

Nach den Berichten der meisten Reiseschriftsteller sollen unter allen Ostasiaten gerade die Koreaner Meister sein in der Erfindung unsagbarer Grausamkeiten und scheußlicher Folterqualen, mit denen verglichen die berüchtigten Leistungen der Chinesen und Tibeter zarte Liebkosungen wären. Wie mir scheint, tut man damit den Koreanern unrecht. Ich habe noch an jenem Abend, während man auf dem Hof des Statthalters fortfuhr, Recht zu sprechen und Strafen auszuteilen, das Gefängnis der Inselhauptstadt besucht, das noch innerhalb der Statthalterei liegt, und mir dabei alle Folterwerkzeuge zeigen und erklären lassen.

Von den Scheußlichkeiten, wie man sie bei jedem chinesischen Gerichtshof finden kann, ja, von den liebevollen Erfindungen unseres christlichen Mittelalters mit seinen Daumschrauben und eisernen Jungfrauen war nichts zu sehen. Nur eine ganze Anzahl von Schlaghölzern lehnte, der Größe nach geordnet und hübsch mit großen chinesischen Zeichen numeriert, an den Wänden des Gefängnisvorhofes. Aber auch das Holz, das die Bezeichnung „Schlägel Nr. 1, das große Holz" eingeschnitzt trug, war zwar ein stattliches, ruderähnliches Werkzeug von 2 m Länge, aber viel leichter als das entsprechende Hilfsmittel chinesischer Rechtspflege. Allerdings kann man auch mit so einfachen Dingen entsetzliche Wirkungen hervorbringen. Diese Schlaghölzer haben scharfe Kanten und werden von den Folterknechten mit so teuflischer Sicherheit gehandhabt, daß jeder Hieb dieselbe Stelle trifft und Wunden hervorbringt, die einer besonders ausgeheckten Marter in ihrer Wirkung auf die Nerven wohl gleichkommen können. Die grausamsten Strafmittel schienen die dünnen Seile zu sein, die ganz harmlos an ein paar Nägeln hingen. Mit ihnen sägt man hartnäckigen Leugnern die Muskeln durch. Es ist kein Zweifel, daß alle diese Marterwerkzeuge noch heute in Gebrauch sind, und nicht nur ausnahmsweise. Gerade in diesen Tagen, wo in der

Hauptstadt die umfangreichen Voruntersuchungen über die
Urheberschaft der Christenmorde stattfinden, wird eifrig ge=
foltert. Der neue französische Beirat des Strafamtes kämpft
bis jetzt vergeblich für die Abschaffung dieser rohen Bräuche.
Die Koreaner kommen sich eben im Vergleich zu den Chi=
nesen noch sehr menschlich vor.

Sicherlich machte das Gefängnis in Tschêdschu im Ver=
gleich zu den entsetzlichen Löchern, worin die Chinesen ihre
Gefangenen verschmachten lassen, einen fast freundlichen
Eindruck. Es bestand aus zwei hellen, luftigen Räumen, in
denen es sich vierzehn Gefangene anscheinend ganz wohl sein
ließen. Sie rauchten, lachten und schwatzten miteinander,
als ob sie bei sich zu Hause wären. Obwohl alle an den
Füßen gefesselt waren und wohl nicht allzu viel Bewegung
im Freien hatten, sahen sie frisch und gesund aus. Nur
eine junge Frau schien dem Tode nahe zu sein. Sie war
ganz blau und verfallen. Man erzählte mir, seit drei
Jahren säße sie schon hier, unter der Beschuldigung, ihren
Mann vergiftet zu haben; da es ihr aber noch nicht richtig
nachgewiesen werden könne, müsse sie eben noch warten!
Der einzige Gefangene, der nicht mit seinem Lose zufrieden
schien, war ein junger, noch bezopfter, also unverheirateter
Mann, der wegen Mordes zum Tode verurteilt war.
Während alle kleineren Strafen auf der Stelle vollstreckt werden,
wartet man für die Hinrichtung besondere Tage ab, die
dafür nach astrologischen Gründen günstig sein sollen. Als
mir der Gefängniswärter lang und breit die Geschichte
dieses Mordes zu erzählen anfing, warf mir der junge
Mörder, der seinen „günstigen Tag" abzuwarten hatte,
einen so giftig feindseligen Blick zu, daß es mir durch Mark
und Bein ging. Es war beruhigend, zu sehen, daß schwere
eiserne Ketten an Händen und Füßen diesen Menschenfreund

hinderten, ausfällig zu werden und seinen Gefühlen den verhaßten Fremden gegenüber freien Lauf zu lassen.

In dem Vorhof des Gefängnisses, der eigentlichen Folterkammer, sah ich mehrere jener merkwürdigen hölzernen Halskragen, in China Kang genannt, die bestimmten Verbrechern tage- oder wochenlang um den Hals geschlossen werden. In China sind diese tafelähnlichen Bretter, die nur in der Mitte einen Ausschnitt für den Hals tragen, so schwer, daß ihr Gewicht allein zur Qual wird, und außerdem so breit, daß der Sträfling, der damit zu seiner Schande in den Straßen herumgeführt wird, seinen Kopf nicht mit den Händen berühren kann. Er kann also unter dem Kang weder allein essen noch die Fliegen verscheuchen, die sich ihm in die Augen und Mundwinkel setzen. In einem heißen Lande, wo schon für den freien, unbehinderten Menschen die Fliegen und Mücken eine unerträgliche Plage sind, wird auf diese Weise das Kangtragen zu einer Folter, von der gewiß mancher sich mit einer einmaligen schwereren Strafe loskaufen würde. Im Tschêdschuer Gefängnis fand ich, wie übrigens auch in anderen koreanischen Gefängnissen, die ich auf dem Festlande besucht habe, die Kang bedeutend leichter, aus kaum ein Drittel so starken Planken zurechtgezimmert. Kurz, in jeder Beziehung schien mir die Grausamkeit der Koreaner eher geringer als die der Chinesen zu sein. So wird auch das berüchtigte „Lingtschi", (langsames Zuschandenmachen), das in großen chinesischen Städten wie Kanton zu den Hauptsehenswürdigkeiten gehört, zu denen der berufsmäßige Führer den Globetrotter schleppt, hier nur an den Leichen Hingerichteter vollzogen, während man in China auch heute noch im zwanzigsten Jahrhundert für ganz schwere Verbrechen wie Vatermord den Verurteilten bei lebendigem Leibe nach und nach in Stücke schneidet.

Allerdings hört man auch hier von haarsträubendsten
Grausamkeiten, die auf Befehl der Regierung an Verbrechern
vor ihrer Hinrichtung begangen werden. So erzählen die
französischen Missionare entsetzliche Dinge von den Foltern,
die ihre Vorgänger während der Christenverfolgung noch in
unserer Zeit zu erdulden gehabt hätten. Die umfangreiche
zweibändige Geschichte der französischen Mission unter Peter
Dallet, die ich hier in meiner Einsamkeit von vorn bis hinten
durchgelesen habe, enthält auf ihren tausend enggedruckten
Seiten eigentlich nichts als eine bluttriefende, an scheußlichen
Einzelheiten überreiche Erzählung des heldenhaften Märtyrer=
tums der ersten französischen Glaubensboten. Es wird einem
förmlich schlecht beim Lesen von soviel in Ausführlichkeiten
schwelgenden Beschreibungen von Bluttaten, so daß man
am Ende des blutrünstigen Buches sich nicht recht klar
darüber ist, ob Stoff oder Darstellung den Preis für die
Widerwärtigkeit verdienen. Denn keine Hinrichtung, keine
Folterung, keine Prügelstrafe wird beschrieben, ohne daß
in glühenden, verzückten Worten die Begeisterung geschildert
würde, womit die bedauernswerten Bischöfe, Missionare und
einheimischen Christen ihre Leiden ertragen hätten. Wenn
man der Erzählung des ehrwürdigen Paters glauben soll,
so erwarten solche Märtyrer mit heiliger Ungeduld den sehn=
süchtig erwarteten Augenblick, wo ihnen das Schwert des
Henkers in den Nacken sauft und ihnen „mit demselben
Schlage die Pforten des Paradieses öffnet". Denn nach
Anschauung der römischen Kirche wird jemand, der für seinen
Glauben den Tod erleidet, ohne weiteres in den Schoß
Abrahams versammelt, ohne die Fegefeuerprüfung bestehen
zu brauchen, die sonst auch dem Gläubigsten und Tugend=
haftesten droht. Es scheint, daß gerade diese Lehre von der
sofortigen Verklärung das wichtigste Hilfsmittel bei der Be=

kehrung der Eingeborenen gewesen ist. Daß ganze Scharen von Koreanern während der Verfolgungen von 1866 und 1868 und später zu wiederholten Gelegenheiten in den 70er Jahren für den christlichen Glauben in den Tod gingen, wird nur dadurch verständlich, daß sie unbedingte Anhänger dieser Lehre waren. Völker, die, ohne eigentlich religiös veranlagt zu sein, sehr zähe Vorstellungen bewahren von dem ewigen Kreislauf der Dinge, gewöhnlich Seelenwanderung genannt, auch wenn sie äußerlich die Formen irgend eines andern Bekenntnisses annehmen, bezahlen nach ihrer Ansicht die Erlösung von zahllosen Wiedergeburten selbst mit dem plötzlichen, freiwillig aufgesuchten Tode nicht zu teuer. Vielfach habe ich auch in andern Ländern Ostasiens aus dem Munde von Missionaren diese Anschauung mehr oder weniger unverhohlen als unbestreitbar bezeichnen hören.

Was im übrigen die Darstellungen des Paters Dallet betrifft, dessen dickleibiges Buch bisher am gründlichsten von allen Schriftstellern über Korea ausgeschlachtet worden ist, so muß ich gestehen, daß mit zunehmender eigener Kenntnis von Land und Leuten meine Zweifel an seiner Glaubwürdigkeit stetig wachsen. Père Dallet ist selbst nie im Lande gewesen. Er hat sein Buch in Paris aus den Briefen seiner Amtsbrüder zusammengestellt und an und für sich damit eine ungeheuer fleißige und dankenswerte Arbeit geliefert. Aber es fehlte ihm natürlich jeder kritische Überblick über den Wert oder Unwert der ihm eingelieferten Berichte. Ohne Zweifel hat er sie alle für gleich glaubwürdig und zuverlässig gehalten. Wie aber unter Umständen solche Berichte zustande kommen, habe ich einmal an einem besonders krassen Beispiel gesehen.

Während einer Reise im Norden traf ich einst mitten in einem spärlich bevölkerten Gebirgswaldgebiet, worin ich seit vier Wochen keinen Europäer gesehen hatte, einen französischen Missionar. Trotz einer ungeheuren Hitze stieg der wackere Gottesmann in seiner schwarzen Soutane auf den Bergen herum und sammelte Pflanzen. Ein Eingeborener folgte ihm, mit einiger Mühe einen ganzen Haufen schwerer Herbarien und Pflanzenpressen nachschleppend. Dem Pater hing der schwere schwarze Filzhut im Nacken, der Schweiß stand ihm auf der Stirn, er schien zum Umfallen müde zu sein. Da ich ihn überdies vor Hunger an einer großen Wurzel nagen sah, die er eben ausgegraben hatte, bot ich ihm an, ob er mein einfaches Reisemahl mit mir teilen wolle. Er nahm mit Freuden und Dank an, und ich erfuhr während der Mahlzeit von ihm, daß er seit 27 Jahren im Innern der Insel Yeso lebe und neben der Seelsorge für seine kleine Gemeinde von Bekehrten auch noch das einträglichere Sammeln von Pflanzen für europäische Museen und botanische Anstalten betreibe. Sein Monatsgehalt betrug nur 60 M., für hundert neue Pflanzenarten aber bekam er von seinen Abnehmern in Paris, Genf und Berlin 300 M., so daß er sich wie ein Krösus vorkam. Jetzt hatte er zum ersten Male seit 20 Jahren Urlaub genommen, um auf dem Festlande einen jungen Verwandten aufzusuchen, der erst nach seiner Abreise von Frankreich geboren war und sich von derselben Missionsgesellschaft nach Ostasien hatte herausschicken lassen.

Von der Landessprache verstand mein Gast kein Wort, er konnte sich mit seinem Führer und Diener nur durch Zeichen unterhalten, wenn er nicht zufällig ein chinesisches Schriftzeichen fand, das auch in seines Führers gleich beschränktem Wortschatz stand. Seine geographischen Vorstellungen von dem Lande, das er nun schon seit mehreren Wochen bereiste, waren ganz schattenhafter Art. Trotzdem hatte er seinen Bericht über „Land und Leute, Sitten und Gebräuche" schon fix und fertig in der Tasche. „Comme ils sont sales, ces indigènes là, ils ne se lavent jamais", waren eines der zahlreichen Urteile, die er bei Tisch mit großer Sicherheit abgab. Dabei war der große Botaniker und Schriftsteller selbst so unsagbar vernachlässigt in seinem Äußern, daß ich ihm vorm Essen ein Bad bereiten und frische Wäsche hinlegen ließ. Später fand ich, daß er das Bad nicht benutzt hatte; die Leibwäsche aber nahm er dankbar mit als wertvolle Ergänzung seiner aus einem wollenen Hemde und einer übelduftenden schwarzen Kutte bestehenden Garderobe. Beim Essen zog er, das aufgelegte Gedeck übersehend, ein gewaltiges Taschenmesser aus der Kutte und begann mit diesem Werkzeug und seinen Fingern Fisch und Braten, Gemüse und Obst zu essen. Das Messer wurde an der Innenseite der Soutane abgewischt, die Finger der Einfachheit halber abgeleckt, da ihm auch die kleinen Waschschälchen, die der Diener am Ende der Mahlzeit auftrug, im Innern Yesos unbekannt geblieben zu sein schienen. Und dabei sprach dieser Vertreter unserer überlegenen europäischen Bildung ununterbrochen über die ekelhaften Gewohnheiten der Eingeborenen, die wie Tiere lebten und von Anstand und Reinlichkeit keinen Begriff hätten. Ich versuchte auch gar nicht, ihn eines Besseren zu belehren. Jede Widerlegung hätte leicht zu stummen und peinlichen Vergleichen führen können.

Und solche Leute vermessen sich, ein Urteil zu fällen und in aller Welt geschrieben und gedruckt zu verbreiten über Menschen, mit denen sie nicht ein einziges vernünftiges Wort haben reden können, über deren inneres und äußeres Leben sie vorgefaßte, aus irgendwelchen veralteten und einseitigen Schriften aufgelesene Meinungen haben! Dieser eifrige Jünger der Wissenschaft soll keineswegs als typisches Beispiel hingestellt werden. Alle Welt weiß, wieviel man den gewissenhaften Arbeiten katholischer Missionare, besonders solcher der Gesellschaft Jesu, zu danken hat. Aber als eine allzu seltene Ausnahme darf mein ungewaschener, Pflanzen sammelnder Freund auch nicht gelten. Zu wünschen ist nur, daß seine Berichte in Paris einer gründlichen Durchsicht unterzogen werden, ehe sie gedruckt werden. Denn da auf seiner Besuchskarte, die er mir zum Abschied gab, „officier de l'académie, membre correspondant du Musée" zu lesen war, so ist zu fürchten, daß man ihm glaubt, auch wenn er sich über ihm so fremde Gebiete wie Reinlichkeit wilder Völkerschaften verbreitet.

Gefahrvolle Rückkehr.

I.

Nach drei Wochen winkt die Erlösung: Dampfer in Sicht! — Salas y Gomez. — Fünfzehntausend Kupfermünzen Mietpreis für ein Boot. — Abfahrt um Mitternacht.

Es war gegen Ende der dritten Woche, seit ich vom Festland abgefahren war, als ich nach so vielen vergeblichen Stunden ungeduldiger Erwartung und gespannten Umher=
spähens endlich belohnt werden sollte durch das sehnsüchtig erwartete Zeichen der Erlösung: eine schwache Rauchwolke wurde im Norden am Gesichtskreis sichtbar, das mußte der Dampfer sein, der mich nun doch endlich von meiner verwunschenen Insel abholen kam. Wie immer in diesen letzten Tagen saß ich oben auf der Höhe des alten zer=
fallenen Wartturms der aus riesigen Lavablöcken auf=
getürmten Stadtmauer, als dieser Vorbote der Rettung in Gestalt unverkennbaren Dampferrauches am fernen Nord=
himmel auftauchte. Ich konnte kaum das Marineglas, das mich auf allen Ausgängen begleitete, ruhig vor die Augen bringen, so erregt war ich in der gespannten Erwartung, ob der Dampfer näher kommen und sich wirklich als meine alte brave „Hyenik" herausstellen würde oder ob es eine Täuschung war. Aber es war kein Zweifel, langsam, langsam, qual-

voll langsam verlängerte sich die Rauchwolke, das Schiff kam also näher. Schließlich wurde eine Mastspitze sichtbar, dann noch eine. Kaum war auch diese zweite winzige Linie überm Wasser aufgetaucht, da stürzte ich auch schon hinunter zur Stadt, in meine Wohnung und ließ sofort Koffer und Kisten schließen, die seit meiner Rückkehr vom Hâlassan fertig gepackt zur Verladung bereit standen. Ein Bote wurde herumgeschickt zum Statthalter, und Lastträger wurden bestellt, die das Gepäck zum Strande tragen sollten. Der Statthalter kam, als ich schon mit meiner Dienerschaft und ganzen Karawane bereit zum Abmarsch stand. Er war erstaunt, mich so plötzlich reisefertig zu sehen, er hätte zwar die Rauchwolke auch von seinem Yamen aus bemerkt, glaube aber nicht, daß der Dampfer wirklich herankommen würde. Als ich ihm aber sagte, von dem hohen Wartturm aus könne man die Annäherung ganz deutlich beobachten, es sei kein Zweifel möglich, das Schiff käme heran und könne nichts anderes sein als der längst erwartete Dampfer, da freute er sich wie ein Kind, gab sofort seiner Umgebung eilige Befehle, und schon nach wenigen Minuten standen verschiedene Säcke mit Reis vor mir aufgestapelt, womit er meinen Leuten eine kleine Wegzehrung mit auf die Reise geben wollte, während er für mich einen ganzen Vorrat getrockneter Seeohren und Perlmuscheln, die auf Tschödschu für kostbare Leckerbissen gelten, sowie Pfirsiche, Pomeranzen und eßbare Schwämme hatte bringen lassen, als ob er auf meinem Dampfer mich vorm Hungertode schützen müßte.

Unterdessen war ich hinausgetreten, um von der Mauer meines Gartens aus noch einmal Ausschau nach dem Dampfer zu halten. Da war er, jetzt in seiner ganzen Größe schon mit bloßem Auge deutlich zu sehen, aber es war nicht die „Hyenik", vielmehr sah ich zu meinem Ent=

setzen ein gewaltiges Fahrzeug mit vier Pfahlmasten und einem auffallend hohen Schornstein, anscheinend überhaupt kein Handelsdampfer, sondern ein Kriegsschiff, wohl einer von den neuen großen 9700 t=Kreuzern der japanischen Flotte. Das war eine bittere Enttäuschung. Aber noch war nicht alles verloren, wenn es gelang, die Aufmerksamkeit des Schiffes zu erregen. Sofort mußte ein Mann mit einem großen Fetzen roten Zeugs an einem Bambusrohr hinauf zum Wartturm der Stadtmauer mit dem Auftrag, diese Flagge als Notzeichen so lange hin und her zu schwenken, in gemessenen Pausen, wie das Schiff in Sicht bleiben würde. In banger Erwartung standen wir unten auf der Gartenmauer, dicht am Strande, und harrten der Dinge, die da kommen sollten. Aber es war verlorene Liebesmüh. Das große Schiff, an dem mein Schicksal zu hängen schien, kam so nahe heran, daß man deutlich erkennen konnte, wie nach Bau und Takelung es wohl ein Kreuzer sein mußte. Eine Flagge war am Heck nicht zu sehen, nur ließen sich mit dem Glase die flatternden Bewegungen des schmalen Dienst= wimpels am Großtop erkennen. Da, mit einem Male drehte es den Bug steuerbords, nach Norden, weg von unserer Insel, als ob Tschêdschu es gar nichts anginge. Ich glaubte bestimmt, daß der wachhabende Offizier oder der Matrose in der Mars mein Signal würde erkennen müssen, und fühlte zunächst, als ich diese unheil= volle Bewegung des Dampfers erkannte und verstand, nur ohnmächtige Wut und wilden Haß gegen diese Gleich= gültigen da an Bord, die sich um mein Notzeichen nicht kümmern wollten. Später kam ich zu der Einsicht, daß am Ende das rote Tuch sich gegen den schwarzen Hinter= grund von Lavaboden und Waldgründen nicht scharf genug abgehoben oder daß vielleicht eine leichte Verschleierung der

Insel, die fast immer von diesiger Luft umhüllt war, denen an Bord eine klare Aussicht überhaupt unmöglich gemacht habe. Wie dem auch sein mochte, das Ergebnis blieb dasselbe: hier saß ich, vergessen und verlassen, vom Festlande getrennt durch ein heimtückisches Meer, das an Gefahren aller Art, Strömungsverwirrungen, plötzlichen Böen, zahllosen Klippen und häufigem Nebel seinesgleichen in der ganzen Welt sucht. Es schien nun allen Ernstes, als ob Tschêdschu mir ein Salas y Gomez werden wolle.

Indessen war mein Entschluß sofort gefaßt. Nicht einen Tag länger wollte ich warten. Wenn der Dampfer nach drei Wochen nicht gekommen war, dann wurde es immer zweifelhafter, ob er überhaupt je wiederkommen würde oder könnte, und immer zweckloser für mich, noch länger zu warten und ins Ungewisse hinein auf dieser Insel zu sitzen, die ich ja schließlich längst hätte verlassen können, wenn nicht alle sachverständigen Leute und die ortskundigen erfahrenen Schiffer so dringend abgeraten hätten. Aber nun sollte ein Ende gemacht werden mit dieser unerträglich werdenden Fackelei. Wer wagt gewinnt, „ohne Los kein Gewinn", wie es so schön in den Anpreisungen unserer Lotterien heißt. Das Los mußte also gezogen, ein Versuch zur Überfahrt gewagt und diesen wackern Fischern wahrscheinlich gemacht werden, daß ihre gefürchteten Berggeister und Wettergötter, wenn sie schon die Entheiligung ihres bisher unberührten Hâlassans durch einen westlichen Barbaren zugelassen hätten, wohl auch einer Seefahrt dieses selben Sünders nichts entgegensetzen würden. Ich bat daher den Statthalter, mit mir zu dem kleinen, der Hauptstadt benachbarten Hafenort Ssandschipo zu kommen und eine Dschunke aussuchen zu helfen. Er tat mir den Gefallen, begleitete mich zum Hafen und berief eine Versammlung

21*

sämtlicher Reeder und Fischer, um mit ihnen diesen wichtigen Fall zu besprechen. Zuerst wieder dieselbe glatte Weigerung, die ich schon vor Wochen bekommen hatte, als der Dolmetscher eine Dschunke zu mieten versuchte. Erst als ich, ohne dieses standhafte Nein für völlig ernst zu nehmen, fragen ließ, wieviel sie denn haben wollten für die Überfahrt, meldete sich einer und sagte, bei gutem Wetter würde er wohl für fünfzigtausend Kupfermünzen fahren. Ich sah mir sein Fahrzeug an, es war eine jammervolle Dschunke von der kleinsten Art, die man auf der Insel hat, eigentlich keine Dschunke, sondern nur ein Sampan, ohne gedeckte Kajüte, ein offenes, ohne alle Eisenteile nur aus Holz und Bast zurechtgezimmertes Boot mit einem Mast und einem kleinen Focksegel. Immerhin war es nicht das schlechteste von den wenigen, die im Hafen lagen, und es schien mir das beste, die Gelegenheit beim Schopfe zu ergreifen und mich des Bootes zu versichern, ehe neue Bedenken mich daran hinderten. Das Gepäck wurde geholt und verstaut, es füllte fast den ganzen Rauminhalt des kleinen Schiffes aus, so daß für die Mannschaft und meine Leute nur sehr mangelhafte Unterkunft blieb.

Um den Eigentümer des Bootes vom Ernste meiner Reiseabsichten zu überzeugen, ließ ich sofort an Ort und Stelle die aus starken Brettern gefügte Kiste öffnen, worin ich in enggepackten versiegelten Rollen meine ganze Barschaft in neu geprägtem Nickelgeld mitführte. Dieses Geld war zwar auf der Insel unbekannt, man rechnete hier noch nach der selbst in den entlegenen Teilen des Festlandes veralteten Währung, wonach 400 durchlochte Kupfermünzen auf einen Dollar gehen, während in allen festländischen Häfen der Westküste schon tausend oder gar zwölfhundert Stück für einen Dollar bezahlt werden müssen. Danach betrug der Preis, den der Mann für die Überfahrt forderte, fast dreihundert Mark nach unserm Gelde. Nach meinen früheren Erkundigungen ist aber der Kaufpreis für ein koreanisches oder japanisches Sampan dieser Größe nur 150 Dollar, also nur ganz wenig mehr. Für 300 Mark kann man bekanntlich schon auf einem der ältern transatlantischen Dampfer die Fahrt von Europa nach Amerika machen, selbst erster Klasse, wenn man sich mit einer bescheidenen Kabine begnügt, die man mit andern zu teilen hat, und dabei ist in diesen Preis die Beköstigung während einer Reise von mehr als 6000 km einbegriffen. Es wäre also selbst in meiner Notlage unverantwortlich leichtsinnig gewesen, einen so unverschämten Preis zu bewilligen. Ich bot, durch zahllose frühere Erfahrungen morgenländischen Schacherns gewitzigt, sofort den fünften Teil, 10000 Kupfermünzen, und erregte damit natürlich einen Sturm der Entrüstung. Von allen Umstehenden wurde das Geschrei, das der Bootsherr ausstieß, aufgegriffen. Es gab eine förmliche Katzenmusik, durch die ich mich aber keineswegs irre machen ließ. Zeit haben und Zeit lassen ist hierzulande die einzige Lebensweisheit, die zum Ziele führt. Ungestört ließ ich durch meine Leute mit Hilfe der Beamten des Statthalters Lebensmittel an Bord bringen sowie Holzkohle für die Küche und ein großes Faß mit Trinkwasser und übergab dann dem Dolmetscher die Fortführung des Feilschens um den Überfahrtspreis. Nach fast zehn Stunden, als der Mond schon längst am Himmel stand, kam endlich der Bescheid zurück, für 15000 Stück einheimischer Kupfermünzen wolle der Schiffer fahren, aber nur, wenn der Hálassan frei von seiner Wolkenkappe sei. Mein guter Stern vertrieb wirklich bis kurz vor Mitternacht alle Nebel und Wolken, die gewaltige Spitze des Berges leuchtete, von flimmerndem

Vollmondschein umflossen, so klar und majestätisch wie nie zuvor während meines Aufenthaltes auf der Insel. 3000 Nickelmünzen, die etwas mehr als die Hälfte des ausbedungenen Preises darstellten, wurden dem Reeder sofort ausgezahlt, ferner jedem Manne der Besatzung, die aus zwei Steuerleuten und drei Matrosen bestand, ein kleines Handgeld gegeben und dann für Mitternacht die Abfahrt verkündigt, zum großen Jubel der Bevölkerung, die mit größter Spannung an der Entwicklung der ganzen langwierigen Angelegenheit teilgenommen hatte.

Gegen 10 Uhr abends erschien zum letztenmal mit großem Gefolge mein wackerer Freund und Helfer J Dschä Ho, der Statthalter, um sich zu verabschieden. Er bestand darauf, mit an Bord zu gehen, um sich zu überzeugen, daß alles so gut wie möglich vorbereitet sei. Zu meinem Erstaunen fand ich das ganze Boot vollgepackt mit großen Ballen und Kisten und einer ganzen Anzahl von Menschen, Männer und Frauen, die sich schon ganz häuslich eingerichtet hatten. Mit großer Ruhe erklärte der Steuermann, das seien ein paar Festländer, die diese günstige Gelegenheit zur Heimkehr benutzen wollten. Das Boot war so voll, daß kaum für mich selbst noch Platz gewesen wäre. Sobald der Statthalter meinen Unwillen über diese unwillkommenen Naßauer sah, die überdies bei dem herrschenden starken Winde die Sicherheit der Fahrt sehr gefährden mußten, ließ er alle, die nicht zur ständigen Besatzung gehörten, auffordern, sofort das Boot zu verlassen. Kein Mensch rührte sich. Aber der Herr der Insel, der bis dahin auch seinen Untertanen gegenüber stets sehr höflich aufgetreten war, verstand keinen Spaß, wenn es sich um Gehorsam handelte. Auf einen Wink seiner zornsprühenden Augen ergriffen die Läufer des Yamens die aufgestapelten

Ballen mit den Habseligkeiten der Eindringlinge und warfen sie über Bord in das seichte, schmutzige Wasser des engen Hafens. Nun blieb den Armen, die wohl viel länger als ich auf eine Gelegenheit gewartet hatten, von der verwünschten Insel wieder fortzukommen, nichts anderes übrig, als ihrem Gepäck zu folgen. Sie sprangen über Bord und zogen ihre Sachen aus dem Wasser, während die Frauen wie Kinder „Huckepack" reitend von ein paar Männern ans Land zurückgetragen wurden.

Mit diesem häßlichen Auftritt endete mein Aufenthalt auf Tschêdschu. Nach einem letzten Austausch von herzlichen Danksagungen und Wünschen verließ der Statthalter mit seinen zahlreichen Gefolgsmannen das Boot und mischte sich am Lande unter die dichtgedrängte Masse von Zuschauern, die trotz der späten Nachtstunde die endliche Abfahrt des fremden Teufels ansehen wollten. Meine Matrosen mußten ins Wasser, um das trotz der einkommenden Flut alle Augenblicke aufsitzende Boot frei zu halten und in Fahrt zu bringen. Zahlreiche Hände von den im Hafen zurückbleibenden Fahrzeugen halfen mit Stangen und Peken das ungefüge Boot das enge Fahrwasser gewinnen und brachten es glücklich hinaus in die donnernde Brandung, die bei dem grellen Mondschein unheimlich hell und gespenstisch leuchtete. Ein scharfer Wind blies aus Norden, unserer Fahrtrichtung entgegen, Schwierigkeiten und Gefahren verheißend. Aber das Gefühl, daß nun der erste und schwerste Schritt getan sei, verscheuchte alle Bedenken, und in froher, siegesgewisser Erregung ging es hinaus in die helle, stürmische Nacht.

II.

Wilde Fahrt in offener Dschunke. — Eine ungemütliche Nacht. — Sturm, Havarie und Umkehr.

Das ward ein böser Anfang! So schlimm hatte ich mir die Fahrt doch nicht vorgestellt. Die See ging so hoch, und unser Boot, obwohl es bis auf zwei Strich mit der Nase an den Wind ging, holte so stark über, daß man auf Lee völlig mit der Bordwand im Wasser lag und alle Augenblick einen tüchtigen Schwall Wassers übernahm. Ununterbrochen mußte geschöpft werden, eine mühsame Arbeit, an der ich mich bald selbst beteiligen mußte, da meine Leute binnen kurzem von der Seekrankheit übermannt wurden und von den Matrosen nur je einer zur Zeit abkömmlich war. Dabei blies es so gewaltig und in so unregelmäßigen Stößen verschiedener Heftigkeit, daß es schwer war, das Gleichgewicht im Boot zu bewahren. Meine Leute, die erst einmal auf einem Dampfer und noch nie in offener Dschunke gefahren waren, ließen sich festschnüren und lagen nun ächzend und stöhnend am Boden wie ein Häufchen Unglück, halb zusammengerollt in der denkbar unbequemsten Stellung, das Speibecken unmittelbar vorm Munde. Mir widerstrebte es als gar zu unseemännisch, mich anbinden zu lassen; ich ließ mich doch lieber hin und her werfen und mir gelegentlich blaue Flecken stoßen, als daß ich hilflos festgeschnürt dem großartigen Schauspiel zugesehen hätte, das die aufgewühlte See bot.

Der Mond war fast voll, der Himmel dehnte sich klar und unermeßlich über uns. Er war das einzig Ruhige in dem wilden Bilde. Das Bugspriet unserer Dschunke zielte gegen den Polarstern, wurde aber so hin und her geschleudert, daß es wie trunken stets über das ganze Sternbild des großen Bären hinausfuhrwerkte und nur in den seltenern

Augenblicken stetigen Windes vom Steuer in der Richtung gehalten werden konnte. Im SSW. leuchtete der Orion in seiner funkelnden Pracht, hinter uns blieb der Hâlassan zum Greifen klar und nahe, jetzt viel gewaltiger und bedrohlicher sich aus den Fluten reckend als damals, wo ich ihn vor drei Wochen zum ersten Male von Bord des Dampfers aus im Nebel hatte aufsteigen sehen. Vom Meere war fast nichts zu sehen. Die sich rings hoch auftürmenden Wogen ließen uns wie eingeschlossen in einem riesigen Wasserkessel erscheinen, dessen glitzernde, gleitende Wände ihre Form fortwährend veränderten, während oben am Rande der brodelnde Inhalt schäumend und zischend überkochte. Nur wenn das Boot einmal ganz auf den höchsten Kamm der mächtigsten Dünung geriet, erweiterte sich der Blick, und ein unabsehbares Wassergebirge wurde sichtbar, dessen Höhen und Täler sich in rasendem, brüllendem Kampf bekriegten. Alles war schwarz, nur da, wo die Wellenwände sich überstürzten und zu stäubendem Gischt zerschlugen, warf der weißsprühende Schaum das grelle Mondlicht zurück. Mitten in dem tobenden Donner der Dünung hörte man als steten Unterton das scharfe Zischen des an den Bootswänden abgleitenden Wassers, das sich hinter dem Ruder zur Kielwasserlinie zusammenschloß mit einem durchdringenden Säuselgeräusch, das an das Singen der Kohlensäure im frisch perlenden Champagner erinnerte.

In der Ferne, ein paar Meilen voraus, liefen zwei Boote, beide größer als das unsrige, mit zwei Masten und vollerer Takelung. Mit unheimlicher Geschwindigkeit minderte sich die Entfernung zwischen ihnen und uns. Jetzt konnte man erkennen, daß sie vorm Winde liefen, also auf uns zu kamen. Mit weit ausgeschwungenem Baum standen ihre Bambusmattensegel heraus, von der

Wucht des rauhen Windes zum Zerreißen gestrafft. Jetzt erst, an diesen fremden Booten, ließ sich sehen, was für ein Wetter herrschte und welches Wagnis es war, in solchem Wetter zu fahren. Ich hatte die Stärke des Windes am Lande doch unterschätzt. Man ist auf Tschêdschu so an starke Luftbewegungen gewöhnt, daß man wohl leicht den Maßstab verlieren kann für die Abschätzung der Windstärke auf See. Zumal an der Nordküste, an der die Hauptstadt liegt, staut sich der Seewind derartig an den hochaufragenden Gebirgsmassen, daß ein beträchtlicher Teil wieder von den Bergwänden zurückflutet und nun in entgegengesetzter Richtung als richtiger Fallwind zur Küste herunterkommt. Hier draußen aber hatten wir die ungeschwächte Gesamtkraft des Sturmes aus seiner Hauptrichtung zu spüren. Wie ein willenloses Spielzeug wurden die beiden Boote umhergeschleudert, in beängstigend rascher Folge versanken sie hinter den hohen Wellenhügeln und glitten dann wieder in steilem Winkel empor auf dem unter ihnen weggleitenden Wasserrücken. Unwillkürlich kam mir Horazens Illi robur et aes triplex circa pectus erat auf die Lippen, angesichts dieser so wacker kämpfenden Schiffer. Ich wußte nicht, daß sie auf der Flucht waren. Kaum waren sie bis auf ein Dutzend Schiffslängen heran, als sie mit ihrem Muschelhorn ein dumpfheulendes Zeichen gaben, sie wollten mit uns sprechen. Und dann wurden rasch ein paar Worte herüber und hinüber geschrien. Um zu wissen, worum es sich handelte, mußte ich den Dolmetscher aus seiner jammervollen Betäubung aufrütteln. Die andern sagten, draußen wäre Himmel und Hölle los, sie müßten umkehren, obwohl sie schon seit gestern unterwegs seien. „Oh master, we all must die, no more look see Chossun" schloß er ganz geknickt seine Übersetzung und verfiel dann wieder in sein

Wimmern und Achzen, als ob sein letztes Stündlein schon geschlagen hätte. Nur Mut, alter Junge, sagte ich ihm, die Sache wird schon schief gehen, mehr als ertrinken können wir nicht.

Der Mann am Ruder hatte nicht übel Lust, zu wenden und hinter den umkehrenden Booten drein zu fahren. Ein gemütlich geheizter Kang zu Hause im sichern Hafen schien ihn doch mehr zu locken als diese tolle Fahrt. Alle Viertelstunden mußte über Stag gegangen werden, bei den schweren Segeln jedesmal ein aufregendes und nicht unbedenkliches Manöver, das uns naturgemäß nur ganz langsam in unserer Richtung, dem Winde entgegen, voranbrachte. Dazu das ununterbrochene Ausschöpfen des von außen und wohl auch von unten eindringenden Wassers, die eiskalten Spritzer, die einen zuweilen von Kopf zu Fuß überschütteten, und die fortwährende Anstrengung, sich fest auf seinem Platz zu halten. Das alles gab böse Aussichten für den Verlauf der Fahrt. Unter solchen Umständen würden wir gar manchen Tag unterwegs sein müssen, ehe wir das Festland erreichen könnten. Ich ließ daher vorschlagen, ob wir nicht lieber drehen und den Bug nach OSO richten wollten, um anstatt des Festlandes von Tschöllado die Inseln der Gotogruppe zu erreichen, die wir gewiß, beim Winde segelnd, in zwei Tagen erreichen könnten. Von da aus würde es keine Schwierigkeiten haben, auf einem größern japanischen Segelboot nach Nagasaki zu gelangen. Dort gäbe es eine große koreanische Kolonie, wo man gewiß alles zur Erleichterung der Rückkehr der Schiffer nach Tschedschu tun würde. Aber davon wollte niemand im Boot etwas wissen. Gewiß sei es leichter, nach Goto zu fahren bei diesem Nordwind als nach Korea, aber nur nichts mit den Japanern zu tun bekommen! Das wären die frechsten Menschen der Welt, die würden ihnen das Boot stehlen und ihren Behörden sagen, wir hätten ohne Erlaubnis in japanischen Gewässern gefischt, die würden uns beim ersten Wortwechsel totschlagen und nachher sagen, wir hätten uns an ihren Weibern vergriffen. Die Leute hatten mit diesen Befürchtungen vielleicht nicht unrecht. So mußte es also bei dem ursprünglichen Kurse bleiben.

Gegen 2 Uhr morgens legte ich mich schlafen, um nach ein paar Stunden wieder bereit zu sein, wenn wir in das Gebiet der zehntausend Inseln kommen würden. Vorn im Schiff befand sich ein kleiner Verschlag, der die ganze Spitze des Rumpfes ausfüllte. Dort sollte meine Behausung sein. Der Raum war so niedrig, daß ich drinnen nicht einmal auf dem Boden kauernd sitzen konnte, ohne den Kopf tief herunterzubeugen, und so schmal, daß ich nur mittels sehr verzwickter Turnübungen hineingelangen konnte. Aber drinnen konnte ich wenigstens auf dem Boden liegen, wenn auch nur zusammengeklappt wie ein Taschenmesser, und war vor den unbequemen Spritzwellen sicher, die im Hauptschiffsraum schon längst alles durchnäßt hatten. Einen schweren, eisenbeschlagenen Kabinenkoffer hatte man hier aufgestellt und daneben mit Hilfe von Matratzen und Decken mir eine Art Lager zurecht gemacht. Das Gurgeln und Glucksen des draußen gegen die Planken schlagenden Wassers lullte mich bald in den Schlaf. Aber ein heftiger Stoß gegen meine Knie ließ mich plötzlich erwachen. Ich fühlte in der Dunkelheit meines sargähnlich engen Verschlages umher, fand mich aber gar nicht zurecht, verspürte dagegen überall, wo ich mit den tastenden Händen hingelangen konnte, eine verhängnisvolle Nässe, die mich alsbald gänzlich aufscheuchte. Endlich gelang es mir, Licht zu machen und zu sehen, daß alles, was beweglich war in den engen Raum, kunterbunt durch=

einander geworfen war. Ich selbst war ganz herumgeschleudert
worden, der schwere Koffer mir gegen die Beine gerutscht,
alle kleinern Gegenstände in die entferntesten Ecken ver=
schwunden, und aus allen Fugen drangen kleine Rieselbäche
von Seewasser, die schon eine stattliche Lache im Raum
bildeten und bei jeder Veränderung des Schwergewichts
von einer Ecke in die andere des Verschlages liefen.
Mit vieler Mühe, die Füße voran, gelang es mir schließlich,
mich aus diesem ungemütlichen Schlafgefängnis heraus=
zuwinden und draußen zu fragen, was geschehen sei. Eine
ungeheure Welle hatte, wie sich herausstellte, das Boot fast
senkrecht aufgerichtet, nur mit knapper Not war ein völliges
Umschlagen verhindert worden. Dabei hatte der Steuer=
mann für einen Augenblick das Ruder aus der Hand ver=
loren, das Boot hatte sich gedreht und eine große Menge
Wassers war eingedrungen, die man sich vergeblich aus=
zuschöpfen mühte. Es schien, als ob der Stoß das Boot
auch beschädigt und undicht gemacht habe, denn das Wasser
drinnen wollte sich nicht vermindern. Einstimmig erklärten
Steuermann und Matrosen, es bliebe nichts anderes übrig,
als umzukehren und im Hafen den Schaden auszubessern.

Bei Morgengrauen waren wir wieder heran an der
Küste. Aber es stand eine so ungeheure Brandung gegen
die Felsenklippen des Ufers, daß an ein Einlaufen in den
engen, hafenähnlichen Mund von Ssandschipo nicht zu denken
war. An der ersten besten Stelle mußte auf den Strand
gelaufen werden. Sobald das Boot mit einem scharfen
Krach auf dem harten Lavaboden aufgerannt war, wurden
die Segel gefiert und „klar zum Manöver" befohlen. Im
Handumdrehen hatten die Matrosen ihre schweren, baum=
wollgefütterten Winterkleider abgestreift und schwangen sich
nun splitterfasernackt über die Bordwand in das eiskalte

Waſſer. Zwei von ihnen wurden von der gewaltigen Brandung ſofort zu Boden geriſſen, nur mit Hilfe von raſch aus dem Boot gereichtem Tauwerk und einer Pekſtange wurden ſie wieder hochgebracht. Man ließ ihnen kaum eine Minute Zeit zum Verſchnaufen, dann mußten alle zugreifen und ſeitlich und achtern ſchieben. Sobald keine eigene Bewegung mehr im Schiff war, trafen die Wellen, die in prächtigen, dicht aufeinanderfolgenden Reihen heranbrauſten wie ein Kavallerie=Frontangriff der Roſſe Poſeidons, die Bootsplanken ſo hart, daß wahrſcheinlich in kurzer Zeit das ganze Fahrzeug kurz und klein geſchlagen worden wäre. Einer der Matroſen mußte daher an Land ſchwimmen und Hilfe holen. Nach etwa einer halben Stunde, deren harte Arbeit uns alle trotz der empfindlichen Morgenkälte gehörig in Schweiß gebracht hatte, erſchien die ganze Einwohnerſchaft eines nahegelegenen Dorfes. Und obwohl die Braven ſo jäh aus ihren warmen Betten aufgeſcheucht waren, beſannen ſie ſich nicht einen Augenblick, im Nu ſtanden ſie nackend da und erkämpften ſich durch die Brandung ihren Weg zu unſerm Boot. Ein taktmäßiger Geſang, Ja to jü to, wird von allen angeſtimmt und in unabläſſiger Wiederholung geſungen, Ja to jü to, bis das ſchwere Boot ganz aus dem Bereich der Brecher heraus und mitten in dem flach über die ſchwarzen Lavablöcke des Vorſtrandes hinſchäumenden Brandungsgiſcht feſtgelegt iſt.

III.

Zweiter Auslauf. — Acht Tage lang auf See im offenen Boot. — Jdylliſche Eindrücke im Reich der zehntauſend Jnſeln. — Gute Seeeigenſchaften koreaniſcher Dſchunken und Schiffer. — Landung auf dem Feſtlande.

Unverzagt wurde am nächſten Tage, wiederum um Mitternacht, der zweite Auslauf gewagt. Zwar ſchien der

Wind kaum abgeflaut zu haben, aber er war etwas nach
Osten herumgegangen, so daß wir auf raschere Fahrt ohne
allzu vieles Aufkreuzen hoffen durften, und vor allem war
das ganze Boot während der Ebbestunden gründlich abge=
dichtet worden. Wiederum fand ich nachts, als ich an
Bord ging, ein paar fremde Gestalten im Boot: eine Frau
und drei Männer. Die Frau war aus dem Vertragshafen
Mokpo eigens nach Tschêdschu gekommen, um beim Statt=
halter einige Inselfischer zu verklagen, die seit mehreren
Jahren die Rechnung nicht bezahlt hatten, die sie bei ihr
in ihrem Teehause gemacht hatten. Unter den Männern
erkannte ich Leute wieder, die in der Nacht vorher Hilfe
bei unserer schwierigen Notlandung geleistet hatten. So
hatte ich nichts dagegen, daß sie in meinem Boote als blinde
Fahrgäste die Reise mitmachten, und auch die Frau, die
einen ganz würdigen Eindruck machte, wurde zugelassen, da
sie mit ihnen verwandt zu sein schien.

Auch diese Nacht gestaltete sich nicht weniger aufregend
als die vorige. An Schlaf war nicht zu denken. Und
eigentlich wäre es auch schade gewesen, das mächtige Schau=
spiel dieses wilden, mondbeglänzten Wasseraufruhrs zu ver=
schlafen. So großartige Bilder bekommt man nicht alle
Tage zu sehen, die zwar zuweilen das Herz in der Männer=
brust erbeben lassen, aber doch so überwältigend schön und
groß sind, daß man dafür gern etwas Gefahr und Auf=
regung in Kauf nimmt. Es ist doch etwas ganz anderes,
als vom mächtigen Ozeandampfer aus die See zu bewundern.
Da hat man selbst bei einem Taifun immer noch das Gefühl:
wir haben ja die Maschine, und wenn die versagt, wenn
beide Schrauben aussetzen müßten, könnten wir zur Not
noch immer uns notdürftig mit Segelfetzen behelfen, sobald
wir aus der Peripherie des Sturmes heraus sind. Auf

dem großen modernen Dampfer hat man so viel um sich und unter sich, daß man so leicht nicht das Gefühl der Gefahr verspüren wird. Anders im kleinen, offenen Boot, wo man so dicht überm Wasser sitzt, daß man in Lee stets die Hand durchs Wasser gleiten lassen kann, wo man nur durch eine einzige Planke von ein paar Zoll Dicke von dem nassen Grabe getrennt ist, mit dessen Vorstellung man sich so hübsche Gruselgedanken machen kann.

Erst am dritten Tage legte sich der Sturm. Am Abend hatten wir sogar vollständige Windstille, so daß wir mühsam wriggen mußten, um wenigstens in die Nähe von Land oder Inseln zu gelangen, wo sich das Stilliegen leichter ertragen ließ als auf offener See. In der Tat waren wir schon, wie die Schiffer sagten, an den beiden Inseln Ssoando und Bogildo, die auf den europäischen Seekarten als Crichton und Montebello eingetragen sind, vorbei, hatten demnach in etwas mehr als zehn Stunden 90 km zurückgelegt, was gegen 6 Knoten die Stunde ergibt. Für ein so kleines, plumpes Fahrzeug gewiß eine sehr tüchtige Leistung. Von der dritten Nacht an aber begann die Fahrt sehr unregelmäßig zu werden. Bald gab es einen frischen Wind aus Nord oder Nordnordwest, gegen den mühsam aufgekreuzt werden mußte, bald flaute auch die schwächste Brise so gründlich ab, daß wir 20, 30 Stunden und länger auf einem Fleck lagen, ohne merklich vorwärts zu kommen. Aber gerade dieser schroffe Wechsel von frischer, erregender Fahrt und faulem Dahinschleichen machte die Reise zu einem Hochgenuß. Ich habe viele lange Wochen in meinem Leben auf allen Meeren der Welt zugebracht, aber keine große Dampferfahrt habe ich so aus vollster Seele genossen wie diese abenteuerliche kleine Reise im Segelboote der Tschēdschuer Schiffer. Es war ein so vertrautes Zusammensein mit der

See, wie man es auf einem großen Schiffe gar nicht erleben kann. Man konnte beim besten Willen gar nichts anderes tun, als Wind und Wetter beobachten, das immer wechselnde Spiel der Wolkenbildung und der Meeresbeleuchtung betrachten und so sich recht mit aller Empfindungsfähigkeit dem Genuß der See hingeben, eine Beschäftigung, die zu den ganz wenigen Vergnügungen auf Erden gehört, die man ohne Schaden auch eine lange Reihe von Tagen hindurch ertragen kann.

An Abwechslung fehlte es dabei keineswegs. Vor allem gab es täglich, zuweilen stündlich etwas Neues, sobald wir in den Bereich der sogenannten zehntausend Inseln gekommen waren. Hier ist die ganze Südwestküste des Festlandes so vollständig zertrümmert, wie wir es ähnlich nur an der schwedischen und norwegischen Schärenküste kennen. Das Kalksteingebirge, das auch hier das Rückgrat des Landes bildet, ist von archaischen Eruptivgesteinen durchsetzt, und die zerstörende Tätigkeit von Wind und Wasser hat eine Fülle der verschiedenartigsten Formen der Verwitterung geschaffen, die diese unzähligen Gruppen von kleinen und kleinsten Inseln zu einer der merkwürdigsten und malerischsten Landschaften der Erde machen. Der sehr häufig zwischen dem Kalk als Störenfried auftretende harte feinkörnige Granit hat natürlich der Erosion weit besser widerstanden als der geschichtete Kalkstein, und so sieht man zwischen scharfzackigen phantastischen Kalkklippen größere Eilande aus feuergehärtetem Gestein, die als Zeugen früherer Zustände hoch über der ganzen Umgebung sich erheben und mit ihren alten Beständen von Kiefern und Mahagonibäumen gar nicht in das Bild zu passen scheinen. Die Schiffahrt zwischen diesen bei den Europäern in ihrer Mehrzahl noch ganz unbekannten und namenlosen Inseln ist natürlich im höchsten Grade gefährlich. Die Seekarten der großen seefahrenden Nationen sind hier noch gänzlich unzulänglich. Selbst die Japaner, deren Karte ich mit an Bord hatte, wissen hier nur unvollkommen Bescheid. Meine Tschêdschuer Schiffer zwar kannten Fahrwasser und Klippen genau, denn hier sind von Jugend auf ihre Jagdgründe gewesen, wo sie in den staunenswert reichen und unerschöpflichen Fischbrutstätten einen verhältnismäßig bequemen und reichlichen Verdienst finden. Aber auch für sie brachten die Strömungen mit ihren vielfachen Abzweigungen, Gegenströmungen und sonstigen Verwicklungen der Gefahren genug. Sie mußten Tag und Nacht auf der Hut sein. Mehr als einmal entgingen wir nur mit knapper Not der Gefahr, gegen die glatten Granitküsten steiler Felseninseln geschleudert zu werden. So gerieten wir zum Beispiel bei der Insel Nopdo bei ganz ruhigem Wetter in eine so reißende Strömung hinein, die mit unwiderstehlicher Gewalt auf ein paar niedrige Klippen zutrieb, daß nur durch die gemeinsame Anstrengung aller Insassen, die sich mit langen Pekstangen bewaffnen mußten, das Boot vorbei und in freieres Fahrwasser gesteuert werden konnte.

Am interessantesten waren die Tage, die wegen starken Gegenwindes auf irgendeiner der kleinen Inseln zugebracht werden mußten. Das war für die Besatzung jedesmal eine sehr willkommene und notwendige Erholungspause und für mich die Gelegenheit, nach dem langen Stillsitzen im Boot weite Märsche in unbekanntem Gelände zu machen.

Nur die Engländer haben im Jahre 1816 einmal im Anschluß an die Gesandtschaft des Lords Amherst, die Georg III. nach China geschickt hatte, einige wenige dieser Inseln besucht. Zu Lebzeiten des jetzigen Geschlechts aber ist noch kein Weißer dort gewesen. Selbst Japaner, die

sich sonst an allen Küstenorten Koreas zeigen, schienen
gänzlich unbekannt zu sein. Fast überall wurde ich gefragt,
ob ich ein „Ilbun ssaram" (japanischer Mann) oder ein
„Jangguk däin" (ein übers Meer gekommener Edelmann)
sei; die Inselbewohner hatten also augenscheinlich noch keinen
Japaner gesehen. In den größern Ortschaften erhoben sich
über dem Dorfe feste Burgen, in denen ich sogar noch
einige von den äußerst merkwürdigen Bronzegeschützen mit
Hinterladevorrichtung fand, die die Koreaner nachweislich
schon im 17. Jahrhundert gehabt haben. Mit diesen kleinen,
aber sehr wirksamen Kanonen haben sie noch im Jahre 1866
die Landungsmannschaften des französischen Geschwaders
unter Admiral Roze bei der Feste Kanghwa auf der gleich=
namigen Insel in die Flucht geschlagen. Heute dienen diese
festen Plätze nur noch zur Verteidigung gegen Seeräuber,
die zuweilen mit ganzen Flotten die einsamern unter den
Inseln überfallen und brandschatzen. Zu meiner Ver=
wunderung fand ich die Eingebornen trotz ihres maßlosen
Erstaunens, plötzlich einen von den sagenhaften westlichen
Barbaren unter sich auftauchen zu sehen, in ihrem Wesen
gegen mich sehr höflich und hilfsbereit. Sie verkauften mir
für ein Spottgeld die herrlichsten Fische, prachtvolle Korallen
und Perlmutterschalen, eßbare Seetiere aller Art, darunter
auch solche, die zwar bei diesen glücklichen Phäaken für
eßbar gelten, mir aber trotz mehrmaliger Versuche unüber=
windlich blieben. An Seesternen, Seeohren und selbst dem
Trepang, jener waldschneckenähnlichen Holothurienart, der
die Chinesen geheimnisvolle Kräfte zuschreiben, hatte ich
mich schon mit Todesverachtung versucht. Aber zu den
Quallen langt es nicht mit meinem gastronomischen Mut.
Die Insulaner vertilgten dagegen die glitschrig zähe Masse
der großen Diskomedusen so, wie sie an den Strand ge=

worfen wurden, und meinten, diese Leckerbissen seien das
Gesundeste, was man essen könne. Ich zog es vor, mir an
den vorzüglichen Seefischen gütlich zu tun, die überall gleich
aus dem Netz gekauft werden konnten; das war mir um
so lieber, als an Bord meine Verpflegung sehr mangelhaft
war. Meist war mein Koch seekrank, die Holzkohlen waren
zu feucht, als daß man etwas Vernünftiges hätte kochen
können, so daß ich nach so vielen Mahlzeiten, die aus kalten
Konserven zurechtgemacht werden mußten, jedesmal mit einem
Löwenhunger an Land kam und schon, um ihn ordentlich
stillen zu können, die häufig durch Nebel oder Windstille
notwendig werdenden Fahrtunterbrechungen nicht ungern sah.

Vom vierten Tage an kamen wir aus den Inseln gar
nicht mehr heraus. Nach allen Seiten war der Gesichtskreis
jetzt ohne Unterbrechung von Inseln jeder Größe eingerahmt.
Selbst die kleinsten unter ihnen schienen bewohnt zu sein.
Mit dem Glase konnte man überall in den Geländefalten
dichte Anpflanzungen entdecken und die aus ihnen heraus=
ragenden, oft schon durch aufsteigenden Rauch sich verratenden
reisstrohgedeckten Häuser der Eingeborenen sehen. Reis,
Baumwolle, Buchweizen, Bohnen, Hirse und Pfeffer fand
ich überall mit großer Sorgfalt angebaut, und auf den
Feldern leuchteten die weißen Kleider der Bauern, die ihre
Wintersaat bestellten, und die buntern Kleider der Frauen
und Kinder, die auf den Baumwollpflanzungen die in flecken=
losem Weiß hervorquellenden Wattepäckchen aus den auf=
gesprungenen Hülsen ernteten. Das ganze Inselreich macht
den Eindruck großen Wohlstandes und glücklicher, unbe=
rührter Ursprünglichkeit. Und diesem friedlichen Milieu
entsprach alsbald auch die Stimmung an Bord. Die ersten
Tage der wilden Aufregung und Gefahr waren vergessen,
man glitt jetzt sorgloser und gemächlicher dahin. Zwar gab

es noch manche steife Brise, die uns manch hundertmal über Stag zu gehen zwang, aber der Wind sprang so häufig um und flaute so überraschend schnell und gründlich wieder ab, daß auch die Seekranken sich wieder erholten und während der herrlichen Faulenzertage, wenn wir völlig „bekalmt" vor irgendeiner idyllischen Insel lagen, neue Kräfte sammeln konnten. Nur die Frau, die von Tschêdschu mitgekommen war, litt schwer. Während der ganzen Reise hat sie nur einmal Nahrung zu sich nehmen können, und zwar auf der Insel Tschjundo, der viertgrößten aller koreanischen Inseln, wo wir vierzig Stunden lang vor Anker gehen mußten und Zeit genug hatten, Boot und Insassen nach Möglichkeit instand zu setzen.

Unsere wackere Dschunke bewährte sich immer mehr als ein für seine Bauart ganz hervorragend seetüchtiges Fahrzeug. Sie war nur 7 m lang, 3,5 m breit und hatte einen Tiefgang von 1,5 m. Dabei war sie vollständig ungedeckt, hatte nur achtern eine Art Kampanje, worauf der Steuermann thronte und vorn über dem Verschlag, der die „erste Kajüte" und meine Behausung darstellte, eine kleine Back, wo zur Not zwei Mann untergebracht werden konnten. Der Bug war sehr stark und rund gebaut wie bei einer Kuff, und das Ruder bewegte sich zwischen zwei festen Plankengestellen, die einen sehr guten Schutz für die Steuerung gaben, wenn beim Stampfen das Hinterteil des Bootes ganz aus dem Wasser geriet und der Wucht der Wellen ausgesetzt war. Die Takelung bestand wie bei all diesen hierzulande Tangtori genannten Dschunken aus einem Hauptsegel und einer kleinen Fock. Das Großsegel war aus sechzig Bambusmatten zusammengeflochten und stellte mit seiner unverhältnismäßigen Höhe eine gewaltige Fläche für den Wind dar. Ich fand, daß die Dschunke vorm

Winde außerordentlich gut lief, beim Winde aber und vor allem bei scharfem Kreuzen versagte sie leicht und ließ sich gegen Ende der Reise, wo wir häufiger mit japanischen Kuttern und kleinen Schunern zusammentrafen, regelmäßig schlagen.

Die Besatzung setzte mich durch ihre Ausdauer und Kaltblütigkeit in Erstaunen. Nicht nur hielten die Leute zwölf, fünfzehn Stunden Dienst aus, ohne Spuren von Ermüdung zu zeigen, sie waren auch in gefährlichen Augenblicken so ruhig und zielbewußt, wie man es sich nur bei der Besatzung einer Rennjacht wünschen könnte. In der vierten Nacht, als eine plötzlich aufkommende Böe uns ganz unerwartet traf, splitterte mit gewaltigem Krach die Mastspitze ab und der ganze Oberteil des Segels kam mit Stagen, Piekfall und Geitauen heruntergesaust ins Boot. Eine Stenge besaßen wir nicht, es war der Mast selbst, der geborsten war, so daß nichts anderes übrigblieb, als sofort ohne langes Fackeln den ganzen Mast herauszunehmen und frisch zurecht zu zimmern. Mitten in der Fahrt fierten die Leute das gewaltige Großsegel, bargen es, nahmen mit Anspannung aller Kräfte den riesigen Mast aus dem Kielschwein heraus und hieben mit der Axt die Spitze zurecht, als ob sie sich an Land auf ihrer Bootswerft befänden. Nach einer Stunde schwerer Arbeit war alles in Ordnung, die Fahrt ging weiter, wenn auch mit gekürztem Segel.

Es war am Ende des achten Tages, als wir nach einem an überraschenden Luftspiegelungen reichen Segeltag in die langgestreckte malerische Föhrde von Mokpo einliefen, dem südwestlichen, vor fünf Jahren den Europäern geöffneten Vertragshafen an der Küste von Tschöllado. Wir hatten in unserer tapfern Tschêdschuer Dschunke etwa 200 km zurückgelegt, das heißt eine Strecke ungefähr wie von Ostende

nach Southampton oder von Lübeck nach Kopenhagen. Mit
großem Jubel wurde das Boot in dem einheimischen Fischer=
dorf Tassinggömmi, das unmittelbar vorm Vertragshafen
liegt, begrüßt. An der Bauart war es den Eingebornen
schon von weitem als Tschêdschuer Fahrzeug kenntlich und
als solches ein seltener und gern gesehener Gast im Hafen.
Die ganze Stadt war festlich geschmückt und beflaggt,
Feuerwerk wurde abgebrannt, und aus allen Teehäusern und
Herbergen klang Saitenspiel und Gesang der Tanzmädchen.
Diese festlichen Veranstaltungen galten zwar nicht uns —
wie wir erfuhren feierten die Japaner in ihrer Niederlassung
den fünfzigsten Geburtstag ihres Kaisers und die Koreaner
taten aus lauter Lebenslust mit —, aber der Jubel des
Volkes paßte gut zu unserer Siegesstimmung ob der glücklich
vollbrachten Heimkehr. Die Frau, die am meisten von allen
Reisenden unseres Bootes Ursache hatte, das feste Land mit
Freude zu begrüßen, veranstaltete in ihrem sehr hübsch auf
einer Klippe gelegenen Hause ein großes Fest für die Be=
satzung. Ich warf im Laufe des Abends einmal einen ver=
stohlenen Blick hinein, um mich an der Freude meiner
Fahrtgenossen zu weiden, die ihr Leben jetzt erst wieder zu
besitzen glaubten, nachdem sie den Boden ihres heißgeliebten
festländischen Tschossönns wieder unter ihren Hanfsandalen
fühlten. Drinnen ging es hoch her. Das Haus der braven
Witwe schien eines jener nützlichen, frommen „Seemanns=
heime" zu sein, wie sie Ibsens Tischler Engstrand als ideale
Kapitalsanlage für ruhige Rentner vorschweben.

Ich aber fand im Hafen von Mokpo einen kleinen japani=
schen Dampfer, auf dem ich mich nach diesem Inselabenteuer
unter Seeräubern und Christenmördern zur Abwechslung
einmal wieder nach zivilisiertern Gegenden einschiffte.

BILDER

BILDER

Siegfried Genthe.

Siegfried Genthe (nach einem Foto von Arnold Genthe).
In: Genthe, Siegfried: Korea – Reiseschilderungen. Hrsg. von Georg Wegener, Berlin 1905

GRANDPARENTS OF ARNOLD GENTHE

Porträt der Großeltern.
In: Genthe, Arnold: As I remember, New York 1936

Hermann Genthe, erster Direktor der Neuen Gelehrtenschule

Hermann Genthe in seiner Eigenschaft als 1. Direktor der Neuen Gelehrtenschule.
*In: Wilhelm-Gymnasium Hamburg 1881–1981.
Eine Dokumentation über 100 Jahre Wilhelm-Gymnasium. Hrsg. von Peter-Rudolf Schulz,
Hamburg 1981, Seite 18*

GENTHE FAMILY CREST

TOMB OF LT.-ADMIRAL WILLEM J. VAN GENT IN THE CATHEDRAL OF UTRECHT (1672)

Familien-Wappen und Grabstätte der Vorfahren in Utrecht.
In: Genthe, Arnold: As I remember, New York 1936

Gymnasium in Korbach mit Wohnhaus der Familie Genthe.
*Federzeichnung von F.-L. Janisch;
Abdruck mit freundlicher Genehmigung von Archiv und Bibliothek der
Alten Landesschule Korbach*

Wilhelm-Gymnasium, Altes Gebäude

Wilhelm-Gymnasium in Hamburg.
Genthes Vater war hier Gründungsrektor und seine Söhne Arnold und Siegfried legten an dieser Schule das Abitur ab.
In: Festschrift zum 50jährigen Jubiläum des Wilhelm-Gymnasiums zu Hamburg 1881–1931. Hrsg. vom Lehrerkollegium des Wilhelm-Gymnasiums, Hamburg 1931

Arnold Genthe.
In: Genthe, Arnold: As I remember, New York 1936

Nawab Abu Achmed Ghaznavi Khan Bahadur –
Reisegefährte und Freund von Siegfried Genthe.
Abdruck mit freundlicher Genehmigung von Herrn Fatehdad Khan Ghuznavi

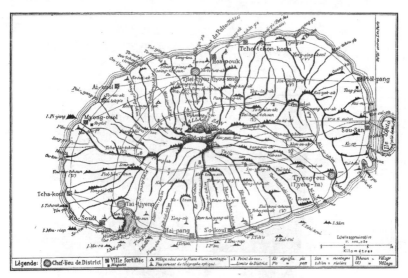

Zeitgenössische Landkarte von Cheju-do.
In: Chaille-Long-Bey: *Annales du Musee Guimet. Premiere Partie La Coree ou Tchösen,*
Paris 1894

Porträt des Firmeninhabers Carl Andreas Wolter.
Abdruck mit freundlicher Genehmigung von Herrn James Wolter

„Kildonan" – Wohnsitz der Familie Wolter in Chemulpo bis 1908.
Abdruck mit freundlicher Genehmigung von Herrn James Wolter

Eine Straße in Seoul (ca. 1901).
In: Hamilton, Angus: Korea – Das Land des Morgenrots
(Autorisierte Übersetzung aus dem Englischen), Leipzig 1904, Seite 25

Der koreanische Kaiser auf seinem Throne.
In: Hamilton, Angus: Korea – Das Land des Morgenrots, Leipzig 1904, Seite 63

Genthes Karawane beim Übergang über den Sebu.
In: Genthe, Siegfried: Marokko. Reiseschilderungen. Hrsg. von Georg Wegener, Berlin 1906, Seite 165

Prof. Georg Wegener – Herausgeber der Genthe-Bücher.
In: *Georg Wegener: Das Gastgeschenk – Erinnerungen. Brockhaus, Leipzig 1938*

Porträt des verehrten Lehrers Professor Theobald Fischer.
In: Petermanns Geographische Mitteilungen, Jahrgang 56/1920, Tafel 30

Das Sühne-Grabdenkmal für Siegfried Genthe in Larasche.

Foto des Grabdenkmals für Siegfried Genthe in Larasche aus dem Jahr 1906.
In: Genthe, Siegfried: Samoa. Reiseschilderungen. Hrsg. von Georg Wegener, Berlin 1908

Heutiges Bild des Friedhofes (viejo cementerio cristiano) in Larasche.
Genthe wurde auf diesem Friedhof 1904 beigesetzt.
Sein Grab ist nicht erhalten.
Foto von Roger Homann i. A. der Deutschen Botschaft in Rabat/Marokko

DOKUMENTE

Verzeichnis sämtlicher Abiturienten des Wilhelm-Gymnasiums von 1881–1931

Ostern 1887.
1. Engelmann, Victor, geb. Hamburg, Dr. med., Spezialarzt für Hals, Nase, Ohren, Hbg., Colonnaden 5.
2. Illig, Leonhard †, geb. Hamburg, Dr. med., Augenarzt, Stargard.

Michaelis 1887.
3. Fick Otto, geb. Billwärder, Pastor a. D., Hbg., Hansastr. 42 E.
4. Lüders, Paul, geb. Hamburg, Dr. med., Eisenbahnarzt, Bergedorf, Reinbeckerweg 1.
5. Odenwald, Willy †, geb. Gera.
6. Schröder, Georg, geb. Neidenburg, Oberstltn. a. D., Naumburg/Saale.
7. Sillem, Hermann, geb. Bergedorf, Dr. jur., Wohlfahrtsbehörde Hamburg, Hbg. 39, Gottschedstr. 18.
8. van der Smissen †, geb. Altona, Dr. med.
9. Zimmermann, Ernst, geb. Hamburg, Dr. phil.

Ostern 1888.
10. Braren, Christian, geb. Gravenstein, Pastor, Altrahlstedt.
11. Cohen, Otto †, geb. Hamburg, Dr. jur., Senatspräsident am Hanseat. Oberlandesgericht.
12. Genthe, Adolf, geb. Berlin, Dr. phil., 41 East 49the Street, New York City.
13. Lehmann, Rudolf †, geb. Hamburg, Dr. jur., Rechtsanwalt am Reichsger. Leipzig.
14. Matthies, Paul †, geb. Hamburg, Baron de M. Chambellen Intime de Sa Saintete.
15. Schmidt, Alfred, geb. Hamburg, Postfach.
16. Freiherr v. Schröder, Georg, geb. Hamburg, Landrat, Kellinghusen.
17. Vogler, Albert, geb. Brüssel, Dr. med., Sanitätsrat, Bad Ems.
18. Voß, Heinrich, geb. Lünen, Pastor, Hamburg, Neumünsterstraße.
19. Wagner, Hans, geb. Hamburg, Legationsrat a. D.

Michaelis 1888.
20. von Schmeling, Wilhelm, geb. Berlin, Landrat.
21. Vorwerk, Alfred, geb. Hamburg, Dr. jur., Rechtsanwalt, Hbg. 13, Mittelweg 143.

Ostern 1889.
22. Ahrons, Henry, geb. Altona, Reg.-Baumeister.
23. Arning, Adolf †, geb. Hamburg, Dr. med.
24. Banks, Friedrich, geb. Hamburg, Privatgelehrter, Frankfurt a. M.
25. Calmann, Adolf, geb. Hamburg, Dr. med., Hbg. 13, Johnsallee 64.
26. de la Camp, Oskar †, geb. Hamburg, Dr. med., Prof. in Freiburg.
27. Delbanco, Alfred, geb. Hamburg, Dr. jur., Amtsrichter, Hbg. 13, Badestr. 2.
28. Emden, Heinrich, geb. Hamburg, Prof. Dr. med., Leitender Arzt am Barmbecker Krankenhaus, Hbg. 37, Heilwigstr. 39.
29. Jänisch, Oskar, geb. Hamburg, Pastor, Volksdorf, Schemmannstr. 49.
30. Ladendorf, Hans, geb. Hamburg, Pastor, Hbg. 5, St. Georgskirchhof 19.
31. Meyer, Felix, geb. Hamburg, Dr. med., Hbg. 3, Mühlendamm 34.
32. Neuschler, Fritz, geb. Hamburg, Dr. jur., Hamburg.
33. Olshausen, Alfred, geb. Radmannsdorf i. Krain, Dr. jur., Rat bei der Baupolizei Hamburg.
34. Traugott, Martin †, geb. Hamburg, Dr. jur., Rechtsanwalt.

Michaelis 1889.
35. Braband, Karl †, geb. Hamburg, Dr. jur., Rechtsanwalt, M.d.B., Hamburg
36. Ganzer, Ernst †, geb. Hamburg, Dr. med., Hamburg.
37. Genthe, Siegfried †, geb. Berlin, Dr. phil., Red. d. Köln. Zt., verst. in Marokko.

161

Eintrag der Brüder Siegfried und Arnold (Adolf) Genthe in die Liste ehemaliger Schüler/Wilhelm-Gymnasium in Hamburg.
In: Festschrift zum 50jährigen Jubiläum des Wilhelm-Gymnasiums zu Hamburg 1881–1931. Hrsg. vom Lehrerkollegium des Wilhelm-Gymnasiums, Hamburg 1931, Seite 161

Auszug aus dem handschriftlichen Lebenslauf von Siegfried Genthe (Studentenzeit in Marburg)
In: Hessisches Staatsarchiv Marburg – Akten Königlicher Universität Marburg, 307/Nr. 150

Worturteil der Englisch-Prüfung von Siegfried Genthe.
In: Hessisches Staatsarchiv Marburg – Akten Königlicher Universität Marburg, 307/Nr. 150

Antrag Genthes an die Philosophische Fakultät der Universität Marburg zur Annahme seiner Dissertation.
In: Hessisches Staatsarchiv Marburg – Akten Königlicher Universität Marburg, 307/Nr. 150

Gutachten zur Dissertation von Siegfried Genthe von seinem verehrten Lehrer
Prof. Dr. Theobald Fischer.
In: Hessisches Staatsarchiv Marburg – Akten Königlicher Universität Marburg, 307/Nr. 150

Handschriftliche eidesstattliche Erklärung Genthes zur Dissertation.
In: Hessisches Staatsarchiv Marburg – Akten Königlicher Universität Marburg, 307/Nr. 150

Q. D. B. V.

AVCTORITATE

AC SVB AVSPICIIS

AVGVSTISSIMI ET POTENTISSIMI

IMPERATORIS REGIS

GVILELMI II.

RECTORE

FRIDERICO HENRICO EMANVELE KAYSER

PHILOSOPHIAE DOCTORE GEOLOGIAE ET PALAEONTOLOGIAE PROFESSORE PVBLICO ORDINARIO
INSTITVTI GEOLOGICI PALAEONTOLOGICI DIRECTORE

PROMOTOR RITE CONSTITVTVS

THEODORVS BIRT

PHILOSOPHIAE DOCTOR PHILOLOGIAE ET ELOQVENTIAE PROFESSOR PVBLICVS ORDINARIVS SEMINARII PHILOLOGI DIRECTOR
PHILOSOPHORVM ORDINIS H. A. DECANVS

VIRO PRAENOBILISSIMO AC DOCTISSIMO

SIEGFRIEDO GENTHE

HAMBVRGENSI

SVPERATO MAGNA CVM LAVDE EXAMINE RIGOROSO ET EXHIBITA DISSERTATIONE TYPIS EXPRESSA DILIGENTIAE ET ACVMINIS SPECIMINE CVI TITVLVM INSCRIPSIT

DER PERSISCHE MEERBUSEN. GESCHICHTE UND MORPHOLOGIE

EX PHILOSOPHORVM ORDINIS DECRETO

GRADVM IVRA AC PRIVILEGIA

DOCTORIS PHILOSOPHIAE ET ARTIVM LIBERALIVM MAGISTRI

HOC IPSO DIE TRIBVIT

REIQVE FACTAE VERITATEM PVBLICIS HISCE LITTERIS TESTATVS EST

P. P. MARPVRGI IN VNIVERSITATE LITTERARVM PHILIPPINA DIE XVI. M. AVGVSTI A. MDCCCXCVII

SVB SIGILLO ACADEMIAE MAIORE

TYPIS FRIDERICI TYPOGRAPHI ACADEMICI MARPVRGENSIS

Deckblatt (Urkunde) der Dissertation von Siegfried Genthe
an der Universität Marburg.
In: Hessisches Staatsarchiv Marburg – Akten Königlicher Universität Marburg, 307/Nr. 150

Titelseite der Kölnischen Zeitung
vom 1. April 1904

Handschriftlicher Eintrag von Siegfried Genthe in das Gästebuch der Kaufmannsfamilie Lührs in Tschemulpo vom Oktober 1901 –
Privatbesitz Sylvia Bräsel

Titelblatt des Buches Siegfried Genthe „Korea" von 1905.
In: Genthe, Siegfried: Korea – Reiseschilderungen. Hrsg. von Georg Wegener, Berlin 1905

Sicher, im Sinne des dahingeschiedenen Freundes zu handeln, widmet dies Werk dem gemeinsamen und gleich hochverehrten Lehrer und Freunde

Geh. Reg.=Rat Prof. Dr. Theobald Fischer
in Marburg

als Festgabe zu seinem sechzigsten Geburtstag

Der Herausgeber

Widmung der Erstausgabe für den verehrten Lehrer Theobald Fischer.
In: Genthe, Siegfried: Korea – Reiseschilderungen. Hrsg. von Georg Wegener, Berlin 1905

Korea

Das Land des Morgenrots

Nach seinen Reisen geschildert

von

Angus Hamilton

Autorisierte Übersetzung aus dem Englischen

Mit 114 Abbildungen nach photographischen Aufnahmen sowie einer Karte des
Kriegsschauplatzes in Ostasien

Leipzig
Verlag von Otto Spamer
1904

Titelblatt des Buches Korea von A. Hamilton und Widmung für den Reisegefährten
Dr. Genthe (siehe nächste Seite).
In: Hamilton, Angus: Korea – Das Land des Morgenrots, Leipzig 1904

Meinem Reisegefährten
in Korea

Herrn Dr. phil. Siegfried Genthe

in Freundschaft
gewidmet.

A. 15019/pr. 26. Oktober 1901.

Söul, den 10. September 1901.

No. 153.

In der am 7. d. M. zur
Feier des 50jährigen Geburtstags
des hiesigen Souverains stattge-
habten Audienz wurden die
Glückwünsche seitens der einzelnen Vertreter besonders zum
Ausdruck gebracht. Man hatte
sich dahin geeinigt, um die Ce-
remonie etwas feierlicher zu
gestalten, während sonst hier
bei

An Seine Excellenz
den Reichskanzler
Herrn Grafen von Bülow.

No. 1049.

Auszug (zwei Seiten) aus einem Brief von Dr. Heinrich Weipert
– Deutscher Konsul in Korea – vom 10. September 1901 an Reichkanzler von Bülow.
In: Akten Politisches Archiv des Auswärtigen Amtes vom 16.4.1896 bis 31.12.1901/R 2478,
(In diesem Schreiben wird die Audienz von Genthe beim koreanischen Kaiser am 7.9.1901
dokumentiert.)

bei ähnlichen Anlässen der Doyen im Namen Aller zu sprechen pflegt.

Nach der Abdienung des diplomatischen Corps ließ sich der König von dem britischen Geschäftsträger den Vizeadmiral Sir Cyprian Bridge nebst dem Kommandanten und einigen Offizieren der "Alacrity", und von mir den Korrespondenten der Kölnischen Zeitung, Dr. Genthe vorstellen, der, am 22. Juni d. J. hier eingetroffen, sich vom 1. Juli an auf Reisen im Innern Korea's befunden hat und seit dem 6. d. M. wieder in Söul weilt.

Vor Beginn der koreanischen Festlichkeiten führte der Königlich Preußische Musikdirektor Eckert dem Hofe zum ersten Mal die von ihm seit

Afrika.

Marokko. ⌂ Tanger, 14. März. (Telegr.) Ein besonderer Bote, der aus Fes am 9. März abgegangen ist, meldet, daß Dr. Genthe seit dem 8. März mittags verschwunden ist. Die sofort angestellten Nachforschungen nach seinem Verbleib hatten bis zum Abgang des Boten keinen Erfolg gehabt.

Dr. Siegfried Genthe hatte schon seit Wochen die Absicht, nach Europa zurückzukehren, da seine im Auftrage der Kölnischen Zeitung unternommene Mission in Marokko, über die er in den Spalten unseres Blattes berichtet hat, beendet war. Die obige Meldung unseres ⌂-Berichterstatters in Tanger bestätigt nun leider eine uns gestern zugegangene Nachricht der Agentur Havas, die besagte, Dr. Genthe sei von einem Spazierritt in die Umgebung von Fes nicht zurückgekehrt. Wir hatten diese Nachricht bisher nicht veröffentlicht, weil auf unsere Anfrage in Tanger unser Berichterstatter gestern telegraphiert hatte, es liege dort ein Brief Genthes vom 7. März aus Fes vor, worin er mitteilte, daß er gesund sei und an der längst geplanten Abreise nach der Küste immer noch durch die ungünstige Witterung gehindert werde. Da der Bote schon am Tage nach Genthes Verschwinden von Fes abgegangen ist und da es in Marokko nicht zu den Seltenheiten gehört, daß Europäer von Berbern, die sich der Regierungsgewalt des Sultans entziehen, abgefangen werden — dieses Schicksal hat vor noch nicht langer Zeit auch den Berichterstatter der Times betroffen — so geben wir die Hoffnung nicht auf, daß Dr. Genthe noch unter den Lebenden ist.

Mitteilung und Nachruf (siehe nächste Seite) auf Siegfried Genthe
in der „Kölnischen Zeitung" vom 15.3.1904 und 1.04.1904.

Siegfried Genthe.

Da nun mehr als drei Wochen verstrichen sind, seit Dr. Genthe aus Fes verschwunden, und uns seitdem keine Nachricht von ihm zugegangen ist, müssen wir leider die Hoffnung, daß er noch unter den Lebenden weilt, aufgeben. Am 8. März nachmittags hatte Dr. Genthe, als seine Koffer schon gepackt waren und er entschlossen war, am nächsten Tage zur Küste abzureisen, einen seiner gewohnten Ritte in die Umgegend von Fes unternommen. Er hatte seinen Diener am Stadttore mit der Weisung, ihn dort zu erwarten, zurückgelassen. Seitdem ist Dr. Genthe verschwunden und alle Nachforschungen des Sultans, der ihn persönlich kannte und schätzte und sofort durch Berittene und Fußtruppen die ganze Umgebung absuchen ließ, sind ohne Erfolg geblieben. Es meldeten sich jedoch schließlich zwei Marokkaner, die behaupteten, sie hätten am 17. März etwa 60km unterhalb Fes in der Gegend von Habaisi, wo eine Fähre über den Sebu geht, im Fluß die Leiche eines Christen gefunden, die zwei Schußwunden aufgewiesen habe. Weil sie gefürchtet hätten, in den Verdacht zu kommen, die Mörder zu sein, hätten sie die Leiche wieder in den Fluß geworfen. Da kein anderer Christ als Dr. Genthe vermißt wird, da ferner kein Grund vorliegt, an der Aussage der Marokkaner zu zweifeln und inzwischen keine sonstige Spur des Vermißten gefunden worden ist, so wird es fast zur Gewißheit, daß Dr. Genthe auf jenem Ausfluge erschossen und daß die Leiche in den Sebu geworfen worden ist. Die deutsche Regierung hat inzwischen den Konsulatsbeamten Dr. Vassel, der Land und Leute aus achtjähriger Erfahrung kennt, nach Fes gesandt, um nachdrücklich zu verlangen, daß alle Maßnahmen getroffen werden, damit die Schuldigen ihre Strafe trifft. Dr. Vassel ist am 19. März aus Casablanca abgereist. Es darf nicht verschwiegen werden, daß Dr. Genthe, wie er uns selbst mitgeteilt hat, sowohl von dem deutschen Konsularvertreter wie von den marokkanischen Behörden wiederholt vor der Gefahr seiner einsamen Ritte in die Umgebung der Hauptstadt gewarnt worden ist. Genthe, der persönliche Furcht nicht kannte, scheint jedoch durch seine häufige Berührung mit den Eingebornen, die ihm nie etwas zu Leide getan, in Sicherheit gewiegt worden zu sein, ganz abgesehen davon, daß ihm der Aufenthalt in Fes ohne die gewohnte Bewegung im Freien unerträglich und unmöglich gewesen wäre.

Dr. Siegfried Genthe war am 26. Oktober 1870 geboren, ist also nur 33 Jahre alt geworden. Er war der Sohn eines Gymnasialdirektors in Hamburg; einer seiner Brüder, der im Dienste einer belgischen Gesellschaft stand, hat ebenfalls in Afrika seinen Tod gefunden, er wurde von einem Elefanten zertreten. Siegfried Genthe hatte Geographie und Geologie studiert und in Marburg den Doktorhut erworben. Schon den jungen Studenten trieb die Reiselust und der Tatendrang in die Welt hinaus; er folgte der Einladung eines gleichaltrigen Maharadscha, den er in Deutschland kennen gelernt hatte, nach Indien und lebte an dessen Hof ein Jahr lang am Fuße des Himalaya. Nachdem er seine Studien beendet und bei den Matrosen-Artillerie seiner Dienstpflicht genügt hatte, trat er im Jahre 1898 in die Dienste der Kölnischen Zeitung, war mehrere Jahre deren Vertreter in Washington, machte dann in ihrem Auftrage eine Reise nach Samoa, begleitete das deutsche Expeditionskorps in China, durchstreifte Korea und kehrte durch die Mandschurei und Rußland zurück. Einer seiner Reisegefährten in Korea, der Engländer Angus Hamilton, hat ihm sein soeben bei Spamer in Leipzig in deutscher Uebersetzung erschienenes Buch über Korea gewidmet. Im vorigen Jahre, als der Aufstand des Bu Hamara die Blicke der Welt auf die Nordwestecke Afrikas lenkte, machte er sich im Auftrage unserer Zeitung zu der Expedition nach Marokko auf, die er zum Teil in den Spalten unseres Blattes beschrieben hat. Eine Reihenfolge von elf Aufsätzen ging uns vor etwa fünf Wochen zu. Er beschreibt darin die Geschichte der Dynastie und das Sultanslager in Fes und schildert seine Audienz beim Sultan Abd ul Asis. Wir werden sie demnächst als Dr. Genthes letztes, nachgelassenes Werk veröffentlichen. Vor einigen Monaten hatte Dr. Genthe uns mitgeteilt, daß er nach Ablauf seiner marokkanischen Mission aus dem Verbande der Kölnischen Zeitung auszuscheiden und wieder nach den Vereinigten Staaten überzusiedeln gedenke. Wir hatten den Versuch gemacht, ihn unserm Blatte zu erhalten, und die Verhandlungen darüber waren noch nicht abgeschlossen, als uns die traurige Kunde von seinem Verschwinden erreichte. Von nahen Verwandten hinterläßt Dr. Genthe, soviel wir wissen, nur einen Bruder. Wir verlieren in ihm einen Mitarbeiter, dem seine umfassenden Kenntnisse auf den verschiedensten Gebieten, sein gewandtes und gewinnendes Auftreten und seine glänzende Darstellungsgabe schon einen hervorragenden Platz in der deutschen Publizistik erworben hatten und eine an Aussichten reiche Zukunft versprachen. Allzufrüh ist er seinem Berufe und uns entrissen worden.

**Kaiserlich
Deutsche Gesandtschaft
in Marocco.**

TANGER, den 7. Mai 1904.

N9.102 / B.676.

1 Anlage.

Unter Bezugnahme auf den Bericht
N9.86 vom 25.April.

   Wie der Konsulatsverweser in Larache berichtet, ist die Leiche des Dr.Genthe auf dem dortigen Friedhofe am 24.April feierlich beerdigt worden. Eine Tafel mit kurzer Aufschrift (Name, Begräbnisdatum) ziert das Grab des Ermordeten.

   Ueber den Fortgang der Untersucheung in Fez hat Dr.Vassel inzwischen mehrfach berichtet; seine Meldungen enthielten aber nichts Bemerkenswertes; erst der gestern eingegangene und in Abschrift gehorsamst beigefügte Bericht vom 2.d.Mts. bietet wieder einiges Interesse Das in der Gegend von Mlayna, wo die Leiche zuerst angeschwemmt war, vorgefundene und von Genthes Wäscherin als zu dessen Kleidung gehörig anerkannte Stück Westenunterfutter beweist nochmals die Identität der Leiche. Der in dem Bericht erwähnte Askar Buschta trägt den gleichen Namen wie der eine der Scherardaleute, welche Genthes Pferd nach der Mordtat zu den Brüdern Lahsen und Ali gebracht haben sollen. Ueber die Umstände der Verhaftung dieses

An
Seine Exzellenz den Reichskanzler,
Herrn Grafen von Bülow.

Auszug (eine Seite) aus einem Schreiben der Deutschen Kaiserlichen Gesandtschaft in Marocco vom 7.5.1904 über eingeleitete Untersuchungen zum Mordfall Genthe.
In: Akten Politisches Archiv des Auswärtigen Amtes vom 1.3.1904 bis 30.9.1904/R 15569

er darauf zu gewärtigen habe. Die ihm gemachten Vorschläge seien an sich der Erwägung wohl wert. Ihre Gefahr beruhe nur darin, dass sie dem Vorschlage gemäss im wesentlichen von einer Nation durchgeführt werden sollten. Es sei aber mit den Interessen seines Reiches nur vereinbar, diese angeregten Reformen in Angriff zu nehmen, wenn sie von Marokkanern durchgeführt werden könnten. Zu dem Zwecke beabsichtige er, Leute in den verschiedensten europäischen Staaten studieren zu lassen und er wolle wissen, ob er mit Aussicht auf eine zustimmende Antwort an die Kaiserliche Regierung die Bitte richten könne, Marokkaner zum Studium in Deutschland zuzulassen. Ich beglückwünschte den Sultan zu diesem Projekt und bemerkte, dass er damit alte Pläne seines verewigten Vaters aufnehme. Ich würde die Frage an Euer Hochwohlgeboren weitergeben und bäte nur eine Anregung vorbringen zu dürfen. Mulay Hassans Plan habe nicht die erhofften Früchte getragen, weil die zum Studium nach Europa gesandten Leute meist aus geringen Familien stammten. Es würde eine Bedingung für den Erfolg sein, dass die Studenten aus den besten Familien ausgewählt würden und also durch ihren Stand und ihre Verbindungen in der Lage wären, nach ihrer Rückkehr hohe Regierungsämter zu bekleiden. Der Sultan nahm diese Anregung gnädig auf. Ferner fragte ich, welches die Gegenstände des Studiums sein sollten. Der Sultan sagte : لا موسى (الرياضية) (die technischen Dinge), weil wir gerade in diesen rückständig sind.

Ich teilte dem Sultan ferner mit, dass ich in Sachen Genthe seinen Auftrag ausgeführt hätte und neuerdings den Verzicht auf die Fällung eines Todesurteils gehorsamst angeregt hätte. Ich könnte ihm Aussicht machen, dass bei glatter Erledigung unserer schwebenden

Anträge

Auszug (zwei Seiten) aus einem Schreiben von Dr. Philipp Vassel/Verweser am Kaiserlichen Konsulat in Fes an den Geschäftsträger Dr. Richard von Kühlmann in Tanger vom 20.3.1905.
In: Akten Politisches Archiv des Auswärtigen Amtes vom 1.3.1905 bis 3.4.1905/R 15578

Anträge, Annahme der Entschädigungsforderung, der Forderung der Errichtung eines Grabmales, und Erlass eines Urteiles, in dem die lebenslängliche Einkerkerung der beiden Mörder angeordnet und mit der Unmöglichkeit der Beschaffung eines zur Fällung eines Todesurteils hinreichenden Beweises motiviert würde, das gewünschte weitere Entgegenkommen unsererseits möglich wäre. Ich hätte zur Besprechung dieser Sache heut nachmittag eine Konferenz mit Ben-Sliman. Ich sei gewiss, dass ohne Nachteil für Marokko alle diese schwebenden Anträge ihre Erledigung finden könnten, ich sei aber nicht gleich gewiss, dass Ben-Sliman sich dieser Sache mit demselben Interesse annähme, das französische Anträge bei ihm fänden. Der Sultan lachte dazu. Ich begründete meine Bemerkung dann beispielsweise mit der Cabotagesache. Ich hätte das Bedenken S. Scherifischen Majestät gegen eine dauernde Festlegung der Freiheit der Cabotage für alle Flaggen gemeldet und Ben-Sliman vor Wochen einen sicher akzeptabelen Vorschlag dazu gemacht, den er mit dem Versprechen, ihn dem Sultan vorzulegen, begraben zu haben scheine. Ben-Sliman schiene zu wissen, dass ich es an sich für ungehörig halte, den Sultan mit geschäftlichen Details zu behelligen, und schiene damit zu rechnen. Der Sultan gab mir dann die Erlaubnis, ihm diese Sache vorzutragen. Er nahm Euer Hochwohlgeboren Vorschlag, die Bedingung einzufügen : solange ein Fremder in den Häfen einen Auftrag zu Zoll- oder Hafenaufsicht hat, ohne jeden Einwand sofort an, bat mich, ihm diese Klausel schriftlich formuliert einzureichen, und sagte, ich solle sofort berichten, dass er dies akzeptiert habe. Ferner sagte er, ich solle mich in allen Sachen so wichtiger Natur nötigenfalls direkt an ihn wenden. Insbesondere solle ich ihm

die

VEREINSBLATT

des

Akademischen Turnvereins

GOTHANIA

zugleich
Zeitung des Altherren-Verbandes.

Herausgegeben von Albert Anschütz, Adolf Deiss, Johannes Reimnitz.

XVII. Jahrg.   Jena, Pfingsten 1904.   No. 3.

Wir erfüllen hierdurch die traurige Pflicht, unsere lieben E.M. E.M., A.H. A.H., A.M. A.M., I.A. I.A. von dem Anfang März 1904 erfolgten Hinscheiden unserer lieben Alten Herren

Dr. med. Otto Schneider
und
Dr. phil. Siegfried Genthe

geziemend Mitteilung zu machen.

Der A. T.-V. Gothania.
I. A.: A. Deiss.

Todesanzeige des Akademischen Turnvereins GOTHANIA (Jena, Pfingsten 1904) für Siegfried Genthe. In: Vereinsblatt des Akademischen Turnvereins GOTHANIA, XVII. Jahrgang, No. 3, Pfingsten 1904, Seite 1

SIEGFRIED GENTHES BILDER AUS KOREA

The following photographs are reproduced by courtesy of the Library of Congress, Prints and Photographs Division, Washington, D. C. 20540 USA, Arnold Genthe Collection, ID nos. LC-G397-0635, LC-G397-0636, LC-G397-0637, LC-G397-0638, LC-G397-0640, LC-G397-0641, LC-G397-0642, LC-G397-0643, LC-G397-0644, LC-G397-0645, LC-USZ62-86841.

Landschaft bei Wonsan: Frauen mit landestypischen Hüten (Bang-Gat)

Mann in Nordkorea an einer Wegbiegung

Eingangstor zu einer Provinz in Nordkorea (wahrscheinlich Hamgyung-do)

Buddha-Figuren in einem Kloster des Diamantengebirges

Buddha-Darstellungen in einem Kloster des Diamantengebirges

Buddha in einem Kloster in den Diamantenbergen

Arbeiter in einem Kloster

Kloster in den Diamantenbergen (wahrscheinlich Changansa)

Platz am Tempel für Ehrbezeugungen

Typische Steinfiguren auf Cheju-do: Tol-Harubang

Koreanische Dschunke

Hafen von Mokpo mit japanischer Siedlung

DANKSAGUNG

An erster Stelle sei der Korea Research Foundation in Seoul für die Förderung meiner Forschungen zur Frühzeit der deutsch-koreanischen Beziehungen ganz besonders gedankt. Mein persönlicher Dank gilt der Anwaltskanzlei janolaw Chung + Zahrt in Sulzbach für die großzügige Übernahme der Druckkosten.

Die Herausgeberin dankt der Library of Congress in Washington – Prints & Photographs Division, dem Politischen Archiv des Auswärtigen Amtes in Berlin und dem Hessischen Staatsarchiv in Marburg für die Bereitstellung von Fotos und Dokumenten für diese Publikation.

Besonderer Dank gilt Herrn Dr. Gerhard Keiper im Politischen Archiv des Auswärtigen Amtes in Berlin, der durch zahlreiche Hinweise maßgeblich zum Gelingen der Publikation beitrug. Auch Frau Belinda Harst, Botschaft der Bundesrepublik Deutschland in Rabat, Marokko, möchte die Herausgeberin für Recherchen und Fotos vor Ort danken.

Der Botschaft der Volksrepublik Bangladesh in Berlin und Herrn Fatehdad Khan Ghuznavi (Dhaka) danke ich für die Vermittlung bzw. Überlassung von Bilddokumenten.

Den Herren Dr. Peter-Rudolf Schulz (Ehemalige Wilhelm-Gymnasiasten e. V. Hamburg), Dr. Peter P. Rohrlach (Sammlung des Berlinischen Gymnasiums zum Grauen Kloster), Hans-Rudolf Ruppel (Archiv und Bibliothek der Alten Landesschule Korbach), Karl Thomas (Stadtarchiv Korbach) und Dr. Klaus-Peter Brogiato (Leibniz-Institut Leipzig) fühle ich mich für die Genehmigung zu Abdruck und Auswertung weiterer Materialien verbunden. Frau Dr. Heidelies Wittig-Sorg (Staatsarchiv der Freien und Hansestadt Hamburg) und Frau Professor Reta Rentner (Berlin) danke ich ebenfalls für Informationen und fachdienliche Auskünfte. Herr Daniel Ihonor (Hamburg) hat meine Nachforschungen zu den Hamburger Familien mit der ihm eigenen bemerkenswerten Kollegialität unterstützt. In diesem Sinne sei Herrn James Wolter (Hamburg) für die großzügige Bereitstellung von Photographien aus dem Privatbesitz der Familie herzlich gedankt. Frau Professor Lie Kwang-Sook (Nationaluniversität Seoul) bin ich für die stete freundschaftliche Hilfe in allen Korea betreffenden Fragen verbunden.

Frau Ina Theilich (Universität Erfurt) möchte ich für die mit Engagement erledigten technischen Arbeiten für den Bild- und Materialteil meinen besonderen Dank aussprechen.

Doch letztlich wäre dieser Band ohne die tatkräftige Unterstützung von Herrn Professor Reinhard Zöllner – Leiter des Lehrstuhls für Ostasiatische Geschichte der Universität Erfurt und Herausgeber der Reihe ERGA im iudicium Verlag – nicht realisierbar gewesen.

In diesem Sinne sei ihm und allen andern, die zur Beförderung dieser Publikation beitrugen, herzlich gedankt.

Sylvia Bräsel